외국어교육 논문작성법

최고의 논문을 위한 최선의 글쓰기

외국어교육 논문작성법
최고의 논문을 위한 최선의 글쓰기

김태영 지음

한국문화사

머리말

얼마 전 전공 학회가 끝난 후 친한 동료 교수님이 한탄 반 푸념 반으로 대학원생 논문 지도의 어려움을 토로하셨다. 요지인즉, 5점 리커트 척도 설문 자료를 수집한 대학원생이 자료 분석을 위해 각 문항 당 1번에 응답한 학생이 몇 명인지, 2번은 몇 명인지 등등으로 숫자를 수작업으로 센 다음 바를 정(正)자 표시로 써서 그 종이를 들고 왔다는 말씀이었다. 대학원에서 연구방법론 수업을 등한시 한 그 학생의 책임이라고 학생을 책망하기에는 좀 마음이 씁쓸했다. 외국어교육 전공자들이 참고할 수 있는 연구방법 책들이 시중에 많이 발간되어 있는데도 여전히 왜 이런 일이 발생하는 것일까? 아마도 많은 학생들이 논문이라는 글의 속성, 논문 계획 발표나 논문 초안을 쓰는 절차 등을 알지 못하고, 논문의 작성 요령과 참고문헌 작성 양식 역시 눈대중으로 대강 보거나, 알더라도 잘못 알고 있는 경우가 대부분이기 때문일 것이다.

대부분의 대학원생들이 석·박사 학위논문을 작성하는 일을 힘들어 하는 것은 최근 세태와 무관하지 않다. 짧은 문장으로 이루어진 각종 SNS 메시지에 익숙한 학생들은 장문의 글을 긴 호흡으로 논리적으로 구성하는 훈련이 절대적으로 부족하다. 극단적인 경우에는 한글이든 영어이든 간에 한 문장을 어법에 맞게 완전한 문장으로 적는 것도 힘겨워 하는 경우도 있다. 짧은 문장으로 본인의 감정을 표현하는 일에는 능숙한 엄지족(族) 학생들은 이모티콘이나 그림, 동영상 등이 모두 배제된 매우 정제되고 딱딱한 글쓰기 장르인 논문 쓰기를 매우 어려워하는 것을 현실에서 많이 보아 왔다.

사실 이 책을 집필한 것은 필자와 같이 일선 현장에서 수많은 일반대학원 및 교육대학원 석·박사 학생들을 지도해야 하는 교수님들의 힘겨움을 다소 덜어 보고자 하는 실용적인 목적 때문이다. 논문 글쓰기의 기본적인 사항을 잘 숙지하지 못한 경우에는 논문 지도가 지지부진해 지기도 하고, 지도학생을 붙들고 논문 쓰기의 abc

부터 시작하기에는 시간의 압박이 너무 심하기도 하였다. 따라서 이 책에서 필자는 시중에서 입수할 수 있는 각종 영어교육 관련 연구방법론 서적에서 다루지 않거나 다루지 못하는 매우 실용적인 내용을 바탕으로 책을 집필하는 것에 주력하였다. 독자들은 이 책을 읽어 나가면서 마치 쉬운 수준의 강의를 듣는 것처럼 논문을 쓰는 과정, 논문을 쓸 때의 유의점, 논문 쓰기의 방식, APA 스타일에 따라 글을 작성하는 요령 등에 대해 자연스레 익숙해 질 수 있을 것이다.

이 책을 읽는 독자들은 아마도 시간에 쫓기면서 논문을 작성해야 하는 입장일 것이다. 이 책을 읽은 후 구체적인 연구방법론 서적을 추가적으로 읽고 논문 작성을 시작한다면 큰 과오 없이 논문 작성 후 학위 취득이 가능하지 않을까 하는 생각을 조심스럽게 해 본다. 본서를 구입한 대학원생들이나 일반 연구자들은 순서대로 읽는 것이 좋을 것이나, 색인을 참고하여 필요한 내용을 먼저 살필 수도 있을 것이다. 예를 들어, APA 스타일에 따라 참고문헌을 인용하는 것에 대해 전혀 모르는 경우에는 8장을 읽은 후, 9장, 10장을 차례대로 읽으면서 기본기를 다질 수 있을 것이다. 하지만, APA 스타일에 대한 기본적 소양이 있는 경우에는 8장보다는 9장 혹은 10장을 집중적으로 살피는 것도 시간적으로 도움이 될 것으로 생각한다.

본서가 나오기까지 많은 분들에게 도움을 받았다. 먼저 이 책을 집필하는 데 직접적인 동기를 준 우리 중앙대학교 일반대학원과 교육대학원 여러 선생님들에게 감사드리고 싶다. 많은 선생님들의 논문 지도를 하면서 겪었던 즐거움과 어려움이 이 책에 고스란히 담겨 있기에 이 분들께 특별히 감사드리고 싶다. 이 책의 일부 내용은 필자가 2010년에 개최한 APA 논문작성 세미나 특강 자료를 활용하였다. 당시 세미나에 참여하면서 세미나 자료 초안을 만드는 데 수고해 준 김은영, 김윤경, 박선미, 백선혜, 서효선, 서효정, 양진숙, 임문정(가나다 순) 선생께 감사드린다. 또한 본서의 초고를 편집하는 과정에 도움을 준 안정주, 김영미 선생께 감사드린다. 유능한 연구 조교들 덕분에 편안한 집필이 가능하였다. 그리고 늘 원고를 읽고 허심탄회한 의견을 주는 안사람 박정연과 훌륭하게 성장한 아들 김영준에게 고맙다는 말을 전하고 싶다.

항상 책을 집필할 때 마다 좀 더 최선을 다했다면 더 좋은 책이 나왔을 것이라는 후회가 있다. 이 책 역시 오류나 오탈자가 있을지 모른다는 생각을 하면 마음이 불편하다. 하지만 이 책을 읽으실 분들에게 조금이나마 논문 작성에 도움이 될 것이라는 작은 위안에 기대어 용기 내어 또 다른 책을 세상에 내 놓는다. 독자들의 질정을 바란다.

2016년 정월에
흑석동 연구실에서
김태영

| 차례 |

■ 머리말 ··· v

제1장 서 론 ··· 1
제2장 논문 작성 전 생각해 볼 점 ·· 14
제3장 논문의 체제 ·· 23
   3.1. 논문의 서론 전에 오는 내용들(Front Matters) ····················· 23
   3.2. 논문의 본문 ··· 25
      3.2.1. 제목(Title) ·· 25
      3.2.2. 초록(Abstract) ·· 27
      3.2.3. 서론(Introduction) ·· 29
      3.2.4. 선행연구(Literature Review) ··································· 30
      3.2.5. 연구방법(Method) ··· 33
      3.2.6. 연구결과(Results) ··· 36
      3.2.7. 논의(Discussion) ·· 38
      3.2.8. 요약 및 시사점(Summary and Implications) ············ 54
   3.3. 참고문헌(References) ··· 55
   3.4. 주석: 각주(Footnotes)와 미주(Endnotes) ···························· 56
   3.5. 부록 및 참고자료(Appendices and Supplementary Materials) ····· 57

제4장 논문계획서 작성 요령과 논문 계획 발표 요령 ······················ 60
   4.1. 논문 계획 발표 ··· 61
   4.2. 논문 계획 발표 시의 태도 ··· 62
   4.3. 논문 계획 발표 후 ·· 63
   4.4. 논문계획서 샘플 ··· 65

제5장 명료한 글쓰기 ·· 94

  5.1. 전반적 구성 ··· 94

    5.1.1. 문장의 길이 ·· 95

    5.1.2. 문장의 구성 ·· 95

    5.1.3. 한글 논문은 한글 전용(專用)으로 작성 ················· 96

    5.1.4. 띄어쓰기 ··· 98

    5.1.5. 논문 소제목 조직 ··· 101

    5.1.6. 소제목의 수준 ·· 101

  5.2. 글쓰기 양식 ·· 101

    5.2.1. 아이디어 제시의 연속성 ···································· 102

    5.2.2. 표현의 유연성 ·· 103

    5.2.3. 어조 ··· 104

    5.2.4. 문단의 길이 ·· 106

    5.2.5. 한글 논문에서의 논문 저자인 '나'의 표기 ············ 107

    5.2.6. 명확한 문장과 모호한 문장 ······························· 108

제6장 글의 스타일 ··· 115

  6.1. 구두법 ·· 115

    6.1.1. 구두점 뒤 띄어쓰기 ·· 115

    6.1.2. 마침표 ··· 116

    6.1.3. 쉼표 ··· 117

    6.1.4. 세미콜론 ·· 118

    6.1.5. 콜론 ··· 118

    6.1.6. 줄표(Dash) ·· 119

    6.1.7. 큰따옴표 ·· 119

    6.1.8. 큰따옴표(" ")를 사용한 직접 인용 방법 ············· 121

    6.1.9. 소괄호( ) ·· 122

    6.1.10. 대괄호[bracket] ({ }) ··································· 123

6.2. 철자법 ·· 123
6.3. 대문자화(Capitalization) ··· 124
6.4. 이탤릭체(Italics) 사용 ·· 125
6.5. 약어(Abbreviations) ·· 125
   6.5.1. 약어에 대한 설명 ··· 126
   6.5.2. 라틴 약어 ·· 126
6.6. 숫자 ·· 126
   6.6.1. 아라비안 숫자로 표현되는 수치 ···················· 127
   6.6.2. 단어로 표현되는 수치 ·································· 127
   6.6.3. 소수 표현하기 ··· 127
   6.6.4. 본문 내 통계 기술하기 ································ 128
   6.6.5. 통계기호 ·· 129

제7장 표와 그림 ·· 131

7.1. 표와 그림에 대한 기본적인 이해 ·························· 131
   7.1.1. 표와 그림의 사용 ··· 131
   7.1.2. 표와 그림의 작성 ··· 132
   7.1.3. 표 번호와 그림 번호 ···································· 133
   7.1.4. 표와 그림 사용을 위한 허가 ························ 133
7.2. 표(Tables) ·· 134
   7.2.1. 표와 본문의 관계 ··· 134
   7.2.2. 표와 표 사이의 관계 ···································· 135
   7.2.3. 표 제목 ·· 135
   7.2.4. 표의 열 제목(Column Heads) ······················ 136
   7.2.5. 표의 내용(Table Body) ································ 137
   7.2.6. 표의 신뢰도 구간 ··· 137
   7.2.7. 표의 주 ·· 138
   7.2.8. 표의 테두리선 ··· 140
   7.2.9. 표의 표준화된 양식 ······································ 140
   7.2.10. 표의 예 ·· 140
   7.2.11. 표 점검목록 ·· 141

7.3. 그림(Figures) ··········· 142
   7.3.1. 그림의 작성 ··········· 142
   7.3.2. 그림 범례(Legends)와 그림 표제/제목(Captions) ··········· 144
   7.3.3. 그림의 예 ··········· 145
7.4. 신경이미지 자료와 사진 자료 ··········· 146
   7.4.1. 신경이미지 자료 ··········· 146
   7.4.2. 사진 ··········· 148
7.5. 그림 점검목록 ··········· 149

제8장 참고문헌 작성 기초 워밍업 ··········· 151

8.1. 참고문헌의 중요성 ··········· 152
8.2. 참고문헌의 옥석 가리기 ··········· 153
8.3. 참고문헌 작성 시 이 점은 유의하자 ··········· 156
8.4. 참고문헌 작성의 기본 원칙 ··········· 160
   8.4.1. 본문에서 사용할 때 ··········· 161
   8.4.2. 참고문헌 목록(References)에 기입할 때 ··········· 165
8.5. 참고문헌 목록을 작성할 때 자주 일으키는 학생들의 실수 ··········· 170

제9장 APA 스타일에 의한 참고문헌 작성 방법 ··········· 175

9.1. 언제 인용하는가 ··········· 175
9.2. 표절(plagiarism) ··········· 176
9.3. 자기 표절 ··········· 178
9.4. 인용과 의역하기 ··········· 178
   9.4.1. 직접 인용 ··········· 178
   9.4.2. 페이지 표시 없는 인터넷 온라인 자료 직접 인용법 ··········· 180
   9.4.3. 인용문의 정확성 확보 ··········· 181
   9.4.4. 설명 없이 인용 원문의 수정이 가능한 경우 ··········· 181
   9.4.5. 인용 원문의 수정 시 추가 설명을 삽입해야 하는 경우 ··········· 181
   9.4.6. 인용문 안의 참고문헌 ··········· 182
   9.4.7. 인용, 재판(reprint), 개작(adapt)을 위한 승인 ··········· 182

- 9.5. 본문에서 참고문헌 올바르게 인용하기 ·· 183
  - 9.5.1. 단일 저자에 의한 연구 ·· 184
  - 9.5.2. 공동 저자에 의한 연구 ·· 185
  - 9.5.3. 저자가 기관 및 단체인 경우 ·· 186
  - 9.5.4. 같은 성의 저자들 인용 방법 ·· 187
  - 9.5.5. 괄호 속에 두 개 이상의 논문 인용 방법 ································ 188
  - 9.5.6. 재인용 방법 ··· 189
  - 9.5.7. 고전 인용 방법 ··· 189
  - 9.5.8. 원저의 특정 부분 인용하기 ·· 190
  - 9.5.9. 개인 서신 인용하기 ·· 190
- 9.6. (본문이 아닌) 참고문헌 목록 작성 ··· 191
  - 9.6.1. 정확한 참고문헌 목록 작성 ·· 191
  - 9.6.2. 참고문헌의 순서 ·· 192
  - 9.6.3. 메타 분석(종합연구, meta-analysis)이 포함된 참고문헌 ············ 194
- 9.7. 참고문헌 목록의 구성 요소(Reference Components) ···················· 194
  - 9.7.1. 저자와 편집자 정보 ·· 194
  - 9.7.2. 출판 연월일(年月日) ··· 196
  - 9.7.3. 제목 ··· 196
  - 9.7.4. 출판 정보 ·· 198
  - 9.7.5. 석·박사 학위논문의 인용 ··· 199
  - 9.7.6. 전자 정보와 위치 정보 ·· 199
  - 9.7.7. 전자 정보의 출판 날짜 ·· 200

제10장 APA 스타일에 의한 참고문헌의 다양한 심화 예시 ············ 202

- 10.1. 참고문헌의 종류 ·· 203
- 10.2. 참고문헌 종류별 예제 ··· 203
  - 10.2.1. 정기 간행물 ··· 203
  - 10.2.2. 책, 참고 서적 및 책 단원 ·· 210
  - 10.2.3. 석·박사 학위논문 ·· 214
  - 10.2.4. 회의 및 학술대회 ·· 216

10.2.5. 기술 및 리서치 보고서 및 보도자료 ··············· 217
10.2.6. 논평 및 동료 비평 ··············· 219
10.2.7. 시청각 매체 ··············· 219
10.2.8. 미출간 저작물 ··············· 220
10.2.9. 인터넷 게시판, 메일링 리스트, 기타 온라인 커뮤니티 ··············· 222
10.3. 참고문헌 연습 예제 ··············· 223

제11장 논문 작성 과정 및 제출시의 유의점 ··············· 233

제12장 학위논문에서 학술지 논문으로의 출판 과정 ··············· 246
12.1. 논문의 심사 과정 ··············· 248
12.1.1 전문가 리뷰 과정 ··············· 248
12.1.2. 논문의 게재와 탈락 ··············· 249
12.2. 논문 투고를 위해 저자가 해야 할 일 ··············· 250
12.2.1. 형식 ··············· 251
12.2.2. 학술지 논문 페이지의 순서 ··············· 252
12.2.3. 철자법 확인 ··············· 253
12.2.4. 학술지 논문의 총 길이 ··············· 253
12.2.5. 국제학술지 투고시의 커버 레터(cover letter) ··············· 254
12.3. 윤리적·합법적 기준의 준수 ··············· 255
12.4. 학회 혹은 출판사 정책에 따른 요구사항 ··············· 255
12.5. 학술지 논문의 게재 결정 이후 편집위원회 혹은 출판사와의 작업 ··············· 256
12.6. 학술지 논문의 투고 과정에 소요되는 비용 ··············· 257
12.7. 포식자 학술지(predatory journal)에 대한 유의사항 ··············· 258

제13장 논문 작성의 윤리적 문제들 ········· 262
13.1. 과학적 지식의 정확성 보장 ········· 262
13.1.1. 연구결과의 윤리적 제시 및 보고 ········· 262
13.1.2. 자료 유지와 공유 ········· 263
13.1.3. 자료 중복 게재와 부분 게재 ········· 264
13.1.4. 표절과 자기표절 ········· 264
13.2. 연구 참여자들의 권리와 복리 보호 ········· 265
13.2.1 연구 참여자들의 권리와 보안성 ········· 265
13.2.2. 이해 충돌(conflict of interest) ········· 266
13.3. 지적 재산권 보호 ········· 266
13.3.1. 저자 인정 및 저자 순서 결정 ········· 266
13.3.2. 논문 심사자 ········· 267
13.3.3. 지적 재산권에 대한 보호 ········· 268

제14장 영어 논문 작성 시의 글쓰기 규정: APA 권장 사항을 중심으로 ········· 270
14.1. 영어 표현 시 권장 사항 ········· 271
14.1.1. 표현의 경제성 ········· 271
14.1.2. 정확성과 명료성 ········· 272
14.1.3. 언어적 장치 ········· 275
14.1.4. 효과적인 글쓰기를 위한 전략들 ········· 275
14.2. 언어편견을 줄이기 위한 방법들 ········· 275
14.2.1. 적절한 수준의 구체성을 가지고 기술하기 ········· 275
14.2.2. 주의를 기울여 호칭 붙이기 ········· 275
14.2.3. 참여 인정하기 ········· 276
14.3. 화제에 의한 편견 줄이기 ········· 277
14.3.1. 성별 ········· 277
14.3.2. 인종적 편견 제거와 민족 정체성 ········· 278
14.3.3. 나이 ········· 278

14.4. 영어 논문의 문법과 용례 ·· 279
　14.4.1 동사 ··· 279
　14.4.2. 주어와 동사의 일치 ·· 280
　14.4.3. 대명사 ·· 280
　14.4.4. 잘못 위치한 수식어, 현수 수식어(dangling modifier), 부사의 용법 ····· 281
　14.4.5. 관계 대명사와 종속 접속사 ·· 283
　14.4.6. 병렬 구조 (Parallel Construction) ··· 285

제15장 자주 묻는 질문 (FAQ) ··· 288

- 부록 1 ··· 297
- 부록 2 ··· 298
- 부록 3 ··· 300
- 부록 4 ··· 304
- 부록 5 ··· 312
- 부록 6 ··· 315
- 부록 7 ··· 319
- 찾아보기 ··· 323

제1장

서 론

해마다 계속 많은 대학원생들을 지도하다 보면 여러 유형의 학생들을 만나게 됩니다. 때로는 지도교수를 맡고 있는 제가 지도하기 편한 스타일의 사람도 있고, 또 반대로 어떨 때는 정말 힘든 경우도 많이 있습니다. 어떤 경우에는 대학원생이 다른 직업을 가지고 있어서 시간 약속 자체도 잡기 힘들 때도 있지요. 논문 지도가 힘들어도 1년 이상의 꾸준한 지도를 통해 학생이 훌륭하게 논문을 써서 졸업하고 더 나아가 석·박사 학위논문을 발전시켜서 학술지 논문으로 출판하는 과정을 지켜보는 것은 매우 보람 있는 일입니다.

논문은 장기간에 걸친 마라톤과 같기 때문에 논문을 쓰는데 물심양면으로 지원해 주는 지도교수와 원만한 학술적 관계를 형성하는 것이 정말 중요합니다. 지도교수의 학문적 관심사와 나의 관심사가 잘 맞아야 하는 것은 기본이겠지만, 그 외에도 지도교수의 성격과 나의 성격이 잘 맞는 것도 중요합니다. 또한 논문 쓰기는 지도교수의 의견을 잘 반영하여 지속적으로 논문을 꾸준히 쓰고 수정하는 성실성이 요구되는 끈기 있는 작업이기도 합니다. 다음과 같은 사항들을 특히 유념하셔서 논문을 쓰는 데 참고하시기 바랍니다.

1) 논문은 하루아침에 완성되지 않습니다. 비유를 하자면 아이를 낳는 과정과 똑같다고 볼 수 있어요. 뱃속의 아기가 건강히 태어나 훌륭한 사람으로 성장해 나가기

를 바라는 것은 이 세상 모든 엄마들의 한결같은 바람일 것입니다. 이를 위해, 좋은 생각을 하고, 좋은 것을 보려하고, 좋은 것을 먹으며 태중의 아기를 위해 많은 노력을 기울이게 되지요. 정기적으로 병원에서 검사도 받는 것은 물론이고요. 이와 마찬가지로 좋은 논문을 쓰고 졸업을 한다는 것은 아이에게 태교를 하듯 꾸준한 정성과 노력이 필요한 것입니다. 마치 병원에서 의사 선생님의 진료를 꾸준히 받아야 하듯이 지속적으로 지도교수의 상담도 받으면서, 진도가 늦어지지 않도록 논문 진도 관리를 해야 합니다. 또한 논문에 필요한 좋은 읽을거리인 학술지 논문 검색, 석·박사 논문 검색 등을 통해 최신 논문 내용을 반영해 가면서 계속 더 좋은 논문이 될 수 있게 해야 합니다. 이렇게 했을 때에 건강하고 똘똘한 아이가 태어나듯 뛰어난 학위 논문이 탄생할 수 있는 것입니다. 정말 힘들게 노력해서 나온 논문은 아이를 낳았을 때와 마찬가지로 매우 보람 있고 뛰어난 개인적인 성취가 되는 것입니다.

2) 지도교수와 평등하고 서로 배려하는 인간적 관계를 잘 맺을 수 있도록 하세요.
대학원에서 논문을 작성하는 것은 제도적으로 보장된 학술적 질서에 따르는 행위입니다. 지도교수는 지도 대학원생들의 지적 발전을 이끄는 카운셀러이면서, 논문 통과를 결정하는 중요한 역할을 합니다. 혹시라도 지도교수가 지도학생이 제출한 논문의 수준이 뛰어나지 않거나 많이 미흡하다고 판단한다면, 해당 학생에게 한 학기 혹은 그 이상을 더 공부하여 학문적 수준을 원숙하게 한 후에 다시 심사를 받게 할 수도 있고, 논문 심사에서 심사 위원들과 상의를 통해 논문을 통과 시키지 않을 수도 있습니다. 이는 전적으로 해당 분야의 전문가인 교수의 학술적 판단에 따라 이루어지는 결과입니다.

지도학생과 지도교수와의 긴밀한 상호 협력이 요구되는 것은 학생의 교육받을 권리와 교수의 논문 심사 결정권이 둘 다 매우 중요하기 때문입니다. 학생은 당연히 상세한 논문 지도를 요구할 수 있고, 이와 마찬가지로 교수 역시 학생에게 높은 수준의 학술 논문을 작성하기를 요구할 수 있습니다. 어느 쪽 한편만 요구하고 요구받는 입장이라면 불평등한 관계일 것이므로, 교수와 학생 모두 인격적으로 서로 존중하며 교육에 임해야 합니다.

현실적으로도 대학원생은 지도교수와 좋은 인간적 관계를 맺기 위해 노력해야 합니다. 이는 학부과정에서 맺게 되는 교수와 학생의 관계와는 많이 다른 대학원 사제 관계의 속성 때문에 그렇습니다. 대학원 학위 과정을 마친 이후에도 여러분들은 각자의 분야에서 지도교수를 다른 장소에서 뜻하지 않게 다시 만나게 될 가능성이 매우 높습니다. 여러분들이 현직 외국어 선생님이라면 학교 현장에 지도교수가 방문하여 상담을 하거나, 1급 정교사 연수를 포함한 각종 교사 연수의 강사와 수강생의 관계로 지도교수를 다시 만나게 될 가능성도 있습니다. 혹은 유학이나 취업 추천서를 부탁해야 하는 경우도 많이 있습니다. 따라서 지도교수와 좋은 관계를 맺고 있다면 이와 같은 여러 경우에 어색하지 않고 매우 원활하게 뜻한 바를 진행할 수 있을 것입니다. 또한 지도교수가 졸업하는 대학원생의 공·사기업 취업을 주선하는 경우도 있으므로 대학원 지도교수와 원만한 관계를 맺을 수 있도록 노력하세요.

3) 논문 지도 시간 약속을 잘 잡고 지도교수의 스케줄을 고려하시기 바랍니다. 많은 경우에 여러분들의 지도교수는 동시다발적으로 많은 학생들을 지도하고 있을 것입니다. 학부생 면담은 물론이려니와 대학원 수준에서도 일반 대학원의 석사, 박사 지도학생들도 있을 것이고, 교육대학원 및 기타 특수대학원의 외국어교육, 응용언어학, 한국어교육학전공, 때로는 TESOL 자격증 과정, 조기영어교육전공 석사 지도학생들도 있을 것입니다. TV 드라마에서 종종 등장하는 교수들의 모습은 좋은 레스토랑에서 스테이크를 먹거나 골프를 치거나, 분위기 좋은 곳에서 비싼 프랑스 와인을 마시면서 유흥을 즐기는 일종의 '한량'으로 묘사되고 있는데, 요즘 그런 여유를 누리면서 시간을 허비하는 교수는 있을 수 없습니다. 절대 다수의 대학에서 교수들은 많은 학생들의 논문지도를 전담함과 동시에, 행정 업무 처리, 수업 준비 및 수업 진행, 연구 논문 작성, 프로젝트 회의, 학생 면담, 학생 취업 주선 등으로 매우 분주한 하루를 보냅니다. 수업만 일주일에 대여섯 시간 딱 하고 집에 가 버리는 교수는 TV에만 있는 그런 가상의 캐릭터일 뿐이지요.

이렇듯 분주한 지도교수와 만나기로 약속을 했다면 먼저 무엇을 이야기할 것인지, 무엇을 질문할 것인지를 잘 생각하고 필요하다면 체계적으로 기록해서 방문하기 바랍니다. 대학원 논문 계획에 대한 구체적인 논의를 해야 한다면 가급적 프린트를 2부해서 한 부는 지도교수가 참고할 수 있게 드리고, 다른 한 부는 여러분이 보면서 조목조목 논의를 할 수 있게 준비해 오세요. 프린트물이 여러 장이면 각 페이지 하단에 페이지 번호를 꼭 달아서 제출하십시오. 시간을 최대한 활용해야 여러분들과 지도교수와의 만남이 최대의 효과를 얻을 수 있게 됩니다.

4) 위와 마찬가지 맥락에서 지도교수는 지도학생에게 좀처럼 연락을 먼저 취하지 않습니다. 지도교수의 스타일에 따라 다르기는 한데, 정말 많은 업무를 동시에 처리하고 있는 교수가 지도학생 한 명 한 명에게 개별적 관심을 기울이며 먼저 꼬박꼬박 연락하면서 논문의 진행 상황을 체크한다면 여러분은 분명 행복할 것입니다. 하지만 그런 일은 그리 흔하지 않고, 만일 지도교수가 먼저 연락을 하는 상황이 있다면 여러분의 행동이 너무 느리지 않은 지 반성해 볼 필요가 있습니다. 지도교수가 먼저 연락을 해서 논문이 어떻게 되는지, 논문계획서 초안을 왜 안 가져 오는지, 언제쯤 논문 자료 분석 상담을 하러 올 것인지 등을 물어오기 전에 여러분들이 먼저 적극적으로 대처할 필요가 있습니다.

여러분이 논문 작성 진행이 늦어지는 경우 지도교수에게 어떤 불이익이 있을까요? 전혀 없습니다. 논문은 학생이 쓰는 것이고, 지도교수는 그 여정을 옆에서 침착하게 이끌어 주는 등반 가이드, 즉 셰르파일 뿐입니다. 히말라야 원정을 떠나는 산악인 허영호 대장과 그 옆에 현지 네팔인 셰르파가 있다고 가정했을 때, 정상으로 올라야 하는 사람은 허영호 대장인 것이지 그 셰르파는 아니지요. 정상에 늦게 오르거나 혹은 등반을 포기하는 것은 전적으로 산악인의 몫이지 셰르파의 몫이 아닙니다. 이 때 셰르파는 어떠한 불이익도 받지 않으며 받아서도 안 됩니다. 따라서 먼저 적극적으로 논문을 쓰고 졸업을 해야 하는 당사자는 여러분 본인이라는 것을 꼭 명심하도록 하세요. 지도교수에게 적극적으로 먼저 연락을 하면서 여러분의 성실성을 보여주세요. 그렇지 않으면 여러분이 손해를 보게 되는 셈입니다.

5) 사람들은 보통 비교 당하고 비교하면서 삽니다. 여러분의 지도교수 역시 그 분야에서는 전문성을 가지고 있지만 다른 방면에서는 평범한 한 사람일 뿐이므로 너무도 자연스럽게 다른 사람들, 다른 대학원생들과 여러분을 비교하게 됩니다. 매 학기 많은 학생들의 논문을 지도하는 입장일 때, 어떤 학생은 적극적으로 약속을

잡고 매번 잘 준비해 오는 반면 어떤 학생은 소극적이면서 약속도 잘 안 지킨다면 지도교수가 어느 학생을 더 잘 지도하고 신경을 쓸 지는 분명합니다. 비교하는 것이 인간의 천성이라는 것을 인정한다면 비교 당하는 입장에서 불리하지 않도록 유의해야 합니다.

6) 각 교수들마다의 논문 지도 스타일은 모두 다릅니다. 따라서 논문 지도교수를 결정하기 전에 가급적 각 교수들의 수업을 잘 들어보고 본인의 성격이나 학습 스타일에 잘 맞는 분으로 결정하는 것이 현명합니다. 대부분의 학교에서는 논문 지도교수와 학생이 서로 잘 맞지 않는 경우에는 '지도교수 변경원'이라는 서류를 제출하여 지도교수를 변경할 수 있도록 허용하고 있습니다. 하지만 애초에 본인과 잘 맞는 분을 지도교수로 선택했더라면 겪지 않았을 불필요한 경험이므로, 가급적 처음에 지도교수를 신중하게 선정하여 논문 지도를 원활히 잘 받을 수 있도록 신경 써서 처리하기 바랍니다.

7) 여러분들 모두 각자의 가정에서 소중한 자녀들이고, 때로는 가장이기도 하므로, 사회생활을 하는 성인이 된 후에 다른 사람에게서 꾸중이나 질책을 좀처럼 받지 않게 됩니다. 논문 지도를 받는 입장에서 이상적인 상황은 지속적으로 칭찬과 격려를 받으면서 계속 논문을 진행하는 것입니다. 하지만 지도교수는 여러분의 진행상황이 지나치게 느리거나 지적인 노력을 게을리 한다고 판단하는 경우에는 질책을 할 수 있습니다. 또 여러분에게 잠재력이 충분한데 그것을 100% 발휘하지 않고 있다고 판단할 경우 의도적으로 질책을 하는 경우도 있고요. 이때 질책에 대해 감정적으로 "우리 지도교수는 날 싫어하는구나." 하고 격하게 반응하면 안 됩니다. 질책은 논문의 진행이나 논리적 구성, 문장의 논리성 등의 학업상의 문제에 국한되는 것이지, 여러분의 성격, 가치관, 삶의 방식, 태도 (때로는 외모) 등을 지도교수가 꾸중한다고 생각하면 계속 오해가 쌓일 수 있습니다. 여러분 각자는 타고난 재능을 가지고 있고, 소중한 우리 사회의 구성원입니다. 지도교수의 질책이나 꾸중은 대학원 논문과 관련된 부분에만 국한된다는 것을 꼭 명심하여 주세요. 지도교수가 여러분에게 감정적으로 반응하고 미워할 정도로 여러분을 잘 아는 것도 아니고, 여러분의 논문에 대한

책임감을 느끼기 때문에 꾸중을 한다는 것을 감안하기 바랍니다. 꾸중보다 무서운 것은 철저한 방목(?)입니다.

위에서 이미 설명 드렸듯이 여러분의 논문은 여러분의 책임이고 졸업하는 것 역시 지도교수는 상관이 없는 여러분의 사적인 일입니다. 지도교수가 철저하게 여러분 스스로 하라고 방관하는 스타일이어도 여러분은 뭐라고 할 수 없는 것이지요. 수수 방관하는 것이 오히려 여러분에게는 논문 작성이 늦어져 졸업이 유예되는 등의 치명 타가 될 수 있으므로 지도교수의 질책을 오히려 고마워해야 합니다.

8) 논문을 쓰기 위해서는 논문 계획 발표(프로포절)를 하게 됩니다. 사실 절대 다수의 대학원생들이 논문은 고사하고 A4용지 20페이지를 넘는 장문의 논리적 글쓰기를 해 본 경험이 거의 없습니다. 따라서 논문을 쓰기 위한 첫 작업인 논문계획발표부터 매우 난감한 경우가 발생합니다. 일단 글을 써 본 경험이 적기 때문에 글을 어떻게 시작하는지 잘 모릅니다. 문장의 주어와 서술어의 호응부터 맞지 않는 경우도 빈번히 발생합니다. 예를 들어, "우리나라의 영어교육은 1880년대 동문학과 육영공원부터 시작하였다."라는 문장은 어법상으로 올바른 문장 같습니다만, 사실 주어가 '영어교육'이기 때문에 이와 호응하기 위해서는 '시작하였다'가 아니라 '시작되었다'가 맞습니다. 이처럼 주술 호응부터 맞지 않는 경우가 빈번히 발생하므로, 때로는 지도교수가 여러분의 문장을 윤문하여 매끄럽게 가다듬는 작업을 하느라 밤을 새다시피 하는 경우도 있습니다. (참고로 지도교수는 윤문 작업을 하는 사람이 아닙니다.) 따라서 글을 쓸 때는 반드시 잘 읽어보고 여러 번 퇴고하여 읽기에 편하게 다듬어야 합니다. 논문 지도의 경험상 한국어 문장을 아래 한글 프로그램에서 작성하는 경우에는 절대 세 줄 이상 길게 쓰지 않도록 해야 합니다. 문장이 길어지면 뜻이 모호해지므로 길어야 두 줄 이내에 마침표를 찍어서 문장을 마치는 것이 좋습니다. 문장을 계속 길게 끌면서, '...인/는데', '...지만', '... 이므로', '...인 반면', '...이나' 등으로 이어가게 되면 나중에 가서는 글쓴이 자신도 무슨 의미로 글을 쓴 것인지 모르게 됩니다. 반드시 세 줄 이내로 글을 쓸 수 있도록 하시고, 주술 호응이 되는 글을 쓰기 바랍니다.

글을 명료하고 논리적으로 쓰는 것은 하루아침에 가능한 일이 아니므로, 평소에 글을 많이 써 보는 연습을 할 필요가 있습니다. 한 가지 팁은 밤늦게까지 작성한

글을 곧바로 제출하지 말라는 것입니다. 반드시 시간이 지난 후에, 다른 사람이 쓴 글을 읽는 것처럼 한 발자국 떨어져서, 내가 쓴 글이라는 감정적 애착을 내려놓고 냉정하게 검토한 다음, 필요한 수정을 해야 합니다. 내 글의 주어와 서술어가 명확히 잘 대응하는지, 문장이 세 줄 이상이진 않은지, 문장의 오탈자는 없는지, 띄어쓰기는 틀리지 않았는지, 내가 무슨 말을 하고 있는 것인지, 다른 사람도 쉽게 이해되는지 등에 대해서 검토하기 바랍니다.

9) 우리 분야의 글쓰기 '헌법'인 APA 스타일을 준수하기 바랍니다. 교통 신호를 안 지키고 빨간 불일 때 횡단보도를 건너면 교통사고가 일어날 가능성이 있듯이, APA 스타일을 지키지 않고 쓴 논문은 논문심사교수들에게 큰 질책을 받거나 논문심사 통과에 적신호가 켜질 수 있습니다. 원래 논문을 작성하는 것은 매우 형식적이고 유형이 정해진 글쓰기를 하는 것입니다. 논문이라는 장르의 글에는 사실 여러분이 융통성을 부리며 APA 스타일을 무시할 수 있는 가능성은 없다고 보아야 합니다. 문장을 쓰는 규칙이 정해져 있고, 참고문헌을 적는 규칙 역시 세세하게 존재하고 있습니다. 이 규정은 이 책의 8-10장에 상세히 설명하였습니다.

여러분들은 논문을 쓸 때 자신의 주장을 뒷받침하거나 이미 존재하는 선행연구들을 인용하기 위해서 괄호 속에 그 저자의 이름과 그 저작물의 출판연도를 기입하는 것을 보았을 것입니다. 예를 들어 "한국의 영어 학습 동기 연구는 1990년대 이후 본격적으로 수행되었다(이효웅, 1996)."라는 문장에서 '(이효웅, 1996)' 이 부분이 참고문헌입니다. 이러한 참고문헌은 각 논문의 뒷부분에 "참고문헌" 혹은 "인용문헌," 영어로는 "References"라는 형식으로 가나다 순, 혹은 영어 알파벳 순으로 정렬된 것을 보았을 것입니다. APA 스타일에서는 이러한 참고문헌은 어떻게 작성해야 하는지를 띄어쓰기, 쉼표, 마침표, 이탤릭체, 괄호, 출판지역, 국가, 출판사 등 그 서지 정보를 빠짐없이 명확하게 규정하고 있습니다. 이는 미국 심리학회(American Psychological Association; APA)에서 결정한 것인데, 우리 외국어교육(영어교육/응용언어학) 분야에서는 이 APA 스타일에 따라서 글을 쓰는 것을 원칙으로 합니다.

대학원에서 논문을 쓰기 위해서는 여러분 각자가 이 스타일의 참고문헌 작성 방법에 대해서 충분히 숙지할 필요가 있습니다. 이를 소홀하게 여긴다면 여러분의 학문적 수준에 대해 오해를 받는 억울한 경우가 생길 수도 있습니다. 독자들이 여러분이 쓴 논문의 본문은 보지도 않고, 참고문헌 목록만 훑어보고서 "참고문헌도 제대로 적을 줄 모르는 사람이 쓴 논문의 수준이 오죽하겠어?"하면서 평가절하한다면 매우 속상하겠지요? 따라서 지금 즉시 학교 도서관에서 <APA Publication Manual>을 대출하시거나 한 권 구입하셔서, 공부하면서 읽어보시기를 강력히 추천합니다. 현재 APA 출판 매뉴얼은 5판과 6판이 모두 존재하고, 어느 것을 읽으셔도 무방합니다. 한글 번역본도 있으니 참고하세요.

대학원생들이 보통 다른 논문을 읽으면서 각 논문에서 취하고 있는 서로 다른 참고문헌 작성 스타일을 별다른 고민 없이 그대로 긁어 오다시피 옮겨 적기 때문에, 참고문헌 전체적으로는 일관성이 전혀 없는 경우가 너무 많습니다. 아래의 세 가지 경우를 살펴봅시다.

>Kim, T.-Y. (2012). The L2 motivational self system of Korean EFL students: Cross-grade survey analysis. *English Teaching, 67*(1), 29-56.

위의 형식은 단행본 책이 아닌 학술지에 실린 논문을 인용한 사례입니다. APA 규정은 위의 예시에서 마침표, 컴마, 하이픈, 띄어쓰기, 대소문자 구분, 이탤릭체 구분 등등을 모두 규정하고 있는 엄격한 글쓰기 규정입니다. 하나라도 잘못 쓰면 문제가 되는 매우 깐깐하고 융통성 없는 글쓰기 방법입니다. 즉 아래와 같이 쓰는 것은 모두 잘못된 용례라는 것이에요.

> Kim, Tae-Young. (2012). The L2 Motivational Self System of Korean EFL Students: Cross-Grade Survey Analysis. English Teaching 67: 1 (pp. 29-56).
> Kim, T. The L2 motivational Self system of korean EFL Students : Cross-grade survey analysis. **English teaching,** 67, Seoul, Korea. (2012).

이처럼 논문은 APA 규정에 따라 엄격하고 일관성 있게 작성해야 합니다. 복잡한 APA 규정에 대해서는 8-10장에서 상세하게 설명할 것입니다.

10) 학위논문의 공식성: 책을 출판해 본 분은 누구나 알고 있는 사실인데, 출판물이 나온 후 그것이 도서관에 비치되거나 서점에 시판되면 출판물의 내용 중 점 하나조차도 절대 추가 혹은 삭제할 수 없습니다. 다시 말하면 크고 작은 오류가 있어도 바로 잡을 방법이 없다는 말이지요. 여러분의 석·박사 학위논문이 대학원 행정실에 제출되면, 그 이후에는 절대로 내용, 오탈자를 바로 잡거나 철회할 수 없습니다. (물론 심각한 문제가 있거나 대학원에서 회의를 해서 공식적인 공문으로 학위 취소 혹은 논문 철회 등의 절차를 밟는다면 가능하겠지만, 그렇다면 졸업도 취소되겠지요.) 따라서 내용상의 문제가 없어야 함은 물론이고, 오탈자나 띄어쓰기 오류가 없는 논문을 제출하도록 최선을 다해야 합니다. 요즘에는 제본소, 복사집의 시설이 좋아지고 있어 때로는 제본소 담당 직원이 논문의 전반적인 포맷을 점검한 뒤에 실제 제본에 들어가기도 합니다. 하지만 다시 강조컨대 논문에는 여러분 본인의 이름이 들어가는 것이고 이것은 여러분의 학위논문입니다. 복사집 아저씨가 실수해서 오타, 자간의 오류, 페이지, 표, 그림이 사라지더라도 그것은 여러분의 잘못이지 다른 사람 탓을 할 수 없다는 것이지요. 단지 그 사람은 여러분에게 친절을 잠시 베푼 것일 뿐입니다.

오류가 있는 내 논문이 앞으로 대대손손 우리나라, 세계 방방곡곡에 남아 있을 것이라는 사실은 상상만으로도 끔찍한 일일 것입니다. 편집도 엉망이고, 참고문헌도 오류투성이 논문을 내 다음 세대, 내 손자손녀 세대에도 PDF 파일로 누군가가 내려받을 지도 모릅니다. 얼굴도 모르는 후학들, 후손들이 내 이름과 내 논문을 보면서 "와, 이런 엉터리 논문을 쓰고서도 옛날에는 학위를 받았네? 참 편하게도 살았지!"라는 말을 할지도 모르지요. 따라서 절대로 오류가 없는 100% 정확한 논문을 작성하도록 최선을 다해야 합니다. 오류가 없고 최선을 다한 논문은 학위를 받고 나서도 때때로 펼쳐보고 싶고 찾아보고 싶은 나만의 자랑스러운 작품이 됩니다. 반면 문제가 있고 스스로 생각해도 창피한 논문은 다시는 펼쳐보고 싶지 않고 행여나 누군가 살펴볼까봐 전전긍긍하게 됩니다. 어떤 쪽을 선택할 것인지는 본인의 몫입니다. 이것은 여러분의 이름이 명시된 여러분의 논문이니까요. 둘 중 어떤 삶을 살 것인지 선택하면 됩니다.

11) 지도교수는 배려심 많은 보모나 엄마가 아니니, 아래와 같은 민폐 대학원생들은 되지 말아 주세요.

가. 사전 약속 없이 불쑥 찾아오는 대학원생: 지나가다 불쑥 연구실에 노크하면서 방문하여도 지도교수는 아마 다른 업무 혹은 연구 등으로 바쁠 것이기 때문에 신경을 써 줄 여력이 없습니다. 반드시 미리 시간 약속을 하고 오는 것이 기본 중의 기본 에티켓입니다. 시간 약속을 잡는 것은 졸업 후에도 마찬가지입니다. 지도교수가 자리를 비우는 경우가 더 많을 수도 있기 때문입니다.

나. 전혀 사전 논의도 없이 논문 계획 발표(프로포절) 1-2주 전에 나타나서 "저는 이걸로 논문을 쓰겠습니다" 라며 황당한 논문 주제를 제출하는 경우: 이 경우 십중팔구는 호된 질책을 받은 후, 다음 학기로 논문 계획 발표가 연기됩니다.

다. 자신의 사정을 구구절절 늘어놓으며 핑계를 대는 학생: 바쁘지 않은 사람은 없고, 사정이 없는 사람은 없습니다. 정말로 학업에 집중할 수 없을 정도로 바쁘면 휴학을 권장합니다.

라. 지도교수의 의견이나 권유에 대해 협상(negotiation)을 시도하려는 학생: 지도교수의 모든 조언을 십분 다 받아들이도록 해야 합니다. 어떤 부분은 받아들이고, 어떤 부분은 (하기 어려워서) 임의로 받아들이지 않는다면 그것은 지도교수가 일부러 시간을 내서 지도를 해 주는 의미를 퇴색시키는 것이며, 예민한 지도교수라면 모욕감을 느끼게 될 일입니다.

마. 시간 약속보다 일찍 혹은 늦게 오는 대학원생: 지도교수는 여러분 혼자만을 챙기는 사람이 아닙니다. 여러 일정이 첩첩이 있으므로 사전에 약속한 시간 이외에 논문지도를 받을 가능성은 희박합니다. 그 시간에 못 맞춰 올 사정이 있다면 충분한 시간을 두고 사전에 양해를 구하기 바랍니다. 정해진 시간 정각에 연구실을 방문하도록 하세요. 일찍 도착했다고 일찍 연구실로 간다면 지도교수의 스케줄에 지장을 줄 수 있습니다.

바. 문자나 이메일 연락이 안 되거나 연락이 극도로 늦는 대학원생: 우리는 세계 어느 곳에 가든지 대부분의 경우에는 실시간으로 메시지를 주고받을 수 있는 편리한 세상에 삽니다. 하지만 놀랍게도 일부 대학원생들은 19세기에 사는 듯 연락이 안 되는 경우도 있습니다. 요즘 말로 '잠수 타는' 학생들인데, 이런 학생들은 지도교수에게 극도의 스트레스를 주게 됩니다. 이 한 학생 때문에 바쁜 스케줄이 엉키게 될 때, 저 역시 인간적으로 화가 날 때도 있습니다. 만일 스마트폰을 가지고

있다면, 이메일이 실시간으로 전송되게 하거나 하루에 세 번 정도는 주기적으로 이메일, 문자 등을 확인하고 즉시 답장을 하도록 노력하십시오. 결국 연락이 늦어지면 지도 받는 입장에서 피해를 보게 되니까요.

사. 문자나 이메일을 받기만 하고 회신을 안 하는 대학원생: 지도 교수나 대학원에서 연락을 했다면 잘 받았는지에 대해서 가급적 빨리 회신을 해야 합니다. 이것은 사실 사회생활의 에티켓인데, 연락을 받게 되면 '블랙홀'처럼 가만있지 말고 회신(reply)을 하십시오. 연락을 받고만 있으면 상대방은 여러분을 거만하고 예의범절이 결여된 미숙한 사람으로 여기게 되고, 이는 이후의 논문 지도 과정에서도 좋을 리 없습니다.

12) 논문 작성 및 제출 기한을 잘 계산해서 시간 관리를 스스로 하세요. 대학원 과정을 시작한 사람들은 정해진 과목을 모두 이수하게 되면 과정(course work)을 수료하게 됩니다. 과정 중에 여러 과목을 듣고 과제를 수행하고, 과목 시험을 치러 수료하는 것은 개인적 성취이며 축하할 일입니다. 하지만 대학원 과정의 가장 핵심은 논문계획발표를 하고 논문을 작성해서 논문 심사 과정을 거쳐서 정식으로 석·박사 학위를 취득하는 일입니다. 학위를 받은 석사 혹은 박사의 관점에서 볼 때에는 수료하는 것 자체에서 큰 의미를 찾지 못할 수도 있습니다. 정작 어려운 것은 스스로 학문의 길을 헤쳐 가는 논문 작성에 있으니까요.

이러한 맥락에서 대학원 과목을 듣는 과정 중(course work) 시기에는 사실 여러분 스스로의 공부 스케줄에 따라 움직인다기보다는 15주 혹은 16주의 수업을 듣고 그 수업 진도에 따라서 다소 타율적으로 움직이는 것입니다. 반면에 수료 후 논문 집필 단계에서는 외부적 강제성이 없이 스스로 계획을 세우고 그 계획에 따라서 진행하여야 하므로 꾸준히 본인의 진행 과정을 스스로 체크하지 않으면 기약 없이 논문 자료 수집이나 집필 과정이 느려질 수 있습니다. 게다가 만일 결혼, 출산, 육아, 직장일 등으로 모든 시간을 온전히 학업에 쏟아 부을 수 없는 상황이라면 더욱 진행이 더딜 수 있습니다.

따라서 학업의 여러 단계를 정해진 시간에 진행하기 위해서 여러분은 논문 집필을 위한 시간 계획(time table)을 면밀하게 세워 둘 필요가 있습니다. 또한 그 개략적인 시간 계획은 지도교수도 알고 있을 필요가 있으며, 필요하다면 지도교수의 조언을 구해야 합니다. 특히 논문 심사가 있는 학기에 논문 집필 및 수정 계획은 매우 중요한데, 조금이라도 어긋난다면 본인의 학위 취득 학기가 다음 학기로 순연될 수 있기 때문입니다. 석사 학위논문 심사의 경우에는 보통 2주 전 정도에 논문 심사본을 논문 심사 교수들께 직접 전달하는 것이 좋고, 박사 학위의 경우에는 보통 3-4주 전 정도에 전달하는 것이 좋습니다. 따라서 만일 석사 논문 심사일이 12월 첫째 주라고 한다면, 완성된 논문 심사본을 심사위원 교수들께 11월 둘째 주 말이나 셋째 주 초반에 드리는 것이 좋습니다. 이를 위해서는 논문 지도교수가 승인한 심사본을 완성해야 할 것이고, 심사본 완성 전에 적어도 논문 초안을 3-4회 정도 지도교수의 피드백을 받아 다시 꾸준히 수정하는 작업이 수반되어야 할 것입니다. 어떤 지도교수는 1-2회 정도의 비교적 간단한 피드백을 줄 수 있고, 다른 지도교수는 5-6회로 더 많은 횟수의 피드백을 줄 수도 있습니다. 저는 개인적으로 논문의 첫 장부터 마지막 장, 그리고 참고문헌과 부록까지 포함된 완전한 원고를 논문 초고로 받아서 검토하는 것을 선호합니다. 하지만 논문을 지도하는 분의 스타일에 따라 각 장(chapter) 별로 받아 보시는 것을 좋아할 수 있으므로 여러분들은 지도교수가 선호하는 방식을 고려하여 논문 초고를 제출하시기 바랍니다. 다만 어떠한 경우에도 논문을 제출하는 학기에는 치밀한 시간 계획에 따라 착오 없이 논문 집필과 수정 작업이 이루어져야 합니다.

이번 장을 마치면서 여러 상황을 한마디로 정리하자면, 인간적인 배려를 우선시하는 겸허한 자세로 지도교수를 대해야 한다는 것입니다. 세상에서 논문을 쓸 수 있는 고급 지식을 접할 수 있는 가장 빠르고 정확한 길은 지도교수와의 상담입니다. 여러분이 등록금을 지불한 교육서비스의 수혜자라고 해서 지도교수의 논문지도가 당연한 것은 아닙니다. 세상에는 당연한 것은 없으니까요. 감사와 존경이 수반되는 원만한 논문지도 과정이 되기를 희망합니다.

연/습/문/제

I. 다음 문장을 읽고 사실이면 T, 거짓이면 F에 표기하세요.
 1. 논문 작성 시, 지도교수가 먼저 연락하실 때까지 기다리는 것이 좋다. (T/F)
 2. 지도교수는 지도 학생이 작성한 논문의 문장을 다듬어 주어야 한다. (T/F)
 3. 지도교수와 시간 약속을 한 경우, 약속 시간보다 최대한 일찍 도착한다. (T/F)

II. 다음 문장의 빈칸에 들어갈 알맞은 말을 채워 보세요.
 1. 지도교수와 만나기로 약속했을 때는 질문내용을 _____해오고, _____부를 출력해온다.
 2. 출력물을 만들 때는 하단에 꼭 _____을/를 단다.
 3. 논문 작성 시, 외국어교육 분야는 _____에서 명시한 글쓰기 규정을 따른다.
 4. 논문 심사 시, 석사 학위의 경우 _____주 전, 박사 학위의 경우 _____주 전에 논문을 심사위원들께 직접 전달해야 한다.

제2장

논문 작성 전 생각해 볼 점

　논문을 쓰기 전에 우리는 "나는 왜 이런 주제로 논문을 쓰고 싶어 하는지"를 골똘히 생각해 볼 필요가 있습니다. 논문 주제를 선정하기 위해서는 충분한 시간을 두고 고민해야 합니다. 따라서 주제 선정 과정은 시간이 걸리는 것이 당연한 것이고, 올바른 주제를 잘 선정하였다면 그 이후의 논문 계획 발표 및 논문 작성, 심사 과정이 상대적으로 무난하게 지나갈 수 있습니다. "시작이 반이다"라는 속담은 논문 주제 선정에 정확히 부합합니다. 좋은 논문 주제를 선정하였다면 논문의 반은 쓴 것이나 다름없습니다.

　다음 각각의 섹션은 논문 주제를 선정할 때의 고려사항들입니다.

1) 내가 정말 쓰기 싫은 주제는 피하자

　논문의 주제는 내가 하고 싶고 내 마음에 드는 것이어야 합니다. 논문 주제를 잡기 위해 지도학생 면담을 할 때, 학생이 주제를 찾지 못하고 오랜 기간 어려움을 겪는다면, 간혹 마음씨 착한 지도교수는 "이 주제가 좋으니 그냥 이걸로 하는 것이 어떤가?"라고 권유하기도 합니다. 이럴 때 여러분은 지도교수가 특정 주제를 주었으니 그것으로 하겠다고 별 고민 없이 선뜻 결정할 수도 있습니다. 하지만 이 주제를 최종적으로 선정하여 논문을 진행하기 전에 과연 그 주제가 내 적성과 학술적 관심사에 부합하는가를 냉정하게 생각해 볼 필요가 있습니다. 지도교수는 많은 경우 교수 본인의 최근 관심사를 지도학생에게 이야기합니다. 문제는 이 교수의 최근 관심사가 여러분의 관심 분야와 잘 맞지 않을 가능성이 있다는 겁니다. 맞지 않는 주제를 갖고 끌려가다시피 글을 쓰는 과정은 생각보다 많이 괴로울 수 있으니 본인의 관심사와 매우 상이하다고 생각된다면 지도교수와 다시 상의하여 재조정하십시오. 특히 박사 학생들은 논문 계획 발표와 논문 심사까지의 과정이 길고 힘들기 때문에, 애초에 본인의 관심사에 부합하는 주제로 신중하게 선정하는 것이 매우 중요하다고 할 수 있습니다. 지도교수에게 끌려가다가 결국 지도교수를 바꾸고 논문 주제를 잡는 과정부터 새로 시작하는 학생들도 있으니, 내 관심사에 맞는 주제를 찾도록 노력하십시오. 주제를 못 잡아 어려움을 겪는 경우의 조언은 이 책의 15장 자주 묻는 질문(FAQ)의 1번에 있으니 참고하세요.

2) 많은 선행연구를 통해 일반적인 결론이 난 주제는 다시 생각해 보자

논문 주제를 선정하기 위해서는 일단 관련 연구를 찾아서 읽어 보아야 합니다. 가급적 최근 5-10년 이내에 발표된 학술지 논문 및 석·박사 학위논문을 검색하여 읽어보아야 합니다. 보통의 경우, 수업에서 자주 접하거나 읽기자료로 많이 읽게 되는 주제에 관심을 가지게 되고 따라서 이와 유사한 논문 주제를 선정하고 싶어지는 것이 인지상정입니다. 하지만 많은 사람들이 연구한 주제와 비슷한 것을 선정하는 것에는 장단점이 동시에 존재한다는 것을 생각해 주세요.

지금까지 많이 수행된 연구 주제는 일단 많은 사람들이 연구하였기 때문에, 선행연구를 발견하기도 쉽고, 이 선행연구에서 활용한 연구방법, 예를 들어, 설문지 양식, 인터뷰 양식, 실험 문항 등을 쉽게 구할 수 있습니다. 또 이를 응용한다면 본인의 학위논문에 충분히 활용할 수 있는 장점이 존재합니다. 지도교수나 심사위원 교수들도 이러한 주제에 대해서는 잘 알고 있으므로 논문 심사의 여러 과정에서 심도 있는 피드백을 받아서 논문의 수준을 크게 향상시킬 수 있는 장점이 있지요.

하지만 많은 사람들이 연구한 주제는 대부분 어느 정도의 결론이 난 상태일 경우가 많습니다. 내가 관심 있는 주제 분야가 이미 많은 사람들의 연구를 통해 일반적 결론이 내려졌다면 굳이 그것을 다시 연구할 필요가 있을지도 생각해 보아야 합니다. 보통 비슷한 연구 주제를 수행하더라도 연구의 환경, 대상자, 지역, 시점이 다르다면 진행할 수 있습니다. 하지만 선행연구와 내 연구의 연구방법 및 절차 등이 동일하다면 이것은 복제 연구(replication study)로 간주되므로 학위논문의 독창성 면에서 크게 마이너스가 됩니다. 기존의 연구보다는 한 단계 더 나아가 새로운 지식을 창출할 수 있는 독창적인 지적 기여를 하는 것이 학위논문의 작성 목적이기 때문입니다. 따라서 누군가 이미 많은 연구를 진행한 경우는 여러분의 논문에서 복제 연구로 다시 수행하는 것은 권장하지 않습니다.

반면 다른 연구자들이 수행하지 않았거나 매우 드물게 수행한 독창적인 주제에 대해서는 연구의 참신성 면에서 호의적인 평가를 받을 수 있습니다. 또한 학위를 취득한 후에도 석사의 경우에는 논문이 잘 작성되었다면 박사과정 진학에 긍정적으로 작용할 수 있습니다. 학위논문 내용을 발전시키거나 요약·재해석 하여 국내외 학술지 논문으로 다시 발표하거나 성공적으로 출판할 수 있는 가능성도 높지요. 따라서 독창적인 주제로 연구를 진행하는 것은 이러한 면에서 장려할 일입니다. 하지만 독창적인 주제는 논문 심사교수들이나 심지어 논문 지도교수의 전문 분야에서 다소 벗어날 가능성이 있어, 논문 지도과정 및 심사 과정에서 심도 있는 피드백을 받기 힘든 경우가 종종 있습니다.

독창적인 논문을 쓴다고 할 때 먼저 우리는 독창성이 무엇을 의미하는지를 고찰해 볼 필요가 있습니다. 보통 독창성은 두 개 혹은 그 이상의 이론, 개념, 연구방법 등을 서로 융합시키는 과정에서 생기게 됩니다. 하나의 이론, 개념, 연구방법은 대부분 이미 정교하게 발전되어 있으므로, 그 연장선상에서 매우 새로운 생각과 발견점을 제시하기 어려운 경우가 많습니다. 하지만 두 개 혹은 그 이상의 것을 서로 융합하여 제시한다면, 이 융합과정에서 크게 어렵지 않게 참신성과 독창성이 발생하게 됩니다. 따라서 서로 이질적인 것을 결합하여 창의적인 연구가 진행되는 경우에 각각의 것들을 따로 떼어 본다면 별로 새로울 것이 없지만, 두 개의 것을 결합하는 과정에서 참신한 연구결과가 나타날 수 있습니다. 한 가지 예를 든다면, 제가 전공한 영어 학습 동기 분야에서는 설문지를 활용하여 보통 100명 이상 다수의 학생들의 현재의 영어 학습 동기의 성격을 구분하고 그것을 기술(describe)하는 연구들이 주를 이루고 있습니다. 여기에 정성적 연구(qualitative research)의 대표적 방법 중 하나인 인터뷰 방법을 도입하여, 10명 미만 소수의 학생들에게 실제로 이들의 영어 학습 동기가 무엇인지를 질문하여 이들이 언급하는 영어를 배우는 이유를 직접 분석하는 것은 새로운 시도가 될 수 있습니다. 따라서 정량적 연구방법이 주로 활용된 하나의 연구 주제에 다른 연구방법(이 경우에는 인터뷰 방법)을 사용하였기 때문에, 기존 연구보다는 더 새롭다는 느낌을 줄 수 있는 것이지요.

그러나 이와 같이 창의융합적 연구를 할 경우에 독창성은 늘어나지만 잘 못 되는 경우에는 기존의 패러다임 내에서 연구를 진행하는 연구자 혹은 교수에게서 비판뿐만 아니라 또 다른 패러다임에서 연구를 진행해 온 연구자 혹은 교수들에게서도 비판을 받을 가능성마저 있다는 것입니다. 위에서 영어 학습 동기를 예로 들었습니다만, 여러분들이 작성하시는 학위논문이 정교하게 디자인이 되지 않는 경우 설문지법을 사용해 온 연구자 혹은 교수에게는 왜 인터뷰 방법을 사용해서 너무 적은 인원수만을 조사했는지에 대한 질문 혹은 비판을 받을 가능성이 있습니다. 반면 정성적 연구를 중점적으로 연구해 오는 연구자 혹은 교수에게는 영어 학습 동기 분야는 주로 설문지법에 의해 수행되어 온 것이므로, 주제에 대한 방법론이 생소해 연구 주제에 대해 심도 있는 피드백을 받기 어려울 가능성도 있습니다.

이처럼 연구 주제 선정 시 잘 알려진 것을 선택하는 것과 생소하거나 두 개 이상의 것을 융합한 것을 선택하는 것은 여러분 각자의 상황에 맞춘 신중한 결정이 필요합니다. 또한 지도교수와의 상담을 통해 최선의 결정을 내릴 수 있어야 합니다.

3) 연구방법 때문에 연구 주제를 선정한 것은 아닌지 스스로에게 자문해 보자

논문 지도를 하다보면 통계 방법을 잘 몰라서 질적 연구방법을 하겠다는 대학원생도 있고, 주위 동료들에게 질적 연구가 어렵다고 들어서 통계를 사용하는 양적 연구방법으로 하겠다는 경우도 있습니다. 우리 분야의 대학원생들은 대부분 고등학교 때 문과를 전공해서 학부도 외국어교육이나 문학, 통번역, 언어학 등 문과 전공을 택한 경우가 많습니다. 여자대학원생들의 경우에는 수학을 특히 싫어해서 문과를 온 경우가 솔직히 많기도 하고요. 따라서 이러한 대학원생들은 천성적으로 숫자가 활용되는 양적 통계 방법을 피하고 싶어 합니다. 논문 상담 과정에서도 이러한 숫자에 대한 두려움이 마음 한편에 있어서인지 숫자를 안 쓰는 정성적(=질적) 연구를 하고 싶어 하는 사람들도 있습니다. 사실 SPSS로 대표되는 정량적 통계 프로그램은 관련 수업을 수강하거나 간단한 워크숍 등을 수강하면 쉽게 활용할 수 있고, 도저히 시간 내기 어려운 더 바쁜 분들은 관련 매뉴얼을 서점에서 구입해 짬짬이 자습하면서 프로그램을 종종 시행하면 사실 그렇게 어렵지 않게 할 수 있습니다. 그럼에도 불구하고 숫자로 이루어진 통계에 대한 두려움을 갖고 있는 분들은 시작도 하기 전에 양적 방법에 대한 어려움을 토로하는 경우가 있습니다.

반면 정성적 연구에 대한 막연한 두려움을 갖고 있는 학생들도 있습니다. 뭔가 심오하고 어려운 내용을 다루어야 하고, 문장도 왠지 유식하게 작성하는 것이 정성적 연구라고 생각하는 경우가 대표적인 사례입니다. 이러한 대학원생들은 몇 명의 참여자들을 대상으로 인터뷰, 관찰 등으로 이들의 깊은 생각을 파악해 내는 것이 쉽지 않다고 지레 겁을 먹게 되는 것이지요.

연구방법을 정량적 연구와 정성적 연구로 크게 구분할 때, 어떠한 경우에도 대학원생들은 본인이 어려움을 느끼기 때문에 상대적으로 덜 어려워 보이는 다른 연구방법을 선택하지 않도록 해야 합니다. 연구방법은 논문을 쓰는 대학원생이 느끼는 연구방법의 주관적 난이도에 따라서 결정되는 것이 아니고, 연구 주제와 이에 따라 설정한 연구문제(research question)를 가장 잘 밝혀낼 수 있는 연구방법이 채택되어야 하는 것입니다.

따라서 연구 주제를 잡고 연구문제를 설정하기 전에 대학원생들은 연구방법에 대한 지식과 소양을 쌓을 수 있도록 노력해야 합니다. 대학에서 개설되는 각종 연구방법론 수업을 수강하는 것이 하나의 방법이 될 수 있습니다. 또한 대학이나 관련 학회에서 주기적으로 제공하는 연구방법론 특강 혹은 SPSS 세미나, 질적 연구방법론 세미나 등을 수강/청강하는 것이 연구문제와 연구방법 결정에 큰 도움이 될 수 있겠습니다. 한 가지 추가적으로 말씀드리고 싶은 것은 대학이나 학회에서 제공하는 각종 연구방법론 특강 및 세미나 등은 무료로 제공되는 경우도 있지만, 때로는 다소 비용이 발생하기도 한다는 점입니다. 학교나 학회에서 배울 수 있는 프로그램 등은 많은 경우에 학교의 재정 지원을 받거나 할인된 비용으로 제공되기 때문에, 다소 비용이 발생하더라도 대학 내에서 수강을 하는 것이 시간과 비용 면에서 더 낫다는 점을 염두에 두세요. (직접 하지 않고 남에게 시키거나 맡기는 경우도 있지만 그것은 분석의 진위 여부를 내가 알 수 없으므로 지양해야 합니다.)

4) 미래에도 내 연구 주제가 읽히고 학술적인 관심을 받을지를 고려하자

현대를 살아가는 우리는 매일 새로운 사건 사고를 접하게 되고 또 곧 망각하게 됩니다. 학문의 세계 역시 하루가 다르게 빠르게 변해가고, 작년에 유행했던 연구결과가 올해에는 이미 예전 논문으로 치부되어 더 이상 유효하지 않은 경우가 있습니다. 영어교육 정책에 관련된 논문들이 이러한 대표적인 예입니다. 예를 들어, 지난 이명박 대통령 재임 시 추진되었던 영어교육 정책 중 국가영어능력평가시험(National English Ability Test; NEAT)은 많은 연구를 양산했습니다. 하지만 그 당시에 열정적으로 추진되었던 이 정책이 새로운 대통령이 당선되고 그 정책 기조가 다소 변화하면서 백지화되었고, 현재 이 NEAT 시험을 치르는 수험생은 애초의 주된 대상층이었던 고등학생이 아니라, 성인들 중 극소수에 지나지 않게 되었습니다. 따라서 NEAT에 관련된 연구를 현 시점에서 다시 찾아보는 경우는 별로 없게 되었지요.

이러한 NEAT를 둘러싼 정책적 변화는 여러분들의 논문 주제 선정에도 중요한 시사점을 주고 있습니다. 여러분이 선택할 주제가 앞으로 적어도 10년 혹은 그 이상 가치가 유지될 것을 선정하는 것이 좋을 것입니다. 시류의 변화에 지나치게 민감한 연구 주제를 선정했을 때, 최악의 경우에는 고생하면서 쓴 논문이 시대적 변화에 밀려 사장(死藏)되어 버릴 수도 있습니다.

5) 연구 주제는 내가 생활 속에서 일반적으로 느끼는 불편 및 의문점에서 출발해야 한다

사실 잘 쓴 훌륭한 논문은 이해하기 어려운 심오한 논문이 아니라, 그때까지 우리가 생활 속에서 접했던 아주 익숙한 것을 주제로 삼아서 독자가 쉽게 이해할 수 있게 쓴 글입니다. 다만 그때까지 누군가가 논문으로 본격적으로 다루지 않았을 뿐이지요. 한 마디로 읽는 독자가 "아! 왜 나는 이런 주제를 생각하지 못했을까?" 혹은 "아! 이런 주제를 가지고 왜 그 이전에는 아무도 논문을 안 썼을까?"하는 감탄이 나오는 그런 논문이 좋은 논문입니다.

예를 들어, 외국어교육, 언어교육에서 학생들의 의사소통 능력을 길러주는 것이

중요하다는 것은 우리 모두가 상식적으로 알고 있는 것이지만, 제2언어 습득에서 의사소통이란 것이 무엇인지를 체계적으로 다룬 학술 논문은 1980년에 Michael Canale와 Merrill Swain이 계간지 <Applied Linguistics>에 발표한 논문이 최초라고 볼 수 있습니다. 이 논문에서 저자들은 제2언어 의사소통 능력에는 문법적 능력, 담화적 능력, 화용적 능력, 사회언어학적 능력의 네 가지 하위 개념으로 나눌 수 있다고 설명하고 있습니다. 21세기 현 시점에서 외국어를 배우는 것은 의사소통을 목적으로 하는 것은 너무 당연하고, 의사소통을 하기 위해서는 위에서 언급한 네 가지 능력이 고루 잘 갖추어져 있어야 하는 것 역시 자명한 것으로 여겨질 수 있겠습니다.

하지만 Canale와 Swain의 논문 이전에 외국어나 제2언어 교육 관련 논문에서 이렇게 구체적으로 의사소통 능력의 개념을 명료하게 규정하고 설명한 논문이 없었다는 뜻밖의 사실은 우리에게 중요한 시사점을 줍니다. 얼핏 보면 매우 당연한 것인데 아무도 그 연구를 하지 않았다는 것이 매우 신기할 따름이지요. 우리 생활 주변에서 접하는 여러 가지 외국어교육 및 응용언어학 관련 현상들에 대해 우리가 지속적으로 관심을 가지고 있다면, 여러분 역시 그것을 논문 주제로 잡아 논문을 진행할 가능성은 늘 열려 있습니다.

하지만 유념해야 할 점이 있습니다. 우리 주변에서 접하는 현상 중에 논문을 써 보고 싶은 것이 있는데, 이상하게도 아무도 그 연구를 하지 않은 것 같다면 아마도 다음과 같은 두 가지 요인 때문일 것입니다. 첫째, 실제로는 많은 연구가 이미 시행되었지만, 여러분이 해당 분야의 선행연구를 충분히 찾아보지 못한 (혹은 않은) 경우입니다. 요즘에는 초고속 인터넷 망이 잘 되어 있고, 대학 캠퍼스 내 유선 랜으로 접속하는 컴퓨터를 사용할 경우 대학과 라이선스 계약을 맺은 많은 국내외 학위논문이나 학술지 PDF 파일을 쉽게 검색하고 다운로드할 수 있습니다. 따라서 대학원생 개개인이 조금만 노력하고 부지런하다면 몇 시간 내에 다양한 선행연구를 모아서 살펴볼 수 있습니다. 선행연구가 없다고 오해하는 이유 중 하나는 적절한 검색어를 집어넣지 않았거나 영어로 해당 주제를 나타내는 단어를 제대로 입력하지 않아서입니다. 본인이 생각하는 검색어로 검색 결과가 충분하게 나오지 않다면 관련 있는 다른 검색어로 여러 번 시도해 보시기 바랍니다. 특히 한글 뿐 아니라 영어 논문을 검색해 보는 것은 필수적인 과정입니다. 아무래도 우리나라에서 한글로 연구한 논문의 양에 비해 영어권의 많은 국가에서 더 많은 학술활동이 이루어지고 있고, 더 많은 연구자들이 관련 연구를 진행해 오고 있기 때문입니다. 영어로 해당 키워드를 입력하여 구글 학술 검색(google scholar), RISS, DBpia, 교보스콜라, ProQuest, 각 대학 도서관 홈페이지, 국립중앙도서관 홈페이지, 국회도서관 홈페이지 등에서 학술지 논문 및 석·박사 학위논문을 찾는 등 충분한 선행연구 검색이 필요합니다. 대부분의 경우에는 이미 관련 선행연구가 이루어져 있습니다. 하늘 아래 인간의 아이디어는 대체로 한정되어 있기에 새로운 연구는 희귀하니까요.

아무도 연구를 하지 않은 것 같은 두 번째 이유로는 어쩌면 해당 주제가 연구하기에 매우 어렵기 때문일 수 있습니다. 예를 들어, 북한의 영어교육이 지금 21세기 시점에서 어떻게 이루어지고 있는지는 학술적 관심을 끌기에 충분한 주제이며, 다가올 통일을 대비한 교육정책 수립 측면에도 적극 환영할 일입니다. 하지만 북한에서 지금 중고등학교 영어 교육이 어떻게 이루어지고 있는지를 우리가 과연 무슨 방법으로 알 수 있을까요? 직접 북한 중고등학교 영어 교실에 가서 참관을 하거나 직접 북한 청소년들을 평양에서 만날 수 있을까요? 아쉽지만 여러 현실적 문제 때문에 이러한 연구를 1차적 연구 자료인 설문지, 실험, 수업관찰, 인터뷰 등을 통해서 살펴보기는 거의 불가능에 가깝습니다. 대부분 2차적 연구 방식인 북한이탈주민(탈북) 청소년과의 인터뷰 혹은 정부(통일부) 문헌 분석, 서양인의 관점에서 경험한 수기(예: 수지 김의 <나는 평양의 영어선생님>)를 분석하는 정도로 최근 행해지는 북한의 영어교육 개요를 간접적으로 파악하는 데 그치지요. 물론 이러한 2차 연구 역시 자료의 희귀성으로 인해 학술적으로 매우 큰 기여를 합니다. 하지만 이는 연구자가 직접 교실에 가서 수행하는 1차적 연구에 비해 양과 질 모두 어느 정도의 희생을 감수해야 하는 본연의 어려움이 있습니다.

이처럼 내 주변상황에서 관심을 기울여 찾아낸 친숙한 것을 논문 주제로 잡는 것은 적극 환영할 일입니다. 하지만 여러 가지 유념할 사항들이 있으니 논문 주제 선정 과정에서 지도교수와의 지속적 접촉을 통해 연구 주제를 더욱 정교화 할 필요가 있습니다.

연/습/문/제

I. 다음 문장을 읽고 사실이면 T, 거짓이면 F에 표기하세요.
   1. 내가 하고 싶지 않은 주제라도 지도교수가 권유해 주시는 주제로 논문을 작성한다. (T/F)
   2. 많은 선행연구를 통해 일반적인 결론이 도출 된 주제로 논문을 작성한다. (T/F)
   3. 익숙한 연구방법론을 사용하기 위해 연구 주제를 정한다. (T/F)
   4. 연구 주제를 정할 때는 실생활에서 느낀 어려움에서 출발한다. (T/F)

II. 다음 문장의 빈칸에 들어갈 알맞은 말을 채우세요.
   1. 학위논문의 작성 목적은 _____인 지적 기여를 함에 있다.
   2. 특정 주제에 관해 아무도 연구하지 않은 이유 중 하나는 해당 주제가 연구하기에 매우 ____기 때문이다.
   3. 선행연구는 _____, _____, _____ 등의 인터넷 데이터베이스에서 찾아볼 수 있다.

제3장

논문의 체제

이번 장에서는 논문의 전체적인 체제에 대해서 살펴보도록 하겠습니다. 석·박사 학위논문은 겉표지를 보통 검은색 딱딱한 재질의 하드커버(hard cover)를 사용합니다. 부드러운 소프트커버(soft cover)로 약간 두꺼운 종이를 사용하는 경우도 있지만 이것은 보통 주변 사람들에게 나눠 주거나 하는 다소 격의 없는 형식이고, 대학원이나 도서관에 공식적으로 제출하는 제출본은 보통 검은색 하드커버로 제출하게 되지요. (요즘에는 원본 파일만 제출해도 되는 것으로 바뀌고 있습니다.) 논문을 펼치면, 처음에 논문 표지, 인준지, 목차, 표목차, 그림목차 등이 들어가고, 그 이후에 본격적인 논문 체제인 서론, 선행연구(이론적 배경), 연구방법, 연구결과, 논의, 요약 및 시사점의 순서대로 구성됩니다. '요약 및 시사점'은 본문의 마지막 장(章)인데, 그 이후에는 참고문헌, 부록, 국문/영문 초록 등이 나옵니다. 학교나 학과의 전통이나 관례에 따라 위의 순서는 다소 바뀌거나 일부는 생략될 수 있다는 점을 미리 말씀드립니다.

3.1. 논문의 서론 전에 오는 내용들(Front Matters)

논문이 실제로 시작되는 부분은 서론입니다. 따라서 논문에서는 서론이 아라비아 숫자로 1페이지가 시작되는 부분입니다. 그러나 서론 전에도 논문에는 여러 항목들이 위치하게 됩니다. 가장 앞 페이지에는 논문 표지가 오는데 대부분 논문의 검은색 하드커버에 금박이나 은박으로 인쇄하게 되는 내용과 거의 동일한 내용이 들어갑니다. 이 내용은 각 학교 및 학과에 따라 상이할 수 있으니 반드시 해당 학과에 정확히 문의해야 합니다. 다음으로는 인준지가 옵니다. 보통은 논문의 제목이 맨 위에 크게 적히고 밑에는 "위 논문을 OOO의 OO석사 [OO박사] 논문으로 인준함" 이라는 문구가 적히고 바로 밑에는 심사위원장 OOO, 심사위원 OOO, 심사위원 OOO을 적지요. 학교에 따라 다를 수 있습니다만, 보통 석사 논문에는 심사위원장을 포함하여 3인, 박사 논문에는 심사위원장을 포함하여 5-6인으로 논문 심사위원단을 구성합니다. 통상적으로 자신의 지도교수 성함은 심사위원 칸의 맨 아래에 집어넣습니다. 이 분들이 논문에 대해서 심사를 하였다는 표시로 성함을 적고, 도장 혹은 서명을 첨부하는 페이지가 인준지입니다. 다음에는 목차가 들어가는데, 논문의 각 장 및 절을 하나하나 적고 해당 페이지를 그 페이지의 가장 우측에 기입합니다. 목차의 각 섹션의 페이지는 논문이 수정되는 과정에서 자주 바뀌니 논문 작성 마지막 순간까지 잘 체크해야 합니다. 표 목차와 그림 목차 역시 마찬가지 요령입니다. 논문에서 사용한 표와 그림의 번호 및 제목을 적은 후 가장 우측에 해당 페이지를 기록하면 됩니다. 이 이후에는 논문의 성격에 따라 약어표(Abbreviation)를 첨부하는 경우도 있습니다. 예를 들어 논문이 질적 논문이고 학생과 교사의 영어 대화를 녹음한 것을 담화분석(discourse analysis)했다면, 논문이 시작되기 전 약어표에서 담화분석에서 사용되는 각종 특수 용어를 미리 제시할 경우 논문을 읽는 독자 혹은 심사위원들에게 친절한 논문이 될 것입니다. 인터뷰 자료가 많이 제시된 논문이라면 약어표에 인터뷰 전사(transcription) 규약(convention)을 제시할 수도 있겠습니다. 하지만 이러한 내용이 방대하지 않고 몇 군데만 제시되어 있다면 굳이 약어표를 제시하지 않아도 전혀 상관없습니다. 그 이후에 역시 선택 사항으로 남아 있는 것은 헌사(dedication)입니다. 세월이 지나면서 요즘에는 석·박사 학위논문에 헌사를 넣는 경우는 별로 없습니다. 넣더라도 간결하게 작성하는 경우가 대부분입니다. 예를 들어 "작고하신 할머니께 [To my late grandmother]"라든지 "나의 학술적 멘토이셨던 OOO 선생님/교수님께, [To Professor OOO, my academic mentor]"와 같은 간결한 표현만이 한 페이지에 담겨 있는 것이 헌사입니다.

위에도 언급하였듯이 제1장 서론부터 1페이지로 계산하므로 이와 같은 앞 내용들 (front matters)에는 아라비아 숫자로 페이지를 적지 않습니다. 로마 숫자 소문자로 i, ii, iii, iv, v, vi, vii, viii, ix, x... 이런 식으로 표기합니다. 따라서 논문을 아래 한글로 작성하신다면 섹션 구분을 따로 하여 페이지를 새로 매기거나, 논문 앞부분 파일은 서로 다른 문서 파일로 만들어서 저장하는 것이 나중에 논문을 제본·인쇄할 때 좋을 것입니다.

3.2. 논문의 본문

이 장에서는 논문의 전체적인 순서와 각 부분에 꼭 들어가야 할 내용, 그리고 어떻게 논문을 써야 할지에 대해 예시와 함께 설명하겠습니다. 통일된 양식으로 논문을 쓰면 다양한 독자들이 보다 더 쉽고 빠르게 내용을 이해할 수 있기 때문에 이것은 논문의 내용 못지않게 매우 중요합니다. 논문의 제목, 저자 및 소속, 초록은 엄밀히 보면 논문의 본문이 아니지만 중요한 의미를 지니므로 여기에서 간략히 설명합니다.

3.2.1. 제목(Title)

논문의 제목은 논문의 중심생각을 요약해야 함과 동시에 눈으로 읽기에도 좋아야 합니다. 또한 논문의 주제와 그를 뒷받침하는 이론적인 배경이 서로 어떤 관계가 있는지를 나타낼 수 있다면 더 좋겠습니다. "Effect of Transformed Letters on L2 Reading Speed"가 좋은 제목의 예라고 할 수 있겠습니다. 제목은 차후 나의 논문이 다른 논문에 인용되었을 때 참고문헌 목록에 들어가고 내 논문의 첫인상을 결정하는 중요한 부분입니다. 따라서 길이가 너무 길면 가독성이 떨어집니다. 대개 방법 (method)이라든지 결과(results), 또는 너무 상투적인 A Study of나 An Experimental Investigation과 같이 불필요한 표현들은 삭제된 것과 삭제되지 않은 것을 비교해 보고, 삭제되어도 의미 전달에 이상이 없다면 제목에 쓰지 않는 것이 좋습니다. 또한, EFL, ESL, TESOL, L1, L2, TEFL, TESL, SLA 등과 같이 외국어교육, 영어교육 및 응용언어학을 공부한 사람들은 세부 전공을 불문하고 누구나 숙지하고 있는 용어는 축약된 형태를 써도 좋습니다. 하지만 널리 알려지지 않은 용어들은 축약(abbreviation)된 형태를 쓰는 것은 지양하고, 독자들이 제목만 보아도 논문의 내용을 정확하게 짐작할 수 있도록 모든 용어를 원래 형태 그대로 다 표기해 주는 것이 원칙입니다. 가장 이상적인 제목의 길이는 APA 규정에 따르면 영어 기준 12단어를 넘지 않는 것입니다. 또한 제목 자체가 최대 두 줄을 넘지 않도록 하십시오. 대부분의 경우에 의미 혹은 구문상 잉여적인 표현을 삭제하면 제목을 두 줄 이내로 작성할 수 있습니다.

■ 국제 학술지 투고시의 영문 프론트 페이지(front page)

프론트 페이지(front page)는 커버 페이지(cover page)라고도 하며 여기에는 논문의 제목과 저자 및 소속이 위치하게 됩니다.[1] 국제 학술지 투고를 위한 원고를 작성할 때는 가운데 정렬로 대문자 및 소문자를 함께 사용하며, 제목은 페이지를 반으로 나누어 보았을 때 윗부분의 정 중앙에 위치하게 됩니다. 페이지를 반으로 나누었을 때 아랫부분의 위에서 3분의 1에서부터는 저자의 이름 및 소속을 기재해야 합니다. 이름을 기재할 때는 이름(first name) 다음에 성(last name)이 오는 순서로 기재하는 것이 좋고, 통일된 형태로 이름을 기재하여 본인의 연구실적에서 같은 저자 임에도 불구하고 마치 다른 사람이 쓴 것 같은 오해의 소지를 없애야 합니다. 예를 들어, 독자나 도서관 사서들은 Sun-Min Park이 Sunmin Park, Sun M. Park, 또는 S. M. Park과 같은 사람인지 아닌지를 구분하는 것이 어려울 수 있기에 하나로 통일해야 합니다. Dr.이나 Professor, 또는 Ph.D.와 같은 직위나 학위는 모두 생략합니다.

소속은 저자가 연구를 수행한 기관을 밝히는 부분으로써 대학교나 연구소와 같은 학문기관인 경우가 대부분입니다. 가능한 한 개의 소속만을 기재하는 것이 원칙입니다. 소속이 없는 저자가 있을 경우에는 이름 밑에 그 사람이 살고 있는 도시와 주(state, 미국의 경우) 혹은 국가명을 기재합니다. 대학원생의 경우에는 졸업 이후에도 자택 주소보다는 학교 주소를 쓰는 것이 일반적입니다. 페이퍼를 쓰는 동안에 소속

---

[1] 커버 페이지는 12장에서 다루고 있는 커버 레터(cover letter)와는 다른 것입니다. 커버 레터는 논문을 투고할 때 편집장에게 보내는 공식적인 논문 투고 서한입니다. 커버 레터에 포함해야 하는 구제적인 내용은 12장을 참고하세요.

이 바뀌었을 경우에는 현재의 소속을 기재하며, 저자가 여러 명인 경우에는 저자들끼리의 합의에 의해 순서를 정하여 이름을 나열합니다. 그리고 저자와 소속은 가운데 정렬로 제목 바로 밑에 각각 한 줄씩 차지합니다.

```
Sociocultural Dynamics of ESL Learning (De)motivation:
An Activity Theory Analysis of Two Adult Korean Immigrants



                        Tae-Young Kim
                      (Chung-Ang University)




                      Contact Information
                        Tae-Young Kim
                       Associate Professor
                 Department of English Education
                       College of Education
                       Chung-Ang University
                  221 Heukseok-dong, Dongjak-gu
                     Seoul, 156-756, South Korea
                   Office Phone: 82-2-820-5391
                      Email: tykim@cau.ac.kr
```

<그림 3.1> 프론트 페이지 예시

3.2.2. 초록(Abstract)

초록은 학위논문에는 보통 논문의 맨 뒤에 위치하나, 학술지 논문에서는 맨 첫 페이지에 위치하게 됩니다. 초록은 논문 전체의 내용을 한 문단 안에 요약한 것으로, 제목처럼 독자들이 논문의 전반적인 내용을 빠르게 파악하게 해 주고 독자들의 흥미를 이끌어 내는 매우 중요한 부분입니다. 대부분의 사람들이 문헌연구를 할 때는 제목과 초록만을 훑어보고 다른 논문들과 비교해 본 후 전체를 읽을지 말지를 결정하기 때문에, 초록은 키워드를 중심으로 독자가 가능한 한 많은 정보를 얻을 수 있도록 주도면밀하게 작성되어야 합니다. 초록의 단어 수 제한기준은 학술지마다 다르지만 대개 100단어에서 250단어로 제한되는 경우가 많습니다. 학위논문의 경우에는 학교 및 전공마다 다르지만 3문단 정도로 구성되어 1~2페이지로 작성합니다. 대부분의 경우에는 학술지 초록 길이보다는 학위논문 초록의 길이가 깁니다. 영문 초록의 경우 Abstract라고 A만 대문자로 쓰고 나머지는 소문자로 쓴 뒤, 다음 줄에서 들여쓰기 없이 한 문단으로 작성하고 한 줄 띄우고, 새로운 줄로 주제어(key words)를 나열해 줍니다.

대학원생들이 작성한 영문 초록을 검토하면 간혹 축약형을 쓴다거나(예: It'll be regarded...) 접속사로 문어체에서 사용하지 않는 And, But, So를 문두에 사용하는 등의 기초적인 영작 실수를 하기도 합니다. 반드시 원어민의 교열을 받거나 동료 수정을 거친 정제된 문장을 영문 초록에 포함시킬 수 있도록 하세요.

초록에는 연구의 목적과 내용을 정확하게 명시하되, 본론에 나오는 구체적인 정보는 언급하지 않습니다. 만일 이전에 이미 수행된 연구의 연장선상에서 작성된 페이퍼거나 다른 페이퍼의 복제 연구를 수행한 것이라면 그 저자와 연도를 기재해 주어야 합니다. 영어 동사는 되도록 능동태를 사용하여 짧은 문단 안에 내용전달이 직접적이면서도 효율적으로 이루어지게 하고 결론은 현재시제로 써서 후속연구에서의 응용가능성을 암시하되, 실험에 사용되었거나 측정되었던 변수들은 과거시제로 써야 합니다. 각각의 문장마다 연구를 이해하는 데 필요한 핵심적인 정보전달을 할 수 있어야 하지만, 특히 맨 앞에 오는 중심문장에 심혈을 기울여야 합니다. 가장 강조하고 싶은 특징으로 첫 문장을 시작하십시오. 제목을 반복해서 쓰는 등 쓸데없이 글자 수만 낭비하지 말고, 독자들이 검색어로 쓸 만한 핵심단어들을 사용하여 네다섯 가지의 중요한 개념들과 결과 및 논의점을 중심으로 써야 합니다.

실험연구를 위한 초록에는 문제제기, 연구대상(나이, 성별 등), 연구방법(핵심적이고 흥미로운 부분만), 연구결과(통계적 유의미성), 그리고 결론, 함의 및 응용에 대한 내용이 들어가야 합니다. 문헌연구나 종합연구(meta-analysis)에 관한 초록에는 문제제기, 연구적합성기준, 연구대상, 주된 연구결과, 결론 및 제한점, 그리고 이론, 정책, 또는 실천 등에 대한 함의가 포함되어야 합니다. 이론 중심적인 논문을 위한 초록에는 그 이론이나 모형이 어떻게 작용하는지를 기술한 후 실험 결과에서는 어떤 현상과 관련 있는지를 기술합니다. 연구방법론적인 논문에서는 초록에 전반적인 연구방법과 핵심적인 특징들을 설명하고 그 연구방법의 활용범위나 통계적 특성 등을 포함합니다. 마지막으로, 사례연구에 대한 초록에는 연구대상에 따라 각 개인, 그룹, 지역, 혹은 단체별로 그 특징을 언급하고 제기되었던 문제에 대한 해결점 및 시사점을 제시합니다.

3.2.3. 서론(Introduction)

보통 논문의 서론을 먼저 쓰면서 순서대로 2. 선행연구, 3. 연구방법 ... 이런 식으로 진행하는 경우가 많습니다. 하지만 논문의 서론은 논문을 작성하면서 여러 번 재수정을 해야 하는 매우 중요한 부분입니다. 보통 독자들은 논문의 제목과 초록을 읽은 후 각자의 관심사에 부합한다고 판단하면 서론 부분을 먼저 읽기 시작합니다. 이에 서론은 논문의 이미지를 각인시키는 매우 중요한 역할을 수행합니다. 따라서 논문의 서론 부분에서 여러분들은 이 논문이 왜 읽을 가치가 있고 논문 작성 시점 당시에 어떠한 점이 학술적으로 해결되지 않았기 때문에 이 논문 연구를 시작하였는지에 대해 논리적인 글을 써 내려가야 합니다.

서론을 시작하기 전에 다음과 같은 질문들을 여러분 스스로에게 던져보시기 바랍니다.

1) 내가 제기한 문제점이 왜 중요한가?
2) 이 분야에서 내가 하려고 하는 연구와 비슷한 주제로 이미 수행된 연구들이 있다면, 나의 연구는 기존의 선행연구와 어떤 점에서 차별화 될 수 있는가?
3) 내 연구의 핵심 가설과 연구의 목적은 무엇이며 그것들은 이론적 배경과 어떻게 연관되는가?
4) 내가 제기한 가설들과 연구방법 및 연구 디자인은 서로 어떻게 관련되어 있는가?
5) 이 연구의 이론적, 실제적 함의는 무엇인가?

잘 쓴 서론은 위의 질문들과 관련된 논제를 서술하면서 그에 대한 답을 하는 동시에 독자들로 하여금 저자가 이 논문을 통해 무엇을, 그리고 왜 하려고 했는지를 명확하게 전달해주는 글입니다. 특히 연구의 필요성을 강조하는 것이 중요합니다. 이 연구가 왜 필요한지, 그리고 내가 제기한 연구문제가 왜 필요한지를 논리적으로 설득한다는 생각으로 써 나가야 합니다. 그리고 논제에 관련된 선행연구들을 언급할 때에는 그에 관련된 모든 연구 역사를 장황하게 나열하는 식이 아니라, 정말 직접적으로 관련이 있는 연구들만 추린 다음 그 중에서도 핵심적인 연구나 최근 것들을 중심으로 간략하게 요약 제시합니다. 본격적인 선행연구는 논문의 다음 장인 제2장 선행연구(혹은 이론적 배경)에서 다루기 때문에 서론에서는 간결한 핵심 연구만이 언급되어야 합니다. 또한 선행연구들과 여러분의 연구가 논리적으로 어떠한 연관성이 있는지에 대해서도 설명해야 합니다. 그리고 서론에서는 한정된 소수의 전문가 계층을 위한 설명보다는 다양한 분야의 독자들도 이해할 수 있도록 일반적 용어를 사용하고 충분하게 설명하는 것이 좋습니다.

3.2.4. 선행연구(Literature Review)

선행연구는 보통 학위논문의 제2장에 위치하게 됩니다. 선행연구라는 제목 대신 이론적 배경이라는 제목을 사용하기도 하는데, 그것은 기존 연구를 정리 제시할 때에 이론적 측면이 더 부각되는 경우에 한정합니다. 일반적으로는 선행연구라는 제목을 붙이는 것이 무난합니다. 사실 논문 심사 과정에서 대학원생들에게 뜻밖의 고통을 가져다주는 항목이 이 선행연구입니다. 글을 써 본 경험이 많지 않은 경우에 선행연구를 잘못 작성하다가 표절 논란에 걸려 곤혹을 치루는 경우도 있습니다. 표절은 이 책의 뒤에서 한 장을 할애하여 상세히 다룰 것이나, 원칙적으로 띄어쓰기 기준으로 여섯 단어 이상이 연달아 동일하게 제시되는 것을 표절로 간주합니다. 물론 우리 분야에서 늘 사용되는 Teaching English as a Foreign Language(TEFL), Second Language Acquisition(SLA) 등과 같은 외국어교육 및 응용언어학에서 통상적으로 사용되는 어구 및 해당 논문 분야에서 빈번히 사용되는 용어(예를 들어, Teaching English in English; TEE 등)나 통계 용어(예: Structural Equation Modelling; SEM) 등은 제외됩니다. 여섯 단어 이상의 단어가 다른 사람이 사용한 문장과 동일하게 겹치게 된다면, 이는 명백한 표절이 됩니다. 물론 눈으로 실제 대조하여 보는 과정이 있어야 합니다만, 요즘에는 표절 방지 시스템을 채택하고 있는 학교들이 많이 있어서 졸업 논문을 제출 할 때에 표절 방지 시스템을 활용하여 표절율을 제출하도록 요구하고 있습니다. 예를 들어, 카피 킬러(Copy Killer) 등과 같은 국내 웹사이트는 표절을 상당히 정확하게 판명하는 것으로 알려져 있습니다.

표절이 발생하기 쉬운 곳이 바로 이 선행연구입니다. 다른 논문의 문장이나 아이디어를 정당한 인용 표식 없이 그대로 가지고 옮겨 적는 것은 표절입니다. 다른 사람의 선행연구를 인용 부호(큰따옴표) 및 해당 저자, 출판연도, 해당 저작의 페이지를 명시하지 않고 그대로 타이핑해서 선행연구에 옮겨 적는 것은 표절입니다. 대학원생들이 글을 쓸 때 가장 유의해야 하는 점 중 하나입니다. 표절이 되지 않도록 하는 방법 중 가장 쉬운 것은 다른 관련 논문을 참고하여 잘 읽은 후, 그 논문을 덮은 다음 여러분이 읽은 내용을 다시 회상하면서 그 중요 내용이나 발견점을 여러분만의 언어로 논문에 적어 보는 것입니다. 똑같은 문장이 나타날 확률이 거의 없을 것이고, 따라서 표절의 위험에서 벗어나게 됩니다. 다만 이 경우에도 누구의 선행연구이고 출판연도가 어떻게 되는지는 정확하게 참고문헌에 표기해야 합니다. 참고문헌 표기에 대해서는 본서의 제 8-10장에서 상세히 제시하도록 하겠습니다.

선행연구는 나의 논문 작성에 결정적 도움을 준 기존의 관련 연구를 제시하는 장(章)입니다. 선행연구를 작성할 때 보통 대학원생들은 시대별로 맨 처음에 이 사람이 이런 연구를 했고, 그 다음에는 누가 어떤 연구를 했고, 또 다음에는 어떤 연구가 있었고, 이런 식으로 가장 예전부터 가장 최근까지 다소 두서없이 모든 연구를 줄줄 나열하는 식으로 하곤 합니다. 논문의 선행연구가 별로 없는 경우에는 이러한 나열식 방법도 하나의 방식일 수 있겠습니다만, 대부분의 경우에는 여러분들이 관심 있는 논문 주제는 상당한 양과 질의 선행연구가 축적되어 있을 것입니다. 따라서 연대기 별로 제시하는 것은 분량 상으로도 매우 길어지고 내용의 초점이 흐려지기 때문에 권장할 만하지 않습니다.

그렇다면 논문의 선행연구는 어떻게 작성하는 것이 좋을까요? 여러 가지 방법이 있기에 어떤 방법이 가장 좋다고 제시하기에는 어렵습니다. 다만 아래와 같은 방법을 생각해 볼 수 있습니다.

첫째 방법은 주제별로 묶어서 제시하는 것입니다. 내 논문에서 중요한 핵심 쟁점을 찾아 선행연구를 찬반에 따라 분류해 제시하는 것이 하나의 방법이겠습니다. 예를 들어 외국어 습득에 결정적 시기(critical period)가 존재한다는 것을 입증하는 입장과 존재하지 않는다는 입장의 양측 관련 연구를 제시할 수 있습니다. 혹은 공교육에서 영어교육을 초등학교 1학년으로 내려서 시작해야 한다는 입장에 대한 찬반양론 등을 제시할 수 있겠지요. 이런 식으로 여러분 자신의 논문에서 중요한 핵심 쟁점의 찬반에 해당되는 논문들을 제시하는 것입니다.

둘째 방법은 연구문제마다 포함된 핵심 구인(construct)을 연구한 선행연구를 살피는 것입니다. 예를 들어, 내가 논문에서 설정한 연구문제가 다음과 같이 세 가지라고 합시다.

1) 우리나라 고등학생들의 영어 학습 동기 요인은 어떠한가?
2) 우리나라 고등학생들의 영어 학습 태도 요인은 어떠한가?
3) 우리나라 고등학생들의 영어 학습 동기와 태도는 학년별 유의미한 차이가 존재하는가?

이러한 세 가지 연구문제에서 찾아 낼 수 있는 핵심 연구 주제 혹은 키워드는 동기, 태도, 학년별 차이입니다. 따라서 연구문제에 따라 선행연구를 구성한다면 선행연구의 첫째 절에는 영어 학습 동기 연구, 둘째 절에는 영어 학습 태도 연구, 셋째 절에는 동기와 태도 연구 중 시간의 경과에 따른 변화를 살핀 연구를 찾아서 조리 있게 제시하는 방법입니다.

셋째 방법은 위의 첫째와 둘째 방법에 모두 적용될 수 있는 방법으로서 먼저 세계적 동향을 제시한 후, 국내 연구로 그 범위를 축소시키는 것입니다. 혹은 아시아권의 다른 국가에서 수행된 연구를 제시한 후 다음 절에서 국내 연구를 제시하는 방법입니다. 이 셋째 방식은 연구문제가 선행연구의 말미에 제시되는 논문 형식에서 더욱 효과적이며, 학위논문 보다는 학술지 논문을 작성할 때에 더 편리하게 활용할 수 있는 방법입니다.

물론 위와 같은 세 가지 방법은 서로 결합하여 사용하는 것도 가능합니다. 예를 들어 연구문제별로 핵심 구인에 따라 선행연구를 제시할 때 각 절에서는 해외 연구를 먼저 제시한 후 다음에 국내 연구 동향을 제시하는 방식이 가능합니다. 혹은 연구문제별로 핵심 구인에 따라 선행연구를 제시하면서 각 구인에서 쟁점이 되는 사항으로 관점을 좁혀서 각 쟁점의 찬반 입장을 균등하게 제시하는 방안을 생각해 볼 수 있겠습니다.

따라서 선행연구를 제시할 때에 단순히 시대별 연구 동향을 산만하게 제시하는 것은 지양해야 하겠습니다. 다만 시대별 연구에 뚜렷한 경향이 있고 시기가 명확히 구분된다면 위의 첫째나 둘째 방법에 따라 큰 프레임을 짠 후 세부적으로는 시대별 연구 동향을 제시하는 것이 가능할 수 있습니다. 하지만 이 방법은 비교적 단순한 시대적 구분에 그칠 우려가 있으며 최악의 경우에는 대학원생 자신이 임의대로 시기를 구분하여 연구 동향을 지나치게 단순화시키고 있다는 비판을 받을 소지도 있습니다.

3.2.5. **연구방법**(Method)

연구방법에는 내 연구가 어떠한 절차에 따라 어떻게 수행되었는가를 자세히 기록해야 합니다. 연구에 쓰인 여러 가지 변인들을 이 연구에서는 어떻게 정의하였는가도 명시해 주어야 합니다. 연구방법은 크게 두 부분으로 나누어서 씁니다. 첫 번째 부분에서는 연구대상(참여자)에 대한 서술을 주로 하고, 두 번째 부분에서는 연구가 진행된 과정을 기술합니다. 연구에 쓰인 실험 디자인이 다소 복잡할 경우에는 두 번째 부분을 여러 개의 부분으로 다시 나누어 주제 별로 묶어 보다 자세하고 체계적인 설명을 제공해주는 것이 좋습니다.

연구대상에 대해 서술하는 부분은 연구의 목적과 연구문제에 적합한 연구대상이라는 것을 증명할 수 있도록 총 몇 명의 연구대상이 참여하였고 각 개인의 연령, 성별, 직업, 언어수준, 언어학습 경험, 사회적 지위, 참여자들 사이의 관계 등 연구결과와 데이터 분석에 연관이 있다고 판단되는 충분한 정보를 제시해 주어야 합니다. 또한 어떠한 절차를 거쳐 연구대상을 모집했는지(자발적으로 지원한 사람들만 모았는지, 참여자를 선발했다면 그 기준에 대해, 어떤 식으로 동의를 구했는지, 어떠한 보상을 하였는지 등)에 대해서도 설명해야 합니다. 하지만, 연구에 동원된 사람들의 이름이나 학교이름과 같은 것은 반드시 가명으로 처리해서 연구 윤리에 어긋나지 않도록 익명성을 보장해 주어야 합니다(이 경우에는 참여자의 이름이나 소속 기관이 가명으로 처리되었다는 것을 본문에서 반드시 명시해 주어야 합니다). 많은 데이터를 가지고 통계적인 유의미도를 살펴보려고 하는 연구인 경우에는 연구목적과 연구문제에 알맞은 숫자의 연구대상을 모집해야 합니다.

연구대상이나 장소를 익명으로 처리할 것이라는 약속은 반드시 지킬 필요가 있습니다. 연구를 진행하다 보면 간혹 연구에 참여하는 것에 참여자 스스로가 과도한 의미를 부여하거나 상업적 목적 등 기타 의도를 가지고 본인의 이름 혹은 본인 소속 기관의 실명을 밝혀달라는 요청을 받기도 합니다. 하지만 어떠한 경우에도 논문 참여자나 참여 기관은 익명으로 처리하는 것이 안전합니다. 학위논문이나 학술지 논문 모두 연구자는 개인 자격으로 논문을 발표하는 것이 아니라 소속 기관의 일원으로 발표하는 것이므로, 논문에 관련된 법적, 경제적 문제가 발생하는 경우에는 소속 기관에도 피해가 발생할 수 있습니다. 예를 들어, 특정 영어 교육 방법을 채택하고 있는 특정 영어 학원의 실명이 제시되어 있거나 가명을 사용하였어도 그 학원을 유추할 수 있는 정보가 포함되어 있다면 경쟁 학원으로부터 법적 소송에 휘말릴 수 있고, 여러분 자신이나 소속 학교가 마치 그 학원을 홍보한다는 그릇된 인상을 줄 우려가 있습니다. 따라서 연구에 참여한 어떤 개인이나 기관에서 그 실명을 밝혀달라는 요청이 있더라도 가명 처리를 하고 참여자나 기관을 독자들이 유추할 수 없게 하는 것이 연구 윤리에 합당하다는 것을 염두에 두시기 바랍니다.

연구대상에 대한 서술이 끝난 다음에는 연구 자료의 수집 방법, 연구 진행 절차, 자료 분석 방법 등을 소제목을 붙여가며 상세히 제시하도록 합니다. 자료를 어떤 방법을 사용하여 수집하였는지에 대해서 기술하는 연구방법 섹션에는 연구가 종이로 된 설문지였는지, 이메일이나 구글독스(Google docs), 서베이몽키(Survey Monkey) 등을 통한 온라인 설문지였는지, 인터뷰를 했는지, 또는 참여관찰을 통해 데이터를 수집했는지 등 데이터 유형과 수집 경로를 자세하게 밝혀야 합니다. 체계적 서술을 위해서 각 세부 자료별로 소제목을 붙여서 제시하는 것이 좋습니다. 만일 시험을 치르게 하는 실험(experiment) 요소가 포함된 연구라면, 평가도구는 어떻게 개발되었으며 이것의 타당도나 신뢰도를 어떻게 확보하였는지를 기술하여야 합니다. 아무리 다른 부분을 잘 썼다 하더라도 연구에 있어서 평가도구에 오류가 발견되면 논문 전체에 치명적인 결함이 될 수 있으므로 논문을 실제로 기획하는 단계에서 철저히 검증하는 절차를 거친 다음 평가도구를 결정해야 합니다.

다음으로는 연구 진행 절차, 구성 혹은 디자인에 대해서 서술합니다. 연구를 위해 보통 예비 연구(pilot study)와 본 연구(main study)로 구분하는데, 예비 연구는 언제, 어디에서, 몇 명을 대상으로 어떻게 시행되었고, 그 결과는 어떻게 본 연구에 반영되었는지를 한 두 문단 정도로 정리하여 제시합니다. 본 연구 진행 절차에 대해서는 좀 더 상세한 서술이 필요합니다. 언제, 어디에서, 어떠한 참여자들 몇 명에게 시행했는지를 서술하여야 합니다. 이때, 연구 그리고 데이터를 분석할 때 사용하였던 기준이나 평가도구는 어떤 것이었는지에 대해서도 명시해 주어야 합니다. 실험연구에서는 실험집단과 통제집단은 어떻게 나누었으며 통제변인은 무엇이었는지, 처치는 어떻게 이루어졌는지 등에 대해 기술해야 합니다. 연구 진행을 일목요연하게 제시할 수 있는 표를 포함하는 것도 유용한 방법이 될 수 있습니다. 표의 가로 축에는 연도와 월을 제시하고 세로 축에는 세부 연구방법을 제시하여 몇 년도 몇 월에는 어떤 연구방법이 어떻게 진행되었는지를 표를 활용하여 시각적으로 보여준다면 잘 정리된 논문이라는 인상을 줄 수 있습니다.

다음 부분에는 자료 분석 방법을 서술합니다. 설문, 면담, 실험 등을 통해 얻어진 자료를 어떻게 체계적으로 분석하였는지 통계 기법, 정성적 자료 분석 방법 등을 상세히 기술하여야 합니다. 어떠한 방법을 사용하였으며, 이때의 문제점은 없었는지, 양적 연구이고 T-검증이나 ANOVA와 같은 추론 통계(inferential statistics)를 사용하였다면 그 전제가 되는 정규분포성이나 등분산성이 확보되었는지, 질적 연구라면 연구결과의 주관적 해석을 방지하기 위한 전이가능성(transferability)은 어떻게 확보되었으며, 코딩을 하였다면 코딩자간 신뢰도(intercoder reliability = percentage of agreement)는 어떠하였는지 등을 제시하여야 합니다. 만일 연구방법이 양적 연구와 질적 연구 요소가 모두 포함된 혼합연구(mixed methods) 방법이었다면, 혼합연구의 개념은 무엇인지, 왜 이 연구에서 혼합연구를 사용하였는지 등에 대한 설명도 제시하는 것이 좋습니다.

연구방법 장의 마지막 부분으로는 윤리 규정 준수에 대한 항목을 포함하는 것이 좋습니다. 이 연구 참여자들은 연구에 자발적으로 참여하였으며, 자신의 의지에 반하여 강압적인 참여가 없었다는 것을 제시하여야 하며, 연구 참여자 및 기관은 모두 가명으로 처리되었으며, 신원을 유추할 수 있는 모든 정보는 삭제되었다는 점을 밝혀야 합니다. 또한 연구 자료는 수집 후 어떠한 방식으로 보안이 유지되었는지, 파기되었다면 어떻게 체계적으로 분쇄 혹은 파기되었는지를 서술하여야 합니다. 특히 질적 연구에 속하는 면담 혹은 관찰 연구였다면 연구 참여자들에게 연구 전에 연구자가 구두로 연구의 목적과 연구 참여로 얻을 수 있는 정신적, 물질적 이익에 대해서 언급하였고, 참여자는 언제 어떠한 이유로든 연구에 참여하기를 중단할 수 있다는 점을 고지하였다는 것을 기술하여야 하며, 더 바람직하게는 서면 동의서를 획득하였다는 것을 밝혀 주어야 합니다.

3.2.6. 연구결과(Results)

연구결과에는 결론을 뒷받침해 줄 수 있는 자료를 일목요연하게 정리하여 기술해야 합니다. 그러나 자신이 원하는 결론을 위해서 자료를 임의대로 삭제하거나 변경하는 등 학술적 양심을 해치는 행위를 해서는 안 됩니다. 최근 언어교육 및 응용언어학 분야에서 국제적인 명성을 가지고 있는 학술지 한 곳에서 출판된 논문 중 하나가 원 자료가 없는 것을 가공하여 자료가 있는 것으로 조작한 것으로 드러나 학계에서 크게 논란이 된 적이 있었습니다. 또한 매우 드물게 학위논문 심사 과정에서도 학생 중 일부가 논문 자료를 실제 수집하지 않았는데도 수집한 것처럼 자료를 가공하여 논문을 작성한 것이 발각되어 대학원에서 크게 문제가 된 경우도 있었습니다. 따라서 양심에 따라 자료를 정당하게 제시하여야 하며, 그렇지 않은 경우에는 학술적으로 엄중한 징계가 수반된다는 것을 유념해야 합니다. 자료를 제시할 때, 원래의 자료를 모두 실을 필요는 없지만 필요에 따라서는 부분적으로 또는 부록(Appendix)을 통해 전체를 첨부할 수도 있습니다.

연구결과 장에서 여러분들이 유의해야 하는 것은 양적 자료를 제시하면서 의미 없이 표만 계속 나열하거나 질적 자료를 보여주기 위해 인터뷰 원자료를 계속 나열하면 안 된다는 것입니다. 표나 그림, (인터뷰와 같은) 언어 자료는 바람직하게는 한 페이지의 3분의 1, 혹은 2분의 1을 넘는다면 곤란합니다. 한 페이지의 나머지

부분은 그 표나 그림, 언어 자료에 대한 상세한 해석이 동반되어야 합니다. 연구결과 장에서 흔히 범하는 학생들의 실수는 이것저것 여러 가지 자료를 제시하는 데 급급해서 그 자료가 꼭 필요한 것인지 생각하지 못하는 경우도 있다는 것입니다. 이것이 꼭 필요한지를 생각하기 위한 가장 중요한 점검 포인트는 내가 설정한 연구문제를 다시 살펴보는 것입니다. 내 연구에서 설정한 중요한 연구문제가 세 가지라면 그 세 항목에 맞는 연구결과를 연구문제별로 제시하는 것이 체계적일 것입니다. 연구자료가 만일 이 연구문제와 관련성이 희박하다면 흥미로운 자료라고 하더라도 일단은 내 논문에서 삭제하는 것이 올바른 방향입니다. 만일 정말로 흥미로운 자료라면 연구문제를 수정하는 것을 고려하여야 하고, 이에 따라 선행연구 혹은 이론적 배경도 일부 수정이 필요할 수 있습니다.

APA 규정에서는 표 혹은 그림을 한 페이지 안에 온전히 제시되어야 한다고 못 박고 있습니다. 즉, 표 중간이 잘려서 일부가 이전 페이지 하단에 있고, 나머지 부분이 다음 페이지 상단에 있는 것은 좋지 않다는 뜻입니다. 또한 표나 그림의 제목이 표와 그림의 본문과 분리되는 것도 올바르지 않습니다. 이를 방지하기 위해서는 논문을 최종적으로 쓰고 난 후에 편집 과정에서 표, 그림이 분리되지 않도록 위치한 자리를 옮기는 것을 생각해 볼 수 있습니다. 보통 표와 그림의 전후에 있는 문단의 위치를 통째로 바꿔서 표와 그림이 잘리지 않게 하는 방법을 고려하게 됩니다. 하지만 실제 대학마다 표나 그림이 잘려서 제시되는 것에 대해 규정하고 있지 않는 경우가 더 많기는 합니다. 미관상 온전한 표와 그림이 한 페이지 안에 잘 제시되어 있다면 눈으로 읽기에 더 편한 것은 사실이니, 이러한 APA 규정을 알고 있는 것이 좋겠습니다.

표나 그림이 아닌 언어 자료로 보통 구성되는 질적 연구결과 부분 역시 인터뷰나 참관 일지 등의 언어 자료(excerpt)만 한 페이지 넘게 계속 제시되지 않는 것이 좋습니다. 한 페이지에서 3분의 1 혹은 2분의 1정도만 언어 자료로 제시하고 나머지 부분은 그 언어 자료의 의미나 해설이 필요합니다. 언어 자료는 논문의 나머지 본문과는 구별되게 편집할 필요가 있습니다. 만일 본문의 줄 간격이 160%라면 언어 자료는 120% 정도로 한 후 그 문단 전체의 왼쪽과 오른쪽의 여백을 더 넓게 하여 들여쓰기가 될 수 있게 조정한다면 읽는 독자들은 "아 이 부분은 실제 연구에서 발췌한 언어 자료구나"하고 쉽게 알 수 있을 것입니다. 다량의 언어 자료가 포함된다면 논문의 앞부분(front matters)의 맨 마지막에 전사 규약(transcription convention) 혹은 약어(abbreviation)등을 한 번에 모아 제시하는 것도 좋습니다.

3.2.7. 논의(Discussion)

이 부분에서는 앞서 언급했던 이론들과 가설, 그리고 연구결과들을 모두 종합적으로 함축하여 중요한 핵심을 더욱 강조하고 도출된 연구결과들을 연구자의 관점에서 보다 자세히 설명하고 해석합니다. 저자의 성향과 연구의 성격에 따라서 연구결과와 논의를 Results and Discussion이라는 하나의 파트로 묶어서 정리하는 논문도 있을 수 있지만, 단순히 자료를 나열하고 그 자료를 해석하는 수준으로만 끝나버릴 수 있기 때문에 이러한 방식을 지양하고 논의 부분에 더욱 비중을 싣는 것이 중요합니다. 따라서 논문을 쓸 때에 연구결과와 논의를 구분하여 개별 장으로 처리하는 것이 좋습니다.

사실 많은 논문에서 연구결과만을 무미건조하게 나열하고 결론 부분으로 마무리하는 경우가 많이 있는데, 논의는 논문의 가장 핵심이 되는 장(章)이므로, 이렇게 논문이 작성되어서는 곤란합니다. 여러분만이 생각할 수 있는 창의적인 주장이 논리적으로 제시되어야 합니다. 앞에서 설정한 연구문제와 이에 따라 선행연구에서 제시한 관련 선행연구와 나의 연구결과는 어떠한 유사점과 차이점이 있는지, 이러한 점들을 비교 대조하였을 때 나의 연구결과는 어떠한 의미를 지니고 있는지 등을 체계적으로 서술하여야 하며, 자신의 입장을 논증해야 하는 것이 논의 장의 역할입니다. 따라서 논의에서는 앞부분인 연구결과에서 이미 쓴 말들을 다른 말로 바꿔 단순히 반복해서는 안 됩니다. 결과를 해석할 때에는 연구결과에 다른 영향을 미칠 수 있는 잠재적인 위험요소나 신뢰도 등에 대해 언급하고 측정방법의 정확성에 대해 다시 한 번 점검하며, 양적 데이터의 경우 나의 실험에서 나타난 전체적인 숫자에는 오류가 없는지, 결과가 이미 시행되었던 선행연구에 제시되었던 유사한 실험과 보이는 중복점 및 차이점은 없는지 살펴보아야 합니다. 뿐만 아니라, 연구결과에 대한 일반화 가능성, 외적/내적 타당도, 그리고 독자들이 제기할 수 있을 의문을 미리 생각하고 그것을 해소할 수 있는 논의를 해 주어야합니다.

논의에서는 연구결과에서 발견된 중요한 사항들과 함의점을 다시 한 번 짚어주고, 이 연구에서 처음에 제기했던 연구문제와 가설들이 연구를 통해 어떻게 나타났는지를 정리해 주어야 합니다. 따라서 논의의 구성 역시 연구결과와 유사하게 여러분이 설정하였던 연구문제의 순서에 따라서 제시하는 것이 좋습니다. 연구문제를 포괄하는 핵심 주제는 무엇인지 고찰하여 그 주제에 따른 논의가 진행될 수 있다면 더욱 바람직할 것입니다.

■ 논문에서 '결과' 섹션과 '논의' 섹션의 차이 예시

위에서 결과 부분과 논의 부분에 대한 개괄적 설명을 드렸으나, 많은 분들은 실제로 어떠한 차이가 발견되는지를 궁금해 할 수 있습니다. 따라서 제가 최근에 <영어교육연구>지 27권 3호에 게재한 논문을 예시로 직접 보여드리는 것이 이해에 도움이 될 것으로 생각합니다. 논문의 수준에 대해 제가 특별한 자부심을 갖기 때문에 제시하는 것이 아니라 예시를 보여드리기 위해 최근 논문에서 찾은 것이니 오해 없으시기 바랍니다.

이 논문은 우리나라에서 영어를 배우는 초·중·고등학교 학생들 중 수도권 지역의 여섯 학생에게 반구조화(semi-structured) 면담법을 사용하여 이들이 왜 영어를 배우는지를 연구한 질적 연구입니다. 이론적 틀은 Dörnyei(2005, 2009)라는 학자가 제안하는 제2언어 동기적 자아 체계(L2 Motivational Self System)에 따라 분석한 것인데, 여러분은 구체적인 이론의 내용보다는 어떻게 결과와 논의를 구성했는지에 초점을 두어 살피시면 됩니다. 다음은 이 연구의 연구문제입니다.

1) 학생 참여자 6인의 영어 학습 동기와 제2언어 자아의 양상은 어떠한가?
2) 학생들의 영어 학습 동기 및 제2언어 자아 인식에 영향을 끼치는 요인은 무엇이 있는가?
3) 영어 교사 2인이 인식하는 학생들의 학습 동기는 학생 참여자 6인이 언급하는 내용과 어느 정도 일치하는가?

이와 같은 연구문제를 밝히기 위해 수행한 연구의 결과와 논의 섹션은 다음과 같습니다.

IV. 연구결과

이 장에서는 위에서 밝힌 연구방법 및 분석 방법을 통해 얻은 결과에 대해서 논의한다. 먼저 학생 면담을 통해 밝혀진 이들의 제2언어 자아에 작용하는 한국 사회의 교육 담론을 분석하고, 이어 학습자들이 밝힌 무동기화(amotivation)와 영어 학습간의 관계에 대해서 사회학적 분석을 바탕으로 제시한다. 마지막으로는 현직 영어 교사들은 학생들의 제2언어 자아의 부재에 대해 어떠한 인식을 가지고 있고, 이들의 학습 동기를 증진시키기 위해 어떠한 교실 활동을 하고 있는지를 논하고자 한다.

1. 학생들의 제2언어 자아의 미확립과 무동기학습(amotivated learning)

본 연구는 학생들이 이상적 제2언어 자아의 형성에 미치는 요인이 무엇인가를 살피는 것이 주요 연구문제 중 하나이다. Dörnyei(2009)와 Taguchi, Magid와 Papi(2009)는 이상적 제2언어 자아를 형성한 경우에는 미래에 자신이 제2언어를 사용해서 활동하는 긍정적 미래를 더 구체적으로 설정하고 있으므로, 영어 성취도에 긍정적인 영향을 미친다고 강조하고 있다. 이 연구에 참여한 학생 6명 중 가장 영어 성적이 좋았던 정선영 학생의 이상적 제2언어 자아에 관한 면담 결과는 아래의 면담 자료 1과 같다.

면담 자료 1. 정선영(중 3, 여)
92. 연구자: 그럼 선영이는 커서 뭐가 되고 싶어?
93. 정선영: 피디요.
94. 연구자: 피디? 음. 그럼 피디 하는 거는 영어랑 상관이 있니?
95. 정선영: 네.
96. 연구자: 왜?
97. 정선영: 영어를 잘 해야지요. 그래야 프로그램 제작하고 그러는데 도움이 되지요.

정선영은 자신이 미래에 설정한 희망 직종인 방송국 피디는 영어가 많이 필요하기 때문에 영어를 공부한다는 이유를 설명하고 있다. 이상적 제2언어 자아가 한국 학생들의 영어 성취도를 유의미하게 설명하는 변인인지에 대해서는 후속 연구가 필요할 것이다. 그러나 이 연구에서 정선영은 다른 다섯 명의 학생 참여자들에 비해서 영어 성적이 최상위권에 속한 학생이었다. 정선영을 제외한 다른 학생들은 이상적 제2언어 자아에 대한 언급이 없었다는 점을 감안한다면, 내재화된 자아상은 정선영의 영어 성취도에 긍정적인 영향을 끼쳤다고 추론해 볼 수 있다.

이 연구에 참여한 학생들은 학년이 낮을수록 부모, 특히 어머니의 영향을 많이 받는 경향을 보였다. 우리나라의 영어 학습자들은 영어를 배우는 이유에 대해 외국인과 의사소통을 하기 위해서 혹은 미래에는 영어가 더 중요해지 때문이라고 언급하였는데(Kim, 2009b), 본 연구에서도 참여자들은 영어의 필요성에 대한 주위 사람의 가르침을 답습하는 경향을 나타내고 있다. 이러한 현상은 저학년일수록 더 뚜렷하게 나타나고 있다.

면담 자료 2. 권다현(중 1, 여)
26. 권다현: 엄마가 그러는데요, 저희 시대 때에는, 저희가 어른이 되면 외국인이 많아지니까요. 그래서 영어나 그런 거 많이 배워야 한대요.
27. 연구자: 엄마가 외국인들이 많이 있으니까 배워야 한다고 말씀해 주셨어?
28. 권다현: 네.
29. 연구자: 그렇구나. 다현이 생각은 어때? 다현이도 그런 것 같아?
30. 권다현: 네, 그런 것 같아요.

면담 자료 2에서 나타나듯, 권다현은 부모가 영어 공부를 해야 하는 이유에 대해서 설명한 것을 언급하고 있는 것을 알 수 있다. 즉 영어가 국제화 시대에 필요하다는 당위적 영어 교육 담론이 부모로부터 학습자 개개인에게 전달되어 내재화되고 있음을 보여준다. 흥미로운 것은 부모로부터 영어 공부를 해야 한다는 당위성은 반복적으로 주입되고 있으나 정작 영어 공부를 해야 하는 구체적인 이유, 효과적이고 구체적인 영어 학습 방법에 대한 부모·자식 간 대화는 별로 없는 것으로 나타났다는 점이다. 면담 자료에서 외국인과 대화를 왜 해야 하는지, 어떤 내용에 대해 대화를 해야 하는지에 대해 부모님과 논의했다는 학생들은 발견되지 않았다.

아래 면담 자료 3은 초등학교 5학년인 김민서 학생 자료인데, 위의 권다현 자료와 다르지 않다. 아래의 면담 자료에서 주목할 점은 영어 공부는 외국인과 대화하기 위해서 필요하다고 반복적으로 부모에게 듣고 있으나, 학습 동기 부여나 학습 책략에 대한 부모의 조언, 즉 멘토링이 진행되지 않는 경우가 나타난다는 것이다. 이러한 경우에는 학습 동기가 내재화되지 못하고 외면적으로만 반복되어 실제 학습과 연관되지 않을 가능성이 있다.

면담 자료 3. 김민서(초등 5, 남)

56. 연구자: 민서가 생각하기에 영어공부는 왜 해야 하는 것 같아?
57. 김민서: 앞으로는 꼭 영어로 다른 사람이랑... 외국 사람들이랑 대화하기 위해서
58. 연구자: 어, 진짜? 민서는 실제로 외국 사람들이랑 대화해 본 적 있어, 영어로?
59. 김민서: 아니요.
60. 연구자: 그럼 누가 말해줬어? 외국 사람들이랑 이야기해야 된다는 건?
61. 김민서: 엄마가.
62. 연구자: 그렇구나. 엄마가 영어공부 하라고 하시면 민서는 기분이 어때요?
63. 김민서: 휴... [한숨 지음]
64. 연구자: 별로? 엄마가 어떻게 민서한테 공부하라고 하셔?
65. 김민서: 뭐. 가르쳐 주시지는 않는데, 그냥 숙제 먼저하고 그냥 무조건 외우래요.
66. 연구자: 그럼 민서 마음은 어때? 엄마가 자꾸 무조건 외우라고 하면?
67. 김민서: 화나요.
68. 연구자: 왜 화가 날까?
69. 김민서: 알려주지도 않고 그냥 무조건 외우라고 해서.
70. 연구자: 그렇구나... 민서는 장래 희망이 뭐야?
71. 김민서: 아직 없어요.

면담 참여자들은 연령이 올라갈수록 전반적으로 영어가 필요하다는 사회적 담론을 당연시하는 현상을 관찰할 수 있다. 영어 공부를 해야 하는 이유에 대해서는 적어도 "국제화"시대에 "영어 정도는 기본적으로" 할 수 있어야 한다는 주입된 의식이 강해지고 있음을 알 수 있다.

면담 자료 4. 송종현(고 1, 남)
36. 연구자: 근데 왜 영어 공부를 해야 한다고 생각해?
37. 송종현: 그냥. 티비에서 나오잖아요. 국제화 시대에 맞춰서... 우리가 맞춰나가야 된다고...
38. 연구자: 종현이 생각은 어때? 그런 거 들을 때 마다?
39. 송종현: 알아두면 좋을 건 같은데요. 너무 어렸을 때부터 그러니깐 좀 그런 것 같아요.

Dörnyei와 Ushioda(2011)는 학습 동기가 형성되기 위해서는 먼저 학생들이 자신이 설정한 미래의 제2언어 자아와 현재의 자신의 수준과의 간극을 인식하여야 한다고 강조하고 있다. 즉, 학생들이 외국어를 학습함으로써 미래에 무엇을 할 수 있고, 하고 싶은지에 대한 모습을 구체화하는 것이 학습 동기의 형성의 출발점이 된다고 볼 수 있다. 그러나 위의 면담 자료 2, 3, 4에서 참여자들은 자신이 왜 영어 공부를 하고 있는지에 대한 그 원인을 자신이 꿈꾸는 미래상에서 찾는 것이 아니라, 부모 혹은 사회의 요구에 순응하는 모습을 보여주고 있다. 즉, 국제화를 위해 영어가 공용어이기 때문에 기본적으로 알고 있어야 한다는 사회적 담론이 학습자들에게 점차 내재화되고 당연시되고 있음을 알 수 있다.

아래 면담 자료 5에서 송종현 학생은 장래 희망 직업이 국사 혹은 사회 교사여서 영어를 어떤 식으로 미래 직업과 관련시켜야 하는지에 대한 생각이 불투명하나, "최소한 기본적인"것을 알아야 한다고 생각하고 있다.

면담 자료 5. 송종현(고 1, 남)
62. 연구자: 종현이는 장래희망이 뭐야?
63. 송종현: 선생님이요.

64. 연구자: 어떤 선생님?
65. 송종현: 국사, 사회
66. 연구자: 국사나 사회? 음... 그 과목들이랑 영어랑 얼마나 상관이 있을까?
67. 송종현: 나중에 선생님이 되거나 그럴 때 하려고 하면 최소한 기본적인 건 알아놔야 될 것 같아요.
68. 연구자: 근데 그게 직업이랑은 별로 좀 상관이 없을 것도 같은데...
69. 송종현: 잘 모르겠어요. 근데 그 직업만 하려면요, 필요한 것 같아요.
70. 연구자: 국사랑 사회는 우리나라 문화랑 역사인데 거기에 영어가 필요할까?
71. 송종현: 선생님이 되려면 기본적인 건 알아둬야 하니까요.

결국 영어 학습자 개인이 앞으로 실제로 영어를 어떤 직종에서 사용할 지와는 무관하게 기본적인 소양으로서 영어를 할 수 있어야 한다는 한국 사회의 전반적 생각이 투영되어 있음을 알 수 있다.

본 연구에 참여한 6명의 학생들 중 영어 성취도가 가장 높았던 정선영을 제외한 5명의 학생들은 면담 도중 제2언어 자아에 대한 뚜렷한 인식이 없거나 부모의 지속적인 강요로 인한 필연적 제2언어 자아만을 언급하였다. 즉 영어를 사용하는 자신의 밝은 미래상을 인식하는 경우가 드물었는데, 특이하게도 아래의 박유진 학생의 자료와 같이 뚜렷한 장래 희망이 없는 경우에도 영어 학습이 꾸준히 진행되는 양상이 나타나고 있다.

면담 자료 6. 박유진(중 2, 여)
53. 연구자: 유진이는 그럼 나중에 커서 뭐하고 싶어?
54. 박유진: 그냥 선생님이나 그런거? 아직 잘 모르겠어요.
55. 연구자: 선생님은 어떤 [과목] 선생님 하고 싶어?
56. 박유진: 그런 것도 잘 모르겠어요.
58. 연구자: 그러면, 나중에 유진이가 어떤 직업을 갖게 되던 그게 영어랑 상관이 있을까?
59. 박유진: [2초 뒤] 있을 것 같은데. 다 있을 것 같은데... 모르겠어요.

제2언어 학습동기가 지난 50여 년간 연구된 근본적 이유는 학습 동기 혹은 제2언어 자아가 영어 학습을 이끌어가는 정신적 에너지를 제공한다는 전제 때문이었다. 그러나 위의 면담 자료 6은 학습자에게 동기나 자아상이 없는 경우라도 영어 학습이 이루어질 가능성이 있음을 제시하고 있다. 더구나 박유진 학생의 경우는 영어 성적 역시 상위권이므로, 결국 학습 동기가 없거나 제2언어 자아가 형성되지 않은 경우라도 높은 수준의 영어를 성취할 수 있는 가능성이 있다. 주목할 만한 점은 이 학생에게 제2언어 자아는 비록 없지만 지속적으로 다른 학생들을 의식하고 그 학생들보다 영어가 뒤처질 것 같다는 비교의식이 작용하고 있다는 점이다.

면담 자료 7. 박유진(중 2, 여)
83. 연구자: 그럼 유진아, 유진이 주변에 영어 잘하는 친구 있어?
84. 박유진: 네, 많죠.
85. 연구자: 예를 들면 누가 있을까?
86. 박유진: 주연이도 잘하고, 다 잘하는데... 제가 볼 때.
87. 연구자: 그럼 유진이가 제일 못하는 것 같아?
88. 박유진: 네...

이러한 비교의식은 한국 중등학생들의 영어 학습 동기 선행연구에서 밝혀진 경쟁적 동기(competitive motivation)로 설명될 수 있다(Kim, 2006b, 2010a). 경쟁적 동기는 도구적 동기와 유사하나, 항상 비교의 대상이 되는 같은 반 학생, 비슷한 성적을 가진 잠재적 경쟁자들의 존재를 마음속에 상정하고 있다는 점에 차별성이 있다. 경쟁 동기에는 다른 학생들보다 더 뛰어난 영어 성적을 받아야만 대학 진학이나 내신 성적이 더 유리해질 수 있다는 한국 상황에 특히 두드러지는 비교 심리가 반영되어 있다. Kim(2010a)은 한국 학생들의 경쟁 동기는 하나의 심리적 구인으로 존재하고 있는 것이 사실이나, 위계적 회귀분석 결과 이 종류의 영어 학습 동기는 학생들의 영어 성취도를 예측하지 못하는 변인이었으므로, 학습 자체와는 무관하다고 강조하고 있다. 결국 위 면담 자료 6과 7에서 박유진 학생은 학습 동기 중 다른 학생들보다 더 뛰어난 성적을 받아야 한다는 경쟁적 동기만을 언급하고 있고 이상적 자아나 필연적 자아는 아직 형성하고 있지는 않은 것으로 판단된다.

2. 학생들의 영어 학습 동기에 대한 교사의 인식

교사 2인의 면담 자료는 학생들이 설령 무동기화 상태라고 해도 일정 수준 이상의 영어 성적을 받아야만 하는 한국의 교육 현실을 다시 한 번 나타내고 있다. 면담 참여 교사들은 학생들의 동기 유발 및 이상적 제2언어 자아 형성 촉진에 대한 충분한 고려가 미흡하였고, 수업을 잘 진행하여 독해, 청해, 문법 사항을 숙달시키는 것이 교사의 일차적 책무라는 인식을 하고 있었다. 이는 학생들을 각종 영어 시험 및 수학능력시험 외국어 영역에서 좋은 성적을 획득하게 하면, 유능한 교사로 인식되는 한국 중등 교육의 현실을 반영하고 있다.

위에서 한국 학생들에게 발견되는 경쟁적 동기는 한국의 교육 현실을 반영하는 고유한 심리적 구인이라고 설명하였다. 아래의 교사 면담 자료 8은 영어 교사가 학생들의 경쟁적 동기를 잘 인식하고 있을 뿐 아니라, 이 동기는 현실적으로 무시할 수 없는 것임을 강조하고 있다.

면담 자료 8. 이성훈(교사, 남)
42. 연구자: 영어를 가르치는 교사 입장에서는 별로 [경쟁 동기가] 장려해야 할 동기는 아니잖아요?
43. 이성훈: 물론 아니지요. 제가 그걸 [경쟁 동기를] 많이 봐요. 제가 특히 여자 고등학교에도 있었기 때문에 애들끼리 보이지 않는 경쟁이 장난이 아니에요. 어쩔 땐 그 경쟁이 오히려 시너지 효과를 낼 때가 있어요. 예를 들어서 수행평가를 하면 옆 반 애들과 경쟁을 해요. 누가 더 잘해 왔는가... 어쨌든 경쟁이란 요소도 빼놓을 수 없는 것 같아요. 고등학교 현실에서는. 그리고 경쟁 때문에 친구 사이도 막 깨지고 그런 경우도 많이 봤어요. 우리나라 현실에서는 경쟁이란 요소도 되게 중요한 부분인 것 같아요.

학생들의 제2언어 자아가 형성되지 않은 사례를 위의 면담 자료 6과 7의 박유진 학생을 통해 살펴보았다. 미래에 대한 자신의 구체적 모습을 상상하거나 영어를 공부해야 하는 구체적 이유 없이 모든 중·고등학생들이 하고 있으므로 업(業)으로 한다는 것 역시 본 연구 참여 교사들도 인지하고 있었다. 아래의 면담 자료 9에서 교사는 장기적 안목으로 미래를 대비하지 못하는 강요된 교육환경과 학생들의 경쟁의식을 논리적으로 설명하고 있다.

면담 자료 9. 조진경(교사, 여)

34. 연구자: 그럼 선생님께서는 학생들이 '도태되기 싫어서 내가 공부를 한다'라고 생각하신다는 거에요?
35. 조진경: 그런 학생들이 대부분이에요. 제가 봤을 땐 아이디어[미래에 대한 비전]를 가지고 공부하는 애들이 그렇게 많진 않아요. 그리고 자기 꿈이 구체적인 애들이 많지 않아요. 사실 우리나라에서 직업 교육이 제대로 안되어 있고. 애들이 몰라요, 직업을. 아는 직업이라곤 변호사, 교사, 판사, 무슨 기껏해야 디자이너 이 정도지... 어떤 직업이 다양하게 있는지, 자기가 심지어는 장사도 할 수 있고 많은 길이 있는데 그걸 잘 몰라요. 그리고 애들 부모님들도 다 자기 애들은 -
36. 연구자: 화이트칼라?
37. 조진경: 네. 너무 그런 초점이 되어 있다 보니깐 애들이 구체적인 비전이 없어요. 그냥 일단 좋은 대학 가고 보자. 이런 게 대부분이에요.

교사 2인의 면담을 통해 우리는 영어 교사들이 학생들의 영어 학습 동기가 다른 학생들과의 경쟁의식에서 비롯되는 것임을 알고 있으며, 많은 수의 학생들이 무동기화된 영어 학습을 진행하고 있고 제2언어 자아를 설정하지 않고 있는 현실 역시 잘 파악하고 있음을 알 수 있다. 그러나 교사 본인도 학생들에게 장기적 관점에서 영어를 잘 한다면 어떠한 직업을 가질 수 있는지, 또 가능한 제2언어 자아는 무엇이 있을 수 있는지에 대해 학생들과의 대화, 면담 등은 하지 못하는 것으로 드러났다. 반면 면담 참여 교사들은 수업 중에 학생들을 자신의 수업에 집중시키기 위한 방편으로 이들의 순간적인 학습동기를 유발시키는 모습을 보이고 있다. 즉, 수업 자체의 운용 방식, 흥미로운 교수 방법을 가능한 다채롭게 제시하여야 학생들의 학습 동기가 유발된다는 점에 착안하여, 위에서 언급한 이상적 제2언어 자아 형성보다는 순간적인 교실 수업 내에서의 학습 동기 유발에 집중하고 있었다. 아래의 면담 자료 10은 교사가 학생들의 주의집중을 유지하기 위한 방편으로 수업 활동을 어떻게 구성하고 있는지를 보여준다.

면담 자료 10. 이성훈(교사, 남)

45. 이성훈: 동기라는 게... 뭐라고 할까, 아이들마다 각자 다르잖아요... 예를 들어 제가 애들한테 대학교 가면 좋은 것... 그런 얘기를 해 주면 어떤 때는 애들이 동기부여가 되는 게 보여요. 그렇지만 그때뿐이죠. 그러니까 지속되는 건 사실 굉장히 힘든 것 같아요. 그리 오래 못 가죠.
46. 연구자: 그럼 선생님이 교실에서 하시는 것들은 어떤 것들이 있으세요?
47. 이성훈: ... 애들은 똑같은 걸 갖고 가면 안 돼요. 예를 들어서, 파워포인트가 좋다? 파워포인트 한 일주일만 갖고 가보면 더 산만해져요. 그럼 다시 페이퍼로 돌아가요. 그러니깐 제가 봤을 땐 하나를 꾸준히 하는 게 안 좋아요. 계속 수업 스타일을 바꿔야 해요. 애들은 하나에 적응해 버리면 그 다음부터는 집중력이 떨어져요. 새로운 걸 쓰지 않더라도 조삼모사처럼 계속 바꿔줘야 해요. 수업 진행하는 순서도 막 바꾸고요... 그렇게 변화를 주면 애들이 집중력이 조금 더 있지요.

교사의 입장에서는 수업 진행의 편의를 위해 즉시적으로 효과가 있는 임기응변의 테크닉 발휘를 통한 순간적 학습 동기 증진이 필요할 수 있다. 그러나 위 면담 자료에서 교사가 간과하고 있는 것은 제2언어 자아 형성과 같은 장기적 안목의 학습 동기이다. 학생들에게 왜 영어 학습을 하고 있는지 생각해 보고, 그것을 구두 언어 혹은 문자 언어로 정리할 기회와 시간을 준다면, 더 장기적인 제2언어 자아 형성에 긍정적인 효과가 있을 것이다. 이러한 학생들의 동기 혹은 자아상의 형성을 도와주려는 인식은 교사 면담 자료에서 발견되지 않았고, 순간적인 수업 운용의 기술이 학생의 학습동기와 직결되어 있다는 교사 인식의 한계를 반영하는 듯하다.

V. 논의

이상에서 살펴본 한국 영어 학습자들의 면담 결과를 토대로 이 장에서는 학생들이 형성하는 자아 중 왜 필연적 제2언어 자아가 강하게 나타나고 이상적 자아는 잘 발견되지 않는지에 대해서 먼저 상술하고, 이후 학생들이 언급한 무동기와 영어 학습의 관계를 한국 사회의 고유성에 입각해 논의하고자 한다.

1. 필연적 제2언어 자아, 경쟁 동기, 한국 사회

먼저, 한국 학생들의 제2언어 자아는 절대적으로 필연적 제2언어 자아가 강하게 작용하고 있으며, 이상적 제2언어 자아를 마음 속에 설정한 학생이 드물다는 점은 주목할 만하다. 물론 본 연구가 정성적 성격을 지니고 있고 참여 학생이 6인으로 비교적 한정적이라는 제약이 있으나, 최상위권 학생 1인을 제외한 5인의 학생들은 미래에 영어를 사용하는 유능한 이상적 제2언어 자아상이 없는 것으로 나타났다. 만일 학생의 영어 성적이 중·하위권이라면 영어를 사용해서 앞으로 미래에 하고 싶은 것이 없기 때문에, 강제성과 부모의 강요를 반영하는 필연적 제2언어 자아만을 언급했다고 할 수 있으나, 영어 성적이 비교적 상위권에 속하는 참여자(박유진)에게서도 이상적 제2언어 자아에 관한 언급은 발견되지 않았다.

이는 한국 학생들에게 이상적 제2언어 자아를 형성할 심적 여유가 없이 경쟁을 통해 다른 학생들보다 상대적으로 뛰어난 영어 성적을 거두어야 한다는 강박관념이 작용하기 때문으로 볼 수 있다. 이러한 생각은 문화 자본의 한 갈래로서의 언어 자본 개념으로 파악할 수 있는데, Bourdieu(1977, 1991)는 자본(capital)의 개념을 확장시켜, 금전적 통화뿐 아니라 각 국가 및 그 하위 집단의 문화 자본(cultural capital)을 포함하고 있다. 한국 사회에서는 문화 자본으로서의 영어의 기능이 확산되어, 필요시 사용할 수 있는 수단으로서 영어가 필요하다고 인식되어 왔으며, 영어 자본을 획득하기 위한 투자로서의 영어 학습이 진행되고 있는 것을 알 수 있다. 강준만(2011)이 주장하는 바와 같이 역사적으로 한국 사회에서 주변 열강의 언어를 잘 구사할 수 있다는 것은 사회 계층 상승의 원동력으로 작용하여 왔다. 예를 들어 구한말 과거제도가 폐지되기 전까지는 한자 문식력(literacy)을 바탕으로 한 과거 급제로 신분 상승이 이루어졌으며, 일제강점기에는 일본어 구사력, 해방 이후 현재까지는 미국과의 정치경제적 협력관계에 기인하여 영어 구사력은 계층 상승의 원동력이라는 인식이 만연되어 왔다. 따라서 영어 자본을 획득한 계층은 그렇지 못한 계층에 비해 상대적으로 사회의 상층부를 점유하게 되며, 상위계층은 그 자녀들에게 (조기)어학연수, 영미권 국가 해외유학 등으로 영어 능숙도를 전수하게 된다(김태영, 2015b). 재정적 여력이 없는 사회구성원 대다수는 상당한 금전적 지출을 감내하고서도 영어 사교육을 통해 능숙한 영어 구사력을 갖추어야만 사회 계층의 상층부를 점유할 수 있다는 의견이 확산되어 있으며, 위의 면담 자료에서 "외국인과 대화"하고(면담 자료 2, 3), "국제화 시대"에 살기 위해(면담 자료 4), 영어는 "기본적인 것"(면담 자료 5)이라는 학생들의 의견은 이러한 맥락에서 이해될 수 있다.

2. 한국 사회의 고유성이 무동기화에 미치는 영향

학생 참여자 면담 자료는 학생들이 필연적 자아가 형성되어 있거나, 심지어는 미래에 되고 싶거나 되어야만 하는 자아상을 인식하지 못한 상태에서 무동기화된 채 영어 학습이 진행되는 것을 제시하였다. 한국인에게 미치는 고유한 환경적 영향을 다룬 심리학(최상진, 2011) 및 정치사회학(김영명, 2005)의 선행연구는 본 연구에 시사점을 주고 있다. 한국이 국가 면적이 좁고 거주 가능한 평지가 국토의 30% 미만인 상황에서 필연적으로 개인간의 물리적, 심리적 거리가 가까워질 수 밖에 없다고 한다(김영명, 2005). 또한 미국, 중국, 일본, 러시아라는 4대 군사 강국의 연접점에 있는 위치로 인해 잦은 전란과 정권의 교체가 발생되어 왔다. 이러한 환경적 특성으로 개화기 전까지는 국왕, 근대 이후에는 강력한 대통령 중심 정치체제 하에 일사불란한 의사결정이 이루어지며, 곧 지방에도 동일한 법령이 하달된다. 이때에 타인과 다른 행동으로 눈에 띄는 행동을 해서는 안되며 상대방과의 우호적인 관계는 생활에 있어서 절대적 필요를 띤다(권수영, 2007). 반면 타인과 동일하거나 뒤떨어지기 싫기 때문에, 심각한 비판 대신, 주어진 과제에서 허용하는 한도 내에서 제시된 목표를 능가하려는 욕구도 생기게 된다. 또한 잦은 정치, 경제적 동란으로 인해 원대한 미래의 자아상, 국가상을 설정하는 것보다는 주어진 현실을 슬기롭게 극복, 변용하려는 임기응변적 성향이 발달하게 된다.

일찍이 한국학을 대중에게 소개하는 데 평생의 노력을 한 언론인 이규태(2000)는 한국인에게는 동기가 먼저 작용하여 행동으로 이행되거나 동기가 있고 없고에 따라 행동이 규제되는 것이 아니라, 매일 규칙적으로 진행되는 '업(業)'의 개념으로 행동을 할 따름이라는 주장을 했다. 아래의 인용문에서 이규태는 한국인에게는 동기가 행동을 유도하는 기폭제라기 보다는, 행동이 선행된 후에 회고적으로 재구성되는 후행적 심리 상태일 수 있다는 가설을 제시한다.

'왜'라는 이유가 한국인에게는 큰 이유가 있는 것이 아니요 관심도 없다. '어떻게'라는 질문 같으면 쉽게 대꾸하겠지만 '왜'라는 물음에는 당황스러워한다. 만약 외국인에게 지금 왜 일하느냐고 묻는다면 대답할 것이 많고 또 대답할 자료도 명백할 것이다. 해외여행을 하기 위해서 [돈을] 벌고 있다느니, 연금으로 살 수도 있지만 어려운 사람을 돕기 위해 일하고 있다느니, 정년이 되면 세계 일주를 하기 위해 벌고 있다느니...... 그들은 '왜'의 목적이 분명하다. 물론 한국인도 결혼할 비용을 벌기 위해 일한다느니, 동생 등록금을 벌기 위해 일한다느니, [...] 여러 일하는 목적이 있을 수 있다. 하지만 그것은 일한다는 것이 근본이 되고 난 다음의 명분이요 목적이지, 외국인처럼 목적이 선행되어 그 목적을 위해 일한다는 것과는 근본적으로 다르다. [예를 들어] 한국의 농부들은 사시사철 뚜렷한 목적 없이 때가 되면 그에 부응해서 일을 할 뿐이다. (이규태, 2000, p. 34)

위의 인용문에서 이규태(2000)는 한국인은 동기가 없이도 특정한 행동을 지속적으로 실행하되, 왜 하는가에 대한 질문이 있었을 때에 추후에 소급된 현상(ex post facto phenomenon)으로 동기가 구성된다는 것을 강조하고 있다. 이 연구에 참여한 학생들 역시 이규태가 예로 제시한 농부가 연중 농사일을 때가 되면 하듯이, 영어를 능숙하게 구사하였을 때의 유능한 미래상, 즉 이상적 제2언어 자아나, 영어를 잘 몰라 곤경에 처할 원치 않는 미래인 필연적 제2언어 자아를 머릿속에 떠올리지 않은 채 영어 학습을 진행하고 있었을 가능성을 배제할 수 없다. 이 부분은 향후 한국의 학습 동기가 행동을 유발시키는 원천인지, 혹은 동기 없는 무동기화(amotivated)된 영어 학습 행동이 선행하고 영어 학습 동기는 추후 학습자 개개인에게 회고적으로 재구성되는 현상인지에 대한 체계적 연구로 보완될 필요가 있을 것이다. 가능한 경우는 첫째, 한국의 영어 학습자들에게 적용되는 동기는 지금까지의 절대 다수의 선행연구에서 가정하였던 것과 마찬가지로 영어 학습을 유발시키는 원천적 정신력으로 작용하는 요인임과 동시에, 그것과는 별도로 영어 학습이 종료된 이후에 회상적으로 재구성되는 요인일 가능성이다. 둘째는 한국 영어 학습자 중 일부 혹은 다수는 영어를 둘러싼 사회적 문화자본의 담론의 힘에 억압되어 제2언어 자아를 형성하지 못하고, 학습동기가 유발되지 못한 채, 영어 학습이 먼저 진행되고, 그 영어 학습의 원인에 대한 회상적 심리구인으로 동기가 추후에 형성될 가능성이 있다. 이 두 가지 가능성 모두 영어 학습 동기가 학습을 추동시킨다는 선행연구의 근본적 가정, 즉 학습 동기가 있어야 학습이 진행된다는 가정에 대한 의문을 제시하고 있으며, 이는 한국적 영어 학습 동기 후속 연구를 통해 꾸준히 고찰되어야 할 부분으로 판단된다.

학습 맥락의 차이 역시 신중한 고려가 필요할 것으로 판단된다. 한국에서의 영어 학습은 미국에서의 한국어 학습과는 엄연히 다르다. 영어가 국제공용어로서 사용되고 있고, 잠재적인 필요가 있다는 인식에서 우리나라에서는 영어학습이 공교육에서 초등 3학년에서 고등학교 3학년까지 10년에 걸친 사실상의 의무교육 수준에서 시행되고 있으며, 사교육 선행학습까지를 고려한다면 고등학교 졸업까지 학생들은 최소 10년 이상의 시간 동안 영어에 노출, 학습된다. 물론 학습의 강도 및 학습 시간은 이와는 별개의 문제이겠으나 핵심은 학생들에게 선택의 여지가 없이 기간상으로는 적어도 10년간 영어가 필수 과목으로 학습된다는 사실이다. 영어가 학교에서 선택과목이 아닌 필수과목, 또한 문과 이과를 막론하고 대부분의 대학입학에서 고려되는 과목임을 고려한다면 학습 동기가 있던 없건 간에 학습은 진행되어야만 하는 것이고, 영어 성적이 오르기만 한다면 그 과정에서 Ryan과 Deci(2000)가 강조하는 내재적 동기, 즉 학생 스스로가 내재적 동기가 유발되어 영어를 배우는 것 자체가 그 목적이 되는 것은 부차적인 문제가 된다. 학교 현장에서도 교사는 학습 동기가 없는 학습 부진아들을 어떤 방법을 쓰던 간에 성적을 향상시킬 때 유능한 교사로 인식되는 경향이 있다. 이렇듯 학생과 교사를 둘러싼 교육적 맥락은 학생들의 내적 동기를 지속적으로 감소시켜 궁극적으로는 무동기화되는 것으로 볼 수 있다.

위와 같은 연구결과와 논의 구성에서 주목할 점은 연구결과 부분의 소제목입니다. 소제목은 두 개로 구성되어 있으며, 첫째는 '학생들의 제2언어 자아의 미확립과 무동기학습'이며, 둘째는 '학생들의 영어 학습 동기에 대한 교사의 인식'으로 제시되어 있습니다. 첫째 소제목과 내용을 살펴보면 연구문제 1과 2의 내용을 망라하는 것으로 되어 있으며, 둘째 소제목과 내용은 연구문제 3의 교사의 인식에 초점을 두어 제시하고 있습니다. 이러한 예시 논문의 구성보다 더 평이한 구성은 연구문제에 따라 거의 유사하게 결과의 소제목과 내용을 순서대로 제시하는 것입니다.

논의 부분에서는 결과의 내용을 종합하여 저자인 내가 주장하고 싶은 중요 발견점을 선행연구와의 비교 대조를 통해 체계적으로 제시하여야 합니다. 위의 예시 논문에서는 두 가지로 구성하였는데, 첫째는 '필연적 제2언어 자아, 경쟁 동기, 한국 사회'라는 제목 하에 이론적 근거를 들어 우리나라 학생들에게 왜 경쟁적인 심리가 영어 학습 동기에 강하게 작용하는지를 논증하고 있습니다. 둘째는 '한국사회의 고유성이 무동기화에 미치는 영향'으로 사회학, 심리학적 근거에 의해 한국 사회의 특수한 현상으로 무동기화가 발생한다는 점을 제시하고 있습니다.

결과와 논의의 큰 차별점은 결과에서는 연구 자료가 직접적으로 제시되고 있다는 점입니다. 위의 예시 논문은 정성적 연구이므로 면담 자료 중 주목할 몇 가지의 자료가 직접적으로 결과 섹션에 제시되어 있습니다. 반면 논의 부분에서는 자료가 직접적으로 제시되지 않습니다. 논의에서는 선행연구에서 중요한 내용이 필요한 경우에 다시 언급되며, 이를 통해 심도있는 체계적 논증이 시도됩니다. 필요하다면 선행연구의 중요 내용을 직접 인용하여 나의 주장에 힘을 실어 줄 수 있습니다. 예시 논문에서는 이규태(2000)의 저서 중 한 문단이 직접 인용됨을 알 수 있습니다.

■ 참고 1: 한 주제로 실험을 여러 번 했을 경우(Multiple Experiments)

만일 대주제에 관련된 여러 연구를 한 원고 안에 싣고자 하는 경우, 그 근거나 논리, 그리고 각각의 연구에 대한 방법을 독자들에게 분명하게 설명해야 합니다. 적절하다고 판단될 때에는 각 연구에 대한 결과와 논의를 짧게라도 개별적으로 제시해주는 것이 좋습니다. 그리고 마지막 실험에 대한 내용 다음에는 논문에 소개된 연구들 전체에 대한 논의를 포괄적으로 해주어야 합니다. 연구 1, 연구 2 등으로 번호를 매기되 각각의 실험 마다 연구방법과 결과 및 논의에 대한 부분이 들어가야 할 것입니다.

■ 참고 2: 한 주제로 다양한 참여자의 사례를 제시할 때(Multiple Case Studies)

위의 다중 실험 연구 디자인과 유사하게 질적 연구에서도 동일한 연구문제에 대해서 서로 다른 참여자나 기관, 사례 등을 제시할 수 있습니다. 제시 방법은 다양하게 변용될 수 있는데, 일단 각각의 사례에 따라 OOO의 경우, OOO의 경우 등과 같이 하나 하나를 제시할 수 있습니다. 하지만 이러한 방식은 만일 각각의 사례가 독특하고 구분되는 점이 없거나 5개 이상의 사례와 같이 비교적 많은 사례가 있다면 하나 하나 나열하기 어려운 경우가 있습니다. 이런 경우에는 각 사례의 유사점과 차이점 등으로 묶거나 각 사례에 공통적으로 발견되는 주제(theme)를 추출하여 주제별로 연구결과와 논의를 구성하는 것을 고려할 수 있습니다.

3.2.8. 요약 및 시사점(Summary and Implications)

논문의 마지막 장은 요약 및 시사점으로 보통 구성합니다. '요약' 대신 '결론'이라는 용어를 쓰기도 합니다만, 지도교수의 성향에 따라 '결론'이 너무 거창한 제목이라고 판단하는 경우, 특히 석사 논문에서는 '요약'이라는 용어를 더 선호하기도 합니다.

따라서 이 장의 세부 섹션은 보통 1. 연구 요약, 2. 연구의 시사점, 3. 연구의 한계점으로 구성됩니다. 마지막 섹션인 연구의 한계점은 논문에 따라 이 장에 위치하기도 하지만 어떤 경우에는 서론 혹은 연구방법의 마지막 섹션으로 포함되기도 합니다.

연구 요약 절에서는 연구문제별로 결과와 논의에서 제시했던 사항을 다시 짧게 정리하도록 합니다. 연구의 시사점은 특히 교육적 시사점에 초점을 두어서 서술하는 것이 좋습니다. 연구의 성격에 따라 정책적 시사점도 포함시킬 수 있습니다.

연구의 한계점은 특히 공들여서 작성할 필요가 있습니다. 논문 심사를 하다 보면 너무나 많은 연구의 한계점을 나열하는 경우에는 '이렇게 허점이 많은 논문이라면 왜 애초에 그러한 한계점을 보완해서 연구를 더 잘 진행하지 못했을까?' 하는 의구심이 들기도 하고, 반대로 연구의 한계점을 너무 작게 제시하거나 아예 언급하지 않는다면, '이 연구자는 얼마나 본인의 연구에 자신이 있기에 이렇게 거만할까?'하는 생각이 듭니다. 따라서 이 절에서는 한계점만을 나열하기 보다는 이러한 한계점이 있으므로 후속 연구에서는 이렇게 더 해 보았으면 좋겠다는 후속 연구를 위한 제언도 포함시켜서 제시하는 것이 좋습니다.

연구의 한계점으로 통상적으로 논문에서 언급하는 것은 지역적 한계, 연구 참여자의 한계, 연구방법의 한계 등입니다. 예를 들어 '본 논문은 서울의 특정 지역에서 시행된 것이므로 농산어촌 지역에서 시행된다면 다른 연구결과가 도출될 가능성을 배제할 수 없다'는 문장이 지역적 한계를 언급한 것입니다. 연구 참여자의 한계도 자주 언급됩니다. 예를 들어 한 논문에서 연구대상으로 선정한 집단이 특정 지역의 여자 중학생이라면 초등학생 혹은 고등학생으로 대상을 바꾸었거나 남학생으로 변경한다면 또 다른 연구결과가 도출될 수 있었을 것입니다. 연구방법적 한계도 자주 언급됩니다. 예를 들어, 설문지법에 의해 시행된 결과는 면담을 통해 얻은 결과와는 다르므로 정량적 연구방법이 정성적 연구방법과는 다를 것이라는 점이지요. 이러한 현재 논문의 한계를 보완하기 위한 후속 연구가 필요할 것이라는 미래 지향적인 문장으로 논문을 맺는다면 무난한 마무리가 될 수 있을 것입니다.

3.3. 참고문헌(References)

논문의 '요약 및 시사점' 장(章) 다음에는 참고문헌이 위치합니다. 간혹 참고문헌을 부록보다도 뒤에 작성하는 경우가 있는데, 참고문헌의 위치는 본문 바로 다음, 부록 바로 앞입니다. 참고문헌은 본문에 인용되었던 모든 선행연구들의 저자, 연도, 그리고 제목을 하나도 빠짐없이 나열해서 독자가 더 많은 정보를 얻고 싶을 때 인용되었던 문헌을 찾아볼 수 있도록 정보를 체계적으로 제공하는 부분입니다. 참고문헌은 새로운 페이지에서 시작합니다. 논문이 영문으로 작성되었다면 References라고 가운데 정렬로 제목을 쓰고 본문과 동일한 폰트와 줄 간격으로 알파벳 순서대로 제시하는 것이 원칙입니다. 각 문헌의 첫 줄은 들여쓰기가 없지만 한 개의 참고문헌이 두 줄 이상 이어질 경우에는 두 번째 줄부터 들여쓰기를 합니다. 보다 자세한 사항은 8-10장을 참고하시기 바랍니다.

참고문헌을 작성할 때 염두에 두어야 하는 것은 참고문헌(References)은 Bibliography와는 다르다는 것입니다. Bibliography는 문헌 자료, 즉, 책이나 논문 등만을 포함하는 데 비해 References는 문헌 자료 뿐 아니라 학술대회 발표, TV나 라디오 프로그램, 강연, 음반 등을 포괄적으로 일컫는 용어입니다. 또한 Bibliography는 References보다 더 융통성이 있어서 설령 본문에서 언급하지 않았더라도 저자가 읽은 경험이 있거나 논문을 쓰는데 도움이 되었던 문헌도 포함시킬 수 있습니다. 하지만 APA에서 규정하는 References는 반드시 본문에서 언급하였던 것만 빠짐없이 제시하도록 하고 있습니다. 이러한 제한 사항이 없다면 논문 저자는 자신이 읽지 않았거나 참고하지도 않았던 문헌도 자신의 지식을 과시하기 위해서 이것저것 한꺼번에 포함시킬 우려가 있기 때문입니다. 또 그러한 문헌 목록을 본 논문 심사자나 독자에게 불필요하게 긍정적인 영향을 끼쳐 논문의 수준을 오판하게 만들기 때문입니다. 따라서 외국어교육 및 응용언어학 논문을 써야 하는 여러분은 References를 작성하여야 한다는 것을 명심하여 주세요.

3.4. 주석: 각주(Footnotes)와 미주(Endnotes)

각주는 우리 분야의 논문에서 오용되고 있는 항목 중 하나입니다. 논문 심사를 하다보면 각주를 참고문헌을 밝히기 위한 용도로 사용하는 대학원생도 있고, 심한 경우에는 한 페이지의 절반 정도가 각주로 촘촘히 제시되어 있는 경우도 있습니다. 이러한 경우에는 각주를 차라리 안 쓰는 것만 못하다는 생각이 듭니다.

외국어교육과 응용언어학 분야에서 글쓰기의 규약으로 삼고 있는 APA 출판 매뉴얼에서는 각주의 사용을 엄격하게 규정하고 있습니다. 각주는 본문에서 추가로 필요한 내용을 삽입하거나 저작권에 대한 허가를 기재하는 용도로만 사용됩니다. 하지만 각주의 사용을 최소화 하여 독자가 본문을 읽을 때 그 흐름이 끊어지지 않게 해야 합니다. 왜냐하면 내용이 복잡하거나 본문과 그다지 큰 연관성이 없거나 꼭 필요하지 않은 정보라면 굳이 각주를 쓸 필요가 없기 때문입니다. 여러분이 본문에서 설명하고 있는 내용을 더욱 강화시키는 내용이라는 확신이 들 때만 각주를 쓰되, 최소화하여 쓰시기 바랍니다. 또한 가능하다면 각주보다는 본문에 그 내용을 포함시키는 것이 좋습니다.

각주에서는 번호 하나당 한 가지의 내용만을 담고 있어야 합니다. 짧은 문장으로 끝나지 않는 각주라면, 차라리 본문에 그 내용을 추가하거나 부록으로 옮기는 것이 좋습니다. 인터넷 상에서 열람 가능한 정보인 경우, 인터넷 주소와 함께 각주를 달수도 있습니다. 하지만, 독자의 편의성을 고려하여 페이퍼의 본문 안에서 필요한 모든 정보를 얻을 수 있도록 되도록이면 각주를 사용하지 않는 것이 가장 좋습니다.

저작권에 대한 허가를 기재하는 용도로 쓰이는 각주는 비교적 긴 인용문이나 그림, 혹은 표를 다른 사람의 연구물에서 그대로 써야할 때 필요합니다. 단, 표에 대한 저작권의 경우에는 인용한 표의 하단에 직접 기재하는 경우도 있으니 참고하십시오.

각주는 아래한글의 '입력' 탭에 있는 '각주' 기능이나, MS Word '참조' 탭에 있는 '각주삽입'기능을 이용하면 쉽게 쓸 수 있고, 자동으로 각 페이지의 맨 하단에 위치하게 됩니다. 또한 본문에서 각주가 필요한 부분에는 윗첨자로 아라비아 숫자가 표시됩니다. 본문에 나타나는 순서대로 자동 순번이 매겨지며, 윗첨자로 표시되는 작은 숫자는 보통 반괄호로 ' [1] ' 과 같이 제시되어야 합니다. 일반적으로, 각주를 표기할 때에는 대쉬 및 소괄호를 제외한 모든 구두점 다음에 (예를 들어, Does it provide positive effects?[3]) 각주를 표기해야 합니다.

3.5. 부록 및 참고자료(Appendices and Supplementary Materials)

때때로 본문의 내용을 보충해주는 자료들 중에서 글의 흐름과 가독성을 저해시킬 수 있다고 판단되는 것들은 부록(인쇄된 논문일 경우)이나 참고자료(온라인에서 제공하는 논문일 경우)부분에 수록해야 합니다. 인쇄된 논문의 경우, 외국어교육 및 응용언어학 분야의 논문에 부록으로 들어가는 내용들은 대부분 비교적 간단하고 인쇄했을 때 한눈에 알아볼 수 있는 것들로서 연구에 쓰였던 설문지나 인터뷰 문항, 또는 사전/사후 평가지 등입니다. 부록이 한 가지인 경우에는 Appendix라고 쓴 다음 부록의 내용을 포함하면 되지만, 두 가지 이상인 경우에는 본문에서 참고하라고 표시되어 있는 순서대로 Appendix A, Appendix B 등으로 1, 2 대신 반드시 알파벳 대문자 순서로 A, B, C, D …를 붙입니다. 부록 역시 참고문헌과 마찬가지로 새로운 페이지에서 시작하며, 각각의 부록에는 제목을 붙이고, 본문과 마찬가지로 소제목, 표, 그림 등이 들어갈 수도 있습니다. 부록에 표나 그림을 삽입하는 경우에는 Table A1과 같이 붙여서 본문에 나오는 표와 다르게 표기해야 합니다.

온라인에서 제공하는 논문일 경우에는 대부분 파일을 다운로드 받아서 프린트 하였을 때 일반 인쇄된 논문과 같은 형태로 나오게 되어있습니다. 온라인에 올려놓기 적합한 참고자료로는 오디오/비디오파일, 크기가 너무 큰 표, 인쇄된 논문에 다 싣기 힘든 방대한 데이터, 색깔이 필요한 그림이나 사진 등입니다. 그리고 각 참고자료의 종류에 따라 최대한 많은 사람들이 접근 가능할 수 있도록 전 세계적으로 가장 널리 쓰이는 형태의 파일 확장자로 저장하여 탑재하는 것이 중요합니다. 텍스트의 경우에는 ASCII, Word(doc 혹은 RTF 권장), PEF, HTML, 표의 경우에는 Excel, Word, HTML, XHTML, XML, 오디오/비디오파일의 경우에는 AVI, MPG, Quicktime, RM, MP3, WAV, 애니메이션은 GIF, JPEG, Flash/Shockwave, 이미지의 경우에는 GIF, JPEG, TIFF와 같은 파일 확장자가 쓰일 수 있습니다.

주의할 점은 각주와 마찬가지로 참고자료 역시 최적의 것을 최소화하여 포함해야 합니다. 본문의 내용 이해에 필수적인 자료라고 판단될 때에만 사용하되, 특히 사람의 얼굴이나 신상정보가 그대로 노출될 수 있는 비디오나 사진자료 등은 초상권을 침해할 수 있기 때문에 사전에 신중히 검토해야 합니다. 학위논문에서는 참고자료에 이 논문을 다시 재현할 수 있는 모든 설문, 면담 문항, 실험 문항 등을 빠짐없이 제시하여야 합니다. 만일 영문으로 작성된 논문이라면 부록에는 영문 번역 자료와 한글 자료가 모두 제시되는 것이 바람직합니다.

연 / 습 / 문 / 제

I. 다음 문장을 읽고 사실이면 T, 거짓이면 F에 표기하세요.
  1. 논문 표지, 인준지, 목차에는 아라비아 숫자로 페이지를 적는다. (T / F)
  2. 필요할 경우 가명 대신 연구 참여자의 실명과 소속을 밝힌다. (T / F)
  3. '논의' 장에서는 내 논문 결과를 표와 그림 등을 이용해 상세히 설명한다.
 (T / F)
  4. 부록 및 참고자료는 Appendix A, Appendix B로 표기한다. (T / F)
  5. 논문에서 참고문헌은 부록 앞에 제시한다. (T / F)

II. 다음 문장의 빈칸에 들어갈 알맞은 말을 채우세요.
  1. 논문 제목은 영어 단어 기준 _____ 단어를 넘지 않도록 한다.
  2. 초록의 글자 수는 _____ 단어에서 _____ 단어로 한다.
  3. 연구방법(Method)의 기술 순서는 참여자, _____, 연구 진행 절차, _____, 윤리 규정 준수로 한다.
  4. 참고문헌(References)은 Bibliography와 다르며, 내 논문의 본문에서 인용한 문헌을 빠짐없이 모두 다 인용해야 하는 것이 _____ 이다.

III. 다음 표현 혹은 문장을 바르게 고쳐보세요.
  1. 다음 수동태 문장을 능동태로 바꿔보세요.
  In this paper, it is argued that the effect of English learning can be dependent on their learning motivation.

  2. 다음은 논문 초록에서 연구결과를 보고하는 문장입니다. 알맞은 시제를 고르세요.
  Statistical analyses (verify / verified) two distinctive Korean-specific constructs.

제4장

논문계획서 작성 요령과 논문 계획 발표 요령

   논문을 쓰기 위해서 많은 대학에서는 논문 심사일로부터 한 학기에서 1년 정도 전에 논문계획서(thesis/dissertation proposal)를 발표하도록 합니다. 논문 계획을 발표하는 것을 '프로포절(proposal) 한다'고도 합니다. (프로포즈한다는 것은 청혼한다는 의미로 사용되는 것에 비해, 프로포절 하는 것은 논문을 쓰기 위한 계획 발표를 한다는 의미이니 상당히 다르지요.) 학교에 따라 프로포절을 학과 교수 앞에서만 하는 경우도 있고, 미리 선정한 논문 심사위원 교수만으로 한정하여 하는 경우도 있고, 때로는 학과 구성원 전체 중 참관을 원하는 사람은 모두 입회하에 공개적으로 진행하는 경우도 있습니다. 논문계획서를 체계적으로 잘 작성한다면 단기적으로는 프로포절에 참석한 교수 및 동료 대학원생들의 호평을 받을 것이고, 중장기적으로는 논문 진행이 원활하게 이루어질 것입니다. 따라서 치밀하고 실제로 실행 가능한 논문계획서를 작성하는 것의 중요성은 아무리 강조해도 지나치지 않을 것입니다.

   논문계획서는 논문을 쓰기 위한 청사진과 같은 역할을 하므로 구체적인 계획서를 쓰는 것이 중요합니다. 저는 개인적으로 대학원생들에게 논문계획서를 준비할 때 실제 논문을 쓰는 것과 같은 진지한 마음가짐으로 써야 한다고 지도합니다. 실제 논문이 서론, 선행연구, 연구방법, 연구결과, 논의, 요약 및 시사점으로 보통 구성되므로, 논문계획서에는 서론, 선행연구, 연구방법까지 앞의 세 장(chapter)을 거의 완전하게 작성하도록 대학원생을 독려합니다. 이상적으로는 논문 계획 발표 후 논문

계획이 학과에서 승인되자마자 밖에 나가서 자료 수집이 가능할 정도로 준비해 놓을 필요가 있습니다. 따라서 논문계획서에는 부록에 실제 각종 설문, 인터뷰 문항, 시험 문제 등을 완전하게 포함시켜 준비하는 것이 좋습니다. 잘 구성된 논문계획서를 가지고 있다면, 방학 기간이나 다음 학기에 논문 자료를 수집하고 분석한 후 실제 논문을 쓸 때 논문의 앞부분은 거의 수정하거나 다시 쓸 필요 없이 논문계획서 부분을 그대로 활용하면 되니, 처음에 논문계획서를 잘 작성해 두면 여러모로 시간 절약이 됩니다.

논문계획서는 이처럼 서론, 선행연구, 연구방법, 예상되는 결과에 대해서 상세하게 작성할 필요가 있습니다. 더불어 앞으로 어떻게 논문 자료를 수집하고, 분석한 후 집필할 것인지에 대한 스케줄 표도 첨부해 놓으면 좋습니다. 논문 심사위원 교수 입장에서는 이러한 개략적인 논문 작성 시간표를 살펴보고 개략적인 흐름을 잡을 수 있기도 하고, 더 상세한 조언을 해 줄 수 있기 때문입니다.

4.1. 논문 계획 발표

실제 논문 계획 발표는 매 학기 각 대학원생들에게 배정되는 시간이 다를 수 있고, 발표 유형 역시 다를 수 있습니다. 어떤 경우는 전통적인 형식으로 유인물을 나눠주고 강연식으로 하는 경우도 있고, 다른 경우는 파워포인트 슬라이드를 통해 학회 발표 하듯 논문 계획 발표가 진행되기도 합니다. 많은 수의 석·박사 학생들이 비슷한 시기에 논문 계획 발표를 한다면 아무래도 각 개인에게 할당되는 시간이 줄어들거나, 혹은 여러 학생들을 조로 나누어 학과 교수들이 몇 명씩 나누어서 논문 계획 발표회 장소에 참석하게 됩니다. 실제 논문 계획 발표에 참석하는 교수들은 논문계획의 앞부분이나 선행연구에는 그다지 큰 관심이 없습니다. 다만 이 연구는 어떤 문제의식에서 촉발된 것인지, 연구방법은 어떤 것이며, 실제 사용하는 연구방법은 체계적인지, 연구문제를 밝혀내기에 가장 최적화된 연구방법을 활용하는 것인지를 집중적으로 확인하고 싶어 합니다. 그리고 무엇보다도 실제 한정된 논문 자료 수집 기간에 과연 수행 가능한지, 즉 실행 가능성을 따져 봅니다. 이와 같은 교수들의 관심사를 생각한다면 논문 계획 발표회 장소에서 장황하게 서론과 논문의 선행연구를 소개하다가 할당된 시간을 허비하는 것은 권장할 일이 아닙니다. 오히려 이 주제를 잡게 된 직접적인 계기나, 현재 외국어교육 혹은 응용언어학의 어떤 부분이 문제이기 때문에 내가 이러한 주제로 논문을 쓰고 싶은지에 대해서부터 직접적으로 시작하여, 연구문제, 연구방법 위주로 설명을 진행해 나가는 것이 좋습니다.

학교에 따라 어떤 경우에는 (특히 박사논문 계획 발표에서) 파워포인트 슬라이드를 활용해서 발표를 하기도 합니다. 시간이 30분 이상이 주어져 넉넉하다면 서론과 선행연구 중 중요한 것을 짧게 언급하는 것도 좋습니다만, 30분 미만으로 한정된 시간만이 가용하다면 서론이나 선행연구는 매우 짧게 하거나 생략하고 직접적으로 연구를 시작하게 된 논리적 근거와 연구문제, 연구방법 등에 초점을 둔 파워포인트 발표가 될 수 있도록 하십시오. 당연한 말씀이지만, 발표 당일 파워포인트가 작동 안하거나 자동으로 넘어가지 않도록 프로젝터도 확인하여야 하고, 만일의 경우에 대비해 PDF 파일로도 만들어 두고 발표에 임하는 것이 좋겠습니다. (더욱 세심한 성격이라면 컴퓨터를 사용할 수 없는 상황을 염두에 두고 파워포인트 슬라이드를 출력해서 준비해 올 수 있겠습니다.)

4.2. 논문 계획 발표 시의 태도

논문 계획 발표에 참석하는 학과 교수들은 대부분의 경우에는 이 학생의 논문 계획에 더 도움이 되는 조언을 해 주어 장차 자료 수집과 분석, 집필에 도움이 되기를 바라는 의도에서 여러 가지 의견을 개진하게 됩니다. 논문 계획을 발표하는 대학원생의 입장에서는 전문성이 있는 교수들이 이것저것 이야기를 하는 것이 심적 부담으로 다가올 것이나, 이를 오히려 배움의 기회로 생각하고 적극적으로 기억하거나 필기하여 추후 지도교수와의 논문 면담에 반영하여 더 논문 계획을 보완할 수 있어야 합니다. 필요하다면 양해를 구하고 자리에 배석한 교수들의 의견을 녹음하는 것도 고려해 볼 수 있습니다.

논문 계획 발표회 장소에서 받게 되는 질문에 대해서는 차분하게 응답하면 됩니다. 다만 명심해야 하는 것은 지나치게 방어적인 태도로 본인이 계획한 논문 주제, 연구방법 등에 대해서 옹호하려 하는 것은 좋지 않습니다. 많은 경우에 다른 교수들이나 때로는 동료 대학원생들이 질문하는 것은 질문의 형식을 빌린 조언일 수 있기 때문입니다. "이렇게 했으면 더 좋겠다"는 의견이나 "이렇게 하는 것이 더 좋지 않을까요?"라는 질문에 대해서 "내 연구 계획은 이렇기 때문에 이렇게 할 것이다"라고 자신의 원래 계획을 고집하는 것은 올바른 태도가 아닙니다. 오히려 상대방에게 받는 질문이나 의견에 대해서 겸허하게 "애초에는 그 생각은 잘 못해 보았는데, 지금 의견을 들으니 그 제안도 좋은 것 같다. 지도교수와 다시 논의해서 반영하도록 노력하겠다"는 식으로 응대하는 것이 좋고, 실제로도 추후 지도교수와의 논문 면담에서 그러한 점을 다시 논의하도록 하십시오.

4.3. 논문 계획 발표 후

논문 계획 발표를 한 후에는 가급적 빠른 시간 내에 지도교수와 논문 면담을 하여 논문 계획을 더 정교화 하고 그 이후에 실제 연구를 진행할 수 있도록 해야 합니다. 계획 발표 이후 시간이 지날수록 다른 사람들의 조언이나 충고를 망각할 우려가 있고 좋은 의견은 심사숙고해서 논문 계획을 정교화 하는 데 활용해야 하므로 지도교수와의 만남은 빠를수록 좋습니다.

논문 계획이 발표되었다면 그 이후에는 논문지도교수와의 더욱 긴밀한 협력이 필요합니다. 보통 박사 논문의 경우에는 논문 계획발표 후에도 박사 논문 중간발표 등으로 논문 진행 정도를 체크하기도 합니다만, 석사 논문이나 일부 대학 박사 논문의 경우에는 논문 계획 발표 이후 실제로 다른 심사위원 교수들을 만나게 되는 것은 실제 논문 심사장일 가능성이 높습니다. 물론 심사위원 교수의 전문 영역에 대한 조언을 구하기 위해서는 그 전에도 필요하다면 다른 교수들과의 면담이 가능합니다. 하지만 논문에 대해서 가장 잘 알고 있고 많은 조언을 주는 사람이 지도교수이므로 상호간의 신뢰와 협조가 매우 중요해집니다.

논문 계획 발표는 논문을 쓰기 위한 전초 작업일 뿐입니다. 그 후에 실제 자료 수집, 분석, 논문 작성, 수정 등의 힘든 작업이 산적해 있습니다. 따라서 논문 계획 발표가 훌륭하게 되었더라도 긴장의 끈을 내려놓게 된다면 이후 과정이 많이 지연될 수 있으니 지속적인 노력이 필요합니다.

■ 석·박사 학위논문 심사

학위논문 심사도 잠시 언급하면, 학문적 원숙성을 판단하기 위한 최종적인 심의 과정이 논문 심사입니다. 이때에는 석사학위의 경우에는 보통 3인, 박사학위 심사에는 보통 5-6인이 심사에 참여합니다. 심사에는 지도교수 판단으로 1~2인의 외부 심사위원을 위촉할 수 있습니다. 논문 심사 학기가 되면 여러 단계의 수정을 거친 후 지도교수는 여러분의 논문 심사 가능 여부를 판단하게 됩니다. 지도교수의 스타일에 따라 부족한 논문이지만 일단 논문 심사장에 나갈 수 있게 하는 분도 있는 반면, 미흡한 경우에는 한 두 학기 더 논문의 완벽을 기하도록 학생을 설득하는 경우도 있습니다. 사실 학위논문 심사라는 것은 여러분이 대학원생으로서 심사를 받고 싶으면 받고 받기 싫으면 안 받는 융통성이 있는 것이 아닙니다. 전적으로 지도교수의 결정에 따르는 것이지요. 다만 지도교수의 재량으로 여러분의 사정을 고려하여 논문 심사 여부를 결정할 수 있기도 합니다. 외부 심사 위원을 위촉하는 경우에는 보통 지도교수가 해당 교수에게 직접 연락을 취하여 초빙하는 형식을 취합니다. 논문 심사일이 정해지면 박사 논문은 약 한 달 전 정도, 석사 논문은 약 2-3주 정도에 논문 심사위원이 원하는 시간과 장소에 논문 심사본을 직접 가지고 가는 것이 좋습니다. 사전에 연락드려 시간과 장소 약속을 잡는 것은 기본이지요.

논문 심사일 당일에는 박사 논문의 경우에는 보통 먼저 논문의 개요와 주요 발견점 등을 간단히 설명한 후 심사위원 교수들의 질문이 이어집니다. 이때 여러 질문에 대한 답변을 논리적으로 해야 합니다. 이 과정이 끝나면 심사위원장(보통 지도교수가 아닌 교내 다른 심사위원 교수가 맡게 됩니다)은 심사위원 간의 논의를 위해 심사 대상자인 여러분을 잠시 심사장 밖에 나가 있으라고 이야기합니다. 대상자가 밖에 나간 후에 본격적으로 논문 수준에 대한 심각한 논의가 이어집니다. 이때 다수결의 의견에 따라 이 논문을 통과시킬 것인지, 일단 보류하고 2심으로 넘길 것인지, 아니면 수준이 미흡하니 다음 학기로 아예 논문을 연기시킬 것인지 등의 중요한 결정을 하게 됩니다. 논문 심사 대상자 입장에서는 매우 떨리고 긴장되는 순간이지요. 대체적으로 여러분이 밖에서 기다리는 시간이 길어지면 안에서 심사위원들의 의견에 차이가 있어서 갑론을박이 벌어지고 있다는 의미가 됩니다. 반면, 밖에 별로 있지 않았는데 곧 들어오라고 한다면 일단 좋은 징조일 가능성이 있지요. 별로 논의할 것이 없이 잘 쓴 논문이므로 통과시키자는 의견의 일치가 이루어졌기 때문입니다.

우리나라의 많은 대학원에서는 박사 논문은 3심, 즉 논문 심사를 3회에 걸쳐서 하도록 하며, 석사 논문은 1심으로 완료시키도록 합니다. 그만큼 박사 논문의 수준관리가 석사에 비해서는 엄격하다는 의미이지요. 논문 심사 결과에 대해서는 감정적으로 받아들이면 안 되고, 단지 여러분의 논문의 수준을 높일 수 있는 긍정적인 경험으로 생각해 주십시오.

4.4. 논문계획서 샘플

부모의 사회경제적 지위가 학생의 영어 학습 동기와 영어 학업성취도에 미치는 영향

영어교육전공 3차 OOO

1. 서론

1.1 연구의 필요성

최근의 우리나라 사회는 국제화, 정보화, 글로벌 시대에 맞추어 국제 공용 언어인 영어에 관한 관심이 점점 더 높아지고 있는 추세이다. 영어가 단순히 제2언어로서가 아니라 국제어로서의 필요성이 강조되면서 영어라는 것이 중요한 위치를 가지게 된 것이다. 요즘 아이들은 태어나서 말을 처음 시작하면 모국어인 한국어와 외국어인 영어를 동시에 배운다고 한다. 이러한 현상에서 볼 수 있듯이 그만큼 영어의 중요성을 실감하게 되는 현상이라고 할 수 있다.

이처럼 우리나라에서는 다른 어떤 교육보다도 영어교육에 집중을 하고 투자를 많이 한다는 것을 알 수 있다. 특히 우리나라에서는 영어라는 것이 단순히 외국인과 의사소통을 하기 위한 수단으로서의 기능만을 하는 것이 아니라, 영어를 잘 하는 사람의 경우 사회적으로 성공할 확률이 높고, 뛰어난 사람이라고 인식되고 있다. 이러한 상황에서 보면 영어가 언어적인 면을 넘어서 개인의 능력과 성공을 평가하는 잣대가 되어가고 있음을 알 수 있다.

이렇게 현대 사회에서 개인의 능력과 성공을 평가하는 잣대가 되기도 하는 영어교육은 이제 선택이 아닌 필수요소가 되어버렸고, 단순히 외국어로서의 기능보다는 사회적인 지위나 경제적인 면도 좌지우지 하는 수단이 되었다.

이런 면에서 보면 우리나라의 사회구조에는 보이지 않는 사회적 지위가 존재한다고 볼 수 있다. 자본주의 시장이 발달하면서 사회 그리고 경제적 지위가 구조화 되고, 재생산되는 현대 사회에서 생존하기 위해 사람들은 남모르게 치열한 경쟁을 해왔다. 이러한 경쟁을 하면서 사람들은 남들 보다 더 상위의 학력과 사회경제적 지위를 갖기 위해 노력하게 되고, 획득한 사회경제적 지위를 대물림하고자 하는 노력도 하게 된다. 이러한 구조 속에서 상위의 지위로 올라가고자 하는 욕망은 커지게 되지만 그러한 사회이동은 제한적일 수밖에 없게 되고 결국 그러한 사회경제적 지위는 대물림되어 자녀에게도 영향을 미치게 된다.

'2011학년도 서울대 합격자 출신 고교' 자료를 분석한 결과를 보면, 서울 지역 일반고(외국어고·과학고·예술고 등 특목고 제외) 출신 합격생 중 강남 3구 출신이 가장 많았다. 이는 서울 지역 전체 합격자의 42.5%를 차지하고 있고, 강남 3구 가운데 합격자를 가장 많이 배출한 곳은 강남구로 23.3%이었고 서초구 10.9%와 송파구 8.3%가 뒤를 이었다. 이 결과만 본다 하더라도 흔히 '사교육 1번지'라고 부르는 강남 3구의 위력을 다시 한 번 입증하게 되는 결과라 할 수 있다. 그리고 기존의 상위 계층에 속해있는 자녀들이 상위계열로의 진학률이 높다는 것을 알 수 있으며 이러한 것이 결국 사회경제적 지위가 대물림 되어간다는 것을 의미한다.

1.2. 연구목적

영어가 모국어가 아닌 나라에서 뜨거운 영어 교육열이 나타나는 이유와 양상은 나라마다 조금씩 다르다. '신분 상승' 욕구가 영어 교육열의 주된 이유라는 것은 어느 나라나 같지만, 유난히 내부 경쟁용 구별 짓기의 목적이 두드러지는 나라가 바로 한국이다. 한국인의 강한 상층 지향성은 내부 경쟁이 실용적 차원 넘어서 심리적인 차원으로까지 격화되고 있다(강준만. 2011).

따라서 본 연구에서는 '영어 격차(English divide)'의 문제를 중점적으로 다뤄보고자 한다. 영어교육에 있어서 부모의 사회경제적 지위에 따른 부모의 지원이나 관심 등이 얼마나 학생의 영어 학습 동기에 영향을 미치는지, 그리고 학생의 영어 학습 동기 중 어느 것이 영어 학업 성취도에 가장 큰 영향을 미치는지, 결국 이러한 학생의 영어 학습 동기가 영어 학업성취도에 얼마나 영향이 있는지를 알아보고자 한다. 결론적으로 부모의 사회경제적 지위가 학생의 영어 학습 동기와 영어 학업성취도에 얼마나 영향을 미치는지를 통계 분석한다. 이 통계 분석 결과를 통하여 앞으로의 영어교육에 대한 전망하고, 시사점을 제시하도록 한다.

본 연구에서는 부모의 사회경제적 지위는 부모의 학력, 직업지위, 소득 이 세 가지 영역으로 구분하여 정의하며, 학생의 영어 학습 동기는 내적 동기, 외적 동기, 이상적 제2언어 자아, 필연적 제2언어 자아로 정의한다. 또한 학생의 영어 학업 성취도는 읽기와 쓰기 부분으로 한정하여, 학생의 중간고사와 기말고사의 평균 점수로 정의한다.

1.3. 연구문제

1) 부모의 사회경제적 지위가 학생의 영어 학습 동기에 유의미한 영향을 미치는가?
2) 학생의 영어 학습 동기 중 어떤 동기가 영어 학업성취도에 가장 큰 영향을 미치는가?
3) 부모의 사회경제적 지위가 학생의 영어 학업 성취도에 얼마나 영향을 미치는가?

2. 이론적 배경

2.1. 부모의 교육수준

 기존의 연구들을 살펴보면, 부모의 사회경제적 지위를 나타내는 요인들 중에서 부모의 학력 즉, 교육수준이 미치는 영향이 가장 큰 것을 알 수 있다. 특히 부모 중에서도 아버지의 학력이 영향을 많이 끼친다는 연구가 대부분이었다(박창남, 2005; 방하남, 김기헌, 2001; 신명호, 2010; 이중섭, 이용교, 2009, 2011). 부모의 높은 학력은 자녀에 대한 높은 기대수준으로 반영되며, 자녀의 학업에 관심이나 기대로 나타나게 된다. 또한 이러한 기대가 학부모의 높은 교육열로 나타나고, 가정 내에서 학습하기 좋은 환경을 만들어 주게 된다.

 특히, 방하남과 김기헌(2001)의 연구는 부친의 학력이 학생의 학력에 영향을 주고, 이러한 학생의 학력이 학생의 초직과 현직에 영향을 주는 이러한 경로로 인해 세대 간 지위세습이 이루어지며, 부친의 직업보다 부친의 학력이 미치는 영향이 훨씬 크다는 것을 입증하였다.

 반면, 어머니의 학력이 영향을 끼친다는 연구는 많지 않았다(구인회, 김순규, 2002; 방하남, 김기헌, 2003; 정영애, 김정미, 2002).

 본 연구에서는 아버지의 학력과 어머니의 학력을 모두 고려하여 자녀의 영어 학업성취도에 어떤 영향을 미치는지 살펴보고자 한다.

2.2. 부모의 소득

 소득은 부모의 사회경제적 지위를 나타내는 요인들 중 하나이지만, 소득 그 자체만으로는 큰 변수로 인식되지 않았다. 앞선 연구들에서는 소득이 자녀의 학업성취도에 미치는 영향이 없거나(정영애, 김정미, 2002), 영향이 크지 않다고 여겼다(김현주, 이병훈, 2005; 방하남, 김기헌, 2002; 이정환, 2002). 그 이유는 소득이 자녀의 학업성취도에 끼치는 직접적인 영향 보다는 소득을 통해 자녀의 사교육비에 영향을 준다고 보는 간접적인 영향이 있는 것으로 보았기 때문이다(이정환, 2002; 정영애, 김정미, 2002).

이주리(2010)의 연구에서는 가족자원이라고 보는 부모의 소득이 청소년의 학업성취에 유의한 영향을 미친다는 결론을 내렸다. 또한 이중섭과 이용교(2011)의 연구는 빈곤이 자녀의 학업성취수준에 직접적인 영향을 미친다는 결과를 보여준다. 그러나 김일혁(2005)의 연구에서는 부모의 경제적 지위는 수학성취에 간접적인 영향만 미치는 것으로 나타났다.

특히 이 소득은 흔히 사교육비와 연관 지어 설명할 수 있는데, 김은정(2007)의 연구를 살펴보면, 가정의 사회경제적 지위가 높아짐에 따라 사교육비 수준은 높아지지만, 자녀의 학업성취에 미치는 사교육비의 효과는 미미한 것으로 나타났다.

따라서 본 연구에서는 소득 즉, 가정의 경제적 자본이 자녀의 영어 학업성취도에 얼마나 영향을 미치는지 그리고 소득의 직접적인 효과가 무엇인지를 파악하고자 한다. 이를 위해 소득을 연간 가계 소득 기준으로 여섯 개의 집단으로 나누고, 그 집단들의 소득수준의 차이가 얼마나 자녀의 영어 학업성취도에 영향을 미치는지 파악하고자 한다.

2.3. 부모의 직업지위

부모의 사회경제적 지위를 나타내는 여러 가지 요인들 중에서 부모의 교육수준 다음으로 큰 영향을 끼치는 것이 부모의 직업이다. 부모 중에서도 아버지의 직업지위가 자녀의 학업성취도에 영향을 미친다는 연구가 지배적이다.

신명호(2010)의 연구를 보면 부모의 직업지위의 차이는 자녀의 학업에 개입하고 지원하는 정도와 방식의 차이를 결정하고, 이 차이는 현재의 사회경제적 지위를 유지하고자 하는 '계급적 본능'이라고 한다. 박창남(2005)의 연구에서는 아버지의 직업지위가 자녀의 학업성취에 직접적으로 영향을 미치는 것을 검증하였다.

그러나 어머니의 직업지위에 대한 연구는 많지 않았는데 어머니의 직업지위에 관련된 것은 어머니의 취업 여부에 관한 것으로 알아볼 수 있다. 어머니의 취업 여부가 자녀의 학업 성취에 미치는 영향에 관련된 연구를 보면, 대체적으로 어머니의 취업 여부가 자녀의 학업 성취에는 부정적이라는 연구결과가 많다(김현주, 이병훈, 2005; 이정환, 2002). 어머니가 직장을 다니고 있는 경우, 자녀와 보내는 시간이 많지 않고, 자녀를 직접 돌보는 경우가 적어지게 된다. 어린 아이의 경우는 불안감이나 고독감을 느끼게 되어 학업에 부정적인 영향을 미칠 수 있다.

따라서 본 연구에서는 아버지와 어머니의 직업을 각 분야별로 나누어 조사하며, 이러한 부모의 직업지위가 자녀의 영어 학업성취도에 어떻게 영향을 미치는지 살펴본다.

2.4. 학부모의 교육열과 성취기대

이전의 연구들을 살펴보면, 학부모의 교육열과 자녀의 학업성취도와의 관련성은 일관적이지 않은 편이다. 신명호(2010)의 연구에서는 부모의 사회경제적 지위에 따라 교육에 관한 가치관과 교육열망, 자녀를 공부시키는 방식 및 양육관행 등에서 차이를 발견할 수 있다. 그리고 교육적 관심과 관여의 정도는 부모의 계급적 성향과 매우 밀접한 관련이 있음을 확인할 수 있었다. 또한 신혜진(2011)의 연구는 교육적 관여에 대한 부모의 사회경제적 배경이 직접적으로 효과를 나타낸다는 결과가 나왔다. 그러나 노현경(2005)의 연구에서는 부모의 사회경제적 지위와 상관없이 학부모의 교육열은 높게 나타났다고 한다.

학부모의 성취기대 부분에서는 특히 어머니의 성취기대가 많이 연구되어왔는데, 그 이유는 가정에서 자녀의 교육을 담당하는 사람이 아버지 보다는 어머니인 경우가 상대적으로 많기 때문으로 여겨진다. 또한 자녀들이 아버지 보다는 어머니와 보내는 시간이 많고, 어린 아이의 경우 어머니에게 좀 더 안정적인 감정을 느끼기 때문이다.

학부모의 성취기대를 다룬 연구는 이운경(2005)의 연구가 있다. 이 연구에서는 어머니가 청소년 자녀에 대해 얼마나 긍정적으로 기대하고 있는지가 청소년의 성취동기에 긍정적 영향을 미칠 수 있음을 보여주었다. 또 다른 것으로는 반경하(2009)의 연구가 있는데, 여기에서는 어머니의 성취기대에 대한 내용을 다루고 있다. 어머니의 성취기대가 높을수록 미래를 위한 자녀 교육에 대한 관심과 열의가 높다는 것을 알 수 있었다. 그러나 어머니의 성취기대 수준에 따른 조기 영어 교육의 실태에서는 교육 만족 이유에 대해서만 유의미한 차이가 나타났다.

마지막으로 이주리(2010)의 연구에서는 부모의 양육태도가 사교육이라는 과정을 통해 학업성취에 유의한 영향을 끼쳤다는 것을 입증하였다.

2.5. 학습 동기

2.5.1. 통합적·도구적 동기

Gardner(1985)에 의하면 외국어를 성공적으로 학습 하는 것은 그 언어를 사용하는 사회에 대한 태도에 의해 영향을 받는다고 한다. 즉, 학습이 일어나는 사회의 환경, 맥락, 문화에 언어 학습이 영향을 받는다. 그러므로 많은 언어 학습 모형에는 사회·심리학적 특성이 내포되어 있다고 볼 수 있다.

또한 Gardner는 동기를 통합적 성향(integrative orientation)과 도구적 성향(instrumental orientation)으로 구분하였다. 통합적 성향은 학습자가 언어를 학습할 때 그 언어를 사용하는 화자의 문화를 공유하고 싶어 하기 때문에 나타나고, 도구적 성향은 시험에 통과하거나 금전적인 보상이 있거나 승진 등 경력에 도움이 되는 외적인 목표에서 발생하는 동기와 이와 관련된 요소들의 집합이다. 그러나 우리나라와 같이 영어를 외국어로 학습하는 환경(EFL)에서는 통합적 성향보다는 도구적 성향이 강하게 나타난다는 것을 이효웅(1996)의 연구를 보면 알 수 있다.

2.5.2. 내적·외적 동기

Williams와 Burden(1997)에 의하면 학습자 특정 행위를 하는 것은 무엇인가를 하려는 이유에 의한 것이고, 특정행위를 수행하는 이유가 계속적으로 노력하려는 행위에 영향을 주며, 이러한 것은 또 학습자에게 다른 행위를 유발시키는 원인이 되는 순환적인 과정이라고 보고 이것을 동기과정으로 설명한다.

사람들은 어떤 경우에는 자신이 하는 일이 재미있어서 단순히 즐기기 위해서 그 일을 행하기도 하고, 어떤 경우에는 재미가 아니라 그들이 원하는 특정 목표를 달성하는 데에 도움이 되기 때문에 그 일을 한다. 따라서 이러한 것을 인지 심리학자들은 내적 동기와 외적 동기를 구분하게 된다. 시험을 통과하는 것이나 금전적인 보상을 받는 것과 같이 행위 그 자체 이외의 것을 얻으려고 할 때 나타나는 동기는 외적 동기이고, 어떤 행위를 경험함으로써 흥미를 유발시키거나 즐거움을 느끼게 하는 것과 같이 행위 그 자체에서 무엇을 얻으려 할 때 나타나는 동기는 내적인 동기가 된다(Csilkszentmihalyi & Nakamura, 1989).

2.5.3. 이상적 제2언어 자아와 필연적 제2언어 자아

제2언어 학습 동기 이론에 가장 큰 영향을 끼친 것은 Gardner의 통합적 및 도구적 지향성이다. 그러나 Gardner의 이론은 21세기에 적합한 개념인가 라는 의문이 제기 되면서 논란이 되기 시작했다. 영어가 세계 공용어가 되면서 영어 학습이 영어를 모국어로 쓰는 사회에 동화되고 싶어서가 아니라 의사소통의 수단으로 배우는 경우가 일반화됨에 따라 이론의 적용은 어렵게 되었다. 예를 들어 미국으로 이민을 간 한국 사람이 영어를 배우는 동기가 그 나라에 동화되고 싶은 통합적 성향에 의한 것만이 아니라, 현지에서 생활을 하기 위한 수단으로 인식하는 도구적 성향도 함께 작용할 수 있다.

이렇듯 급격하게 변화하고 있는 현대인의 일상을 반영하여, 최근 Dörnyei(2005, 2006, 2009)는 제2언어 동기적 자아라는 개념을 도입 하였다. 이것은 Markus와 Nurius(1986)의 가능한 자아 개념과 Higgins(1998)의 자아 형성 촉진/억압 개념을 발전시킨 것으로, 제2언어 학습 상황에서 학습자는 그 언어를 성공적으로 습득한 후의 바람직한 자신의 모습을 꿈꿀 수 있는데 이것을 제2언어 자아라고 한다. 이러한 제2언어 자아를 두 가지로 나눌 수 있는데, 먼저 학습자 스스로가 설정한 자신의 바람직한 모습을 위해 제2언어를 학습 하는 것을 이상적 제2언어 자아라고 한다. 반면, 제2언어 학습을 마지못해 하는 경우, 학습자는 해당 언어 습득에 실패 하였을 경우에 일어날 부정적인 결과를 떠올린다. 이처럼 제2언어 학습에 실패 했을 때 나타날 수 있는 부정적인 결과를 예방하고자 학습을 하는 것을 필연적 제2언어 자아라고 하였다(김태영, 2009).

3. 연구방법

3.1. 연구가설

본 연구의 연구가설은 세 가지가 있다.

가설 1. 부모의 사회경제적 지위가 학생의 영어 학습 동기에 유의미한 영향을 미칠 것이다.

부모의 사회경제적 지위는 학생의 영어 학습 동기 중 외적 동기와 이상적 제2언어 자아, 그리고 필연적 제2언어 자아에 유의미한 영향을 미칠 것으로 예상된다. 그러나 내적 동기에는 유의미한 영향이 나타나지 않을 것으로 보인다. 부모의 사회경제적 지위라는 것은 외적인 요인이기 때문에, 학습자의 내부적 요인인 내적 동기에는 큰 영향을 미치지는 않을 것으로 예상한다.

가설 2. 학생의 영어 학습 동기 중 필연적 제2언어 자아가 학생의 영어 학업성취도에 가장 큰 영향을 미칠 것이다.

한국 사회에서 영어를 배우는 목적은 영어가 세계 공용어라는 이유 때문이기도 하지만, 근본적으로는 좋은 직장을 갖기 위해서라던가, 미래에 성공하기 위해서일 것이다. 그렇기 때문에 장래에 부정적인 결과를 초래하지 않기 위해서 영어를 배우는 필연적 제2언어 자아가 큰 영향을 미칠 것으로 본다. 그 다음으로는 이상적 제2언어 자아가 영향을 미칠 것으로 예상된다.

가설 3. 부모의 사회경제적 지위는 지위의 고하를 막론하고 학생의 영어 학업성취도에 긍정적인 영향을 미칠 것이다.

부모의 사회경제적 지위가 높으면 학생의 영어 학습에 투자를 많이 하게 될 것이고 결국 투자한 만큼 학생의 영어 학업성취도는 높게 나타날 것이다. 반대로, 부모의 사회경제적 지위가 낮으면 학생은 부모의 사회경제적 지위를 대물림 받지 않고자 노력하게 될 것이고 그 결과 학생의 영어 학업성취도는 높게 나타날 것이다.

3.2. 연구모형

본 연구에서는 부모의 사회경제적 지위를 부모의 학력, 소득, 직업지위 세 가지로 구분하여 정의한다. 이렇게 정의된 부모의 사회경제적 지위라는 외부적인 요인이 학생의 영어 학습 동기에 유의미한 영향을 미치는지, 학생의 영어 학습 동기 중 영어 학업 성취도에 가장 큰 영향을 미치는 것은 어느 것인지, 결과적으로 부모의 사회경제적 지위가 얼마나 영어 학업성취도에 영향을 미치는지를 알아보고자 하는 것이 본 연구의 목적이다. 연구 모형을 그리면 아래의 [그림1]과 같다.

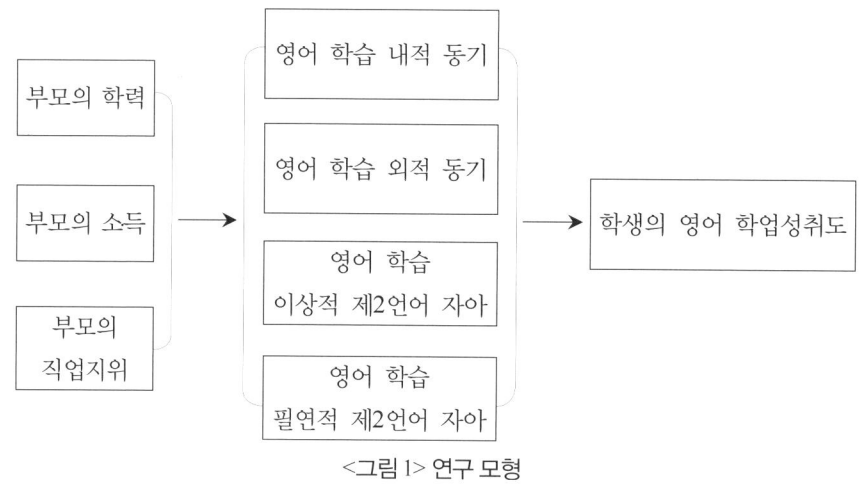

<그림 1> 연구 모형

3.3. 연구대상

본 연구는 통계청에서 조사한 2009년 서울특별시 25개 구 지방세 징수 자료를 참고하여 지방세 중 재산세 부분에서 상위 2개구에 해당하는 강남구, 서초구와 하위 2개구인 강북구, 도봉구에 소재하고 있는 고등학교의 학생과 학부모를 대상으로 한다. 대상 학교는 각 구당 두 개의 고등학교로 총 12개 학교이며 각 학교의 고등학교 1학년 중 한 학급(30~35명)이 설문 대상이다. 이 지역을 대상으로 삼은 이유는 서울특별시에는 여러 직종에 종사하는 사람들이 거주하고 있고,

상위 2개구와 하위 2개구로 한정한 것은 그들의 사회, 경제적 지위를 관찰하기 위한 것이다. 지방세 징수 자료는 아래 [그림2]와 같다.

시군구별	2009년 재산세
강남구	159,214,311 (천원)
서초구	84,581,613 (천원)
송파구	72,721,403 (천원)
중구	46,137,693 (천원)
영등포구	37,199,448 (천원)
용산구	34,073,286 (천원)
종로구	33,672,499 (천원)
강서구	28,884,675 (천원)
강동구	28,647,401 (천원)
마포구	26,350,607 (천원)
양천구	24,006,052 (천원)
성동구	20,513,882 (천원)
동대문구	20,100,708 (천원)
구로구	19,923,489 (천원)
광진구	19,848,979 (천원)
성북구	18,981,253 (천원)
관악구	18,961,665 (천원)
노원구	18,787,039 (천원)
동작구	18,710,528 (천원)
서대문구	15,413,839 (천원)
은평구	14,268,339 (천원)
중랑구	12,120,004 (천원)
금천구	11,917,588 (천원)
도봉구	11,526,252 (천원)
강북구	10,585,520 (천원)

<그림 2> 2009년 서울특별시 재산세 징수 현황

3.4. 연구 절차

본 연구에서 제시한 연구문제와 이론적 배경 들을 토대로 설문지를 작성한다. 먼저 예비 연구와 실험을 위해 예비설문 대상자로 위에 언급한 지역 중에서 30명을 뽑아서 사전조사(pilot test)를 할 예정이다. 사전 조사는 2012년 1월에 실시할 예정이며, 사전 조사 후 설문 조사상의 어려운 점이나 보완점을 수정하고 SPSS 통계 방법에서 크론바하 지수를 고려하여 타당성 있는 문항들로 모아 최종 설문지를 완성한다. 2012년 3~4월에 해당 학교에 방문하여 교장 선생님께 설문을 할 수 있도록 양해를 구한 후, 설문지를 배포하고 수거하여 자료를 분석한다. 자료의 분석 후 최종 결론을 도출한다.

3.4.1. 자료 분석 방법

본 연구의 수집된 자료는 SPSS(Statistical Package for the Social Sciences) 20.0 프로그램을 이용하여 분석하며, 분석기법은 다음과 같다.

첫째, 연구문제에 대한 구체적 분석에 앞서, 연구 대상자의 일반적 성격을 알아보기 위해 연구 대상자들의 기술 통계량을 알아본다.

둘째, 부모의 학력, 직업지위, 소득에 대해 알아보기 위해 빈도분석을 실시한다.

셋째, One way ANOVA(일원배치 분산분석)를 사용하여 부모의 사회경제적 지위라는 독립변수에 따라 자녀의 영어 학습 동기와 영어 학업성취도라는 종속변수가 어떻게 변화하는지를 분석한다.

넷째, 부모의 사회경제적 지위의 각 하위변인들이 남·여 학생의 영어 학업성취도에 미치는 영향을 회귀분석을 통해 분석한다.

다섯째, 부모의 사회경제적 지위의 각 하위변인들이 사회경제적 상위집단, 하위집단 학생들의 영어 학업 성취도에 미치는 영향을 회귀분석을 통해 알아본다.

여섯째, 부모의 사회경제적 지위와 학생의 영어 학습 동기, 그리고 학생의 영어 학업 성취도와의 관계를 파악하기 위해 상관관계 분석을 실시한다. 부모의 사회경제적 지위는 소득, 직업지위, 학력의 세 가지 영역으로 파악하고, 학생의 영어 학습 동기는 내적 동기, 외적 동기, 이상적 제2언어 자아, 필연적 제2언어 자아 네 가지로 나누어 각각의 상관성을 살펴본다.

3.5. 측정 도구

부모의 사회경제적 지위가 자녀의 영어 학업성취도에 미치는 영향을 살펴보고자 설문 조사를 실시한다. 본 연구에서 사용할 최종 설문지를 위하여 2015년 1~2월에 사전조사를 실시한다.

3.5.1. 부모의 사회경제적 지위

부모의 사회경제적 지위를 나타내는 항목으로는 부모의 학력, 직업지위, 소득 등의 항목이 포함되며 선다형 질문과 개방형 질문(open-ended questions)으로 구성한다. 개방형 질문을 하는 이유는 설문지를 작성하는 학생과 학부모의 필체를 확인하기 위함이다.

먼저 부모의 학력으로는 대학원 졸업 이상, 대학교 졸업, 전문대학 졸업, 고등학교 졸업, 중학교 졸업으로 총 5가지로 나눈다.

두 번째로 직업지위는 학생들에게 개방형 질문을 통해 부모의 직업과 하는 일에 대해 질문을 한다. 수집된 직업의 분류는 한국표준 직업분류에서 제시한 직군 분류 기준을 참고하여 기능·생산직(생산 감독, 공장 근로자, 중장비 기사, 건설기술자, 기능공 등), 판매·서비스직(판매직 점원, 식당 종업원, 통신판매, 보험설계사 등), 자영업(가게, 음식숙박업, 제조·서비스·건축업, 임대업 등), 사무직(일반 공무원, 기업체 사무직원, 일반군인·경찰 등), 전문직 1(교수, 박사급 연구원, 회계사, 의사, 약사, 변호사, 판검사, 전문 엔지니어 등), 전문직 2(초중고 교사, 방송언론계, 자유 예술직, 연예인, 문인, 종교직, 컴퓨터 전문가 등), 관리직(과장급 공무원, 기업체 간부, 사회단체 간부, 군 장교, 경찰간부 등), 고위행정직·전문 경영직(정부부처 국장 이상, 대기업 임원 이상), 농업/수산업/임업, 노무 종사자(임시직 건설노동자, 환경 미화업, 경비원, 노점상 등), 주부, 무직, 기타 등 총 13가지 분류로 나눈다.

세 번째로 소득은 민감한 부분이 될 수 있으므로, 학부모 설문지에 포함하도록 한다. 이 소득은 연간 가계 소득으로 정하며, 2000만 원 이하, 2000~3000만원,

3000~4000만원, 4000~5000만원, 5000~6000만원, 6000만 원 이상 까지 6가지로 나누어 선다형 항목을 만든다.

설문지 문항은 OECD 학업성취도 국제 비교 연구(Programme for International Student Assessment; PISA) 2009 연구 보고서를 참고 하여 학생용 설문지에는 10개, 학부모용 설문지에는 7개의 질문으로 구성한다.

3.5.2. 학생의 영어 학습 동기

학생의 영어 학습 동기를 판단하는 설문에는 리커트 척도(Likert scale)를 사용하고 5개의 척도에 전혀 그렇지 않다(1), 그렇지 않다(2), 보통이다(3), 그렇다(4), 매우 그렇다(5) 등으로 점수를 매기고 5개 항목 중 한 가지를 선택하도록 한다. 영어 학습 동기는 내적 동기(6), 외적 동기(3), 통합적 동기(5), 도구적 동기(2), 이상적 제2언어 자아(7), 필연적 제2언어 자아(5)로 구분하여 총 28개 문항으로 구성한다. 설문지 문항은 윤지영(2011)의 연구를 참고하였다.

3.5.3. 학생의 영어 학업성취도

학생의 영어 학업성취도를 질문하는 데에는 선다형 질문지로 구성하며, 영어 학업 성취도의 기준이 되는 성적은 지난학기 중간고사와 기말고사의 평균 영어 성적으로 한다. 성적은 100~90점, 89~80점, 79~70점, 69~60점, 59~50점, 49~40점, 39~30점, 29~20점, 19~10점, 9~0점 까지 총 10가지로 나누어 선택의 폭을 넓혔다.

4. 기대되는 결과

본 연구는 부모의 사회경제적 지위가 학생의 영어 학습 동기와 영어 학업성취도에 얼마나 영향을 미치는지를 알아보고자 하는 것으로, 기대되는 결과로는 다음과 같다.

첫째, 부모의 사회경제적 지위가 학생의 영어 학습 동기에 유의미한 영향을 미칠 것이다.

부모의 사회경제적 지위는 학생의 영어 학습 동기 중 외적 동기와 이상적 제2언어 자아, 그리고 필연적 제2언어 자아에 영향을 미칠 것으로 예상된다. 그러나 내적 동기에는 유의미한 영향이 나타나지 않을 것으로 보인다. 부모의 사회경제적 지위라는 것은 외적인 요인이기 때문에, 학습자의 내부적 요인에는 큰 영향을 미치지는 않을 것으로 예상한다.

둘째, 학생의 영어 학습 동기 중 필연적 제2언어 자아가 학생의 영어 학업성취도에 가장 큰 영향을 미칠 것이다.

한국 사회에서 영어를 배우는 목적은 영어가 세계 공용어라는 이유 때문이기도 하지만, 근본적으로는 취업에 도움이 되기 위해서라던가, 미래에 성공하기 위해서일 것이다. 그렇기 때문에 장래에 부정적인 결과를 초래하지 않기 위해서 영어를 배우는 필연적 제2언어 자아가 큰 영향을 미칠 것으로 본다.

셋째, 부모의 사회경제적 지위는 높고 낮음에 상관없이 학생의 영어 학업 성취도에 긍정적인 영향을 미칠 것이다.

부모의 사회경제적인 지위가 높으면 자녀의 영어 학습에 투자를 많이 하게 될 것이고 결국 투자한 만큼 자녀의 영어 학업성취도는 높게 나타날 것이다. 반대로, 부모의 사회경제적 지위가 낮으면 자녀는 부모의 사회경제적 지위를 대물림 받지 않고자 노력하게 될 것이고 그 결과 학생의 영어 학업성취도는 높게 나타날 것이다.

넷째, 그러나 세 번째에서 언급한 부모의 사회경제적 지위는 자녀의 영어 학업 성취도에 유의미하고 직접적인 영향은 미치지 않을 것이라고 예상된다. 부모의 사회경제적인 지위가 자녀의 영어 학업 성취도에 영향을 미치기는 하나 그 영향은 미미하여 직접적이라고 할 만큼의 유의미한 결과를 나타내지는 않을 것으로 예상된다.

한국인들 사이의 영어 격차는 단지 정치적인 면에서 영어 제국주의를 나타내는 것만이 아니라, 사회 문화적인 격차와 더불어 영어 능력의 상징적 과시효과라고 하는 심리적인 격차도 나타나게 한다. 미군정 시대에 통역하는 사람들이 출세를 하면서부터 시작된 광적인 영어교육은 영어를 공용어로 만들자는 논의까지 만들어 내고 말았다. 남들이 다 하기 때문에 하는 '이웃 효과' 때문에 영어를 배우고, 가수요로 인한 영어 교육이 아니라 필요에 의한 영어 교육을 했으면 한다. 안타깝게도 우리나라에서 영어 교육을 하는 것은 내부 서열을 정하기 위한 판별 도구로서 사용이 되고 있다. 영어 전쟁의 목적이 영어를 잘 하는 데에 있지 않고 내부 서열을 정하는 데에 있기 때문이다. 즉, 모든 국민이 영어를 모국어만큼 잘 하는 미래의 어느 날이 온다고 하더라도 그 속에서 또 누가 더 잘하는가를 따지는 서열은 존재 할 수밖에 없다. 따라서 계층 간의 영어 격차는 필연적이라고 할 수 있다. 그러므로 어차피 존재할 수밖에 없는 영어 격차와 영어 광풍에 대해 너그러워 지자는 것이다(강준만. 2011).

그리고 사회 전반에서 뿌리 깊게 작용하고 있는 것, 영어 능력 하나로만 사람을 선발하고 승진시키는 풍토 또한 개선되어야 할 것이다. 그리고 제대로 된 영어 교육을 공교육에서 하루 빨리 실시해야 할 것이다. 공교육에 의사소통 능력을 갖춘 유능한 교사를 투입하여 많은 학생들이 빈부의 차이에 관계없이 영어를 배울 수 있어야 한다는 것이다.

5. 연구일정

절차	기간
이론연구	2015.10~ 2016.1
연구 주제 선정 및 계획	2015.11~ 2015.12
논문초안 작성	2016.1~ 2016.2
설문조사 실시	2016.3~ 2016.4
설문지 자료 분석	2016.4~ 2016.5
결과 도출 및 마무리	2016.6

참고문헌

강준만. (2009). *입시전쟁 잔혹사*. 서울: 인물과사상사.
강준만. (2011). *특별한 나라 대한민국*. 서울: 인물과사상사.
교육과학기술부. (2010). *대한민국, OECD PISA에서 최상위 성취수준 달성*. 월드와이드웹: http://mest.korea.kr 에서 2015년 11월 13일에 검색했음.
구인회, 김순규. (2003). 가족 배경이 청소년의 교육성취에 미치는 영향: 가족 구조와

빈곤의 영향을 중심으로. *한국노동패널 학술대회 자료집, 4*, 81~100.
김은정. (2007). 가정의 사회경제적 지위, 사교육비, 부모-자녀 관계 그리고 청소년 자녀의 학업 성취간의 관계에 관한 연구. *한국사회학, 41*(5), 134~162.
김일혁. (2005). *고등학생의 가정배경 요인과 수학성취도와의 구조적 관계*. 석사학위논문, 연세대학교 대학원.
김태영. (2009). 제2언어 학습 동기 연구 50년사: 변천과 전망. *영어교육연구, 21*(1), 273~302.
김현주, 이병훈. (2005). 가족배경이 학업성취에 미치는 영향. *한국 노동패널 자료집, 6*, 179~198.
노현경. (2005). *학생변인, 학부모의 교육열과 사회경제적 지위 및 사교육비 지출간의 구조적 관계*. 서울: 한국교육개발원.
맹은경. (2001). 동기가 학습에 미치는 영향. *현대영어교육, 2*(2). 157-170.
박창남, 도종수. (2005). 부모의 사회경제적 지위가 학업성취에 미치는 영향. *사회복지정책, 22*, 281-303.
반경하. (2009). 취학 전 자녀를 둔 부모의 사회 경제적 지위 및 성취 기대에 따른 조기영어교육 인식 및 실태 연구. *인문학논총, 14*(1), 121-148.
방하남, 김기헌. (2001). 변화와 세습: 한국 사회의 세대 간 지위세습 및 성취구조. *한국사회학, 35*(3), 1-30.
방하남, 김기헌. (2002). 기회와 불평등: 고등교육 기회에 있어서 사회계층간 불평등의 분석. *한국사회학, 36*(4), 193-222.
방하남, 김기헌. (2003). 한국사회의 교육계층화: 세대 간 변화와 불평등의 추이. *한국노동패널 자료집, 1*, 21-54.
신명호. (2010). 부모의 사회경제적 지위가 자녀의 학업성취도에 미치는 영향에 관한 연구. *사회복지연구, 41*(2), 217-246.
신혜진. (2011). 초등학교 학부모의 사회경제적 배경이 교육적 관여에 미치는 영향: 부모 사회관계망의 매개효과 검증. *초등교육연구, 24*(3), 349-374.
윤지관. (2007). *영어, 내 마음의 식민주의*. 서울: 당대.
윤지영. (2011). *영어 학습에 대한 부모의 학업기대유형과 영어 학습 동기가 학업성취도에 미치는 영향*. 석사학위논문. 중앙대학교 교육대학원.
이운경. (2005). 청소년의 성취동기와 관련된 변인들: 가정의 사회경제적 지위, 어머니의 기대 및 정서적 지지와 청소년의 자아존중감. *한국아동학회, 26*(3), 43-59.

이정환. (2002). 가족환경, 과외, 성적. *한국사회학, 36*(6), 195-213.

이주리. (2010). 가족 자원이 청소년의 학업성취에 미치는 영향: 부모의 양육태도와 사교육의 매개효과 차이검증을 중심으로. *한국아동학회, 31*(1), 137-146.

이중섭, 이용교. (2009). 부모의 교육수준이 자녀의 학업성취 수준에 영향을 미치는 경로. *한국가족복지학, 26*, 159-192.

이중섭, 이용교. (2011). 부모의 학력이 청소년 자녀의 학업성취에 미치는 영향:빈곤, 비행, 부모자녀관계, 자아 존중감의 매개효과를 중심으로. *한국가족복지학, 16*(1), 65-88.

이효웅. (1996). 한국 중·고등학생의 태도와 학습 동기가 영어 학습에 미치는 영향. *영어교육, 51*(2), 3-34.

정영애, 김정미. (2002). 가정의 사회경제적 지위, 사교육, 그리고 학업성취와의 관계. *인문논총, 9*, 113~136.

한국교육과정평가원. (2009). *OECD 학업성취도 국제비교 연구(PISA 2009): 본 검사 시행 보고서*. 서울: 한국교육과정평가원.

Csikszentmihalyi, M., & Nakamura, J. (1989). The dynamics of intrinsic motivation: A study of adolescents. In C. Ames & R. E. Ames (Eds.), *Research on motivation education (Vol. 3): Goals and cognitions* (pp. 45-71). London: Academic Press.

Dörnyei, Z. (2005). *The psychology of the language learner: Individual differences in second language acquisition*. Mahwah, NJ: Lawrence Erlbaum.

Dörnyei, Z. (2006). Individual differences in second language acquisition. *AILA Review, 19*, 42-68.

Dörnyei, Z. (2009). The L2 motivational self system. In Z. Dörnyei & E. Ushioda (Eds.), *Motivation, language identity and the L2 self* (pp. 9-42). Bristol, UK: Multilingual Matters.

Gardner, R. C. (1985). *Social psychology and language learning: The role of attitudes and motivation*. London. Edward Arnold.

Gardner, R. C., & MacIntyre, P. D. (1992). A student's contributions to second language learning, Part 1: Cognitive variables, *Language Teaching, 25*, 211-230.

Higgins, E. T. (1998). Promotion and prevention: Regulatory focus as a motivational principle. *Advances in Experimental Social Psychology, 20*, 1-46.

Markus, H., & Nurius, P. (1986). Possible selves. *American Psychologist, 41*(9), 954-969.

Williams, M., & Burden, R. L. (1997). *Psychology for language teachers*. Cambridge, UK: Cambridge University Press.

부록 A: 학생의 영어 학업성취도에 미치는 요인에 관한 설문 조사(학생용)

여러분 안녕하세요?

저는 ○○대학교 교육대학원에서 영어교육을 전공하고 있으며 '학생의 영어 학업성취도에 미치는 요인'에 관한 학위논문을 준비하고 있습니다. 이 설문지는 여러분의 가족과 가정 그리고 영어 학업성취에 관한 내용으로 구성되어 있습니다.

각 질문을 주의 깊게 읽고, 가능한 한 정확하게 하기 바라며 해당란에 √ 표시를 하면 됩니다. 간단히 답을 써야 하는 질문도 일부 있습니다.

이 설문지의 질문에는 정답이나 오답이 없으므로, 여러분이 맞다고 생각하는 것을 답하면 됩니다.

여러분의 개인 정보는 공개되지 않고, 다른 학생들의 응답과 함께 통계 처리되며, 분석된 자료도 연구 이외의 목적으로는 절대 사용되지 않습니다. 번거롭더라도 모든 문항에 빠짐없이 응답해주시기를 바랍니다.

- ○○대학교 교육대학원 영어교육 전공 ○○○
(ooooooo@aaa.ac.kr)

- 성별: 남 (　　) 여 (　　)
- 학교: (　　　　)고등 학교 (　　)학년 (　　)반

Part 1. 가족과 가정

여기에서는 여러분의 가족과 가정에 대하여 질문할 것입니다. 다음 질문 중 일부는 여러분의 어머니와 아버지에 대한 것입니다. 어머니나 아버지가 안 계신 경우에는 부모님 역할을 하는 양육자(예를 들면, 보호자, 계부·계모 또는 양부모)에 대하여 답하면 됩니다.

부모님 이외에 다른 보호자가 있는 경우, 가장 많은 시간을 함께 보내는 분에 대해 답하기 바랍니다.

1. 아버지의 연령은 어디에 속합니까?
① 30대 이하 ② 30대 ③ 40대 ④ 50대 ⑤ 무응답

2. 아버지의 주업은 무엇입니까?(예: 교사, 주방 보조, 영업 책임자 등)
(아버지가 현재 직업을 가지고 있지 않다면, 가장 최근의 직업을 쓰세요.)

직업명: _____

3. 아버지는 직장에서 어떤 일을 하십니까?(예: 고등학생을 가르친다. 음식점에서 요리사가 음식 만드는 것을 돕는다. 영업팀을 관리한다. 등)
아버지는 직장에서 구체적으로 어떤 일을 하시는지 또는 가장 최근 직장에서 어떤 일을 하셨는지를 한 문장으로 쓰세요.

_____

4. 아버지의 학력은 무엇입니까?
① 대학원 졸업 이상 ② 4년제 대학교 졸업 ③ 전문대학 졸업
④ 고등학교 졸업 ⑤중학교 졸업

5. 어머니의 연령은 어디에 속합니까?
① 30대 이하 ② 30대 ③ 40대 ④ 50대 ⑤ 무응답

6. 어머니의 주업은 무엇입니까?(예: 교사, 주방 보조, 영업 책임자 등)
(아버지가 현재 직업을 가지고 있지 않다면, 가장 최근의 직업을 쓰세요.)

직업명: _____

7. 어머니는 직장에서 어떤 일을 하십니까?(예: 고등학생을 가르친다. 음식점에서 요리사가 음식 만드는 것을 돕는다. 영업팀을 관리한다. 등)
어머니는 직장에서 구체적으로 어떤 일을 하시는지 또는 가장 최근 직장에서 어떤 일을 하셨는지를 한 문장으로 쓰세요.

_____

8. 어머니의 학력은 무엇입니까?
① 대학원 졸업 이상   ② 4년제 대학교 졸업   ③ 전문대학 졸업
④ 고등학교 졸업   ⑤ 중학교 졸업

9. 집에 다음의 시설이나 물건이 있습니까?(각 항목에서 하나를 골라 표시하세요.)

	예	아니오
① 공부용 책상		
② 나 혼자 사용하는 방		
③ 조용히 공부할 수 있는 장소		
④ 학교 공부를 위해 사용할 수 있는 컴퓨터		
⑤ 교육용 소프트웨어		
⑥ 인터넷 접속망		
⑦ 영어 사전		
⑧ 예술 작품		
⑨ 학교 공부에 참고할 수 있는 책		
⑩ 전문 기술 서적		
⑪ 식기 세척기		
⑫ DVD 플레이어		
⑬ 에어컨		
⑭ 디지털 TV(예: PDP, LCD, LED)		
⑮ 김치냉장고		

10. 다음 시설이나 물건이 집에 몇 개 있습니까?(각 항목에서 하나를 골라 표시하세요.)

	없음	한 개	두 개	세 개 이상
① 휴대전화				
② 텔레비전				
③ 컴퓨터				
④ 자동차				
⑤ 욕실				

Part 2. 영어 학습 동기

여기에서는 여러분의 영어 학습 동기에 대하여 질문할 것입니다. 자신의 생각에 가까운 곳에 √ 표시를 하기 바랍니다.

* 예시

'영어 공부가 재미있어서 영어공부를 한다.'라는 문항에 '매우 그렇다' 일 경우 5에 √ 표시를 하세요.

문 항	전혀 그렇지 않다	그렇지 않다	보통이다	그렇다	매우 그렇다
영어 공부가 재미있어서 영어 공부를 한다.	1	2	3	4	5

문 항	전혀 그렇지 않다	그렇지 않다	보통이다	그렇다	매우 그렇다
1. 영어 공부가 재미있어서 영어공부를 한다.	1	2	3	4	5
2. 친구들보다 뒤떨어지지 않기 위해 영어 공부를 한다.	1	2	3	4	5
3. 외국인과 대화하기 위해 영어공부를 한다.	1	2	3	4	5
4. 영어를 잘 해야 좋은 대학에 가기 때문에 영어공부를 한다.	1	2	3	4	5

5. 나는 영어로 생활하고 외국에 살 것을 생각해서 영어공부를 한다.	1	2	3	4	5
6. 친한 친구가 영어를 중요다고 생각하기 때문에 영어공부를 한다.	1	2	3	4	5
7. 영어를 배우고 싶어서 영어공부를 한다.	1	2	3	4	5
8. 좋은 성적을 받고 싶어서 영어공부를 한다.	1	2	3	4	5
9. 영어를 잘해야 좋은 직업을 가지기 때문에 영어공부를 한다.	1	2	3	4	5
10. 외국에서 그 나라 사람들과 대화하기 위해서 영어공부를 한다.	1	2	3	4	5
11. 영어에 대해 흥미와 호기심이 많아서 영어공부를 한다.	1	2	3	4	5
12. 영어는 어느 분야나 중요하므로 영어공부를 한다.	1	2	3	4	5
13. 영어권 사람들처럼 생각하고 행동하는데 도움이 될 것 같아서 영어공부를 한다.	1	2	3	4	5
14. 나의 꿈을 이루기 위해 영어공부를 한다.	1	2	3	4	5
15. 외국인과 영어로 유창하게 대화하는 것을 상상하는 것이 즐거워서 영어공부를 한다.	1	2	3	4	5
16. 나의 능력을 높이기 위해 영어공부를 한다.	1	2	3	4	5
17. 영어권 나라의 문화를 더 잘 이해하기 위해서 영어공부를 한다.	1	2	3	4	5
18. 영어를 잘하면 다른 사람이 나를 존경할 것이기 때문에 영어공부를 한다.	1	2	3	4	5
19. 나의 발전을 위해 영어공부를 한다.	1	2	3	4	5
20. 해외여행을 쉽게 하려고 영어공부를 한다.	1	2	3	4	5
21. 내가 미래에 하고 싶은 것을 하기 위해 영어공부를 한다.	1	2	3	4	5
22. 영어를 잘하는 내 모습을 상상하는 것이 즐거워서 영어공부를 한다.	1	2	3	4	5
23. 내가 존경하는 사람이 나에게 영어공부를 해야 한다고 했기 때문에 영어공부를 한다.	1	2	3	4	5

24. 영어로 나를 잘 표현하기 위해 영어 공부를 한다.	1	2	3	4	5
25. 외국영화를 한글 자막 없이 보기 위해 영어공부를 한다.	1	2	3	4	5
26. 내가 영어를 공부하면 앞으로 행복할 것이라고 믿기 때문에 영어공부를 한다.	1	2	3	4	5
27. 나의 친구들, 선생님, 가족의 칭찬을 듣기 위해 영어공부를 한다.	1	2	3	4	5
28. 나는 영어를 사용하는 직업을 상상하는 것이 즐거워 영어공부를 한다.	1	2	3	4	5

Part 3. 영어 학업 성취도

여기에서는 여러분의 영어 학업 성취도에 대하여 질문할 것입니다. 여러분의 답변은 철저하게 비밀이 보장 될 것입니다.

1. 지난 학기 중간, 기말고사의 <u>평균</u> 영어 성적은 어디에 속합니까?
   ① 100~90점 ② 89~80점 ③ 79~70점 ④ 69~60점 ⑤ 59~50점
   ⑥ 49~40점 ⑦ 39~30점 ⑧ 29~20점 ⑨ 19~10점 ⑩ 9~0점

부록 B: 학생의 영어 학업성취도에 미치는 요인에 관한 설문 조사(학부모용)

학부모님, 안녕하세요?

저는 OO대학교 교육대학원에서 영어교육을 전공하고 있으며 '학생의 영어 학업성취도에 미치는 요인'에 관한 학위논문을 준비하고 있습니다. 이 설문지는 여러분의 가족과 자녀의 가정환경에 관한 내용으로 구성되어 있습니다.

학부모 설문지는 학생의 부모님 중 한 분(또는 두 분이 함께) 또는 주 보호자께서 작성하여 주시기 바랍니다. 질문을 간결하게 하기 위해, 본 설문지를 집에 가져온 학생을 '귀하의 자녀'로 지칭할 것입니다.

각 질문을 주의 깊게 읽고, 가능한 한 정확하게 답해 주시기 바라며 해당 란에 √표시를 하시면 됩니다.

모든 질문에 대해 편한 마음으로 답해 주시기 바랍니다. 본 설문에는 정답이나 오답이 없으며, 귀하의 답변 내용은 공개되지 않을 것임을 약속드리며, 분석된 자료도 연구 이외의 목적으로는 절대 사용되지 않습니다.

번거롭더라도 모든 문항에 빠짐없이 응답해주시기를 바랍니다.

— OO대학교 교육대학원 영어교육 전공 OOO

(ooooooo@aaa.ac.kr)

Part 1. 학부모의 특성, 가정 내 지원

1. 어느 분께서 본 설문지를 작성하시겠습니까?

(보기: 아버지, 어머니, 또는 다른 남성/여성 보호자, 기타)

작성자: _____

2. 귀하 또는 다른 가족들은 자녀와 함께 다음의 활동을 얼마나 자주 합니까?
(각 항목에서 하나를 골라 표시하시오.)

	전혀 또는 거의하지 않음	한 달에 한두 번	일주일에 한두 번	매일 또는 거의 매일
① 정치 또는 사회문제 토론하기				
② 책, 영화, TV 프로그램에 대해 토론하기				

③ 자녀가 학교 생활을 잘 하고 있는지에 대해 토론하기			
④ 자녀와 함께 식사하기			
⑤ 자녀와 이야기 하며 시간 보내기			
⑥ 자녀의 숙제 도와주기			

Part 2. 학부모의 배경

다음은 본 설문지를 집에 가져온 학생의 부모님 두 분의 배경에 대하여 질문하고자 합니다. 본 질문에 대한 답변은 학생의 가정환경에 대해 좀 더 자세한 정보를 얻는데 도움이 됩니다.

1. 학생의 아버지께서는 학력이 무엇입니까?
   ① 대학원 졸업 이상   ② 4년제 대학교 졸업   ③ 전문대학 졸업
   ④ 고등학교 졸업   ⑤ 중학교 졸업

2. 학생의 어머니께서는 학력이 무엇입니까?
   ① 대학원 졸업 이상   ② 4년제 대학교 졸업   ③ 전문대학 졸업
   ④ 고등학교 졸업   ⑤ 중학교 졸업

다음은 교육비 규모에 대해 알아보고자 합니다.

3. 귀하의 연간 가계 소득은 얼마입니까?
   귀하의 가족 구성원 전체의 세전 소득 총액을 합산하시기 바랍니다.
   편한 마음으로 답해주시길 다시 한 번 부탁드립니다. 귀하의 답변은 철저하게 비밀이 보장될 것입니다. (하나를 골라 표시하시오.)
   ① 2000만 원 이하
   ② 2000~3000만원
   ③ 3000~4000만원
   ④ 4000~5000만원

⑤ 5000~6000만원
⑥ 6000만 원 이상

다음 질문은 본 설문지를 집에 가져온 학생과 관련된 비용만을 생각하여 답해 주시기 바랍니다.

4. 지난 1년 동안 교육비로 지출하신 금액은 대략 얼마입니까?
 본 항목의 비용을 산정하실 때 자녀의 학교 공납금과 방과 후 수업비, 자녀가 학교 교사에게 개별 지도를 받거나 다른 강사에게 지도를 받는 비용 및 학원비용을 포함시키십시오.
 교육비에 운동용품, 교복, 컴퓨터, 교과서 등의 물품 비용이 포함되지 않을 경우(즉, 별도로 구입해야 하는 경우), 이 비용을 포함해서 산출하지 마십시오. (하나를 골라 표시하시오.)

① 없음　　　　　　　　② 200만 원 이하
③ 200~400만원　　　　④ 400~600만원
⑤ 600~800만원　　　　⑥ 800만 원 이상

5. 귀하의 자녀는 몇 명입니까?(본 설문지를 집에 가져온 학생 포함)
　(하나를 골라 표시하시오.)
① 1명(본 설문지를 집에 가져온 학생뿐임)
② 2명
③ 3명
④ 4명
⑤ 5명
⑥ 6명 이상

위에 제시한 논문계획서 샘플은 최근에 제가 지도한 학생의 논문계획서를 옮겨 온 것입니다. 물론 위의 샘플대로만 논문계획서를 구성해서는 안 되고, 반드시 논문

지도교수와의 면밀한 상담을 통해서 구체적인 내용을 결정해야 할 것입니다. 또한 논문의 주제에 따라 논문계획서의 내용을 제시하는 순서에도 변경이 있을 수 있고, 추가적인 항목을 더 넣을 수도 있으며 뺄 수도 있습니다. 즉 매우 가변적인 성격이 있다는 것이지요. 다만 다음의 체크리스트를 보고 모든 부분이 빠짐없이 잘 되어 있는지를 확인할 필요가 있습니다.

✓ 체크리스트

☐ 논문의 제목 및 본인의 소속 학과/전공, 성명이 모두 정확하게 포함되어 있으며 오타가 없는지?
  - 논문 제목을 모두 대문자로 하는 경우에 의외로 오타가 있습니다. 예: ANLAYSIS, INTRODUCTOIN, INTRODUCTATION
  - 학과나 전공의 정식 명칭을 모르거나 학교명을 틀리게 쓰는 경우도 있습니다. (예: "영어교육과"인데 "영어교육학과"로 쓰거나, 학교 영문 명칭이 "Chung-Ang University"인데 "Chungang University"로 쓰는 경우) 정식 명칭은 학과/학교 공식 홈페이지에서 확인하기 바랍니다.

☐ 인쇄된 논문계획서가 올바르게 출력되어 있고 누락된 페이지는 없는지?

☐ 각 페이지 하단에 페이지 번호가 들어가 있는지?

☐ 참고문헌은 이 책의 8-10장에 언급한 방식대로, 본문에 언급한 참고문헌만 빠짐없이 가나다 순서 먼저, 그리고 알파벳 순서대로 APA 스타일을 준수해서 제시하고 있는지?

☐ 선행연구를 포함한 계획서 전체적으로 여섯 단어 이상 표절한 부분은 없는지?

☐ 연구문제는 2-3개 정도로 간결하고 명확하게 제시하고 있는지?

☐ 연구방법은 예비 연구(pilot study)와 본 연구(main study)를 구분하여 논리적으로 상세히 제시하고 있는지?

☐ 연구방법을 구체적으로 설명하였으며, 연구에 필요한 각종 자료(설문지, 면담 문항지, 평가 문항지)를 부록 등에 첨부했는지?

☐ 지도교수 및 논문 심사위원 교수들께 검토할 수 있게 충분히 여유 있게 미리 제출하는지?

연/습/문/제

I. 다음 문장을 읽고 사실이면 T, 거짓이면 F에 표기하세요.
  1. 논문계획서를 심사위원 앞에서 발표할 때, 선행연구를 자세히 설명한다. (T / F)
  2. 논문계획서 발표 시, 실제 연구 절차와 연구에 사용할 각종 설문, 인터뷰 문항, 시험 문제 등은 생략하거나 개괄적으로 설명한다. (T / F)
  3. 논문계획서 작성 시, 실제 연구를 언제 어떤 방식으로 진행할 지에 대한 스케줄 표를 첨부하는 것이 바람직하다. (T / F)
  4. 논문 계획을 발표할 때 나온 의견에 최대한 방어적인 태도를 취한다. (T / F)
  5. 논문 계획 발표 후 최대한 빨리 지도교수와 상의한다. (T / F)

II. 다음 문장의 빈칸에 들어갈 알맞은 말을 채우세요.
  1. 논문의 체제인 서론, 선행연구, 연구방법, 연구결과, 요약 및 시사점 중, 논문계획서 작성 시에는 _____, _____, _____ 에 집중한다.
  2. 논문계획서 발표 시 참여 교수들은 주로 선행연구 보다는 _____에 관심을 두며, 특히, _____에 관심을 둔다.

제5장

명료한 글쓰기

이 장에서는 명료한 글쓰기의 일반적 원칙들과 글쓰기를 향상시키는 방법들을 제시하고자 합니다. 대학원생들이 작성한 논문 초고를 검토하다 보면 문장의 의미가 모호하거나, 주술 호응이 맞지 않거나, 문장의 길이가 지나치게 길어 무슨 의미로 글을 쓴 것인지 알 수 없어 고통받는 경우가 매우 많습니다. 이 장에서는 글쓰기의 일반적 원칙을 제시하면서, 적절한 부분에는 실천적 글쓰기 팁(tip)을 제시하여 여러분의 논문 글쓰기에 도움을 드리고자 합니다. 그러나 가장 중요한 것은 이러한 요령과 원칙을 안다고 하더라도 글쓰기를 생활화하지 않고 논문 쓸 때만 마지못해 조금씩만 써 본다면 여러분의 글쓰기 실력은 좀처럼 늘지 않는다는 점입니다. 마치 운전면허 필기시험은 만점을 받더라도 실제 도로 주행을 할 수 없는 것과 비슷한 원리이지요. 따라서 글쓰기를 많이 해 보면서 지속적으로 피드백을 받으며 본인의 전반적인 글쓰기 능력 자체를 높이는 데 주력해야 할 것입니다.

5.1. 전반적 구성

글을 쓰기 전에, 연구결과들을 제시하는데 가장 적절한 글의 길이와 구조, 글 쓰는 방법을 생각해 보아야 합니다. 상세한 내용을 말씀 드리기 전에 보통 여러분들이 논문을 작성하시는 아래한글 프로그램에서 오탈자 등 문제가 있는 경우에는 단어 밑에 붉은 색 점선이 미세하게 나타납니다. 이 경우에는 대부분 여러분이 작성한 글에 문제가 있는 것이니 신중하게 검토해서 오류를 잡아 낼 필요가 있습니다.

5.1.1. 문장의 길이

논문 문장의 길이는 연구의 주요 아이디어를 효과적으로 나타내기에 적합해야 합니다. 논문을 쓰는데 있어 가장 유념할 점은 **각 문장의 길이는 짧을수록 좋다**는 것입니다. 너무 길이가 길다면 저자의 요점이 잘 드러나지 않으므로, 가급적 주어와 서술어가 서로 잘 호응하며, 글에서 반복되는 부분이 최소화되도록 길이를 줄이도록 합니다. 경험적으로 여러분의 문장 길이는 A4용지에서 아래한글 10포인트로 글을 쓸 때 2줄이 넘어가서 **3줄 이상 되지 않도록 유의**하십시오. 세 줄 이상으로 길어지면 주어와 서술어의 관계가 맞지 않거나, 능동태와 수동태 문장이 서로 엉키거나, 전체적인 의미가 모호해 지는 경우가 매우 많습니다.

5.1.2. 문장의 구성

논문 문장은 품위 있고 명료하고 객관적으로 작성되어야 합니다. 품위 있는 문장이 되어야 하므로, 지나치게 구어체적이거나 비속어, 유행어 표현을 쓰면 안 됩니다. 예를 들어 "꽤, 아주, 되게, 상당히, 대단히, 무려, 많이, 좀, 조금, 진짜, 정말, 최고의, 괜찮은, 슬픈, 기쁜, 안습" 등과 같은 어휘를 사용하면 안 됩니다. 반면 표현이 지나치게 고색창연하거나 현학적인 것을 사용해서도 안 됩니다. 현학적인 것을 가려내는 기준은 이 단어가 실생활에 사용되는가 입니다. 여러분이 지금까지 살면서 한 번도 대화하면서 여러분 입으로 말해 본 적이 없는 단어라든지 주변에서 생활 속에서 귀로 들어 본 적이 없는 단어는 일단 의심해 보아야 합니다. 예를 들어 일상생활에서 주변 친구나 학교 동료들과 다음과 같은 말을 해 본 사람이 있을까요?

학생 A : 기말 페이퍼 쓰느라 어제 밤 3시 넘어서 잤어.
학생 B : 난 니가 미리미리 페이퍼 썼으면 더 좋았을 거라고 사료되는데.

위의 가상의 대화에서 문제가 되는 부분은 학생 B의 "사료되는데"라는 부분입니다. 실제 논문 문장을 보면 "~라고 사료된다"라는 표현을 많이 쓰는데, 이는 우리의 일상에서 절대 다수의 사람들이 입으로 말하지 않는 어휘이므로 현학적이라고 판단됩니다. 이런 단어는 논문에서 쓰지 않는 것이 좋습니다.

또 다른 금기는 수동형을 반복하여 사용하는 경우입니다. 예를 들어 "초등학교 3학년은 인지적 수준이 낮으므로, 본 논문에서는 제외되게 되었다."라는 문장에서 "제외되게 되었다"는 것이 이중 수동 문형이므로 사용하면 안 됩니다. "제외되었다"로 표현하거나 더 바람직하게는 능동형인 "제외하였다"라고 해야 합니다.

5.1.3. 한글 논문은 한글 전용(專用)으로 작성

한글 논문에는 한글만 쓰는 것을 원칙으로 해야 합니다. 다만 한글로만 제시하였을 때 의미에 혼동을 줄 수 있는 경우에는 최소한의 한자나 영어 단어를 사용할 수 있습니다. 또한 선행연구를 수행한 사람이 외국인이거나 한국인이어도 영어로 작성한 논문의 경우에는 그 사람의 성(姓)을 영어로 써야 합니다. 예를 들어, "김태영"이라는 한국인이 영어로 쓴 논문에 저자 이름이 "Kim, Tae-Young" 혹은 "Tae-Young Kim"으로 표기되어 있다면, 이럴 때에는 여러분이 작성하는 논문이 한글 논문이더라도 "Kim(2015)에 의하면, ..."으로 써야하고, Kim을 일부러 "김태영"등으로 바꿔서 쓰면 안 된다는 말입니다.

간혹 한글 논문임에도 불구하고 군데군데 영어 단어를 섞어 쓰는 경우도 있는데, 이런 글들은 마치 저자가 "내가 이런 단어도 알아"라며 잰체하는 느낌을 주며 몹시 현학적 표현이 되므로 유의해야 합니다. 아래 문장을 봅시다.

> 지난 1980년대 Canale &Swain이 주장한 의사소통능력(Communicative Competence)에는 문법적 능력(Grammatical Competence), 담화적 능력(Discourse competence), 화용적 능력(pragmatic Competence), 사회언어학적 능력 (sociolinguistic competence)이라는 하위 분야가 존재(存在)하고 있다.

단지 한 문장으로만 구성된 위의 예문에는 적어도 10개 이상의 문제가 있습니다. 일단 한글 전용으로 작성해야 한다는 대원칙이 지켜지지 않고 있습니다. 외국어교육 혹은 응용언어학을 전공하는 사람들이 읽게 될 관련 논문에서는 의사소통능력이나 4가지 하위 능력에 대해서는 굳이 영어로 표기를 하지 않아도 무방할 것입니다. 또한 의미 파악에 전혀 문제가 되지 않는 "존재"라는 단어에는 한자어를 괄호 속에 병기할 이유가 없습니다. 그럼에도 불구하고 영어나 한자를 괄호에 넣는 것은 글쓴이의 학문적 허세로 판단됩니다.

반드시 필요하다면 괄호 속에 영어 단어 혹은 한자어를 병기할 수 있는데, 영어를 병기할 때에는 고유명사, 사람 이름, 지명 등을 제외한 일반 명사는 첫 글자도 반드시 소문자로 제시하여야 합니다. 모든 단어의 첫 알파벳을 대문자 처리를 해서 포함시키는 경우도 있는데 이는 틀린 용례입니다. 위의 예문을 보면 아예 일관성이 없이 어떤 영어 단어는 대문자로만, 어떤 것은 대소문자를 섞어서 사용하는 것을 알 수 있는데 이는 정말 성의 없이 작성한 논문 초안입니다. 영어 단어가 일반 명사라면 소문자 처리를 해 주세요.

그 외에도 띄어쓰기 등의 여러 오류가 있습니다. 예를 들어 &는 앞 뒤에 모두 띄어 써야 하고, 컴마(,) 등의 문장 부호는 바로 앞 단어와는 붙여 써야 하며, 뒷 단어와는 한 칸 띄어야 합니다. 따라서 위의 예문을 올바르게 쓴 문장은 아래와 같습니다. 길이도 간결하고 띄어쓰기 및 맞춤법도 모두 올바릅니다.

> 지난 1980년대 Canale와 Swain이 주장한 의사소통능력에는 문법적 능력, 담화적 능력, 화용적 능력, 사회언어학적 능력이라는 하위 분야가 존재하고 있다.

참고로 2인 이상의 외국인 저자를 본문에서 언급할 때에는 외국인들 이름 사이에 한글 조사 "...와/과"를 쓰는 것이 무난합니다. (한국인 저자를 언급할 때 역시 "...와/과"를 사용하는 것이 좋습니다.) 간혹 한글 논문임에도 불구하고 본문에서 &를 사용하는 무성의한 사람도 있습니다. &는 괄호 안에서 참고문헌으로 2인 이상의 외국 저자를 언급할 때에만 사용해야 합니다. 괄호 안에 참고문헌으로 한국인 저자는 & 대신 가운데 점(·) 혹은 컴마(,)로 구분하는 것이 좋습니다.

5.1.4. 띄어쓰기

사실 영어로 작성된 논문은 한글에서만큼 띄어쓰기가 문제되지는 않습니다. 영어 단어는 무조건 단어와 단어 사이를 띄우니까요. 하지만 한글은 조사, 어미, 명사 등에 따라 띄우기도 하고 붙이기도 해서 기준을 명쾌하게 설명 드리기가 매우 까다롭습니다. 게다가 합성명사들은 띄워도 되고 붙여도 되는 경우도 많이 있어서 매우 복잡합니다. 예를 들어 "영어 학습동기", "영어 학습 동기", "영어학습 동기", "영어학습동기"라는 네 가지 띄어쓰기 방식 중 어떠한 것이 올바를까요? 또, "제 2언어 습득", "제2언어 습득", "제2언어습득" 중 어느 것이 올바를까요?

띄어쓰기의 대원칙은 다음과 같습니다. 첫째, 띄어쓰기에는 일관성이 있어야 한다는 것입니다. 같은 어구인데 어디는 띄우고 어디는 띄우지 않으면 곤란합니다. 논문계획서나 논문을 완성한 후에는 워드프로세싱 프로그램의 찾기 혹은 찾아 바꾸기 기능으로 일괄적으로 띄우거나 붙이는 작업을 하는 것이 좋습니다.

둘째, 외국어교육이나 응용언어학을 전공하는 많은 사람들이 자주 사용하는 용어는 붙여서 쓰는 것이 좋습니다. 예를 들어, "제2언어"에서 원래 맞춤법 규정은 순서를 의미하는 "제2"는 뒤의 어구 앞에서 띄어 쓰는 것이 맞습니다. 하지만 "제2언어"는 우리 외국어교육 및 응용언어학 분야에서 너무나 많은 사람들이 너무도 자주 쓰는 용어이므로 붙여 쓸 수 있습니다. "제2언어습득"이나 "제2언어학습" 역시 많이 사용되고 있으므로, 필요하다면 붙여서 사용할 수 있겠지요. (다만 첫째 대원칙에서 말씀드렸듯 한 논문 안에서는 일관성 있게 붙이거나 띄거나 둘 중 하나만을 취해야 합니다.)

띄어쓰기의 둘째 원칙은 "잘 모르겠다면 띄어 쓰는 것이 좋다"입니다. 붙여야 할지 띄어야 할지를 모른다면, 일단은 띄는 것이 좋습니다. 더 확실한 방법은 국립국어원의 웹사이트 메인 홈페이지(http://www.korean.go.kr)에서 직접 검색해 보는 것입니다. 메인 홈페이지에 들어가면 오른편 상단에 '표준국어대사전 찾기' 검색창이 보입니다.

<표 5.1> 국립국어원 메인 페이지(http://www.korean.go.kr)

이 항목에서 여러분이 찾고 싶은 용어를 찾아 넣어서 검색이 된다면 그 용어는 붙여서 쓸 수 있는 것이고, 검색 결과가 0으로 나오면서 검색이 안 된다면 그 용어는 띄어쓰기를 해야 하는 것입니다. 예를 들어, "행동하다"와 "행위하다"를 검색해 보면 아래와 같이 다른 결과가 나타납니다.

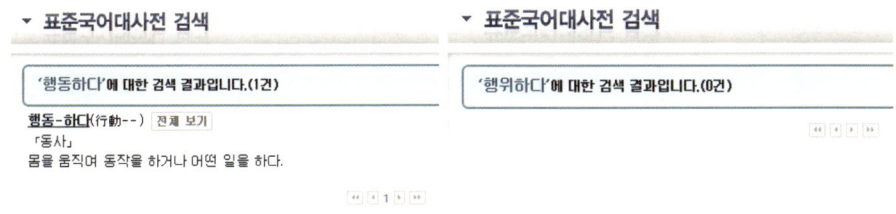

<그림 5.2> "행동하다"와 "행위하다"의 검색 결과

위의 <그림 5.2>에 제시되었듯 "행동하다"는 표준국어대사전에서 표제어로서 1건이 검색되며 뜻은 "몸을 움직여 동작을 하거나 어떤 일을 하다."로 명시됩니다. 반면 "행위하다"는 검색 결과가 0건으로 나타나면서 어떠한 뜻도 제시되지 않습니다. 이

러한 결과로 보아 우리는 "행동하다"는 검색이 되므로 "행동"과 "하다"사이를 띄우면 안 되는 하나의 단어임을 알 수 있고, 반면 "행위하다"는 검색이 안 되므로 하나의 단어로 사용되지 않으며 "행위 하다"처럼 띄어쓰기를 해야 함을 알 수 있습니다.

띄어쓰기가 문제가 되는 경우는 문장 부호가 사용되었을 때입니다. 이럴 때는 다음과 같은 원칙대로 띄어쓰기를 하세요. (문장부호의 세부적 사용법에 대해서는 다음 장에 상세히 설명되어 있습니다.)

1. 괄호를 시작할 때의 괄호 앞과 괄호를 끝낼 때의 괄호 뒤는 한글 논문에서는 띄우면 안 됩니다. 반면 영어 논문에서는 괄호를 시작할 때 괄호 앞과 괄호를 끝낼 때 괄호 뒤를 띄워야 합니다.
   옳은 예: 김태영(2014)의 주장에 의하면... / 주장하였다(김태영, 2014).
   틀린 예: 김태영 (2014)의 주장에 의하면... / 주장하였다 (김태영, 2014).
   옳은 예: According to van Lier (2001), ... / ... learning (van Lier, 2001).
   틀린 예: According to van Lier(2001), ... / ... learning(van Lier, 2001).

2. 마침표, 쉼표, 콜론(:), 세미콜론(;)은 한글과 영어 논문을 막론하고 앞 단어와는 붙여야 하고, 뒷 단어와는 띄어야 합니다.
   옳은 예: 주장하였다(김태영, 2014). / 주장하였고, / 다음과 같다: (1)명사, (2)동사...
   틀린 예: 주장하였다(김태영,2014) . / 주장하였고 , / 다음과 같다 : (1)명사, (2)...

3. 영어 단어 'and'의 약어인 '&'(정식 명칭은 ampersand)는 앞이나 뒤에 오는 어떤 영어 단어와도 띄어 써야 합니다. 또한 한글 논문에서는 본문에서 '&'를 쓰면 안 되고, 단지 참고문헌을 위해 괄호 속에 제시되는 2인 이상의 외국인 저자 명칭 사이에만 올 수 있습니다.
   옳은 예: ... 이 있다(Canale & Swain, 1980). / ...라고 한다(김태영, 이혜선, 2014)
   틀린 예: ... 이 있다(Canale&Swain,1980). / ... 라고 한다(김태영&이혜선, 2014).

위의 세 가지 단순한 원칙만 잘 숙지하여도 아래와 같은 예시가 잘못된 문장이라는 것을 쉽게 알 수 있습니다.

Long (1985)이 주장한 상호작용 가설에 의하면...
According to Krashen(1982), ...
[논문 제목] 우리나라 학생들의 영어 학습 동기 연구
             : 서울 지역 중학생들을 중심으로
Lantolf & Thorne(2006)은 사회문화이론의 핵심적 주장이 ...
...라는 입장을 취하고 있다 (Swain ,Kinnear ,Steinman ,2011).

5.1.5. 논문 소제목 조직

간결한 소제목은 독자들이 주요 내용을 예측하고 저자의 주장이 어떻게 발전해 나가는지 알 수 있도록 도와줍니다. 소제목에는 위계관계가 있으며 같은 중요도의 화제들은 논문에서 모두 같은 수준의 소제목으로 제시합니다. 한 섹션 내에서 하위 섹션 소제목이 하나인 하위 섹션은 만들지 않습니다. 예를 들어, 번호 I 인 섹션은 최소한 1.1, 1.2 두 개의 하위 섹션으로 나누어져야 하고, 1.1 섹션 하나만 존재해서는 곤란합니다. 이런 경우는 번호 I인 상위 섹션으로만 구성해야 합니다.

5.1.6. 소제목의 수준

APA에서 추천하는 소제목 양식은 5개의 수준으로 구성됩니다(부록 1 참조). 다만 한글 학위논문이나 학술지 논문은 해당 학교 및 학술지에서 권장하는 양식에 따르면 됩니다.

5.2. 글쓰기 양식

과학적 글쓰기의 주요 목적은 명확한 의사소통입니다. 거듭 강조합니다만 두 줄이 넘어가지 않는 단순한 문장으로, 아이디어들을 일목요연하게 제시해야 합니다. 표현은 정확하고 매끄러워야 하며, 연구의 주요 내용을 쉽고 명확하게 전달하는 어조를 사용해야만 합니다. 따라서 글을 쓴 후 반드시 시간을 들여가면서 자기 교정(self-correction)을 해야 하고, 동료들에게 글을 읽어 보게 하여 내용 및 문장 형식에 대한 동료 교정(peer correction)을 받을 수 있게 하십시오. 세상 어느 누구도 자신이 쓴 글을 철저한 자기 교정과 동료 교정 없이 출판하거나 논문 심사를 위해 제출하지 않습니다. (이 글을 쓰는 저도 책으로 출판하기 위해 이 책의 원고를 적어도 10회 이상 교정하였습니다.) 여러분들의 지도교수는 지금까지 자기 교정 및 동료 교정이 잘 된 글들을 검토하여 왔을 것이므로, 제대로 교정되지 않은 글은 몇 줄 읽지 않고서도 금방 간파하고 부담스럽게 생각합니다. 프로페셔널한 교수들께 프로페셔널한 글을 제출하도록 노력해 주세요.

5.2.1. 아이디어 제시의 연속성

1) 구두점 사용

구두점은 아이디어들 사이의 관계를 보여줌으로써 글의 연속성에 기여합니다. 쉼표와 대시(-)와 같은 구두점을 너무 많이 사용하면 가독성을 떨어뜨리지만, 적게 사용하면 의미의 혼동을 줄 수 있습니다.

한 문장 내에서, 내부에 쉼표가 없는 셋 이상의 요소를 구분하기 위해 쉼표(comma)를 사용합니다. 내부에 쉼표가 있는 셋 이상의 요소를 구분할 때에는 세미콜론을 사용합니다. 즉 세미콜론은 쉼표를 쓰는 경우에 독자에게 혼돈을 줄 우려가 있을 때 쉼표 대신 사용할 수 있습니다. 아래 예문에서는 이미 쉼표가 여러 곳에서 제시되어 있으므로, 세 그룹을 구분하여 제시하기 위해서 세미콜론이 사용되었습니다. 한글 논문에서는 세미콜론이나 콜론이 잘 사용되지 않는데, 아래와 같은 용법으로 사용될 수 있습니다.

> 이 연구를 위해 세 그룹이 설정되었다: (1)학교 시험에서 20점 이하를 받고, 교사들이 언급한 하위 집단; (2)학교 시험에서 20-50점을 받고, 교사들이 언급한 중위 집단; (3)50점 이상을 받고, 교사들이 언급한 상위 집단.

2) 연결어[접속사, 접속부사] 사용

글의 연속성을 획득하는 다른 방법은 연결어를 사용하는 것입니다. 한글 논문을 사용할 때, 연결어를 지나치게 사용하지 않도록 하여 주세요. 짧은 문장이 계속 제시되는 것은 일단 시간의 연속이나 원인에 따른 결과로 자연스럽게 해석됩니다. 따라서 굳이 "그러므로", "따라서"라든지 "그리고" 등의 접속사를 문두에 넣지 않도록 하십시오. 문장의 의미를 확실히 하기 위해서 꼭 필요한 장소에만 접속사를 활용하여 주시고, 매 문장마다 접속사를 과잉 사용하지 말아 주세요. 이는 영어 논문을 작성할 때도 마찬가지입니다. 한글과 약간 다른 용법은 영어에서는 반복을 한글보다 더 싫어하므로 동일한 명사어구를 반복하는 대신 앞 문장의 명사를 가리키는 대명사(it, that, those, these)를 사용하거나 저자를 반복할 때는 인칭 대명사 he, she, they 등을 쓰는 것이 반복을 피한다는 면에서 효과적일 수 있습니다. 영어 논문에서도 지나친 연결어는 지양하되, 다른 전환 장치로 시간 연결(then, next, after, while, since), 원인과 결과 연결(therefore, consequently, as a result), 부가적 연결(in addition, moreover, furthermore, similarly), 대조적 연결(but, conversely, nevertheless, however, although) 등을 나타내는 부사, 접속사 등을 최소화하여 사용할 수 있습니다.

5.2.2. 표현의 유연성

시간에 쫓겨서 논문 원고를 쓰다보면 밤늦은 시간까지 여러분은 논문 결과를 타이핑하고 그것에 대한 해설과 논의를 열심히 적게 됩니다. 밤잠을 쪼개가면서 공부하고 논문을 썼다는 점에서 크게 칭찬할 일입니다만, 글의 수준을 생각하면 그리 추천할 방법은 되지 못합니다. 반드시 다음 날, 혹은 더 바람직하게는 며칠이 지난 다음 천천히 소리 내어 다시 읽어보면서 논리의 허점과 표현의 생경함을 보완하는 것이 필수적입니다. 늦게까지 작업한 것은 지나치게 시간에 쫓긴 것이고, 피로감 등으로 명철한 논리적 사고가 결여된 글이 되기 쉽기 때문입니다.

표현을 가다듬기 위해서는 글을 쓴 후, 나중에 스스로 다시 읽어 보거나 동료에게 읽게 함으로써 문제점을 찾아 낼 수 있습니다. 이때는 눈으로 묵독(默讀, silent reading)하는 것 보다는 소리 내어 낭독하는 것이 좋습니다. 천천히 낭독해 가면서 문장을 집중해서 들어보면 이상한 문장을 더 용이하게 발견할 수 있습니다. 영어 논문의 경우에는 동사의 시제를 일관되게 사용하여 표현을 매끄럽게 할 수 있습니다. 영어 논문을 쓸 때에는 특히 다음과 같은 시제의 사용에 유의하세요.

- 선행연구나 과거 사건의 절차: 과거나 현재완료 시제를 사용하기
- 연구결과: 과거 시제를 사용하기
- 결론을 제시하거나 결과의 의미에 대한 토의: 현재 시제를 사용하기, 결론을 현재 시제로 써서 독자들이 보다 가깝게 그 문제에 대해 숙고하도록 하기

영어로 작성할 때 유의할 점으로는 명사 연속(noun strings)을 쓰지 않도록 해야 합니다. 몇 개의 명사가 연속 나열되어 마지막 명사를 수식하는 것으로 의미 파악이 어려운 경우가 많기 때문입니다. 이때는 하이픈, 콜론, 컴마 등을 사용하여 단어의 관계를 명확하게 할 수도 있지만 연속되지 않게 하는 것이 제일 좋습니다. 명사 연속을 푸는 방법 중 하나는, 마지막 단어를 명사 연속의 처음으로 옮기고 동사와 전치사로 문장을 연결하는 것입니다. 예를 들어, early childhood English education problem를 problem of English education in early childhood로 바꿀 수 있습니다.

동의어나 유의어를 사용함으로써 반복을 피하며 다양한 표현을 할 수 있습니다. 하지만 다른 표현을 사용할 경우 의도하지 않은 미묘한 의미와 어감의 차이를 가지고 올 수 있으므로 사용에 주의해야 합니다.

5.2.3. 어조

글쓰기의 출발점은 권위 있는 국내외 저명 학술지에 게재된 모범적인 선행연구를 많이 읽어보고 그러한 글쓰기를 하려고 노력하는 것에서 출발합니다. 읽지 않고서는 절대로 좋은 글을 쓸 수 없습니다. 아주 간혹 글쓰기 스타일이 매우 독특한 분들이 논문계획서나 논문 초안을 제출하는 경우가 있는데, 예를 들어 다음과 같은 서론입니다.

> Samuel Beckett의 <고도를 기다리며>에 나타난 부조리한 현실과도 같이 우리나라의 영어교육 현상은 사교육과 공교육의 불편한 동거로 점철되어 있다고 한국응용언어학회 총무이사를 역임하신 김태영 교수님이 수업 시간에 이야기하셨다.

위와 같은 문장으로 논문 서론의 첫 문단이 시작되어 있는 경우에 글쓴이는 아마 문학적인 감수성이 풍부하여 아름다운 글쓰기를 하려는 의도를 가지고 있는 것으로 추측됩니다. 하지만 우리 분야의 글쓰기 방식과는 확연하게 다른 위와 같은 글쓰기 스타일과 어조는 이 글을 읽는 독자에게 생소함을 넘어, 당혹감까지 주게 됩니다.

외국어교육 및 응용언어학 분야는 보통 사회과학 분야로 구분되며 과학적인 글쓰기가 요구됩니다. 과학적 글쓰기는 문학적, 예술적 글쓰기와는 다르며, 아이디어와 발견한 것들을 흥미롭고 설득력 있게, 직접적으로 제시해야 합니다. 따라서 앞부분의 Samuel Beckett의 <고도를 기다리며> 등과 같은 문구는 매우 부적절합니다. 논문은 과학적 글쓰기이므로 은유나 직유와 같은 비유적 표현 역시 매우 제한적으로만 사용되어야 합니다. 그리고 어떤 사람이 이야기를 했다는 식으로 이야기를 비공식적으로 했다는 것을 언급해서는 곤란하며, 논문이나 저서의 저자가 몇 년도에 발표한 글에서 그렇게 주장했다는 것을 형식을 갖추어 표현해야 합니다. 따라서 위의 문장은 비록 문학이나 일상적인 글쓰기에서는 전혀 문제가 없을지 모르나, 논문에 포함될 문장으로는 부적절하므로 다음과 같이 변경하는 것이 더 낫습니다.

> 김태영(2013)에 의하면 우리나라 영어 교육계에는 공교육과 사교육의 복잡한 공생관계가 존재하고 있다고 한다.

논문을 작성할 때는 여러분의 연구결과나 주장이 어떤 다른 연구자들과는 불일치하거나 심지어는 반대되는 입장을 개진해야 할 때도 있습니다. 다른 연구자들과 반대되는 입장일 때는, 전문적이고 공격적이지 않은 방식으로 표현해야 합니다. 다른 연구자가 나와 다른 입장이라고 하여 적으로 돌려서는 안 되니까요. 예를 들어, "Long(1985)은 Swain(1985)의 입장과는 다른 주장을 펼치고 있다."는 가능하지만 "Long(1985)은 Swain(1985)의 주장을 전면적으로 부정하며 반박하고 있다."는 좋지 않습니다. 나중에 나의 논문을 읽는 사람이 내가 비판하는 바로 그 사람일 수도 있다는 점을 생각한다면 편가르기 식으로 글을 쓰는 것은 그리 좋은 방식은 아닙니다. 논문을 쓰는 것이 적을 색출하여 싸우려는 목적이 아니니까요.

따라서 올바른 어조로 글을 쓰는 효과적 방법 중 하나는 특정 독자를 상상하고 그 사람을 설득하도록 글을 쓰는 것입니다. 즉, 내 앞에 나보다 나이가 약간 많은 사람이 앉아 있다고 생각하고 그 사람을 차분하게 설득시킨다고 생각하면 됩니다.

5.2.4. 문단의 길이

문단의 가장 큰 원칙은 한 문단 안에는 적어도 두 문장 이상이 포함되어야 한다는 점입니다. 간혹 한 문장이 한 문단을 이루는 경우가 있는데 이렇게 되면 곤란합니다. 또한 소제목이 있고 제목 아래에 시작되는 문단은 항상 두 문단 이상이 될 수 있게 작성하여 주십시오. 간혹 소제목 밑에 한 페이지도 안 되는 한 문단만을 적은 후, 다음 소제목으로 넘어가는 경우가 있는데, 이렇게 작은 소제목 단위는 글로 서술하기에는 중요하지 않은 내용일 가능성이 높습니다. 따라서 그 전 소제목 혹은 그 다음 소제목과 같이 통합하거나 다른 개념과 같이 합치는 것을 고려하십시오. 다만 (소)제목이 있고 그것보다 더 작은 단위의 소제목이 있을 때 그 내용을 설명하기 위한 도입 문단인 경우에는 한 문단으로만 구성하여도 괜찮습니다. 실제 예를 보면 더 이해가 빠를 것이므로 아래를 봅시다.

I. 서론

  이 장은 한국 하위권 중학생이 영어 학습 시 겪게 되는 탈동기 요인과 이에 따른 연구의 필요성을 소개한다. 한국 하위권 중학생의 탈동기화 요인에 대해 영어 학습자로서 연구 목적을 밝히며 그 후 구체적인 연구문제를 제시한다.

1.1. 연구의 필요성

  많은 학자들은 학업 성취에 영향을 주는 학습자 변인들을 연구해 왔다. 그 중 변인 동기는 가장 많이 연구된 주제 중에 하나인데, 외국어 학습에 영향을 미칠 수 있는 중요한 요인인 지능, 적성, 태도, 동기, 학습책략 등이 이에 해당된다. 이러한 요인은 크게 인지적 요인과 정의적 요인으로 나눌 수 있다. 정의적

> 요인은 교육과 환경에 의해 바뀔 수 있는 후천적인 것으로 외국어 학습을 하는 데 있어 이러한 요인들은 지속적으로 활발히 연구되고 있다(이효웅, 1999).
>
>   효과적인 동기부여를 위해 정의적 요인에서 함께 연구해야 할 과제 중 하나는 탈동기의 요인인지를 연구하는 것이다. 이 연구는 국외에서 많이 시행되었는데, 선행연구에 따르면 학급 내에서 동기 상실을 유발하는 많은 요인들이 존재하며 이 때문에 동기를 상실한 학생들이 많은 것으로 나타났다. 특히, 외국어를 학습하는 EFL(English as a Foreign Language) 환경인 한국에서 학생들은 수십 년간 학교를 통해 영어를 배우게 된다. 하지만 학생들은 고학년으로 진학할수록 영어 학습에 대한 흥미가 떨어져 성적도 낮아지고 있다. 따라서, 본 연구에서는 한국의 중학교 교실에서 하위권 학생의 탈동기는 어떠한 요인으로부터 발생하는지 알아보고자 한다. 중학생들의 학업성취 수준에 따른 동기 유발 요인과 책략에서 상위권은 환경 요인이, 하위권은 교사 요인이 중요하게 작용하는 것으로 나타났다(정은희, 김신혜, 2003). 또한 많은 선행연구에서 교사의 요인은 탈동기의 주요 요인으로 뽑혔다.

이 예시에서 1. 서론 바로 밑에 오는 짧은 한 문단은 괜찮다는 의미입니다. (하지만 이 경우에도 유념해야 할 것은, 이 짧은 문단도 두 개의 문장으로 구성되었다는 점입니다.) 반면 1.1 연구의 필요성 및 목적 밑의 내용이 한 문단으로만 제시되어서는 곤란하다는 뜻이지요. 이미 설명 드렸듯이, 1.1이라는 소제목이 붙은 것으로 미루어 보아, 이 논문에는 분명히 1.2에 해당되는 소제목과 내용이 뒤에 있을 것입니다.

반면 한 문단이 지나치게 긴 경우 역시 곤란합니다. 두 줄 간격(double spacing)을 써서, 한 단락이 한 페이지 이상인 글은 가독성을 떨어뜨립니다. 따라서 이상적으로는 A4용지 한 페이지에는 두 문단 혹은 세 문단 정도가 위치하는 것이 읽기에 좋습니다.

5.2.5. 한글 논문에서의 논문 저자인 '나'의 표기

한글로 논문을 쓰는 경우에는 논문 저자를 표기하는 것이 더 적절한 경우가 있습니다. 보통은 수동형 문장을 사용하여 왔는데, 최근 미국을 중심으로 한 서양 학계에서는 과도한 수동형 문장을 지양하고 능동형 문장을 사용하자는 움직임이 일고 있습니다. 따라서 1인칭 대명사 "I"와 "we"를 사용하는 것이 장려되고 있지요. 이러한 변화는 비교적 최근인 10-15년 사이에 발생하였으므로 외국어교육 및 응용언어학 분야에 종사하는 원어민 교수들도 연령층에 따라 다른 입장을 취합니다. 고령의 원어민인 경우에는 어떠한 경우에도 1인칭 표현을 지양하고 부득이하다면 "the author"라는 표현을 써야 한다고 강조하는 반면, 비교적 젊은 원어민 교수들은 1인칭 대명사를 사용하여도 괜찮다는 의견을 제시하기도 합니다.

한글 논문에서 이러한 경우에는 보통 세 가지 방안을 생각할 수 있습니다. 첫째, 아직 한글 논문의 경우에는 수동형 문장을 사용하여도 큰 문제가 되지는 않습니다. 따라서 문장이 이상하지 않다면 수동형 문장도 경우에 따라 사용할 수 있습니다. 둘째, 우리말의 주어를 생략하는 것입니다. 한국어는 영어와 달리 주어를 생략하여도 의미 전달에 무리가 없는 경우가 많이 있습니다. 셋째로는 "나"나 "우리" 대신 "연구자" 혹은 "필자"는 으로 하는 것을 고려하십시오. "연구자"는 보통 양적 연구나 질적 연구 공히 활용할 수 있는 반면, "필자"는 서술적 성격이 더 강한 질적 연구에서 선호하는 용어입니다.

5.2.6. 명확한 문장과 모호한 문장

논문을 쓰면서 여러분이 명확하고 간결하게 논지를 풀어나가는 것은 매우 중요합니다. 문장의 핵심 내용을 효과적으로 전달할 수 있는 글을 쓰십시오. 읽어도 무슨 내용인지 이해하기 어려운 장황한 글은 금방 외면당할 수밖에 없습니다. 또한, 외국어교육이나 응용언어학에 관한 전문용어를 상황에 맞지 않게 사용하는 것은 오히려 전체적인 의미를 모호하게 하여 글의 힘을 약하게 할 수 있습니다. 글은 철저하게 읽는 사람을 위주로 써야 합니다. 뜻을 명확하게 전달할 수 있도록 적확한 단어를 선택하여 문장을 만드는 것이 중요합니다. 한 문장 내에서 서로 연관성이 약한 단어를 제시한다면, 읽는 사람이 그 의미를 다르게 해석하여 글이 가지는 논리의 흐름에서 벗어난 이해를 할 수 있습니다. 그렇다고 같은 의미의 단어를 지나치게 반복하는 것도 문장을 불필요하게 늘리는 군더더기 역할을 하게 됩니다.

다음에 제시된 문단을 먼저 읽어 보십시오. 이 문단은 여섯 개의 문장으로 구성되어 있습니다. 읽어 보시고 전체적인 논지를 고려하여 모호한 문장을 명확한 문장으로 바꿔보시기 바랍니다. 여섯 개의 문장을 순서대로 편의상 각 문장에 번호를 붙여 두었습니다. 원문을 일단 여러분께서 바꿔 보신 후 아래의 번호별 모범 수정 문장을 보시면서 해설을 읽어 주십시오.

Ⅰ. 서론

21세기는 국제화 시대를 넘어 각국의 개방과 다문화를 강조하고 국가 간의 차이를 인정하고 이해하는 시대가 되고 있다. 이제는 영어가 일부 모국어로 사용하는 언어에서 확장되어 각 나라의 사람들이 의사소통을 하기 위하여 필수적으로 사용해야 하는 국제어 또는 지구어로서의 언어가 되었다(박약우, 2007). 이로 인해 한국사회에서도 더 이상 영어는 제2언어 또는 외국어가 아닌 필수언어가 되고 있음을 학부모와 교사들은 보다 빠르게 인식하고 있으며 동시에 영어를 배우는 시기도 점점 빨라지고 있는 것이 자명한 사회적 현상이다. 이윤숙(2003)의 연구에 따르면 서울, 천안, 광양지역의 학부모를 대상으로 한 설문지에서 '적극 찬성한다'라는 의견이 약 18%를 차지했고, '가능하다면 찬성한다'의 경우 66%의 결과가 나왔다. 이로써 학부모들의 적극적인 영어수요상황은 약 84%까지 이르고 있다. 이런 수요에 의해 국가적인 과제로서 대두되고 있는 교육계의 주요현안 중 유치원의 공교육화와 초등학교 저학년 영어 교육도입을 말할 수 있다(이병천, 2009).

---

① 21세기는 국제화 시대를 넘어 각국의 개방과 다문화를 강조하고 국가 간의 차이를 인정하고 이해하는 시대가 되고 있다.

수정문장 21세기는 국제화 시대를 넘어 각국이 개방과 다문화를 강조하는 시대가 되고 있다.

해설 문장은 간결하게 쓰는 것이 좋습니다. 같은 의미를 포함하고 있다면 불필요하게 길게 쓰는 것은 지양해 주십시오. 위의 두 문장은 본질적으로 같은 의미를 담고 있습니다. 어느 편이 더 잘 읽히고 이해가 잘 되시나요?

② 이제는 영어가 일부 모국어로 사용하는 언어에서 확장되어 각 나라의 사람들이 의사소통을 하기 위하여 필수적으로 사용해야 하는 국제어 또는 지구어로서의 언어가 되었다(박약우, 2007).

수정문장 이제 영어는 각 나라의 사람들의 의사소통을 위하여 필수적으로 사용해야 하는 국제어가 되었다(박약우 외, 2007).

해설 "영어가 일부 모국어로 사용하는 언어에서 확장되어"라는 표현은 의미가 매우 모호합니다. 일단 "일부 모국어로 사용"이라는 것의 의미를 알 수 없고, "언어에서 확장되어"라는 표현은 언어에서 어디로 확장되었다는 의미인지도 모호합니다. 또한 "국제어 또는 지구어로서의 언어"는 의미상으로 "지구어"는 사용하지 않는 단어일뿐더러 "국제어"와 의미상으로 동일합니다. 이렇듯 문장의 모호성과 중의성을 없애 간단하지만 내용이 잘 포함되어 있는 것이 좋은 글쓰기입니다.

③ 이로 인해 한국사회에서도 더 이상 영어는 제2언어 또는 외국어가 아닌 필수언어가 되고 있음을 학부모와 교사들은 보다 빠르게 인식하고 있으며 동시에 영어를 배우는 시기도 점점 빨라지고 있는 것이 자명한 사회적 현상이다.

수정문장 한국사회에서도 학부모와 교사들은 영어가 미래 사회의 유력한 경쟁의 도구가 되고 있음을 빠르게 인식하고 있으며, 학생들이 영어를 배우는 시기도 점점 빨라지고 있는 것은 부인할 수 없는 사회적 현상이다.

해설 "이로 인해" 등의 앞 문장을 잇는 접속사 어구들은 사용에 주의하십시오. "이로 인해"가 무엇으로 인해인지를 알 수 없습니다. 또한 영어가 "제2언어 또는 외국어가 아닌 필수언어가 되고"라는 표현은 과장된 표현입니다. 영어가 필수언어라면 공용어 혹은 국어로서의 지위를 한국에서 가지고 있다는 뜻인데, 이는 사실이 아닙니다. 영어는 중요한 외국어이지 필수언어는 아니지요. 다만 필수적으로 배워야 한다는 의미를 강조하려다 보니 이렇게 사실이 아닌 과장 표현이 사용되는 것입니다. 따라서 이 부분은 모두 삭제되었고, 충분히 저자의 의도를 살릴 수 있는 다른 어구로 대체되었습니다. "자명한 사회적 현상"이라는 것도 "자명"하다는 것이 과장되었으므로 "부인할 수 없는"의 다소 순화된 표현으로 대체되었습니다.

④ 이윤숙(2003)의 연구에 따르면 서울, 천안, 광양지역의 학부모를 대상으로 한 설문지에서 '적극 찬성한다'라는 의견이 약 18%를 차지했고, '가능하다면 찬성한다'의 경우 66%의 결과가 나왔다.

수정문장 이윤숙(2003)에 따르면 서울, 천안, 광양지역의 학부모를 대상으로 한 아동영어교육 설문지에서 유치원 영어 교육에 대해 '적극 찬성한다'라는 의견이 약 18%를 차지했고, '가능하다면 찬성한다'는 의견은 66%를 차지했다.

해설 "이윤숙(2003)의 연구에 따르면"으로 쓰는 것도 가능하지만, "이윤숙(2003)에 따르면"으로 하는 것이 일반적입니다. "설문지에서 '적극 찬성한다'라는 의견이 약 18%를 차지했고"라는 부분에서는 이 설문이 어떤 설문인지 그 내용이 없으므로 무엇을 적극 찬성한다는 것인지를 알 수 없습니다. 또한 표현의 일관성을 위해 이 문장에서 "차지했고" … "차지했다"는 식으로 앞뒤의 서술어를 동일한 것으로 맞추어 일관성을 기했습니다. "결과가 나왔다"는 표현은 의미가 모호한 구어체 표현이므로 사용하면 안 됩니다. 의미적으로 "결과"는 무생물(non-animate)이기 때문에, 나올 수 없습니다. "도출되었다" 혹은 "산출되었다" 등이 적절할 것입니다만, 이것 역시 앞에 "차지했고"와 균형을 맞추기 위해 "차지했다"라고 바뀌었습니다. "결과가 나왔다", "설문을 돌렸다", "인터뷰를 따 왔다" 등은 매우 구어체적이고 비논리적인 표현이므로 논문에서 사용하지 마십시오.

⑤ 이로써 학부모들의 적극적인 영어수요상황은 약 84%까지 이르고 있다. 이런 수요에 의해 국가적인 과제로서 대두되고 있는 교육계의 주요현안 중 유치원의 공교육화와 초등학교 저학년 영어 교육도입을 말할 수 있다(이병천, 2009).

수정문장 이렇듯 유치원 영어교육의 수요가 존재하므로, 교육계의 주요현안으로 유치원의 영어교육 도입과 초등학교 저학년 영어 교육이 조심스럽게 제시되고 있다(이병천, 2009).

해설 접속사의 문제가 다시 불거지고 있습니다. "이로써"이라는 표현은 무엇을 받는지 알 수 없습니다. 그리고 "학부모들의 적극적인 영어수요상황"이 무엇을 의미하는지도 알 수 없습니다. 따라서 불필요하고 모호한 표현이므로 이 문장을 모두 삭제하였습니다. 간혹 논문을 작성하면서 여러분 스스로도 잘 이해가 안 되는 문장을 기록하는 경우가 있습니다. 이 경우 대부분은 지도교수가 그러한 문장을 지적하게 되므로, 애초에 본인 스스로도 납득이 안 가는 문장은 쓰지 않는 것을 원칙으로 합니다. 상식적으로 저자 스스로도 모르는 문장을 독자가 알 것이라고 기대하는 것은 곤란하지요. "이런 수요에 의해"라는 표현도 "이런 수요"가 어떤 수요인지가 불분명하므로 삭제되었습니다. "국가적인 과제로서 대두되고 있는 교육계의 주요현안"이라는 표현도 매우 잉여적입니다. "교육계의 주요현안"은 당연히 "국가적인 당면 과제"가 되는 것이지요. 예를 들어 교육부에서 새로운 교육 과정이나 정책을 입안하고 있다면 그것은 우리나라 학생 모두에게 적용되는 중대한 일이므로 "국가적인 과제"가 됩니다. 따라서 "국가적 과제로서 대두되고 있는" 역시 삭제해야 합니다. "영어 교육도입을 말할 수 있다"라는 표현에서 "말한다"는 것은 구어체적이므로 사용하면 안됩니다. "언급하다" "제기되다" 등의 다른 표현으로 대체해야 하고, 또한 "말한다"는 능동형 표현이므로 누가 말하는지에 대한 주어를 명시해야 합니다. 하지만 위 문장에서 주어가 없군요. 논문은 말하거나 이야기하는 장르의 글이 아니라 "주장"하고, "논증"하고, "제시"하는 논리적 설득문입니다. 따라서 "말하다" 혹은 "이야기하다" 등의 단어는 사용하지 마십시오. 또한 논문의 어조는 명료하되 여러분과 다른 의견이나 주장을 하는 사람들이 읽어도 반발하지 않도록 유의해야 합니다. 쉽게 말씀드리면 적을 만들지 말라는 것입니다. 조기영어교육에 대해서는 여전히 찬반양론이 존재하고 있으므로 "저학년 영어 교육도입을 말할 수 있다"는 주장은 대담한 주장이며 저학년에 영어를 가르치는 것에 대해 회의적 입장을 가진 독자들의 이성적 반박 혹은 감정적 반응을 이끌어 낼 수 있으므로 약간의 에두른 표현(hedging)을 하는 것이 좋습니다. 따라서 "조심스럽게 제시되고 있다"고 수정되었습니다.

위 글은 띄어쓰기의 문제도 존재합니다. "저학년 영어 교육도입을 말할 수 있다"에서 "저학년 영어 교육도입" 표현에서 어느 부분을 띄는 것이 올바를까요? 앞에서도 설명 드렸지만 의미적으로 가깝거나 많은 사람들이 자주 쓰는 용어는 붙여 쓸 수 있습니다. "저학년 영어 교육 도입"에서 "영어교육"과 "교육도입"은 아무래도 "영어교육"이 더 많은 사람들에게 더 많이 사용되었을 것입니다. 따라서 이 표현에서 붙여 쓸 부분은 "교육도입"보다는 "영어교육"이므로, "저학년 영어교육 도입"으로 띄우는 것이 더 적절합니다. 아니면 모든 단어를 띄어서, "저학년 영어 교육 도입"으로 작성하여도 좋을 것 같습니다.

위의 수정 사항을 모두 반영한 수정된 문단은 다음과 같습니다.

I. 서론

21세기는 국제화 시대를 넘어 각국이 개방과 다문화를 강조하는 시대가 되고 있다. 이제 영어는 각 나라의 사람들의 의사소통을 위하여 필수적으로 사용해야 하는 국제어가 되었다(박약우 외, 2007). 한국사회에서도 학부모와 교사들은 영어가 미래 사회의 유력한 경쟁의 도구가 되고 있음을 빠르게 인식하고 있으며, 학생들이 영어를 배우는 시기도 점점 빨라지고 있는 것은 부인할 수 없는 사회적 현상이다. 이윤숙(2003)에 따르면 서울, 천안, 광양지역의 학부모를 대상으로 한 아동영어교육 설문지에서 유치원 영어 교육에 대해 '적극 찬성한다'라는 의견이 약 18%를 차지했고, '가능하다면 찬성한다'는 의견은 66%를 차지했다. 이렇듯 유치원 영어교육의 수요가 존재하므로, 교육계의 주요 현안으로 유치원의 영어교육 도입과 초등학교 저학년 영어 교육이 조심스럽게 제시되고 있다(이병천, 2009).

연 / 습 / 문 / 제

I. 다음 문장을 읽고 사실이면 T, 거짓이면 F에 표기하세요.
 1. 논문의 문장은 최대한 내가 유식하게 보이게 현학적으로 작성한다. (T / F)
 2. 한글로 쓴 논문은 되도록 한글만을 사용해 논문을 작성한다. (T / F)
 3. 한글로 논문 작성 시, 한국인 저자가 영어로 작성한 논문을 인용할 때 한국인 저자의 이름은 반드시 한글로 표기한다. (T / F)

II. 다음 문장의 빈칸에 들어갈 알맞은 말을 채우세요.
 1. A4용지에서 아래한글 10포인트로 글을 쓸 때 한 문장이 ____줄 이상 되지 않도록 유의한다.
 2. 이상적으로는 두 줄 간격 기준으로 A4용지 한 페이지에 ____문단 혹은 ____문단 정도가 위치하는 것이 읽기에 좋다.
 3. 한글로 논문 작성 시, 양적 연구에서는 주로 저자를 _____로 칭하고, 질적 연구시 _____로 칭한다.

III. 다음 표현 혹은 문장을 바르게 고쳐보세요.
 1. 다음 문장을 접속 부사를 사용해 두 문장으로 나눠보세요.
  For the first 40 minutes, the participants were asked to complete the 46 multiple-choice TEPS items, and 20 minutes were given to them to respond to the five-point Likert-type EFL motivation/attitudes questionnaire items.

 2. 다음은 논문의 결론 부분에서 발췌한 문장입니다. 적절한 시제를 선택해 주세요.
  The results (suggest / suggested) that negative washback effects of the College Scholastic Ability Test.

제6장

글의 스타일

출판(혹은 학위논문)을 목적으로 하는 글쓰기는 반드시 학계 및 출판사에서 요구하는 규칙을 준수해야 합니다. 본 장에서는 APA양식에 의한 글쓰기에 있어 가장 기본적인 구두법, 철자, 대소문자 표기, 이탤릭, 약어, 숫자, 미터법 및 통계 등을 본문에서 어떻게 효과적이고 정확하게 표현하는지에 대해 알아볼 것입니다. 학교 혹은 국내외 학술지에 따라 세부적으로 요구하는 사항이 조금씩 다를 수는 있습니다만, 일단 APA에서 정해 놓은 기본 규정을 철저하게 안 다음에 그러한 변이형을 접하는 것이 좋겠지요.

6.1. 구두법

구두법은 문장을 쓸 때 문장부호를 쓰는 방법을 의미합니다. 구두법은 일반적으로 생각의 휴지(休止)를 나타냅니다. 즉, 구두법은 독자에게 어느 부분에서 잠시 멈추는지 끝나는지, 혹은 부연설명이 이어지는지를 알려주는 역할을 합니다.

6.1.1. 구두점 뒤 띄어쓰기

다음의 경우 구두점 뒤에 한 칸 띄어쓰기를 해야 합니다.

- 쉼표(,), 마침표(.), 콜론(:) 및 세미 콜론(;) 뒤
- 참고문헌의 인용 후 마침표를 찍은 뒤 (Ellis, 1985).
- 사람이름의 이니셜에 마침표를 찍은 뒤(예, E. M. Zhou).

6.1.2. 마침표

1) 마침표(Period)는 문장의 종결을 알리기 위해 사용합니다.

- 이름(first name)의 이니셜(M. Swain)
- U.S.가 형용사로 사용될 때(U.S. Navy) [참고: U.S.에서 U.와 S. 사이에는 띄우지 않습니다.]
- APA 5판에서는 아래 7대 미국 도시 및 10대 세계 도시 뒤에는 주 이름이나 국가 명칭을 붙이지 않게 규정하고 있습니다(미국 주 이름의 약어는 부록 2 참조). 하지만 APA 6판에서는 도시 뒤에는 무조건 (미국의 경우) 주 이름의 약어 혹은 (다른 국가의 경우) 국가 이름을 붙이도록 합니다.

7대 미국도시

Baltimore	New York
Boston	Philadelphia
Chicago	San Francisco
Los Angeles	

10대 세계도시

Jerusalem	Amsterdam
Milan	London
Paris	Moscow
Stockholm	Rome
Vienna	Tokyo

- 라틴 약어(a.m., cf., i.e., vs.)
- 참고문헌 및 페이지 번호 약어(Vol. I, 2nd ed., p. 6, pp. 104-105)

2) 다음과 같은 경우에는 마침표를 사용하지 않습니다.

- 참고문헌에서 미국 주의 이름을 표기하는 경우(NY; OH; Washington, DC) (부록 2참조)
- 대문자 줄임말이나 약어(acronym)를 사용하는 경우(APA, L2, ANOVA)

6.1.3. 쉼표

1) 쉼표는 다음과 같은 상황에서 사용합니다.

- 본문에서 세 가지 이상의 요소들을 구분 지을 때 (and와 or 앞에도 <u>반드시</u> 사용)

  - 옳은 표기
    Learner beliefs, goals, and motivation (o)
    In a study by Swain, Lapkin, and Knouzi (2008) (o)

  - 틀린 표기
    Learner beliefs, goals and motivation (x)
    In a study by Swain, Lapkin and Knouzi (2008) (x)

※ 본문에서 두 가지 요소만이 제시될 때는 and와 or 앞에 사용하면 안 됩니다.

2) 다음과 같은 경우에는 쉼표를 사용하지 않습니다.

- 하나의 주어로 연결된 서술어가 두 개인 경우
  다만 문장이 지나치게 길어서 독자가 의미를 파악할 때 혼란을 줄 수 있다고 판단되는 경우에는 쉼표를 사용할 수 있습니다.

  - 옳은 표기
    All subjects completed the second phase of the interview and returned the following week for Phase 3 (o)

- 틀린 표기

    All subjects completed the second phase of the interview, and returned the following week for Phase 3 (x)

6.1.4. 세미콜론

한글 논문에서는 좀처럼 사용되지 않으므로 영어 논문을 읽거나 작성할 때 세미콜론의 용법이 생소할 수 있는데, 보통 세미콜론은 접속사를 쓰자니 너무 문장이 거창해 지는 것 같고, 그렇다고 마침표를 찍고 넘어가자니 그 연결이 뭔가 필요할 때에 사용하면 매우 편리한 장치입니다. 세미콜론을 발견하게 되면 문맥을 잘 보고 순접(and), 역접(however), 인과관계(therefore)인지를 적절하게 판단해서 해석하면 됩니다. 문맥에 따라 다른 의미가 부여되는 것이 세미콜론이므로 엄격한 과학적인 글을 쓰는 학자들은 세미콜론을 가급적 사용하지 않는 경우도 있습니다.

한글 논문에서는 세미콜론이 자주 사용되지 않습니다만, 영어로 작성되는 논문은 다음과 같은 경우에 세미콜론을 사용합니다.

- 접속사로 연결되지 않은 두 독립절을 구분하기 위해서

    The participants in the first experiment were paid; those in the second were unpaid.

- 이미 쉼표를 사용하고 있는 문장에 또 다시 쉼표를 사용해야 할 때

    The color order was red, green, blue; green, blue, red; or blue, green, red.

6.1.5. 콜론

다음과 같은 경우에 콜론을 사용합니다.
- 논문의 제목이나 소제목에 부제, 즉 부연설명을 해 주는 역할

    예: [논문 제목] 우리나라 중학교 영어 교과서의 문형 제시 순서 분석: 07 개정 교육과정 교과서를 중심으로

콜론이나 세미콜론을 보통 자주 활용하지 않기 때문에, 콜론이나 세미콜론 앞 단어와 띄어쓰기를 하는 경우가 있는데 반드시 단어 앞과는 붙여 써야 하고 뒤와는 띄어야 합니다.

> 틀린 예: [논문 제목] 우리나라 중학교 영어 교과서의 문형 제시 순서 분석 : 07 개정 교육과정 교과서를 중심으로

- 문장의 내용을 부연하거나 강조하는 마지막 구나 절 사이

  For example, there exist three types of immigration: Skilled Worker, Family Reunion, and Financial Investment.

  They have agreed on the result: L2 learners in implicit-learning condition perform better than do L2 learners in explicit-learning condition.

- 참고문헌 목록에서 출판한 도시와 출판사 사이

  (이 경우 도시 혹은 주(州)이름과 콜론 사이에도 띄우지 않습니다.)

  Thousand Oaks, CA: Sage.

6.1.6. 줄표(Dash)

영어 문장에서는 흐름의 연결에 변화를 주고 싶을 때 줄표를 사용합니다. 줄표의 지나친 사용은 본문 내용의 가독성을 떨어뜨리므로 줄표 사용에 주의를 기울여야 합니다. 한글 문장에서는 줄표 사용을 하지 않는 것이 좋습니다.

> These two students – one from the immigrant group and one from the study-abroad group – were interviewed separately.

6.1.7. 큰따옴표

다음과 같은 경우에 큰따옴표를 사용합니다.

- 문구를 강조하고 싶을 때 [다만 최소화해서 사용하십시오.]
- 새로운 단어를 조합하여 사용하는 경우

- 옳은 표기

  Considered "normal" condition (o)

- 틀린 표기

  Considered 'normal' condition (x)

  The "good-outcome" results … the "good-outcome" results (x) [강조를 자꾸 반복하지 않습니다. 처음 등장하는 생소한 어구 혹은 강조하고 싶은 어구를 한번만 사용해야 합니다.]

- 정기간행물이나 책 및 논문의 제목이 본문 안에 사용될 때

  In Kim's (2010) article, "Socio-political influences on EFL motivation and attitudes: Comparative surveys of Korean high school students," …

- 평가문항이나 연구참여자에게 한 설명을 그대로 가져올 때

  The first open-ended questionnaire item was "could be expected to …"

다음과 같은 경우에는 따옴표를 사용하면 안 됩니다.

- 설문지의 척도(scale)를 나타낼 때

  We ranked the items on a Likert-scale ranging from 1 (all of the time) to 5 (never).

- 글자, 구, 및 문장을 언어적 예시로써 인용할 때 (이때는 이탤릭체로 표기합니다.)

  He clarified the distinction between *mother* and *mom*.

- 전문용어나 주요단어를 소개할 때 (이때는 이탤릭체로 표기합니다.)

  The term *sensitization* in L2 learning motivation first appeared in Kim's (2007) dissertation.

- 외국어를 표기할 때 (이때도 이탤릭체로 표기합니다.)

  The unique psychological construct was named *hakbul* orientation.

6.1.8. 큰따옴표(" ")를 사용한 직접 인용 방법

다른 사람의 글을 본문 내에서 인용할 때 큰따옴표를 반드시 사용합니다. 여섯 단어 이상을 인용할 때 큰따옴표를 사용하고 저자이름, 발행연도, 페이지수를 밝히지 않으면 표절이 되므로 반드시 유념하십시오. 만일 인용된 글 내부에 큰따옴표로 강조 혹은 인용된 부분이 또 있는 경우에는 그 부분은 작은따옴표로 바꾸어 주세요.

- 옳은 표기

    Miettinen (2005) explains that "this theory is compatible with activity theory, 'that is indigenously social.' This [activity theory] should not be abstracted from nature-transforming labor." (p. 55).

- 틀린 표기

    Miettinen (2005) explains that "this theory is compatible with activity theory, "that is indigenously social." This [activity theory] should not be abstracted from nature-transforming labor." (p. 55).

만일 인용된 구절이 총 40단어를 초과하는 경우에는 큰따옴표로 인용하면 안 되고, 다음과 같이 직접 인용 문단을 구성해서 그 문단 전체의 앞과 뒤의 여백주기를 더 들여쓰기하고, 줄 간격을 원래 본문보다 더 촘촘하게 구성하여 누가 보더라도 이 부분이 인용된 것이라는 것을 알게 하여야 합니다. (들여쓰기와 줄 간격만을 변경하여야 하고, 글자 크기나 폰트 모양은 그대로입니다.)

> Miettinen (2005) explains:
>> This theory is compatible with Leontiev's (1978) theory of the development of the objective contents of needs in an activity, 'that is indigenously social, that is, develops only under conditions of co-operation and sharing by people' (p. 59). This co-operation, naturally, should not be abstracted from nature-transforming labor and the production of cultural artifacts. (p. 55)

6.1.9. 소괄호(( ))

소괄호의 앞과 뒤에는 여러분이 작성하는 논문이 한글이라면 반드시 붙여야 하고, 영어라면 반드시 띄어야 합니다.

1) 다음과 같은 상황에서 소괄호를 사용합니다.

- 본문 내에서 참고문헌을 표기할 때 (Kim, 2011)
- 약어를 처음으로 소개할 때: 영어는 괄호 앞, 뒤를 문장 부호를 제외하고 모두 띄어야 하나, 한글 논문은 붙여 쓰는 것이 원칙

  [영어 논문의 경우] The term, second language acquisition (SLA), is widely used these days.

  [한글 논문의 경우] 제2언어습득(SLA)은 최근 많이 활용되는 용어이다.
- 본문 내에서 순서를 배열할 때

  The subject areas included (a) key words associated with cultural interactions, (b) identifiers for group membership, and (c) psychological phenomena and outcomes associated with language acculturation.
- 직접인용의 페이지 번호나 인용을 나타낼 때

  The author stated, "the psychological impact decreased within a week" (Gomez, 2012, p. 214) but she did not explicated the long term effect.
- 통계적 값을 나타낼 때

  The difference was statistically significant (p = .001).

2) 소괄호의 중복 사용 불가

다음과 같이 이미 한 문장 내에서 괄호가 사용되고 있는데 또 괄호를 사용해야 하는 경우가 있습니다. 그럴 경우 각진 모양의 대괄호(bracket)를 사용하여 같은 유형의 괄호가 두 번 사용되지 않도록 해야 합니다.

- 옳은 표기

  (the L2 motivational self system [L2MSS]) (o)

- 틀린 표기

  (the L2 motivational self system (L2MSS)) (x)

6.1.10. 대괄호[bracket] ([ ])

인용시 원저자가 한 말이 아닌 말을 보완하여 삽입해야 하는 경우 사용합니다.

"when [his own and others'] performance was studied" (Nassaji, 2003, p. 10).

여러분의 논문이 질적 논문 중 인터뷰 자료나 일기 자료여서 참여자의 말을 기록한 자료를 제시할 필요가 있고 그 말의 의미를 명확하게 하기 위해 어구를 보완 삽입해야 하는 경우에도 대괄호가 사용됩니다.

김현수 학생 인터뷰(2014년 10월 8일):
[영어를 배워서] 나중에 커서 미국 갈려고요. 우리나라보다 뭔가 많은 게 있을 거 같아요. 도전 골든벨 같은 데서 일등하면 미국 공짜로 보내줘요. 그리고 꼭 일등 할 거에요. 경찰대를 들어가야 하니까...

6.2. 철자법

글쓰기를 할 때에는 영어 단어 표기는 표준 미국 영어를 사용하는 것이 바람직합니다. (학교나 학술지에 따라 드물기는 하지만 영국 영어 스펠링을 선호한다고 명시되어 있는 경우가 있으므로 점검할 필요는 있습니다.) 라틴어나 그리스어에서 온 단어의 단·복수형 표기는 주의하여 사용해야 합니다. 예를 들어, data의 원래 datum의 복수형이므로, datas라고 표기하면 안 됩니다. 또한 analysis의 복수형은 analyses입니다.

하이픈의 사용 역시 유의해야 합니다. 합성어를 위해 사용하는 하이픈이 가장 대표적인 예입니다. 예를 들어 study-abroad, study abroad, studyabroad 중 어떤 것이 맞는 형태일까요? 가장 손쉬운 방법은 Webster, Oxford 사전과 같은 권위 있는 종이

사전에 등재되어 있는 어휘인지를 찾아보고 거기에 제시된 형태로 사용하는 것입니다. 만약 위와 같은 합성어를 사전에서 찾을 수 있다면 좋겠지만, 찾을 수 없는 경우에는 아래 표를 참조하세요.

<표 1> 하이픈 사용의 예

하이픈 사용	예시
1. 분사와 함께 사용되는 합성어	Role-playing technique
2. 형용사로 사용되어 뒷 단어를 꾸며주는 절	Trial-by-trial analysis
3. 형용사-명사 형태로 뒤에 나오는 단어 수식	Middle-class families
4. 숫자와 함께 사용되는 합성어	Two-way analysis of variance
5. 부사로 사용되는 분수의 경우	Two-thirds majority

하이픈 사용하지 않음	예시
1. ly를 포함한 부사가 있는 합성어	Widely used text
2. 비교급 혹은 최상급을 포함한 합성어	Better written paper
3. 화학용어	Sodium chloride solution
4. 형용사나 부사로 사용되는 외래 차용어	Post hoc comparisons
5. 숫자와 글자가 동시에 명사를 두 번 꾸며줄 때	Group B participants
6. 명사로 사용되는 일반적인 분수	One third of the participants

6.3. 대문자화(Capitalization)

다음과 같은 경우 영어 단어를 소문자가 아닌 대문자로 써야 합니다.
- 문장 첫 번째 단어의 첫 번째 철자
- 참고문헌(8-10장 참조): 예를 들어 정기적으로 간행되는 학술지 이름은 각 단어 첫 번째 글자, 책의 경우 참고문헌에서 출판사 이름은 각 단어 첫 번째 글자
- 이름, 지명과 같은 고유명사
  예외) 대신 학술적 이론이나, 통계절차 등을 표기할 때는 약어 사용이 아닌 이상 소문자를 사용 Gardner's (1985) socioeducational model
- 표(table)와 그림(figure)라는 용어가 숫자를 포함하는 경우 (숫자가 없다면 소문자로 씀)
  As shown in Table 5, Factor 3 suggests…

6.4. 이탤릭체(Italics) 사용

1) 다음과 같은 경우 이탤릭체를 사용합니다.

- 참고문헌(8-10장 참조)
- 본문 내에서 새로운 전문적인 용어를 제시할 때
- 언어적 예시로 인용되는 글자나 단어 혹은 구절
- 외래어나 외국어의 한글표기 혹은 영문표기(romanization)
- 통계 기호

2) 다음과 같은 경우에는 이탤릭체를 사용하지 않습니다.

- 라틴계 외래 차용어(a posteriori, a priori, e.g., et al., i.e., per se, vis-à-vis)
- 문장 전체(특별히 주장하고 싶은 문장이 있다면, 강조 부사나 통사론적 변형을 활용)

6.5. 약어(Abbreviations)

만약 약어를 사용해도 특별히 글의 길이가 줄어들지 않거나 의미가 쉽게 전달되지 않는다면, 약어 사용을 할 이유가 없습니다. 약어 사용 전 1) 약어 사용이 관련 학계에서 관습적으로 널리 사용되고 있는가(예를 들어 L2, SLA, TESOL, TEE 등), 2) 약어사용을 통해 지루한 단어 반복을 줄일 수 있는가를 반드시 고려하여야 합니다. 이미 밝혔듯이 약어를 본문의 전체 글에서 처음 사용할 때에는 전체 단어를 풀어서 쓴 후 소괄호에 그 약어를 제시하여야 합니다. 그 이후에 약어를 사용할 수 있습니다. 따라서 원래 전체 단어가 제시되지 않고서 약어가 제시되어서는 안 됩니다. 이는 우리 분야에서 잘 알려진 용어를 나타낼 때도 마찬가지입니다. 논문에서 L2라고 하기 전에 한글 논문에서는 "제2언어(L2)"라고 해야 하며, 영어 논문이라면 "second language (L2)"라고 해야 합니다.

6.5.1. 약어에 대한 설명

약어 사용시 완결된 형태로 단어를 써준 후 그 바로 뒤 소괄호 안에 약어를 써줍니다.

- 옳은 예시
  Study abroad (SA) is becoming popular these days.

- 틀린 예시
  SA is becoming popular these days.
  SA (=Study abroad) is becoming popular these days.

6.5.2. 라틴 약어

다음은 영어교육 및 응용언어학 관련 논문에서 자주 사용되는 라틴 약어입니다. 이 약어들은 처음부터 글에서 그대로 사용합니다. 아래 약어에서 etc.는 '기타 등등'의 의미이므로 다소 무성의해 보여 논문에서 사용하지 않는 것이 좋습니다.

- cf. 의미: compare (비교하라)
- i.e. 의미: that is (즉)
- e.g. 의미: for example (예를 들어)
- etc. 의미: and so forth (기타 등등)
- vs. 의미: versus, against (대)

6.6. 숫자

10을 포함한 두 자리(two digits) 이상의 수는 아라비아 숫자로 표기하고, 한 자리 정수 (즉, 0, 1, 2, 3, 4, 5, 6, 7, 8, 9)는 영어 단어를 사용하여 수를 표기 하는 것이 대원칙입니다.

6.6.1. 아라비안 숫자로 표현되는 수치

다음과 같은 경우에 아라비안 숫자를 사용합니다.

- 10을 포함한 두 자리 이상의 숫자
  27 years old
- 단위와 함께 나올 때
  With 10.33cm
- 통계적 수치를 나타내거나 퍼센트와 같은 수학적 기호와 함께 나올 때
  More than 10% of the sample
- 시간, 날짜, 나이, 점수를 표현할 때
  2hr 24min

6.6.2. 단어로 표현되는 수치

다음과 같은 경우에는 영어 단어를 사용합니다.

- 문장의 처음이 숫자로 시작할 때: 어떠한 경우라도 영어 문장 처음에 아라비아 숫자가 오지 않습니다.
  Fifty-eight percent of the sample…
- 분수를 나타낼 때
  two-thirds of majority
- 관용구
  the Twelve Apostles

6.6.3. 소수 표현하기

음수를 나타날 때에는 소수점 앞에 0을 붙이지 않지만, 그 외 십진법 표기에서는 1보다 작을 때 0을 표기하는 것을 원칙으로 합니다. 단 총합이 1보다 클 수가 없는 분수의 경우(예를 들어 상관계수, 비율, 유의도[significance level])에는 0과 1사이의 양수여도 소수점 앞에 0을 쓰면 안 됩니다. APA 스타일에서 외국어교육 혹은 응용

언어학 논문 관련 통계적 수치를 보고해야 하는 경우 보통 소수점 이하 둘째 자리, 혹은 필요시 셋째 자리까지 표기하는 것을 권장합니다.

0.21cm
Cohen's d = 0.80
r = $-$.41
r = .52
p = .029

6.6.4. 본문 내 통계 기술하기

평균이나 표준편차 같은 기술통계 관련 자료를 표나 그림으로 제시한 경우에는 본문에서 그 내용을 다시 반복하지 않아도 됩니다. 그러나 t-test나 ANOVA와 같은 비교적 복잡한 모수통계 결과를 본문에 제시할 때에는 독자들이 그 내용을 이해할 수 있도록 통계와 관련하여 충분한 정보를 제시해야 합니다. 본문 내용에서 p값이나 F값을 제시해야 할 때에는 아래와 같이 소괄호를 사용하여 나타내는 것이 가독성을 높여 주므로 더 바람직할 것입니다. 아래의 예는 <응용언어학>지 29권 1호에 발표된 Mong Ju Lee(2013, p. 198)에서 가지고 온 것입니다.

> To examine the difference between use of L2 only (Task 1) and use of L1 and L2 (Task 2), independent t-test was conducted. The result showed that the amount of L1 use (t = -4.12, p < .01) and task accomplishment (t = 3.49, p < .01) were statistically significant, indicating that students' language use differed on the level of task accomplishment. In addition, the study of correlation showed strong relationship between task accomplishment and L1 use (F = .003, r = .635, p < .01). Especially, in Task 2, the result of this study suggested that the use of the L1 helped students to access higher achievement of the task.

이외에도, 영어 논문에서 한 문장 내에서 여러 가지 수치를 열거할 때는 **respectively** 혹은 **in order** 와 같은 표현을 사용함으로써 수치간의 관계를 좀 더 명확히 드러낼 수 있습니다.

6.6.5. 통계기호

다음은 외국어교육 및 응용언어학 관련 논문에서 자주 사용되는 통계기호입니다.

<표 2> 통계 약어와 그 의미

약어	의미
ANCOVA	Analysis of covariance
ANOVA	Analysis of variance
df	Degree of freedom
F	F ratio; Fisher's F ratio
M (or $\bar{X}$)	Sample mean
R	Estimate of the pearson-product-moment correlation coefficient
R^2	Multiple correlation squared; measure of strength of association
SD	Standard deviation

연 / 습 / 문 / 제

I. 다음 문장을 읽고 사실이면 T, 거짓이면 F에 표기하세요.
  1. APA 6판 규정에 따르면, 참고문헌 작성 시, 모든 도시 명 뒤에 주(州) 혹은 나라 이름을 표기한다. (T / F)
  2. 평가문항이나 연구참여자에게 한 설명을 그대로 가져올 때는 작은따옴표를 사용한다. (T / F)
  3. 인용된 글 내부에 큰따옴표로 강조 혹은 인용된 부분이 또 있는 경우에는 그 부분은 작은따옴표로 바꾼다. (T / F)
  4. 통계 기호는 이탤릭체로 표기하는 것이 원칙이다. (T / F)
  5. 문장의 처음 부분에 10 이상의 숫자가 오는 경우 아라비아 숫자로 표기한다. (T / F)

II. 다음 문장의 빈칸에 들어갈 알맞은 말을 채우세요.
  1. 직접 인용 시 _____ 단어가 넘는 경우는 독립된 문단을 구성한다.
  2. APA 스타일에서는 주로 소수점 이하 _____ 자리까지 표기한다.
  3. 라틴 약어 중 i.e.는 _____(이)라는 의미이고, e.g.는 _____(이)라는 뜻이다.

III. 다음 표현 혹은 문장을 바르게 고쳐보세요.
  1. Learner beliefs, goals and motivation
  2. He made the distinction between "larger" and "bigger".
  3. (sociocultural theory (SCT))
  4. widely-used text
  5. SA (=Study abroad) is becoming popular these days.

제7장

표와 그림

표나 그림을 사용하면 많은 양의 정보를 보다 효율적이고 쉽게 제시할 수 있습니다. 이번 장에서는 표와 그림을 효과적으로 사용하는 방법에 대해 알아보도록 하겠습니다. 표나 그림을 사용했는데도 독자에게 많은 정보를 제공하지 못하거나 오히려 혼란스럽게 한다면 사용하지 않는 편이 좋습니다. 논문 심사를 하다 보면 표나 그림이 여러 페이지에 걸쳐서 별다른 설명도 없이 제시되어 있는 경우를 보게 되는데, 이는 차라리 없느니만 못합니다. 독자나 논문 심사자의 이해에 반드시 도움이 되는 것만 포함하고, 포함된 표나 그림에 대해서는 충분한 설명을 제시하도록 하세요. "나는 일단 표와 그림을 실어 놓을 테니 해석은 독자가 알아서 하라"는 뉘앙스를 준다면 정말 좋지 않는 논문이고, 논문심사 과정에서 부정적인 결과를 초래할 수 있습니다.

7.1. 표와 그림에 대한 기본적인 이해

7.1.1. 표와 그림의 사용

표와 그림을 사용하는 가장 기본적인 목적은 연구결과를 독자들에게 효과적으로 전달하기 위함입니다. 그러므로 이러한 도식적인 자료들은 글의 흐름을 방해하지 않도록 최소한도로 선택적으로 사용해야 하고, 전달하고자 하는 내용이 명쾌하게 드러나도록 작성해야 합니다. 표와 그림을 사용할 때에는 전문적으로 보여야 하며,

보기 좋게 아름다운 편집을 하도록 노력해야 합니다. 이를 위해, 다음 사항들을 잘 알아두면 좋습니다.

- 본문과의 연관성을 항상 유지하기: 간혹 본문의 내용과 관련성이 거의 없어 보이는데도 억지스럽게 표와 그림을 집어넣은 논문도 있습니다. 논문 심사를 하는 입장에서는 논문의 내용이 빈약하기에 이러한 시각적 장치를 통해 페이지를 늘리려 하지는 않았을까 의심스러운 경우도 있으므로 관련 있는 표나 그림만을 최소화하여 사용하기 바랍니다. 특히 그림의 사용은 논문의 분량을 과도하게 늘릴 수 있으므로 유의하십시오.
- 각 항목이나 요소들을 적절하게 지칭하는 표나 그림 명칭을 사용하기: 표나 그림 제목은 제시하는 내용을 가장 잘 나타낼 수 있어야 합니다.
- 적당한 크기의 글씨체를 사용하기: 대부분의 학위논문이나 학술지 논문에서는 표나 그림의 제목은 폰트 크기나 글씨체를 규정합니다만, 표와 그림의 내용에 들어가는 것에 대해서는 크기나 글씨체를 규정하지는 않습니다. 대부분은 프린터로 인쇄해서 잘 보이는 정도라면 용인합니다. 바탕체 혹은 신명조체로 하였을 때 8포인트보다 작은 글씨는 인쇄해서 잘 보이지 않을 수 있으므로 지양하는 것이 좋습니다.
- 표나 그림을 세 개 이상 연달아 제시하지 않기: 표나 그림을 세 개 이상 연달아 제시하는 것은 매우 지양해야 할 사항입니다. 하지만 대조를 위해서는 표나 그림을 두 개 정도를 연달아 제시하는 경우는 가능합니다. 이 경우에도 표나 그림만이 덩그러니 두 개가 연달아 제시되고 별다른 설명이 없다면 매우 불친절하고 무책임한 논문 글쓰기가 됩니다. 표나 그림은 가급적 한 페이지의 절반 이상을 차지하지 않도록 하고, 이것에 대한 명확한 해설과 설명이 수반되어야 합니다.
- 약어 사용 자제하기: 외국어교육계와 응용언어학계에서 누구나 알 수 있는 용어를 제외하고는 약어를 쓰지 않는 것이 좋습니다. 불가피하게 약어를 사용해야 하는 경우에는 표나 그림 바로 아래에 주석(Note)을 달아 약어의 의미를 설명하여야 합니다.

7.1.2. 표와 그림의 작성

표를 작성하기 위해 가장 많이 사용하는 것은 아래 한글이나 MS-word와 같은 컴퓨터 프로그램입니다. 표나 그림은 그 종류가 다양하고 제작 방법 또한 다양합니다. 그림 중 그래프나 막대, 파이, 원, 빈도수 차트는 대개 파워포인트 프로그램을 이용하여 만들고, 사진의 경우는 .jpg나 .jpeg, .png파일 형식으로 된 것을 그림 불러오기 기능으로 논문에 삽입하는 경우가 많습니다.

자료에 색상을 사용하게 되면 인쇄비용이 증가하고 때로는 컬러 프린트를 해야 하기도 하므로, 독자들의 이해를 위해 꼭 필요한 경우가 아니라면 사용하지 않는 것이 좋습니다. 또한 현실적으로도 대다수의 학위논문에서는 흑백 프린트만을 허용하거나 학술지 논문 자체가 컬러 프린팅이 되는 경우가 극소수이므로, 색채가 있는 그림이나 도표의 사용은 가급적 지양하는 것이 나중에 편집 작업 등에 편리할 것입니다.

7.1.3. 표 번호와 그림 번호

모든 표와 그림에는 본문에서 언급된 순서에 따라 아라비아 숫자를 붙입니다. 예를 들면, 표 5, 표 6, 표 7 혹은 그림 5, 그림 6, 그림 7로 표기합니다. 그러나 아라비아 숫자와 알파벳을 함께 사용하여 표 5a, 표 5b 등으로 표기하지 않지만. 표나 그림이 부록에 수록되어있는 경우에는, 영어 대문자와 아라비아 숫자를 함께 사용합니다. 이를테면, 표 A1은 부록 A에 수록된 첫 번째 표, 혹은 부록 A에 수록된 유일한 표라는 뜻입니다. 마찬가지로 그림 C2는 부록 C에 수록된 두 번째 그림이라는 뜻이 됩니다.

7.1.4. 표와 그림 사용을 위한 허가

만약 표, 그림, 설문지, 혹은 시험 문항 등을 차용하고자 한다면, 저작권자로부터 서면 동의서를 받고 표나 그림의 바로 하단 혹은 각주에 원저자나 저작권자의 허가 여부에 대한 내용을 기재해야 합니다. 차용하고자 하는 원문이 학술지라면 해당 학술지 편집장에게 이메일로 정중하게 재수록 요청을 해야 하고, 원문이 학위논문이라면 해당 저자 혹은 지도교수, 학위 수여 학과 등에 이메일로 문의를 해야 합니다. 여러분이 표나 그림 등을 차용하려는 목적이 상업적인 의도가 있는 것이 아니고 학위를 받기 위한 논문 작성 목적이라고 잘 설명하면 대부분은 문제없이 재수록을 허락하여 줍니다. 다만 재수록이 허락된 후에는 위에서 설명한 바와 같이 반드시 허락을 받았다는 것을 명시하여야 합니다. 더 예의 바른 학술적 방식은 학위논문에서는 감사의 글, 학술지의 경우에는 1페이지 하단의 acknowledgement로서 재수록을 허락해 준 학술지와 편집장을 명시하여 감사를 표하는 것이 좋습니다.

7.2. 표(Tables)

표에는 꼭 필요한 내용만 넣는 것이 좋습니다. 지나치게 많은 내용을 담고 있는 표는 가독성이 떨어지므로 효율적이지 않습니다. 또한, 표는 본문과의 긴밀한 연관성을 가지고 있어야 하지만, 그 자체로도 완벽한 정보를 담고 있어야 합니다. 표 내용에 들어가는 글자 및 숫자의 폰트 크기는 가독성이 떨어지지 않는다면 비교적 작은 8포인트 정도까지 가능하고 줄 간격도 조정 가능합니다. APA 규정에서는 표나 그림 모두 하나의 단위가 한 페이지 안에 온전히 다 포함될 수 있어야 한다고 규정합니다. 이때 표나 그림 제목 역시 표나 그림 자체와 같은 페이지에 제시될 수 있도록 해야 합니다. APA 규정에서 각 표에는 세로줄을 사용하지 않는 것이 원칙입니다만, 여러분의 학교 학위논문의 관행 및 학술지 논문의 규정을 반드시 참고하여 그 규정에 따라서 작성할 수 있도록 하세요. 표가 큰 경우에는 문서 파일의 영역을 지정해서 표가 들어가는 페이지만 세로쓰기가 아닌 가로쓰기로 하여 한 페이지 안에 표가 들어가게 편집하는 기법도 있습니다.

7.2.1. 표와 본문의 관계

1) 본문에서 표에 대한 논의

잘 만들어진 표는 본문에 있는 내용을 그대로 전달하는 것이 아니라 오히려 보충하는 역할을 합니다. 본문에는 수록된 모든 표에 대한 언급이 있어야 하고, 특히 강조할 부분에 대한 언급이 있어야 합니다. 본문 작성 시 표에 대해 충분히 설명하지 않고 표만 여러 개 나열하지 않도록 절대적으로 유의해야 합니다. 한 페이지 내에서 표가 절반 이상을 넘어 제시되지 않도록 하십시오. 논문은 결국 표나 그림이 아니라 문장의 논리와 연결성으로 승부를 결정짓는 글이기 때문에 지나치게 많은 표나 그림은 논문의 격을 떨어뜨릴 수 있습니다.

2) 표 인용하기

본문에서 표를 지칭할 때에는 표 번호를 사용합니다. 표의 위치와 쪽수는 인쇄 상황에 따라 얼마든지 바뀔 수 있기 때문에 "위의(혹은 아래의) 표에서 보는 바와 같이" 또는 "32쪽의 표"라는 애매한 표현은 사용하지 않습니다. 대신 "<표 2>와 같이" 혹은 "<그림 3>은 …"와 같이 표와 그림의 번호를 직접적으로 명시해 주어야 합니다.

7.2.2. 표와 표 사이의 관계

동일한 자료를 둘 이상의 표에 나누어 쓰지 않습니다. 또한, 동일한 표 형식, 제목, 소제목, 용어 사용으로 본문에서의 모든 표에 대한 일관성을 유지합니다. 예를 들면, '반응 시간', '응답 시간'을 둘 다 사용하지 않고 둘 중 하나를 골라 본문 내에서 명칭을 통일하여 사용합니다.

7.2.3. 표 제목

표의 제목은 간결하지만 명확하고, 표의 내용을 잘 나타내주어야 합니다. 다음의 예를 살펴봅시다.

너무 간단한 제목:
대학전공과 학업성취도와의 관계 [표에 어떤 자료가 제시되어 있는지 명확하지 않음]

너무 상세한 제목:
심리학, 경영학, 물리학, 영문학, 그리고 법학 전공 대학생들의 평가 1, 평가 2, 평가 3에 대한 평균 학업성취도 점수 [표의 소제목에 제시된 정보와 중복됨]

좋은 제목:
상이한 전공의 대학생들의 평균 학업성취도 점수

한편, 표 내용 안에 쓰인 약어를 표 제목에서 소괄호 안에 넣어 설명할 수 있습니다. 그러나 긴 설명을 필요로 하는 약어나, 표 제목과 관련이 없는 약어는 표의 주(註)에서 설명하면 됩니다.

표 제목을 통해 약어를 설명한 예:
교사-학생간 담화에서 교정 피드백(CF) 제시 횟수

7.2.4. 표의 열 제목(Column Heads)

열 제목은 잉여적 의미 없이 간결해야 하고, 열의 전체 폭에 비해 지나치게 길면 안 됩니다.

잘못된 예:	잘된 예:
Grade level	Grade
3	3
4	4
5	5

열 제목에서는 비전문적인 용어(예: 번호를 나타내는 no., 퍼센트를 나타내는 %)나 통계에서 흔히 사용되는 표준화된 약어(예, M, SD)등은 특별한 설명 없이 사용할 수 있습니다. 그러나 전문용어, 집단이름 등의 용어들을 약어로 표현할 때 표의 제목이나 표의 주(Table notes)에서 반드시 설명을 해야 합니다. 또한, 열 제목은 – Children과 같이 – 집단을 나타내는 명칭이 아닌 이상 단수형을 사용하고, 각 열 제목에서 첫 번째 단어의 첫 번째 스펠링만 대문자로 씁니다.

한편, 표의 맨 왼쪽 열에는 일반적으로 독립변인의 종류를 나열합니다. 만약 하위 항목이 있는 독립변인이라면 따로 열을 할애하기 보다는 들여쓰기를 이용하는 것이 더 좋습니다.

잘못된 예:		잘된 예:
Group	Level	Group
A	Novice	A
	Intermediate	Novice
	Advanced	Intermediate
B	Novice	Advanced
	Intermediate	B
	Advanced	Novice
		Intermediate
		Advanced

때때로 열 제목에서 같은 용어가 반복적으로 사용될 수 있습니다. 이 경우, 그 용어를 상위 열의 제목으로 하고 몇 개의 열을 하위 열로 묶으면 보다 효과적입니다.

잘못된 예 1:		
Temporal lobe:	Left	Right

잘못된 예 2:	
Left temporal lobe	Right temporal lobe

잘된 예:	
Temporal lobe	
Left	Right

7.2.5. 표의 내용(Table Body)

■ 소수점 자리

소수점은 둘째 자리나 셋째 자리까지 제시하는 것이 일반적입니다. 대부분의 경우는 소수점 둘째 자리까지 표기합니다. 하지만 이는 연구자의 판단에 따라 달라질 수도 있습니다. 다만, 한 논문 안에서는 소수점 자리에 대한 일관성을 계속 유지하세요. 둘째 자리까지 표기하기로 했다면 맨 마지막 자리의 숫자가 0이어도 표기해야 합니다. 예를 들어, .7 대신 .70으로 표기해야 한다는 뜻입니다.

■ 빈 칸(empty cell)

자료가 부적절하다면 행과 열이 만나는 칸은 빈칸으로 남겨둡니다. 만약 자료가 불충분한 경우에는 해당 칸에 줄표(dash)를 기입하고, 그 이유를 표의 일반 주에 제시하면 됩니다. 관례적으로, 상관관계 모형에서의 줄표는 자기 자신과의 상관관계, 즉 상관관계가 1.00이 된다는 것을 뜻합니다. 그러므로 상관관계 모형에서 자료 불충분의 이유로 줄표를 사용할 경우에는 표의 상세 주에 그 이유를 적습니다.

■ 간결성

표의 내용은 간결하게 작성하여 중요한 내용에 집중할 수 있게 합니다. 다른 열을 보며 쉽게 계산할 수 있는 열은 생략하는 편이 좋습니다.

7.2.6. 표의 신뢰도 구간

만약 표가 평균, 상관관계, 회귀분석 곡선과 같은 추정치를 포함하고 있는 경우,

신뢰도 구간을 명시해야 합니다. 신뢰도 구간은 소괄호나 본문을 통해 기입할 수도 있고, 아니면 표의 한 열을 할당할 수도 있습니다. 신뢰도 구간을 포함하는 모든 표에서는 신뢰도 수준을 언급하십시오. 가능하다면 논문 전체에 걸쳐서 동일한 신뢰도 수준을 유지하는 것이 좋습니다.

7.2.7. 표의 주

표 하단에 위치하는 주(notes)의 유형에는 (1)일반 주(general notes), (2)상세 주(specific notes), (3)확률 주(probability notes)가 있습니다. 이 각각의 주들은 제시할 때 순서를 바꿔서 제시하면 안되며, 일반 주, 상세 주, 확률 주 순으로 제시해야 합니다.

■ 일반 주

일반 주는 약자, 기호 등을 비롯하여 표와 관련된 전반적인 정보를 제공합니다. 또한 표의 출처를 알려주기도 합니다. 일반 주는 주(Note)라는 단어를 이탤릭체로 쓰고 마침표를 찍은 후, 한 칸을 띄어 써야 합니다.

주. .45보다 적은 요인 적재치는 볼드체로 표기됨. M=대응 과정; N=비대응 과정.
Note. Factor loadings greater than .45 are shown in boldface. M=match process; N=nonmatch process.

■ 상세 주

상세 주는 특정 열, 행 또는 칸에 대한 언급을 하기 위해 필요합니다. 언급하고자 하는 부분을 알파벳 소문자 위첨자를 사용하여 표시합니다(예, [a] [b] [c]). 각 표에 있어서 윗 첨자는 항상 소문자 a부터 시작합니다.

[a]n=25. [b]This participant did not complete the trials.

■ 확률 주

확률 주는 검사의 통계적 유의미 정도를 나타내고, 표의 구체적인 자료와 관련이 있는 경우에만 사용합니다. 흔히 *p*값을 나타낼 때에는 윗 첨자 별표(asterisk, *)를 씁니다. 만약 일방향 검증(one-tailed)과 양방향 검증(two-tailed)을 구별할 필요가 있는 경우에는 양방향 검증의 p값에 별표를 사용하고, 일방향 검증의 p값에 대해서는 십자 표시(†)를 합니다. 일방향 검증과 양방향 검증이라는 말은 생략할 수 있습니다. 우리 분야의 경우에는 절대 다수의 검증이 양방향 검증이므로 * 혹은 **, *** 등이 사용됩니다.

$^*p < .05$, $^{**}p < .01$, $^†p < .05$, $^{††}p < .01$

■ 표 주 정렬

표의 주를 표기하는 순서는 일반 주, 상세 주, 확률 주 순입니다. 표의 주는 표 아래 새로운 줄의 왼쪽 끝에서 들여쓰기를 설정하지 않은 상태로 두 줄 간격(double space)으로 시작합니다. 먼저, 일반 주를 기입한 후, 바로 밑에 상세 주가 새로운 줄의 왼쪽 끝에서부터 시작합니다. 만일 또 다른 상세 주가 있을 경우에는 줄을 바꾸지 않고 같은 줄에 이어서 적어 주세요.

Note. The participants … responses.
$^a n=25$. $^b n=42$.
$^*p < .05$. $^{**}p < .01$.

주는 표에서 같은 내용이 반복되는 것을 막아줍니다. 예를 들어, p값이나 n값이 서로 다르다면 하나의 열을 할애하는 것이 좋지만, 동일한 숫자로 계속 반복된다면 아래 예와 같이 표에 주를 달아서 표시해주는 것이 깔끔하고 보기 좋습니다.

부적절한 예:		*적절한 예:*
집단	n	집단^a
불안	15	불안
우울	15	우울
통제	15	통제

$^a n=$각 집단별 15명

7.2.8. 표의 테두리선

표의 테두리선은 내용을 명확하게 구분할 때 사용하는데, APA 규정에서는 세로선보다는 가로선 긋기를 사용합니다. 때로는 적절한 여백을 사용하는 것이 선을 긋는 것보다 효과적입니다. 하지만 각 학위논문이나 학술지 논문의 규정이 다를 수 있으므로 이 역시 확인한 후 사용하도록 하세요.

7.2.9. 표의 표준화된 양식

표에도 자료의 종류에 따른 표준화된 양식이 있습니다. 표준화된 양식을 따르게 되면, 독자들로 하여금 표에서 필요한 정보를 쉽게 찾게 도와 줄 수 있습니다. 만약 특정 사항이나 관계를 강조하기 위해 비표준적인 양식을 사용하고자 한다면, 열 제목을 붙이는 것에 특별한 주의를 기울여야 합니다. 그래야만 표준화된 표 양식에 익숙한 독자들이 표를 이해함에 있어 혼란을 겪지 않을 것이기 때문입니다.

7.2.10. 표의 예

■ Table 1. Comparison of three approaches to TBLT

Characteristic	Long (1985)	Skehan (1998a)	Ellis (2003)
Natural language use	Yes	Yes	Yes
Learner-centeredness	Yes	Yes	Not necessarily
Focus on form	Yes – through corrective feedback	Yes – mainly through pre-task	Yes – in all phases of a TBLT lesson
Tasks	Yes – unfocused and focused	Yes – unfocused	Yes – unfocused and focused
Rejection of traditional approaches	Yes	Yes	No

■ Table 2. Data collection timetable

Week 1		Week 2		
Tuesday	Thursday	Monday	Thursday	Friday
Stage 1 Writing (pre-test) 30 min, in French	Stage 2 Noticing 10 min, in French	Stage 3 Stimulated recall 40 min, in English	Stage 4 Post-tests 15 min for each student	Stage 5 Interviews 15-20 min for each student

■ Table 3. Participant profile

Name	Sex	Status	Age	Time Spent in Canada	Previous occupation in Korea
Hyun-Mi	F	Immigrant	39	3 Months	Private reading tutor
Hye-Sun	F	Visa	23	2 Months	Student (Major: Computer Science)
Hyun-Mook	M	Visa	26	5 Months	Student (Major: Accounting/Economics)
Yong-Sung	M	Immigrant	65	3 Years/ 9 Months	Small business

7.2.11. 표 점검목록

여러분이 논문에 표를 사용하고자 한다면 다음과 같은 사항들을 점검해 보세요.

✓ 체크리스트

☐ 표가 이 위치에 꼭 필요한가?
☐ 본문에 해당 표에 대한 상세한 설명이 있는가?
☐ 모든 표는 폰트 크기, 모양, 줄 간격 등이 보기 좋게 일관성 있게 제시되었는가?
☐ 표 제목은 간결하면서도 표가 담고 있는 정보를 잘 나타내고 있는가?
☐ 각 열의 열 제목(column head)이 있는가?
☐ 표의 주는 일반 주, 상세 주, 확률 주 순으로 제시되었는가?
☐ 모든 약어, 소괄호, 줄표, 그리고 특수부호 등이 잘 설명되어 있는가?
☐ 신뢰도 구간과 신뢰도 수준에 대한 언급을 하였는가?
☐ (내 논문이 APA규정을 엄격히 따른다면,) 세로줄을 모두 삭제하였는가?
☐ 다른 곳에서 표를 차용했다면, 그 출처와 사용허가 여부를 주 혹은 각주로 명시하였는가?
☐ 논문의 맨 앞부분(front matter)의 표 목차에 번호, 페이지와 표 제목이 올바르게 제시되었는가?

7.3. 그림(Figures)

명칭 상으로 그림(figures)을 도표로 부르기도 합니다만, 많은 논문에서 <그림>으로 제시되므로 여기서도 그림으로 부르도록 하겠습니다. 그림을 논문에 제시하는 원칙 역시 표 제시 원칙과 마찬가지로 반드시 필요한 부분에만 최소한도로 제시해야 한다는 것입니다. 보기 좋아 보이기 때문이라든지, 뭔가 더 과학적으로 보일 것 같으니까 그림을 논문에 싣는 것은 올바른 방식이 아닙니다. 그림 중 가장 많이 사용되는 유형은 그래프, 차트, 지도, 그림, 사진 등이 있습니다.

그림의 유형에는 여러 가지가 있지만, 모든 그림에 적용되는 원칙은 같습니다. 우선, 그림은 표와 마찬가지로 정보로서의 가치가 있어야 합니다. 만약 어떤 그림이 본문의 내용을 그대로 전달하기만 할 뿐 더 이상의 추가적 정보를 제공해주지 않는다면, 그 그림은 굳이 논문에 포함시킬 필요가 없습니다. 또한, 그림은 독자와의 의사소통을 위한 최상의 도구로써 사용되어야 합니다. 때때로 그림보다는 표를 사용하는 것이 더 명료할 수 있습니다. 마지막으로, 그림에는 핵심적인 요소만을 담아야 합니다. 군더더기 없는 깔끔한 그림만이 독자의 이해를 도와 줄 수 있을 것입니다.

7.3.1. 그림의 작성

1) 좋은 그림의 특징

좋은 그림은 간결하고 명확하며, 양질의 정보를 담고 있습니다. 좋은 그림의 특징은 다음과 같습니다.

- 본문을 그대로 전달하는 데 국한되지 않고 추가적 내용이 포함되어야 한다.
- 핵심적인 사실 위주로 전달하고 중요하지 않은 부가적 정보는 없어야 한다.
- 그림 내 각 요소들은 알아보기 쉽도록 단순하게 작성한다.
- 한 논문 내의 다른 그림들과 동일한 양식(form)으로 작성한다. 즉, 글씨 크기, 글씨체, 줄간격 등이 모두 통일성 있어야 한다.

2) 제작 시 유의 사항

이와 같이 좋은 그림을 만들기 위해서 유의해야 할 사항으로는 다음과 같습니다.

- 그림은 독자가 그 내용을 비교하기 쉽고, 알아보기 쉽도록 제작한다.
- 중요도가 같은 그림이나 상호 대조하여 살펴야 하는 그림은 같은 크기와 척도로 만든다.
- 그림의 각 요소들에 대한 설명이 명확해야 한다.
- 그림에 대한 설명은 그림 하단에 위치해야 한다.
- 그림 안에 사용된 기호들은 구분하기 쉬워야 한다.
- 글씨체가 단순하고 읽기 쉬워야 한다.
- 측정 단위를 제공해야 한다.
- 선은 울퉁불퉁하지 않고 매끄럽고 분명해야 한다.

논문에 포함하고자 하는 그림은 파워포인트 프로그램을 사용하여 디자인을 제작한 후 옮겨오는 것이 좋습니다. 이때 그림의 해상도는 높아야 하고, 꼭 필요한 경우가 아니면 가급적 색상 사용은 하지 않는 것이 좋습니다. 색상이 다채롭게 있는 경우에는 컴퓨터 상으로 보기에는 아름답고 시인성(visibility)이 좋습니다만, 인쇄된 논문을 보아야 하는 독자들이나 PDF 파일 중 흑백으로 변환된 파일을 보는 독자들은 사진의 색채를 구분할 수 없기 때문입니다. 만일 여러분의 논문이 색상이 반드시 필요한 주제(예: 뇌의 fMRI 영상, 컬러 챠트를 이용한 침묵식 교수법[Silent Way])라면 어쩔 수 없겠으나, 그렇지 않은 경우에는 색상 대신 빗금, 점선, 흑백 대비 등으로 인쇄 혹은 복사해도 시인성이 유지될 수 있게 하세요. 현실적으로도 논문에 컬러 페이지가 포함되는 경우에는 논문 제본 단가가 많이 올라가게 되므로 경제적 부담이 되기도 합니다.

3) 요소의 크기와 비율

각 요소들은 충분히 크고 선명해야 합니다. 활자의 크기는 8 포인트에서 12 포인트 이내가 되도록 합니다. 또한 그림 내에서 상대적으로 중요한 요소는 가장 눈에 띄게 만들어야 합니다. 예를 들면, 막대그래프에서 막대의 윤곽은 축의 라벨보다 진해야 합니다. 그림의 크기는 A4 용지 기준으로 한 페이지의 절반 이상이 넘지 않도록 하세요. 지나치게 큰 그림은 성의 없이 그림만 채워 넣은 느낌을 주기 쉽습니다. 다만 포함된 요소가 많거나 작게 그림을 구현할 때 시인성이 많이 떨어진다면 한 페이지의 절반 이상을 그림으로 채울 수도 있습니다. 예를 들어, 구조방정식 모형(Structural Equation Modeling = SEM)을 사용해서 많은 잠재변인 간의 복잡한 관계를 시각적으로 제시하는 경우에는 너무 작게 그림을 제시할 수 없으므로 이 경우에는 예외적으로 한 페이지 정도까지 그림을 키워서 명확하게 제시할 필요가 있습니다.

4) 음영

진하기에 따른 음영의 활용은 되도록 자제합니다. 만약 3단계 이상의 음영 단계가 사용된다면 차라리 표를 이용하는 것이 좋습니다. 여러 음영 단계를 사용하는 것보다는 빗금 등을 사용하도록 하세요. 음영 단계가 많으면 논문을 복사하거나 인쇄하는 경우에 음영의 차이가 두드러지게 나타나지 않을 수 있습니다.

5) 입체감

논문의 결과를 제시할 때 반드시 필요한 경우가 아니라면, 단지 시각적 아름다움을 위한 3차원 입체감 활용은 자제하는 것이 좋습니다. 이것 역시 복사나 인쇄 시의 잠재적 문제점 때문에 그렇습니다.

7.3.2. 그림 범례(Legends)와 그림 표제/제목(Captions)

1) 그림 범례

범례는 그림에 통합되어 있는 부분입니다. 그러므로 그림 안의 글씨체는 범례까지 포함하여 하나로 통일합니다. 또한 범례에 있는 주요 단어는 영어인 경우 대문자로 표기합니다.

2) 그림 표제 / 제목

표제는 그림에 대한 설명이자 제목입니다. 표제는 간략해야 하지만 동시에 충분한 정보를 담고 있어야 합니다. 다음의 두 표제를 비교해 봅시다.

지나치게 짧은 예:

그림 3. 학습 지속 시간

Figure 3. Learning duration

지나치게 설명이 많은 예:

그림 3. 실험 1의 교수 방법과 학습자 집중간의 상호 작용 결과로 인해 발생한 제2언어 학습 지속 시간

Figure 3. L2 learning duration as a result of the interaction between the teaching method in Experiment 1 and the learner attention

범례와 표제에 사용된 모든 기호, 약어, 그리고 용어는 해당 그림은 물론이고, 논문에 수록된 다른 그림들에서 사용된 것들과도 동일하게 통일하여야 합니다.

7.3.3. 그림의 예

■ *Figure1.* Motivational changes in different school grades

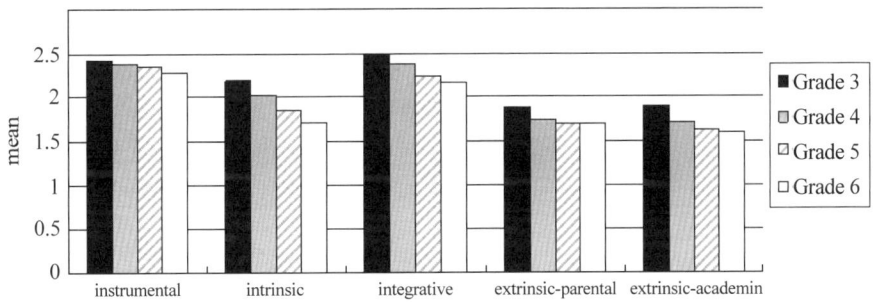

<Figure 1>에서 3-6학년의 영어 학습 동기의 평균 차이를 제시하기 위해서 4종류의 막대그래프가 사용되고 있습니다. 음영 처리는 4학년(Grade 4)에만 회색으로 제시되어 있고, 5학년의 경우에는 빗금 처리를 하여 제시하고 있습니다. 만일 4학년과 5학년을 서로 다른 진하기의 음영을 사용하게 된다면, 인쇄 혹은 복사 과정에서 이러한 미묘한 음영의 차이가 상쇄되어 시인성이 떨어지게 되므로 음영은 두 개 이상으로 다양하게 사용하지 않도록 유의해야 합니다.

막대그래프가 아닌 꺾음선 그래프의 경우에는 각 꺾음선이 어떠한 분류에 속하는 지를 명확히 알 수 있도록 실선 혹은 다양한 모양의 점선을 사용할 수 있습니다. 다만 선 굵기는 다르게 하여 제시하지는 않도록 하여 주세요. 이 역시 인쇄 혹은 복사 과정에서 굵기가 비슷하게 보이는 경우가 있기 때문입니다. Gardner(2001)의 북 챕터에 제시된 표를 가지고 온 <Figure 2>에서는 실선 한 종류, 점선 두 종류를 사용하여 세 가지의 하위 구인의 변화를 꺾음선 그래프로 제시하고 있습니다.

■ Figure 2. Mean correlation for each attribute for three criteria

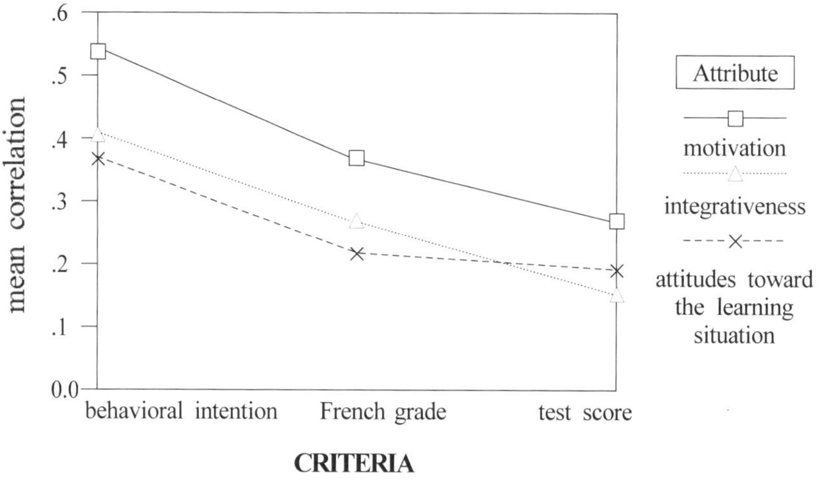

7.4. 신경이미지 자료와 사진 자료

7.4.1. 신경이미지 자료

매우 드물기는 하지만 fMRI 등으로 제2언어 습득을 신경생물학적으로 접근하기 위해 두뇌 사진을 제시하기도 합니다. 이때에는 각 이미지에 명확하게 명칭을 붙여야 합니다. 특히 좌뇌와 우뇌, 그리고 앞과 뒤의 방향을 구분해 주는 것이 중요합니다. 또한 두뇌의 활성화를 나타내는 그림이라면 어떤 활성화가 진행 중인 것인지에 대한 언급이 있어야 합니다. 어쩔 수 없이 색상을 사용하고자 할 때에는, 논문 전반에 걸쳐서 동일한 색상을 사용하고, 색상 척도에 대한 상세한 언급을 하는 것도 필요합니다. 아래 그림은 APA 홈페이지에 예시로 제시된 것입니다. 색상을 통해 두뇌의 해당 부분을 알 수 있습니다. 그러나 사진 자료는 프린팅이나 복사 등의 과정에서 색상이 사라지고 흑백 이미지만이 남을 수 있으므로 사용을 최소화해야 합니다.

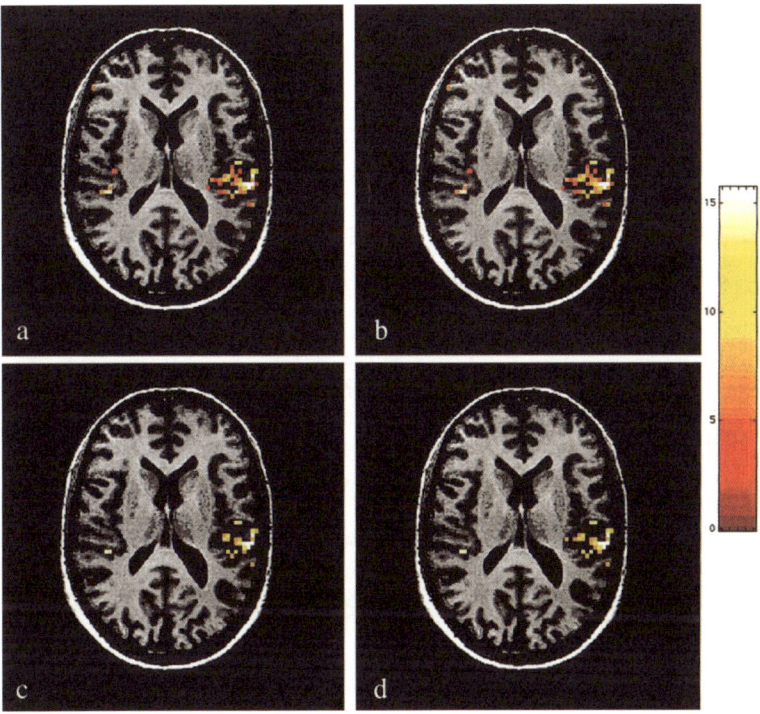

<Figure X> Axial slice of suprathreshold pixels overlayed on T_1 structural image. Colored pixels are $-\log_{10}$ of the Pvalue. Topleft, $t > 4$ threshold. Top right, threshold-controlling FDR at 5% and $c(V) = 1$; the equivalent t threshold is 3.8119. Bottom left, Bonferroni-corrected threshold; the equivalent t threshold is 5.2485. Bottom right, threshold-controlling FDR at 5% making no assumptions on P value distribution; the equivalent t threshold is 5.0747. Adapted from "Thresholding of Statistical maps in Functional Neuroimaging Using the False Discovery Rate," by C. R. Genovese, N. A. Lazar, and T. Nichols, 2002, *NeuroImage, 15*, p. 877.

7.4.2. 사진

사진은 거의 항상 디지털 카메라로 찍은 파일을 아래 한글이나 MS-Word에 그림 삽입을 해서 제시합니다. 사진을 찍을 때에는 카메라의 각도나 조명, 혹은 흑백 배경 등을 이용하여 사진 속의 대조 효과를 높이고, 해상도를 높이면 양질의 사진 자료를 얻는데 도움이 됩니다. 너무도 당연한 말씀이지만 사진은 선명하게 찍어야 하며, 논문에 삽입된 사진은 본문에서 여러분이 설명하거나 주장하는 내용을 뒷받침하는 데 필수적인 것이어야만 합니다. 컬러 사진을 삽입하여도 대부분의 경우에는 논문을 인쇄하거나 복사할 때는 흑백으로 하게 되므로, 미리 흑백으로 인쇄해 보고 여러분이 애초에 의도했던 수준으로 사진이 출력되는지를 면밀히 검토해 보세요.

사진은 편집이 가능한데, 좋은 편집은 사진의 명확성을 높이고 독자와의 의사소통에도 도움을 줍니다. 또한 개인정보를 보호하는 기능을 하기도 합니다. 인물 사진을 사용할 때에는 개인정보가 노출되지 않도록 안면부 혹은 기타 개인 신상을 노출시킬 수 있는 대상에 대해 모자이크 처리 등을 해야 하고, 사진 속의 당사자에게 서면으로 사진 사용 허가를 받아야 합니다. 허가를 받았다는 것을 연구방법 장(章) 등에 명시적으로 밝히도록 하세요.

또한 다른 곳에서 사진을 차용할 경우에는 사진을 사용해도 좋다는 허가를 서면으로 받고, 사진의 출처를 그림의 표제에 명시해야 합니다.

7.5. 그림 점검목록

여러분이 논문에 그림을 수록하려고 한다면 다음과 같은 사항을 점검해 보세요.

✓ 체크리스트

- [ ] 그림이 내 연구결과를 뒷받침하기 위해 꼭 필요한가?
- [ ] 그림이 간단하고 명료하며, 미세한 부분도 명확하게 나타내고 있는가?
- [ ] 그림이 자료를 정확하게 설명하고 있는가?
- [ ] 그림의 모든 요소들이 명확하게 표기되어 있는가?
- [ ] 크기, 척도 등이 명확하게 표기되어 있는가?
- [ ] 동등한 중요도의 그림은 동일한 척도에 의해 제작되었는가?
- [ ] 여러 개의 그림이 본문에 있다면 아라비아 숫자의 순서대로 바르게 배열되어 있는가?
- [ ] 본문에 해당 그림에 대한 상세한 설명이 있는가?
- [ ] 다른 곳에서 그림을 차용했다면, 그 출처와 사용허가 여부를 표제에 명시하였는가?
- [ ] 사진 이미지에서 수정한 부분이 있다면, 그것에 대해 명시했는가?
- [ ] 흑백으로 인쇄되어도 내가 의도한대로 명확히 표현하고 있는가?
- [ ] 인쇄에 적합한 정도의 해상도인가?
- [ ] 논문의 맨 앞부분(front matters)의 그림 목차에 번호, 페이지와 그림 표제가 올바르게 제시되었는가?

연 / 습 / 문 / 제

I. 다음 문장을 읽고 사실이면 T, 거짓이면 F에 표기하세요.
  1. 표와 그림에 들어가는 글자 크기는 10포인트로 한다. (T / F)
  2. APA양식에 따르면, 표에는 가로줄만 사용한다. (T / F)
  3. 표 내부 열의 제목은 복수 명사를 사용한다. (T / F)
  4. 표의 각 열 제목은 모두 대문자로 표기한다. (T / F)
  5. 그림 작성 시 3단계 이상의 음영을 줘야 할 경우 빗금을 사용하는 것이 바람직하다. (T / F)

II. 다음 문장의 빈칸에 들어갈 알맞은 말을 채우세요.
  1. 표 내부의 폰트 크기는 _____ 포인트 정도가 적합하다.
  2. 표, 그림, 설문지, 혹은 시험 문항 등을 차용할 때는 _____ 혹은 _____에 원저자나 저작권자의 허가 여부에 대한 내용을 기재한다.
  3. 표나 그림은 가급적 한 페이지의 _____ 이상을 차지하지 않도록 하고, 이것에 대한 _____을/를 수반해야 한다.

III. 다음 표현 중 알맞은 표현을 골라보세요.
  1. (a) 오른쪽에 제시된 표와 같이
     (b) 표 2와 같이
  2. [표 제목 수정]
     (a) 대학 전공과 학업성취도와의 관계
     (b) 체육교육과, 기계공학, 건축학 그리고 언어학 전공대학원생들의 평가 1, 2에 대한 학업성취도 점수
     (c) 상이한 전공의 대학생들의 평균 학업성취도 점수

제8장

참고문헌 작성 기초 워밍업

여러분들은 대학원에서 APA 스타일에 따라 참고문헌을 써야 한다는 말을 많이 들었을 것입니다. 사실 APA는 단지 참고문헌을 보기 좋게 정렬하는 정도에 그치는 것이 아니라 논문과 같은 과학적인 글을 어떻게 작성해야 하는지를 모두 세세히 규정하고 있는 우리 분야의 헌법과 같은 것입니다. 먼저 APA라 함은 미국 심리학회(American Psychological Association)의 약어입니다. 미국 심리학회에서 글쓰기의 모범을 규정하고 있는 것을 우리 외국어교육/응용언어학 분야에서도 차용하고 있는 것이지요. 19세기 말부터 학문으로서의 체계를 잡아가기 시작한 심리학의 규정을 따르는 것이 굳이 우리 외국어교육 혹은 응용언어학 분야에만 통용될 수 있는 새로운 글쓰기 스타일을 만드는 것보다 더 실용적이겠지요. APA 스타일은 이미 인문사회계열 및 자연과학 일부 분야에서 많은 연구자들에게 받아들여져서 활용되고 있습니다.

오랫동안 APA 스타일에 따라 연구를 진행해 온 교수, 연구자들은 대학원생들이 작성한 논문을 검토하거나 심사할 때 참고문헌 목록을 먼저 들여다봅니다. 왜냐하면 논문을 작성한 대학원생의 성실성 혹은 꼼꼼한 정도를 미리 가늠할 수 있기 때문입니다. 저도 경험상 참고문헌이 어느 정도까지 APA 스타일에 따라 잘 작성되었는지 그 정도가 그 학생 논문의 전반적인 수준과 대체로 일치하는 경우를 많이 보아 왔습니다. 따라서 여러분은 참고문헌이 내 논문의 수준을 판가름하는 척도가 될 수 있다는 것을 유념하여 정확하고 적절하게 참고문헌을 작성할 수 있어야 합니다.

8.1. 참고문헌의 중요성

논문이라는 글쓰기 장르는 매우 정교한 논설문입니다. 내 주장을 나의 편견이나 주관에만 사로잡혀 상대방에게 강요하는 글이 아니라, 나의 주장을 과학적 근거를 대어 빈틈없이 상대방을 설득하여 나의 주장에 동의하도록 만드는 설득문이지요. 예를 들어 "영어를 배울 때 영어 학습 동기가 매우 중요하다"는 한 문장은 상식적 수준에서는 받아들일 수 있지만 과학적인 학술적 잣대로는 왜 학습 동기가 중요한지 그 근거가 매우 부족하므로 이 주장에 쉽사리 동의하기 어렵습니다. 그러므로 논문에서는 나의 일방적 주장을 담은 문장 대신 내 주장을 방어할 수 있는 차분하고 객관적인 글을 쓸 수 있어야 합니다.

참고문헌은 나의 주장에 신빙성을 더하기 위한 손쉬운 장치입니다. 내가 생각하고 주장하는 바에 대해 이미 다른 연구자들이 권위 있는 학술지에서 이런저런 연구를 수행해 왔다는 것을 세련되게 제시할 수 있다면 나의 주장은 나만의 독단적 주장이 아닌 것이 됩니다. 따라서 참고문헌은 내 주장 및 의견에 힘을 보탤 수 있는 것이어야 합니다. 간혹 참고문헌에 위키피디아와 같은 인터넷 백과사전을 인용해도 될지를 묻는 분이 있는데, 위와 같이 참고문헌을 다는 목적을 생각해 본다면 위키피디아는 인용하지 않는 것이 좋습니다. 공신력이 있다거나 권위 있는 자료가 아니기 때문이지요. 이는 위키피디아에 제시된 정보가 맞는지 틀리는지의 문제가 아니라, 그 책임 소재가 불분명하기 때문입니다. 위키피디아는 일반인들도 자신의 의견이나 지식을 더하거나 뺄 수 있게 열려있는 편집 체제를 고수하여 집단 지성의 대표적인 사례로 꼽힐 수 있습니다. 하지만 간혹 틀린 정보가 제시되는 경우도 있고, 때로는 독도 분쟁과 같이 다른 나라에서는 민감하게 생각하는 주제에 대해서는 우리나라 국민으로서의 견해 보다는 이해가 다른 인접 국가, 집단의 의견이 더 많이 반영되어 있는 경우도 있습니다. 또 언제든지 내용이 추가되거나 빠질 수도 있어서, 참고문헌에 위키피디아를 인용하게 된다면 이 내용을 나중에 독자들이 다시 발견하기 어려울 가능성이 매우 높습니다.

8.2. 참고문헌의 옥석 가리기

참고문헌이 권위 있고, 신빙성 있는 학술 자료 위주로 제시되어야 하기에, 그 권위와 신빙성의 기준에 대해서도 명확히 할 필요가 있습니다. 다음과 같은 점을 고려하셔서 참고문헌을 찾아보시고 공부하시기 바랍니다.

1) 국내 학술지의 경우 KCI(Korea Citation Index, 한국학술지인용색인)에 등재된 출판물을 위주로 찾아보십시오. 우리나라에서 학술지의 수준을 관리하는 정부 산하 기관이 한국연구재단(Korea Research Institute; KRI)입니다. 이 연구재단은 우리나라에서 출판되는 정기간행물들을 등급을 나누어 관리하는 기관이므로, 우리나라 많은 학회에서는 한국연구재단 등재지에 선정 혹은 유지되는 것을 영예로운 일로 생각합니다. 이는 한국연구재단이 학문과 과학 기술의 진흥을 위해 학술지 발행과 운영 지원금을 제공하기 때문이기도 합니다.

연구재단의 등재지는 보통 두 등급이 있습니다. 첫째는 재단 등재후보지입니다. 보통 신생 학회나 학술지 발간 역사가 길지 않아 최근에 학술지 지원신청을 한 경우에 엄격한 소정의 심사를 거쳐 등재후보지로 선정됩니다. 둘째는 재단 등재(학술)지입니다. 등재지는 등재후보지에 비해 더 오랫동안 학술적 수준이 검증된 학술지를 의미합니다. 많은 학회 관계자들이 학술지를 등재지로 유지하거나 등재후보지에서 등재지로 격상시키기 위해서 부단히 노력하고 있기에 어떤 학술지가 한국연구재단 등재지라면, 이 학술지에 실리는 논문들은 엄격한 심사과정을 통과한 논문이라는 의미입니다. 따라서 여러분들이 논문을 찾아서 읽을 때에도 한국연구재단 등재지 혹은 등재후보지를 읽을 것을 권장합니다. 또한 가급적 등재후보지보다는 등재지에 실린 논문을 읽는 것이 더 공신력이 있다고도 볼 수 있겠습니다. 물론 개별 논문의 수준 차이는 당연히 존재합니다. 등재후보지에 실린 특정 논문이 등재지에 실린 유사한 논문보다 반드시 더 수준이 높고 잘 쓰인 것이라고 말할 수는 없다는 것이지요. 응용언어학 및 영어교육 분야의 관련 학술지 목록은 이 책의 말미인 <부록 3>에 제시하여 두었으니 참고하여 주십시오.

한 가지 유의할 점은 매년 KCI 등재 학술지 목록이 변동되므로 정확한 정보를 위해서는 한국연구재단 산하 한국학술지인용색인 홈페이지인 https://www.kci.go.kr/kciportal/main.kci에 접속하여 관심 학술지 이름을 검색하시거나 여러분 학문 분야를 검색하시면 어떠한 학술지가 등재지 혹은 등재후보지인지를 알 수 있습니다. <그림 7.1>에 제시되었듯 상단 메뉴의 학술지 검색으로 들어가셔서 검색어를 입력하면, 국내에서 발간되는 해당분야의 모든 학술지 이름이 검색됩니다. 특정 학술지가 KCI 등재 혹은 등재후보라면 위에 아이콘으로 'KCI 등재'라고 표시되며 그렇지 않다면 아무런 표시가 나타나지 않습니다. 또한 상단의 검색창을 통해 검색어를 직접 넣을 수도 있고, 특정 저자명, 학술지, 학술단체명으로도 검색이 가능하므로 여러모로 편리합니다.

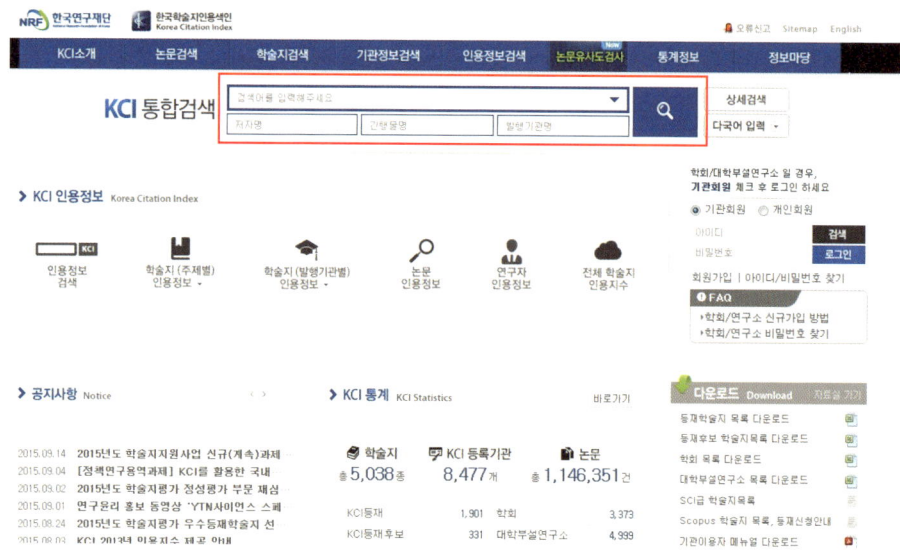

<그림 7.1> 한국학술지인용색인(KCI) 홈페이지

2) <u>학위논문의 경우에는 가급적 박사 학위논문을 읽으십시오.</u> 요즘에는 학위논문도 대부분 검색이 되고, 대학 캠퍼스 내에 유선 인터넷이나 캠퍼스 무선 인터넷 망으로 접속하면 교내외 논문을 PDF 파일로 검색 및 다운받아 읽을 수 있게 되어 있습니다. 여러분이 학위 과정 중에 납부하는 등록금이나 수업료에는 사실 이러한 학술 정보 이용료도 포함되어 있습니다. 또한 대부분의 대학에서 학생들은 원하는 책을

도서관 혹은 학술정보원에 구입 신청을 할 수 있고, 시간이 다소 걸리기는 하여도 학교에서는 도서관에 그 책을 비치하려고 노력할 것입니다.

따라서 여러분의 관심 주제가 만일 광범위하게 연구된 주제라면 여러분 소속 대학 캠퍼스 내에서 손쉽게 수백·수천편의 관련 학위논문을 찾아보고 필요하다면 다운로드 받을 수 있을 것입니다. 이때 주의해야 하는 것은 학문적 수준이나 원숙도 면에서 석사 논문보다는 박사 논문이 아무래도 더 오랫동안 공을 들여 작성한 것이므로 참고하기에 더 권장할 만 하다는 점입니다. 석사 논문은 현실적으로 약 1년 내외의 기간 동안 작성되고 보통은 3인 내외의 심사위원들이 인정하면 됩니다. 반면 박사 논문은 보통 2년 내외, 길면 3-4년 정도 기간 동안 작성되고, 보통 5인의 논문 심사를 통해 인정되므로 더 엄격한 심사를 거쳤다고 볼 수 있지요. 따라서 학위논문은 석사 논문보다는 박사 논문을 읽고 인용하기를 권장하는 것입니다.

3) <u>국제 학술지의 경우에는 Thomson Scientific이라는 (사설)기관에서 매년 업데이트 하는 SCI, SSCI, A&HCI, SCOPUS 등에 등재된 학술지를 인용하시는 것을 권장합니다.</u> Thomson Scientific은 전 세계의 학술지를 관리하려고 시도하는 미국 중심의 사설 기관이고 예전에는 ISI라고 불렸습니다. 보통은 인증 조건에 적합한 학술단체에게서 비용을 받고 해당 학술지 심사를 거쳐 처음에는 SCOPUS 학술지로 인정합니다. 그 후, 일정 기간과 조건에 다시 부합하면 학술지의 성격에 따라 사회과학계열을 SSCI(Social Sciences Citation Index), 인문학 계열은 A&HCI(Arts & Humanities Citation Index), 자연공학의약계열은 SCI(Science Citation Index)로 구분하여 학술지 등급을 승격시킵니다. 참고로 자연계열에서는 SCI(E)도 있는데 이는 Science Citation Index Expanded로서 SCI급 학술지는 아니지만 이에 준한다는 의미로 확장된 SCI의 의미를 가지고 있습니다. 위의 SCI, SSCI, A&HCI를 모두 묶어서 요즘에는 JCI(Journal Citation Index)로 묶어서 부르기도 합니다.

자연계열에서는 SCI 저널이 매우 많고 많은 경우에는 국내 학술지보다 국외의 SCI 학술지에 논문을 게재하려는 분위기가 점차 자리 잡아 가고 있습니다. 반면 우리 외국어교육 및 응용언어학 분야나 여타 인문사회계열 전공에서는 간혹 SSCI 혹은 드물지만 A&HCI에 속하는 학술지에 논문을 게재하기도 합니다. 하지만 논문이

나오기가 매우 까다롭고, 시간도 오래 걸리기 때문에 국내 대학 연구자들은 국외의 SSCI, A&HCI 등의 학술지에 논문을 잘 발표하지 않고 있지요.

참고로 이러한 학술지들도 그 나름대로의 우열을 가리기 위한 장치를 가지고 있는데 그것은 피인용 지수입니다. 보통 임팩트 팩터(Impact Factor; IF)라고 부르고 있지요. 이 숫자가 높을수록 그 학술지를 다른 연구자들이 많이 참고하여 인용을 하고 있다는 의미입니다. 인용이 많이 되는 것이 좋은 연구의 척도가 아니라 많은 사람들이 하고 있는 현재 유행인 연구라는 매우 설득력 있는 반론도 있습니다만, 외국어교육 혹은 응용언어학 분야에서는 IF 1 전후가 되면 상당히 높은 것으로 생각하면 됩니다. (방송 같은 곳에서 가끔 보도되는 Nature, Science같은 유명 자연과학 학술지는 IF가 40 이상 됩니다.)

따라서 국제 학술지를 인용할 때에도 수준을 잘 판단하여 권위 있는 학술지를 참고문헌을 읽고 인용할 수 있도록 힘써야 합니다. 보통 여러분들이 국내외 학술지 논문의 참고문헌에서 접하게 되는 논문들이 이러한 것들입니다.

8.3. 참고문헌 작성 시 이 점은 유의하자

앞서 참고문헌이 나의 주장에 공신력을 더하는 효과적인 장치라고 말씀드렸습니다. 그런데 대학원생들이 제출한 논문의 참고문헌 목록을 천천히 들여다보면 당황스러운 경우가 있는데, 다음과 같은 사례들을 특히 유의해서 참고문헌을 작성하여 주시기 바랍니다.

1) 참고문헌의 대 원칙은 내가 읽고 본문에서 실제 언급한 참고문헌만 맨 뒤의 참고문헌 목록(References)에 제시하는 것입니다. 또 참고문헌 목록에 제시된 참고문헌들은 논문의 본문에서 빠짐없이 모두 발견되어야 합니다. 참고문헌 목록은 내가 얼마나 공부를 했고 이런저런 책들도 많이 살펴보았다는 것을 논문 심사자 혹은 독자에게 뽐내기 위한 공간이 아닙니다. 논문의 본문에서 실제로 내가 인용한 논문만을 뒤의 참고문헌 목록에 적어 두어야 합니다. 간혹 이런저런 관련 있는 논문들을 몽땅

다 참고문헌 목록에 포함시키는 경우가 있는데 이것은 참고문헌의 기본을 모르는 행동입니다. 내가 "실제로 인용한 논문만을 빠짐없이" 참고문헌 목록에 넣어야 한다는 것을 명심하십시오. 참고문헌에 실려 있는 문헌들은 적어도 여러분이 논문의 초록을 샅샅이 읽어보았거나 논문 자체를 검토했다는 것을 전제로 합니다.

2) 이후 제 9-10장에서 집중적으로 APA 스타일에 따른 참고문헌 작성법을 집중적으로 연습하실 것이므로, 여기서는 개략적인 규칙만을 8.4.에서 설명드릴 것입니다. 하지만 참고문헌을 기록하는 양식은 인문사회계에서 APA 스타일 말고도 흔히 많이 쓰이는 양식인 Chicago 스타일이 있고, MLA(Modern Language Association) 스타일이 있습니다. APA 스타일은 우리 외국어교육 및 응용언어학 분야를 포함한 사회학, 심리학, 자연과학(생물학, 식물학, 지구과학 등) 계열에서 주로 채택하는 스타일인 반면, Chicago 스타일과 MLA 스타일은 영어영문학 분야를 포함한 어문학 계열에서 많이 사용합니다. 간혹 각 페이지의 밑에 각주(footnote)에 참고문헌을 적는 것 아니냐고 질문하시는데 그것은 Chicago 스타일에 따른 참고문헌 작성 방식입니다. 우리 외국어교육 및 응용언어학 분야에서는 각주는 최소한으로 사용하여야 하고, 각주를 굳이 쓰는 경우는 본문에 직접적으로 포함하기에는 좀 내용의 관련성이 떨어지지만, 아예 삭제하기에는 좀 뭐한 계륵같은 내용들을 주로 집어넣지요. 다른 관점에서는 독자에게 참고로 더 알려 주고 싶은 내용을 각주에 넣는다고도 볼 수 있지만, 어찌되었던 각주는 가급적 사용을 하지 않고 본인의 논지를 본문 안에서 유려하게 계속 전개해 나가는 것이 가장 좋습니다.

3) 참고문헌의 자료는 가급적 최근 10년 이내의 것을 인용하시기 바랍니다. 세부 연구 주제에 따라 달라질 수 있지만 참고문헌은 가급적 최신 자료를 공신력 있는 학술지나 기관에서 출판된 것을 활용하시는 것이 좋습니다. 간혹 1950년대 혹은 1960년대 석·박사 학위논문을 인용하시는 경우가 있는데, 일단 이러한 논문들은 역사적으로 기념비적인 저술(예를 들어, Vygotsky의 1930년대 논문, Chomsky의 1950년대 논문 등)을 제외하고는 약 반 세기 전의 것이기에 현재 우리가 활용하기에는 지나치게 시대적으로 오래 전 내용이어서 적절하지 않습니다. 지도교수로서 이런

경우에는 학생의 학문적 성실성을 의심하게 되기도 합니다. 왜냐하면 이런 논문이 어떤 대학원생이 제출한 논문의 참고문헌에 들어가 있는 이유는, 그 학생이 참고했던 어떤 다른 논문에서 그 논문을 인용했기 때문에 그것을 별 고민 없이 참고문헌 목록에 그냥 타이핑해 넣은 것일 수 있기 때문입니다. 다시 강조하지만, 참고문헌은 본인이 읽은 것에 한해서 논문의 본문에 인용하였던 것만을 정직하게 포함시켜야 합니다. 본인이 실제로 읽고 검토하지 않은 것을 참고문헌에 포함시키는 것은 비양심적인 행위이고, 많은 경우에는 지도교수 혹은 독자들이 그것을 알아차릴 수 있게 됩니다. 예를 들어, 국내에서는 도저히 구할 수 없는 희귀한 참고문헌이 목록에 나열되어 있다면 그것을 인용한 대학원생은 실제로 안 읽었을 가능성이 매우 높지요.

4) 재인용은 최소화 하십시오. 간혹 논문을 읽다 보면 그 논문의 저자가 다른 사람을 본문에서 인용하여 내가 그 논문을 찾아보고 싶은데, 아직 미출간이거나 혹은 국내에서 구하기 어렵거나, 이미 절판되어서 읽을 수 없는 경우가 있습니다. 이럴 때에는 부득이하게 여러분들은 논문에서 원래 저자의 이름과 출판연도를 적은 다음에 여러분이 참고한 그 논문의 저자 이름과 출판연도를 적은 후에 재인용이라고 밝혀 주어야 합니다. 예를 들어, 여러분이 김태영의 2015년 논문에서 인용한 Leont'ev라는 저자의 1978년 책을 인용하고자 한다면, 여러분은 먼저 Leont'ev의 1978년 책을 구해서 읽어 보아야 합니다. 만일 이 책이 국내에 없거나 구하기 매우 어렵다면 이때에는 부득이하게 재인용 표기를 해 주어야 합니다. 본문에서는 아래와 같이 하면 됩니다.

예: Leont'ev(1978, 김태영, 2015에서 재인용)에 의하면, ...

그러나 이와 같은 재인용은 가급적 하지 말아야 합니다. 원칙대로 원래 저작을 찾아서 읽고 나서 그 후에 이 저작의 의미가 내가 인용하고자 하는 의도와 부합할 때 원저작만을 인용하는 것이 맞습니다. 재인용을 하다 보면 원 저작자가 의도한 바는 내가 인용하고자 하는 그 의미가 아닌데도 마구 재인용하여 원 저작자의 의도가 훼손되는 경우가 있기 때문입니다. 아주 옛날에 유명 MC 허참 씨가 오랫동안 진행하였던 '가족오락관'이라는 예능 프로그램에 '몸으로 말해요'라는 코너가 있었습니다. 여기에서 다섯 명이 일렬로 줄을 서서 맨 앞 사람이 뒤 돌아서 사회자가 어떤 몸동작을 보여주고 그 동작을 그 뒤에 있는 사람에게 따라 해서 보여 주고, 그 뒤에 있는 사람이 또 그 몸동작을 따라 하고, 또 뒷사람에게 보여줍니다. 이런 식으로 다섯 명 정도만 따라 하다 보면 원래 사회자가 의도한 동작과는 전혀 다른 몸 개그가 탄생하는 것과 비슷한 이치입니다. 재인용이 재인용되고, 또 다른 사람에게 재인용되다 보면 원래 의미와는 전혀 다르게 잘못 사용될 수 있습니다. 재인용을 하는 것은 최후의 선택일 뿐입니다. 가급적 하지 마세요.

5) 참고문헌을 읽을 때는 해당 논문을 1페이지에서 마지막 페이지까지 다 보면 가장 좋지만 시간이 정말 없을 때는 국문 혹은 영문 초록(abstract)을 먼저 읽는 것이 좋습니다. 학술지에 실리는 논문은 보통 20페이지 내외입니다. 마음먹고 읽으면서 필요한 부분은 밑줄도 치고, 컴퓨터에 인용할 부분을 미리 정리해 놓는 것도 좋은 방법입니다. 하지만 다들 바쁘게 생활하는 입장에서 차분하게 모든 논문을 다 정독할 수 있는 사람은 많지 않습니다. 이때 유용하게 활용하는 것이 국문 혹은 영문 초록(abstract)입니다. 초록은 보통 150 단어 내외의 비교적 짧은 한 문단으로 구성되고, 이 논문의 연구 주제, 문제는 무엇이고, 누구를 대상으로 연구하였고, 연구결과는 무엇인지를 일목요연하게 알려주는 역할을 합니다. 핵심 사항만을 뽑아 놓은 이 초록을 먼저 잘 보시고, 그 후에 이 논문이 내 연구 주제와 부합하는 좋은 논문이라면 처음부터 정독을 하십시오. 정독을 할 때에도 논문의 내용과 주제에 따라 모든 부분을 처음부터 다 읽는 경우도 있고, 중요도가 다소 높지 않다면 서론을 읽고, 연구방법으로 넘어가신 후 연구결과를 보시기 바랍니다. 만일 중요도가 높은지 잘 모르겠거나 별로 높지 않다고 판단된다면, 연구결과 및 시사점을 다루는 논문의 마지막 부분을 잘 읽어 보시고, 그 후 앞부분으로 돌아오셔서 읽어 보세요. 이런 방식을 잘 활용한다면 참고문헌을 읽고 검토하는 시간을 줄일 수 있습니다.

6) 참고문헌 목록의 발행연도 바로 뒤에 있는 알파벳 소문자 a 혹은 b의 문제: 간혹 참고문헌 목록을 검토하다 보면 다음과 같은 경우가 있습니다.

> Ahn, S.-H. (2008). English acquisition in the multicultural classroom in Korea: A prospect. *Multicultural Education Review, 1*(1), 81-114.
> Brown, H. D. (2000b). *Principles in language learning and teaching* (4th ed.). White Plains, NY: Pearson Education.
> Cheon, H.-S. (2011). A comparative study of multicultural education in Korean and Japan: With reference to school practice cases. *Social Studies Education, 50*(4), 191-204.

여기에서 문제가 되는 부분은 Brown, H. D. 다음에 오는 발행연도 2000 바로 옆에 있는 b입니다. 왜 b가 붙어 있는 것일까요? 이 책의 다음 장을 공부하다 보면 자연스레 알게 될 것입니다. a가 없이 b가 제시된 경우 이 참고문헌을 작성한 대학원생은 실제로 Brown의 논문을 읽지 않고 다른 사람의 참고문헌에 있는 것을 그대로 자신의 참고문헌 목록에 옮겨 넣었을 확률이 매우 높습니다. 어떤 경우에 발행연도 뒤에 a나 b 같은 알파벳 소문자를 쓰는지는 다음 장에서 알아보세요. 여기서는 특정 연도에 발간된 어떤 저자의 논문이나 책을 단 하나만을 내 논문에서 인용하는 경우에는 절대 a나 b 같은 알파벳을 발행연도 뒤에 붙이면 안 된다 정도로 이해해 두세요.

8.4. 참고문헌 작성의 기본 원칙

일단 기본적으로 괄호의 용법이 한글로 작성된 논문과 영어로 작성된 논문이 다르다는 것에 유의하세요. 한글논문에서는 괄호의 앞과 뒤를 붙이려는 성향이 있고, 영어 논문에서는 괄호의 앞과 뒤를 띄우려는 성향이 있다는 것을 원칙으로 알아 두십시오. 또한 영어 문장과 한글 문장 모두 문장 부호 4총사인 마침표, 쉼표, 콜론, 세미콜론은 앞에 오는 단어와는 붙고 뒤에 오는 단어와는 떨어진다는 원칙도 알아 두십시오. (특히 콜론 앞에 한 칸을 띄우거나 심지어는 띄운 다음 콜론만 다음 줄로 넘기지 마세요.) 또한 &(ampersand라고 읽습니다)는 영어에만 사용되며, 그 앞뒤에 어떤 단어가 오든지 띄어 쓴다는 것을 염두에 두세요. APA 참고문헌 작성 규정에서는 볼드체가 아예 없습니다. 볼드체를 쓰지 마세요. 괄호 사용, 문장부호 띄어쓰기, & 사용, 볼드체 금지 이 네 가지를 확실히 한 다음 아래 사항을 주의해서 읽어 주세요.

8.4.1. 본문에서 사용할 때

본문에서 참고문헌을 작성할 때는 세 가지 원칙이 있습니다. 8.4.2.와 같이 참고문헌 목록은 인용하려는 서지가 학술지 논문인지, 책인지, 책의 챕터인지, 학위논문인지, 인터넷 자료인지에 따라 다르게 적용됩니다만, 본문에 참고문헌을 작성할 때는 비교적 간단합니다.

1) 본문에서 저자 이름을 본문 도중에 직접 인용할 때

학위논문을 한글로 작성하는 경우에는 여러분이 인용하려는 참고문헌이 한국인 저자의 한글 논문이라면 저자의 성과 이름을 이어 쓰고 띄어쓰기 없이 괄호 속에 출판연도를 적으면 됩니다. 외국인 저자의 외국어 논문이라면 저자의 성(last name)만 쓰고 띄어쓰기 없이 괄호 속에 출판연도를 적습니다. 한국인 저자가 영어로 쓴 논문이라면 저자의 성만 쓰고 띄어쓰기 없이 괄호 속에 출판연도를 적습니다. 다만 한국인의 흔한 성씨인 Kim, Lee, Park, Choi 등이고 본문에서 다른 동성이명(同姓異名)의 저자가 있어 혼동을 줄 우려가 있다면, 이름의 이니셜을 쓰고 마침표를 찍어 제시하여 줍니다. 2인 이상의 외국인 저자를 언급할 때에는 마지막 영문 성 앞에 '와/과'를 붙여 줍니다.

> 예시1) 김태영과 이혜선(2014)에 의하면, 회복탄력성은 제2언어 학습 연구에 비교적 최근에 도입된 개념이라고 한다.
> 예시2) Canale와 Swain(1980)의 제2언어 습득에 작용하는 의사소통 기능의 4분류는 다음과 같다.
> 예시3) Kim과 Kim(2014)은 구조방정식 모형을 사용하여 학습자의 인지된 학습유형과 제2언어 학습 동기와의 관련성을 탐구하였다. [본문에서 Kim이라는 성을

쓴 저자의 2014년 논문이 하나만 있어서 독자가 참고문헌을 찾는데 문제가 없는 경우]
- 예시4) Kim(2009)이 학습유형과 제2언어 학습 동기의 관련성을 탐구한 반면, Y.-K. Kim과 Kim(2013)은 탈동기의 다양한 국면에 대한 이론적 고찰을 시도하고 있다. [본문에서 Kim이라는 저자의 논문이 다수 인용되어 독자에게 혼동을 준다면 독자가 오류 없이 참고문헌을 발견할 수 있도록 저자의 이름 이니셜을 사용함]

논문의 본문을 영어로 작성하는 경우에는 저자의 성을 쓴 후, 띄어쓰기 한 칸을 하고 괄호 속에 출판연도를 제시합니다. 한국인 저자인 경우에도 마찬가지로 취급합니다. 다만 흔한 성씨이고 논문의 본문에 동성이명의 다른 저자를 언급한 경우 오류 방지를 위해 저자 성 앞에 저자의 이름의 이니셜을 쓴 후 마침표를 찍어 줍니다. 영어 논문의 경우 소유격을 나타내는 's는 반드시 괄호 속의 출판연도 앞에 저자 이름 뒤에 찍어 주어야 합니다(예시1 참조). 2인 이상의 저자를 본문에서 직접 사용할 때에는 & 대신 and 라고 써 주어야 합니다.

- 예시1) Canale and Swain's (1980) four categories in communicative competence ...
- 예시2) Kim (2009) investigated the complicated relationship between perceived learning style and L2 learning motivation.
- 예시3) Kim (2009) focused on the relationship between perceived learning style and L2 learning motivation, whereas K. J. Kim (2009) paid close attention to the nature of demotivation among Korean EFL students. [동성이명의 Kim이라면 먼저 쓴 저자는 이니셜 없이 제시하고, 뒤에 쓴 저자는 이름의 이니셜을 성 앞에 붙여 주어 독자가 참고문헌을 찾는데 지장 없도록 해야 함]

2) 본문에서 문장 중간 혹은 문장 마지막 부분의 괄호 속에 저자 이름과 출판연도를 언급할 때

한글로 학위논문을 쓸 때, 괄호 속에 저자를 언급할 때에는 한국인 저자는 성과 이름 뒤에 컴마를 찍은 후 한 칸을 띄운 후 출판연도를 제시합니다. 외국인 저자는 성만 쓰고 컴마를 찍은 후 한 칸을 띄운 후 출판연도를 제시합니다. 괄호 속에 여러 저자들의 다른 저작을 인용하고 싶다면 저자와 저자 사이에는 세미콜론으로 구분합니다. 저자들을 제시하는 순서는 출판연도 순서가 아니라, 가나다 순, 알파벳순으로 제시합니다. 한국인 저자를 먼저 쓰고, 외국인 저자의 알파벳 성을 뒤에 씁니다. 만일 같은 저자가 다른 연도에 쓴 2개 이상의 논문을 인용하고 싶다면 컴마를 써서 연도별로 제시합니다. 같은 저자의 여러 논문을 쓸 때에는 연도별로 정렬합니다. 만일 동일한 저자가 같은 연도에 쓴 논문이 2개 이상이라면 먼저 언급한 것에는 출판연도 바로 뒤에 띄어쓰기 없이 a를 붙이고 나중에 언급한 것은 b를 붙입니다. 일단 a나 b를 붙이면 논문 마지막까지 일관성 있게 그 논문들에 대해서는 a나 b를 붙여야 합니다. 참고문헌 목록에도 마찬가지이구요.

> 예시1) ... 영어 학습 동기 연구는 1990년대 이후 활성화 되고 있다(김태영, 2014, 2015; Dörnyei, 2005, 2009a, 2009b; Kim, Baba, & Cumming, 2005).

영어 논문을 쓰는 경우에 괄호 속에 저자를 언급할 때에는 한국인 저자는 성의 영문표기를 하여 제시합니다. 즉 외국인 저자 취급을 하라는 말이지요. 당연히 이 경우에는 가나다순이 아닌 모든 저작들을 저자의 알파벳순으로 정렬합니다. 다른 사항은 위의 내용과 동일합니다. 한국인 저자 중 흔한 성씨의 경우 성씨가 같은 저자들의 논문을 인용할 경우가 생깁니다. 2인 이상의 동성이명의 저자들이 쓴 논문을 인용할 경우, 나중에 언급하는 저자는 성 앞에 이름의 이니셜과 마침표를 붙여 줍니다. 아래의 경우에는 Kim과 K. J. Kim은 서로 다른 동성이명의 사람들이므로, 구분해서 써야 합니다. 또한 Kim으로 통합해서 Kim, 2008, 2009, 2014, 2015 처럼 써도 안 됩니다.

> 예시1) ... has been actively investigated in the 21st century (Dörnyei, 2005, 2009a, 2009b; Kim, 2008, 2014, 2015; K. J. Kim, 2009).

3) 본문에서 큰따옴표로 직접 인용할 때

참고문헌에서 다른 저자가 사용한 40단어 이내의 문장이나 어구를 그대로 인용하고자 할 때에는 큰따옴표를 찍은 후 인용하고자 하는 말을 그대로 써 줍니다. 문장에서 저자와 출판연도가 앞에 오는 경우에는 인용이 끝나고 큰따옴표를 닫을 때에 뒤에 페이지를 나타내는 소문자 p.를 쓴 후 페이지 번호를 붙입니다. 반면 저자와 출판연도가 뒤에 오는 경우에는 큰따옴표를 닫을 때에 저자, 출판연도, 그리고 페이지 번호를 같이 붙입니다. 영어로 작성하는 논문의 경우에는 괄호의 띄어쓰기가 있다는 점이 다르고 모두 동일합니다. 문장의 마침표는 괄호가 끝난 후에 찍어 줍니다.

예시1) Miettinen(2005)에 의하면 "필요의 지향점은 자연적 성격이 있다. 반면 인간들에게 지향점은 문화적이며 역사적인 성격이 있다"고 한다(p. 55).
예시2) 상상력이란 "개인적 환상"이 아니라 아직 실현되지는 않은 정신적 구현이라고 한다(Wenger, 1998, p. 178).
예시3) Markova (1990) stated that "motivation can change and develop throughout a person's life" (p. 31).
예시4) In sum, "motivation can change and develop throughout a person's life" (Markova, 1990, p. 31).

인용하고자 하는 내용이 40단어를 초과(즉 41단어부터)할 때는 큰따옴표를 사용하지 않고, 하나의 문단 처리를 합니다. 그 문단은 약 1 cm에서 2.54 cm(1인치 정도) 앞과 뒤를 들여 쓴 후 줄 간격도 약 120-125% 정도로 하여 시각적으로 인용된 부분이라는 것을 알 수 있도록 합니다. 인용된 부분의 마지막 문장의 마침표를 찍은 후 한 칸을 띄우고 괄호 속에 페이지 번호를 넣습니다.

Engeström (1996) stated:
> Goals are attached to specific actions. Actions have clear points of beginning and termination and relatively short half-lives. Activity systems evolve through long historical cycles in which clear beginning and ends are difficult to determine. Goals do not explain the emergence of actions; goals and plans are formulated and revised concurrently as one acts, and they are commonly explicated clearly only retrospectively. (p. 381)

8.4.2. 참고문헌 목록(References)에 기입할 때

참고문헌은 본문에서 여러분이 언급한 것만을 하나도 빠짐없이 기입해야 합니다. 논문을 한글로 작성하는 경우에는 한글 논문을 저자의 성과 이름의 가나다순으로 기입하고 난 후, 외국 저자의 성의 알파벳순으로 기입하는 것이 원칙입니다. 만일 논문을 영어로 작성하는 경우에는 한국인 저자의 한글 논문도 저자의 성을 알파벳으로 작성(romanize)한 후 알파벳순에 따라 기입합니다. 하나의 참고문헌이 두 줄 이상 길어지면 둘째 줄부터 들여쓰기를 해야 합니다. 1인치(2.54 cm)를 들여 쓰는 것이 원칙입니다. 들여쓰기를 할 때에 첫 줄 마지막 단어에 엔터를 쳐서 둘째 줄부터 스페이스 바(bar)를 여러 번 쳐서 강제로 정렬하지 마십시오. 아래 한글이나 MS-word의 상단의 눈금자를 이동시켜 일괄적으로 정렬하도록 하십시오. 이렇게 안 하고 엔터 친 다음 억지로 정렬시키면 폰트 크기를 바꾼다거나 편집하는 과정에서 정렬이 어그러져서 생각지도 못하게 지저분한 모습으로 논문이 출력될 수 있습니다.

여기에서는 여러분들이 가장 많이 참고문헌 목록에 인용하게 될 학술지(저널) 논문, 책, 책의 챕터, 학위논문, 인터넷 자료만 예시로 제시하도록 하겠습니다. 띄어쓰기와 대소문자 구분, 이탤릭체의 사용에 유의하십시오.

1) 학술지(저널) 논문

한글 논문에서 한국인 저자의 한글 논문을 인용할 때는 저자 사이에는 컴마를 찍고 &는 사용하지 않습니다. 저자 뒤에 마침표를 찍은 후, 한 칸을 띄우고 괄호 속에 출판연도를 적고 마침표를 찍습니다. 그 후 한 칸을 띄우고 논문 제목을 적은 후 마침표를 찍습니다. 그 후 한 칸을 띄우고 학술지(저널) 이름을 이탤릭체로 쓴 후 컴마를 찍습니다. 이후 한 칸 띄우고 권을 씁니다. 권까지는 이탤릭체가 유지되며, 띄어쓰기 없이 괄호 속에 호를 적습니다. 괄호와 그 속에 담긴 호는 이탤릭체로 하면 안 됩니다. 괄호를 마친 후 컴마를 찍고 한 칸 띄우고 논문이 시작된 페이지에서 끝난 페이지 수를 적습니다. p.나 pp.를 쓰면 안된다는 것에 유의하시고, 페이지 사이에는 대쉬를 써야 합니다. 물결표시(~)를 쓰지 않고 숫자와 숫자 사이에 띄어쓰기 역시 없습니다. 마지막에 마침표를 찍습니다. 한글 학술지 명칭에는 통상적으로 띄어쓰기를 하지 않습니다.

　영어로 작성된 참고문헌에서는 모든 부분이 동일합니다만, 대소문자의 구분에 유의하세요. 논문 제목은 첫 단어의 첫 알파벳만이 대문자이고, 나머지는 소문자 처리합니다. 물론 약어나 고유명사는 대문자 처리해야 합니다. 논문 제목에 간혹 콜론을 찍고 부제(subtitle)를 쓰는 경우도 있는데 이 경우에는 부제의 첫 단어의 첫 알파벳 역시 대문자로 씁니다. 학술지(저널)의 각 단어의 첫 알파벳은 대문자 처리 합니다. 영어로 작성된 논문이 2인 이상의 저자로 구성된 경우에는 마지막 저자 앞에 &를 써야 하고 그 앞에는 한 칸 띄우고 컴마가 있어야 합니다.

　　김태영, 이희진. (2015). 조기영어교육과 초등영어교육의 연구동향: 2000-2015년 국내
　　　　학술지 논문을 중심으로. *한국교육문제연구, 33*(3), 67-91.
　　Kim, T.-Y., & Kim, Y.-K. (2014). A structural model for perceptual learning styles, the
　　　　ideal L2 self, motivated behavior, and English proficiency. *System, 46*, 14-27.

2) 책

　책을 참고문헌 목록에 기입하는 요령은 더 간단합니다. 저자와 출판연도를 기입하는 것은 논문을 인용할 때와 동일합니다. 책 제목만 이탤릭체로 하고 마침표를 찍습니다. 그 뒤 한 칸 띄우고 출판 도시를 적습니다. 출판 도시는 미국 7대 도시와 세계 10대 도시를 제외한 경우에는 원칙적으로 출판 도시 뒤에 컴마를 찍은 후, 한 칸 띄우고 미국 도시의 경우에는 출판된 주(州)명의 약자를 써 주고, 다른 나라의 경우에는 국가명을 써야 합니다. 다만 한글 논문이고 출판지가 서울이라면 서울 뒤에 대한민국은 안 써도 모두가 알고 있으므로 생략합니다. 그 후 띄어쓰기 없이 곧바로 콜론(:)을 찍고 한 칸 띄우고 출판사 명칭을 써 줍니다. 그 후 마침표를 찍습니다. 출판사 명칭은 한글의 경우에는 띄어 쓰지 않습니다.

　다만 책의 저자가 아니라 편저자를 써야 하는 경우에는 편저자 이름 뒤에 마침표를 찍은 후, 한 칸 띄우고 괄호 속에 (편)이라고 적습니다. 나머지 부분은 위와 동일합니다.

　영어 원서를 인용할 때의 요령 역시 동일합니다만, 대소문자에 유의하십시오. 영

어에서는 출판사만 매 단어의 첫 알파벳을 대문자로 써야 합니다. 책의 제목은 첫 단어의 첫 알파벳만을 대문자화 합니다. 물론 약자나 고유명사의 경우는 대문자로 써야 합니다. 책 제목에도 부제가 있을 수 있는데 이 경우도 논문 제목과 마찬가지로 부제의 첫 단어의 첫 알파벳은 대문자 처리합니다. 영어 원서 역시 저자가 아니라 편저자(editor)를 써야 하는 경우에는 편저자가 1인이면 이름의 이니셜 뒤에 마침표를 찍고 한 칸 띄운 후 (Ed.).를 적어야 합니다. 편저자가 2인 이상인 경우에는 마지막 편저자의 이름의 이니셜 뒤에 마침표를 찍고 한 칸 띄운 후 (Eds.).를 써야 합니다. 영어 원서의 경우는 저자이든 편저자이든 2인 이상이라면 논문 저자를 표기할 때와 마찬가지로 마지막 저자 앞에는 &를 쓰고 그 앞에는 한 칸 띄우고 컴마를 찍어야 합니다.

김태영. (2015). *한국의 영어 학습 동기 연구*. 서울: 한국문화사.
허명회, 양경숙. (2001). *SPSS 다변량자료분석*. 파주, 경기: 한나래출판사.
권오량. (편). (2014). *현대 영어교육학 연구의 지평*. 서울: 서울대학교출판부.
Van Lier, L. (2004). *The ecology and semiotics of language learning: A sociocultural perspective*. Norwell, MA: Kluwer Academic.
Atkinson, D. (Ed.). (2011). *Alternative approaches to second language acquisition*. London: Routledge.
Dörnyei, Z., & Ushioda, E. (Eds.). (2009). *Motivation, language identity and the L2 self*. Bristol, UK: Multilingual Matters.

3) 책 챕터(Book Chapter)

책 챕터를 참고문헌 목록에 넣을 때에는 책 챕터를 쓴 사람이 해당 챕터의 저자이므로 그 이름을 저자 칸에 적습니다. 논문이나 책을 적는 요령과 동일합니다만, 책 챕터 이름까지 적은 후 마침표를 찍은 후 편저자의 이름을 씁니다. 이때 여러분이 작성하는 논문이 한글로 된 논문이고 인용하는 책 챕터 역시 한글로 되어 있다면, 편저자의 이름을 적고 컴마 없이 한 칸 띄운 후 (편)이라고 적은 후 컴마를 찍습니다. 그 뒤 한 칸을 띄우고 편저인 책 제목을 이탤릭체로 적습니다. 그 뒤 컴마 없이 한 칸을 띄우고 괄호 속에 pp.를 적은 후 한 칸 띄우고 책 챕터의 시작 페이지에서 끝 페이지를 적습니다. 페이지 사이에는 띄어쓰기 없이 대쉬(-)를 넣습니다. 페이지 수를 나타내는 괄호 시작부터 이탤릭체를 쓰지 않습니다. 그 후 괄호를 닫고 마침표를 찍습니다. 이후 한 칸을 띄우고 출판 도시를 적고 띄어쓰기 없이 컴마를 찍은 후 주명 혹은 국가명을 씁니다. 그 뒤에 띄어쓰기 없이 콜론(:)을 찍고 한 칸 띄우고 출판사 이름을 적은 후 마침표를 찍습니다.

영어로 된 책 챕터인 경우에는 나머지 부분이 동일합니다만, 편저자의 이름을 기입하는 방식과 2인 이상의 복수의 편저자를 나타내는 & 앞에 컴마가 없다는 부분에 유의해야 합니다. 먼저 원서의 편저자를 나타내기 위해서는 먼저 In을 쓴 후 한 칸 띄우고 편저자의 영문 이름(first name)의 이니셜을 쓴 후 마침표를 찍고 한 칸을 띄우고 편저자의 성을 적습니다. 2인 이상의 경우에는 &로 연결합니다만, & 앞에는 절대 컴마를 찍지 않습니다. 따라서 2인 공동 편저인 경우에는 아래의 예와 같이 In Z. Dörnyei & E. Ushioda로 씁니다. 다만 3인 이상의 경우에는 & 앞을 제외한 저자와 저자 사이에는 컴마를 찍습니다. 예를 들어 In M. T. Apple, D. Da Silva & T. Fellner로 적는 것입니다.

이진화. (2014). 교수-학습을 통한 제2언어습득 연구 동향. 권오량 (편), *현대 영어교육학 연구의 지평* (pp. 221-246). 서울: 서울대학교출판부.

Kim, T.-Y. (2009). The sociocultural interface between ideal self and ought-to self: A case study of two Korean students' ESL motivation. In Z. Dörnyei & E. Ushioda (Eds.), *Motivation, language identity and the L2 self* (pp. 293-323). Bristol, UK: Multilingual Matters.

4) 학위논문

학위논문은 미국에서 출판된 것에 DAI가 붙는 것, ERIC 데이터베이스에서 받는 것 등 여러 형식이 조금씩 다릅니다만, 아래의 양식이 기본입니다. 잘 모르는 경우에는 아래 양식대로 편집하시기 바랍니다.

일단 학위논문은 이탤릭체로 하고 마침표를 찍습니다. 그 후 이탤릭체 없이 한글 논문인 경우 "미출간 석사학위논문" 혹은 "미출간 박사학위논문"으로 쓴 후 마침표를 찍습니다. 영어인 경우에는 "Unpublished master's thesis" 혹은 "Unpublished doctoral dissertation"으로 적은 후 마침표를 찍습니다. 그 후 학교 이름을 적으신 후, 컴마를 찍은 후, 해당 도시와 주명, 그리고 마지막으로 국가명을 적은 후 마침표를 찍습니다. 다만 우리나라인 경우에는 서울인 경우에는 서울 뒤에 대한민국을 쓰지 마시고, 다른 도시인 경우에도 해당 도(道)까지만 적고 마침표를 찍습니다.

외국에서 수여된 학위논문의 경우에는 학위 수여 학교에 도시 이름이 들어가는 경우에는 뒤에 다시 해당 도시를 기입하면 잉여적이므로 생략합니다. 따라서 University of Toronto, Toronto, Ontario, Canada.가 아니라 University of Toronto, Ontario, Canada. 입니다.

박은경. (2015). *부모의 양육태도가 고등학생의 영어 학습 동기와 학업 성취도에 미치는 영향*. 미출간 석사학위논문. 중앙대학교, 서울.

Kim, Y.-K. (2009). *A study on Korean secondary school students' perceptual learning style and L2 learning motivation: Focusing on Dörnyei's L2 motivational self system and Gardner's socioeducational model*. Unpublished master's thesis. Chung-Ang University, Seoul, South Korea.

Oh, J.-H. (2010). *Demotivation in learning English: The case of Korean high school students*. Unpublished master's thesis. Seoul National University, Seoul, South Korea.

Kim, T.-Y. (2007). *Second language learning motivation from an activity theory perspective: Longitudinal case studies of Korean ESL students and recent immigrants in Toronto*. Unpublished doctoral dissertation. University of Toronto, Ontario, Canada.

5) 인터넷 자료

인터넷 자료는 문서로 출판되지 않은 경우에는 제목을 이탤릭체로 적은 후 마침표를 찍습니다. 그 뒤에 한글 자료인 경우에는 "월드와이드웹: http://xxx.xxx.xxxx.xxxxxxxxx 에서 2000년 0월 00일 검색했음."으로 써 주면 됩니다. 영어 자료인 경우에는 "Retrieved

Month Day, Year, from the World Wide Web: http://xxx.xxxxx.xxxxx.xxx."으로 합니다. 마지막에 마침표를 찍는 것에 유의하십시오.

문서로 출판되기도 하는 경우에는 제목에 이탤릭체를 하지 않고 마침표를 찍습니다. 부연설명을 괄호 속에 적을 수 있습니다. 이 경우에는 부연설명의 괄호 뒤에 마침표를 찍습니다.

최원형. (2011, 12월 13일). *영어가 경쟁력? 실생활선 웹 로그인때나 쓰거든요!* 월드와이드웹: http://www.hani.co.kr/arti/culture/religion/510014.html에서 2014년 7월 24일 검색했음.
교육부. (2014, 8월 27일). 수능 영어 절대평가 검토 관련 설명 (보도자료). 월드와이드웹: http://mest.go.kr/web/100027/ko/board/view.do?bbsId=295&pageSize=10&currentPage=12&encodeYn=Y&boardSeq=56454&mode=view에서 2015년 1월 21일 검색했음.
Cherry, K. (2015). What is sociocultural theory. Retrieved October 12, 2015, from the World Wide Web: http://psychology.about.com/od/developmentecourse/f/sociocultural-theory.htm.

8.5. 참고문헌 목록을 작성할 때 자주 일으키는 학생들의 실수

세부적인 APA 스타일 작성법은 바로 위인 8.4.에서 기본적인 내용을 설명 드렸고, 또 본서의 9-10장에서 많은 연습을 하실 것입니다. 하지만 아래 사항들은 제가 논문 지도를 하면서 늘 발견하는 실수들이어서 다시 강조하는 것입니다. 반복해서 강조하는 만큼 여러분들이 많이 틀리는 부분이므로 잘 살펴보셔서 이러한 실수가 남아 있는 논문을 쓰지 않도록 유념하세요.

1) 참고문헌 부분에는 책 제목 이후에는 출판된 장소 및 국가, 출판사가 따라 나옵니다. 또 출판지역, 국가와 출판사 사이에는 콜론(:) 을 반드시 찍어야 합니다. 출판된 장소가 만일 서울이라면,

서울, 대한민국: 한국문화사. 혹은 서울: 한국문화사. (한글로 쓴 경우)
Seoul, South Korea: Hankookmunwhasa. (영어로 쓴 경우)

로 써야 합니다. 원칙적으로는 서울 뒤에도 국가 명칭을 쓰는 것이 맞습니다만, 국내 석·박사 논문에서 서울이 어느 국가에 속한 도시인지를 모를 사람은 없을 것이므로 생략해도 무방할 것입니다.

2) 워낙 많은 책이 영국의 캠브리지 대학교 출판부와 옥스포드 대학교 출판부에서 발간되다 보니 참고문헌에 그냥, Cambridge: Cambridge University Press 그리고 Oxford: Oxford University Press로 쓰는 경우가 있는데, 이것도 틀린 표기입니다. Cambridge, UK: Cambridge University Press 그리고 Oxford, UK: Oxford University Press가 올바른 표기입니다. (아주 간혹 아예 무성의하게 CUP 혹은 OUP라고 적는 경우도 있는데 물론 APA 스타일에서는 용납되지 않습니다.) 참고로 영국의 국가명은 England, United Kingdom, Great Britain 등 여러 가지를 생각할 수 있지만 가장 넓은 영토 범위를 나타내는 UK를 적는 것이 무난합니다. 예를 들어 England라고 적으면 에딘버러(Edinburgh) 같은 도시는 스코틀랜드(Scotland)라고 표기해야 하므로 번거롭습니다.(다만 APA 6판의 규정에서는 영국에 대한 표기를 UK 대신 England로 하도록 규정하고 있습니다만, 이 경우에는 모든 영국(즉 UK)의 도시가 England는 아니라는 것을 염두에 두실 필요가 있습니다.)

3) 다시 강조합니다만 참고문헌은 공신력 있는 것만 포함시키십시오. 즉 출판된 책, 국제 저명 학술지(예를 들어, *TESOL Quarterly, The Modern Language Journal, Applied Linguistics, System, Language Learning, Foreign Language Annals, The Canadian Modern Language Review, Studies in Second Language Acquisition, ELT Journal, The Asia Pacific Education Researcher, Asia-Pacific Education Review, Language and Intercultural Communication, Language Testing, Language in Society* 등), 한국연구재단에 등재되어 있는 영어(외국어)교육학 위주의 학술지(영어교육, 응용언어학, 외국어교육, 영어교육연구, 현대영어교육, 영미어문교육, 초등영어교육, 멀티미디어영어교육 등), 영어교육이 포함된 영어학 혹은 영문학 위주의 학술지(영어학, 영어학연구, 영어영문학연구, 현대영어영문학, 현대영미어문학 등)가 그 예가 될 수 있습니다(부록 3 참조).

간혹 출처가 의심스러운 인터넷 자료를 참고문헌에 인용하는 경우가 있는데, 절대로 좋은 방법이 아닙니다. 앞서 말씀드렸듯이 위키피디아, 네이버 지식인 등의 저자를 확인하여 책임 소재를 분명히 할 수 없는 자료는 인용하지 마십시오. 즉, 인터넷 자료는 가능하면 사용하지 않는 것이 좋습니다. 다만 학교 도서관과 계약이 되어 있는 학술지 논문을 교내에서 인터넷을 통해, 혹은 교외접속 프로그램을 통해 PDF 파일로 받아서 이를 인용하는 것은 무방합니다.

4) 각주는 참고문헌을 달기위한 곳이 아닙니다. 간혹 각주(footnote)에 참고문헌을 다는 분들이 있는데, 각주는 그런 용도로 사용되어서는 안 됩니다. 각주의 사용은 논문에서 최소화하여야하며, 각주는 본문에 포함시키기에는 부적절하지만, 필요해 보이는 부가적인 정보를 담기 위해 사용합니다. 반드시 필요한 경우에만 각주를 쓰시되, 각주를 사용하기 전에 이 정보가 반드시 필요한가를 생각해 보시고, 만일 반드시 필요하다면 본문에 포함시키는 것이 좋습니다. 만일 부차적인 정보라면 아예 생략하는 것이 좋지 않을까도 고민해 보시기 바랍니다. 논문에 각주가 많으면 독자의 논문 가독성(readability)을 떨어뜨리는 요인이 되기 때문입니다. 간혹 논문의 절반은 본문, 절반은 각주로 꽉 채워진 경우가 있는데, 절대로 좋은 방법이 아닙니다.

5) 본문에서 참고문헌을 언급할 때에 페이지까지 포함해서 표기하는 분들이 있습니다. 예를 들어 저자가 Dörnyei일 때, Dörnyei(2003, pp. 93-95) 와 같이 쓰는 경우가 있습니다만, 이것은 본문에서 Dörnyei의 저서를 직접 인용하여 큰따옴표(" ")를 사용한 경우에만 사용해야 합니다. 직접 인용이 아니라 여러분이 그 부분을 여러분이 나름대로 정리하여 글로 쓰는 경우에는 페이지 수를 기입하면 안 됩니다.

사실 참고문헌을 오류 없이 쓴다는 것은 귀찮은 일이고 많은 시간이 소요됩니다. 그러나 대학원에서 학위논문을 쓴다는 것은 직업인으로서 내 이름과 학교의 이름을 걸고 전문적인 글을 쓰는 것을 의미합니다. 전문인이 쓰는 글에서는 사소한 실수도 용납 될 수 없습니다. 실수가 있다는 것은 나는 아마추어라고 자인하는 격이며 결국 여러분 소속 대학원의 논문이 이 정도 밖에 안 된다고 스스로의 품격을 깎아 내리는 것입니다. 참고문헌과 기타 형식들은 비유를 하자면 "좋은 포장지"와 같습니다. 같은 내용의 상품이라면 포장지가 좋은 것을 사듯이, 좋은 형식을 갖춘 논문은 그만큼 돋보이게 됩니다. (형식이 안 갖추어진 학위논문은 논문심사에서 아예 통과시키지 않는 지도교수들도 있습니다.)

한 가지 팁은 참고문헌 작성을 도와주는 컴퓨터 소프트웨어가 있다는 것입니다. 레프웍스(RefWorks) 및 엔드노트(EndNote)라고 불리는 이 소프트웨어들은 참고문헌의 정확한 정보를 데이터베이스에 입력해 두면 APA 스타일에 맞춰 자동적으로 포맷해 주기 때문에 편리합니다. 또한 요즘에는 참고문헌을 정리하여 나중에 공부하기에도 편리하게 도와주는 기능이 추가되고 있습니다. 각 학교의 도서관 교육에서도 이러한 논문 작성 프로그램 교육이 자주 이루어지고 있으므로 도서관의 공지사항을 주기적으로 체크하셔서 필요한 분들은 활용법을 익혀 두시기 바랍니다. (하지만 참고문헌의 분량이 A4 용지로 5-6페이지 정도라면 일부러 이 프로그램을 익히는 것보다는 수작업으로 정확하게 APA 스타일을 준수하는 것이 더 효율적일 수 있습니다. 그리고 이러한 프로그램에도 오류가 있으므로 100% 정확하다고 볼 수 없으니 참고문헌 목록이 생성된 후 하나씩 꼼꼼히 재검토하여야 합니다.)

연 / 습 / 문 / 제

I. 다음 문장을 읽고 사실이면 T, 거짓이면 F에 표기하세요.
  1. 학위논문의 경우 석사학위논문을 적극적으로 인용한다. (T / F)
  2. 참고문헌은 최근 10년 이내에 발간된 자료를 인용한다. (T / F)
  3. 논문 작성 시 관련 있거나 생각나는 모든 논문을 참고문헌 목록에 포함한다. (T / F)
  4. 논문 내 참고문헌을 인용할 때는 꼭 페이지 번호를 표기한다. (T / F)
  5. 참고문헌에 위키피디아 사용을 지양하는 이유는 정보의 책임 소재가 불분명하기 때문이다. (T / F)

II. 다음 문장의 빈칸에 들어갈 알맞은 말을 채우세요.
  1. 국내 학술지의 경우 _____에 등재된 출판물 위주로 찾아본다.
  2. 국제 학술지의 경우 _____, _____, _____, _____에 등재된 출판물 위주로 찾아본다.
  3. 피인용 지수는 _____로 나타나는데, 외국어교육 혹은 응용언어학 분야의 경우 그 수치가 ___ 전후일 경우 비교적 높다고 간주한다.

제9장

APA 스타일에 의한 참고문헌 작성 방법

우리가 과학적이고 논리적인 논문을 쓰는데 있어 고려해야 할 점은 본문에서 인용한 참고문헌들의 출처를 정확하게 밝히는 것입니다. 이 장에서는 우선 인용의 시기와 표절에 대해 알아본 후, 본문 작성 시 고려해야 할 적절한 선행연구의 인용방법 및 참고문헌 목록 작성에 대한 기본적인 원칙을 상세한 예시와 함께 살펴보고자 합니다. 본 장에서 제시하는 일부 내용들은 앞에서도 일부 설명되었을 것입니다만, 전체적으로 참고문헌을 어떻게 작성해야 하는지를 모두 망라한다는 의미에서 다시 제시하였습니다. 본 장에 제시된 일부 예시 문장은 APA 출판 매뉴얼에서 가지고 온 것임을 밝힙니다. <부록 4>는 본서의 제 9장과 10장의 내용을 정리하고 있는 <영어교육>지 참고문헌 인용양식입니다. 시간이 없는 분은 앞 장의 8.4.를 보신 후 <부록 4>를 먼저 참고하기 바랍니다.

9.1. 언제 인용하는가

인용은 연구논문 작성 시 논문 주제에 직접적인 영향을 미친 생각과 이론을 주장한 다른 연구자들의 논문을 인용하는 것으로, 자신이 쓰고 있는 논문 주제에 대한 이론적 배경 및 주장하고자 하는 내용에 대한 근거와 당위성을 제공해 줍니다. 참고문헌을 인용한다는 것은 글을 쓰는 사람이 인용하고자 하는 자료를 모두 읽어보았다는 전제를 두고 있기에, 인용하고자 하는 논문 및 단행본을 반드시 원문을 찾아 읽어보는 꼼꼼한 노력이 필요합니다. 간혹 석·박사 논문 심사본을 검토하다보면 30-40페이지에 이르는 방대한 참고문헌을 제시하는 경우도 있는데, 과연 이 많은 논문을 이 학생이 다 찾아서 읽어보았을까 하는 의문이 들기도 합니다.

논문 검색은 다양한 통로를 통해 이루어지는데, 가장 쉽게는 대학 도서관을 이용하고, 해당 도서관에 자료가 없다면 원문복사 서비스 및 RISS 사이트를 통해서도 해외 유명대학의 박사 논문 및 석사 논문도 유료로 구할 수 있습니다.

참고문헌 인용수는 각자 쓰고 있는 논문 주제에 따라 다르긴 하지만, 대부분의 외국어교육 혹은 응용언어학 관련 논문에서는 대표할 만한 중요한 국내외 논문 20-40개 정도 혹은 그 이상을 인용하고 있습니다. 그러나 참고문헌 인용의 목적이 독자들에게 해당 주제에 관한 더 많은 정보를 주는 것이라면 논문의 선행연구 장(章) 혹은 이론적 배경 장에서 더 광범위한 인용이 이루어지기도 합니다. 어떠한 경우에도 여러분들은 참고문헌을 인용할 때 그것을 실제로 읽어본 후 필요시에만 인용을 하도록 노력하세요.

9.2. 표절(plagiarism)

논문을 쓰는데 있어 표절 문제는 중요하게 생각해야 할 부분입니다. 자칫 논문 작성 중 시간에 쫓기다 보면 자기도 모르게 표절에 대한 유혹을 느낄 수 있습니다. 하지만 인용하고자 하는 논문 내용을 의역(paraphrasing)하거나 직접 인용, 자기 논문에 커다란 영향을 끼친 논문 주제를 인용하고자 할 때는 원칙에 따라 반드시 출처를 밝혀야 합니다. 대학원생들의 표절이 가장 많이 이루어지는 부분은 선행연구 장(章)이며, 서론 역시 표절이 의심되는 사례가 과거에 많이 발생하곤 했습니다. 표절 문제를 피하고자 한다면 논문을 작성하는 과정에서 세밀한 주의가 필요하고, 인용에 관한 기본 원칙을 철저하게 숙지하도록 합니다. 2008년 교육과학기술부(현재의 교육부)와 한국연구재단에서 발표한 표절 방지 가이드라인에 의하면 다음과 같은 것들도 표절에 포함되니 각별히 유의해야 합니다. 표절이 의심된다면 일단 그 부분은 여러분의 논문에 적지 않는 것이 좋습니다.

- 저자, 출판연도, 페이지번호 없이 여섯 단어 이상 무단 인용은 표절임
- 생각의 단위가 되는 명제 또는 데이터가 동일하거나 본질적으로 유사한 경우
- 타인의 창작물을 자신의 것처럼 이용하는 경우
- 자신이 아닌 타인의 저작물을 인용하면서 인용 표시를 하지 않는 '짜깁기'
- 저작권자의 허락 없이 타인의 저작물을 이용하는 '저작권 침해'
- 짜깁기와 토막 논문도 모두 표절임

특히 대학원생들에게 간혹 발견되는 표절은 인터넷 자료를 자신의 생각과 교묘하게 결합하는 것입니다. 인터넷을 통해 내려 받은 각종 보고서, 페이퍼, 타 기관 학위논문 등에서 한 두 문장 정도를 가져 온 후, 자신의 글을 그 앞뒤에 섞어서 제시하는 짜깁기가 종종 발각되곤 합니다. 더 죄질(?)이 나쁜 경우는 유사한 주제의 서너 개 정도의 학위논문을 한 두 문단씩 섞어서 새로워 보이는 하나의 논문을 만드는 경우도 있습니다. 교육부 가이드라인에서는 여섯 단어 이상의 연쇄 어구가 동일하게 나타나는 경우를 표절 기준으로 봅니다만, 저는 보통 학생들 지도할 때에 더 엄격한 기준으로 네 단어 이상이 동일한 경우에는 표절로 생각하라고 지도합니다. 엄격한 기준을 설정해서 손해 볼 일은 없으니까요.

대학원 학위논문에서 표절은 많은 경우 대학원생이 표절에 대한 인식이 없기 때문에 발생합니다. 하지만 간혹 매우 의도적으로 짜깁기를 하거나 여섯 단어 이내에서 (재주도 좋게) 교묘히 단어를 바꿔 가며 이러한 규정의 허점을 이용한 경우도 있었습니다. 표절은 쉽게 발견되는 편입니다. 우선 갑자기 논문의 글의 수준이 몰라보게 좋아진 부분이 나오다가 다시 엉터리 문장으로 돌아간다면, 좋은 글 부분은 표절 의혹이 있습니다. 또 문장의 어조가 갑자기 달라지는 경우에도 표절이 의심되지요.

표절이 적발되면 학위논문의 경우에는 학위가 취소되며, 학술지 논문의 경우에는 학술지 게재가 추후라도 공식적으로 취소되어, 다른 학자들이 그 논문을 인용하지 못하게 됩니다. 또한 보통 3-5년 정도 해당 학술지에 논문을 게재하지 못하도록 제재하고 있지요. 어떠한 경우라도 표절은 학문의 세계에서 중대한 범죄이며, 대학 교수의 경우에는 해임 및 파면 사유가 됩니다.

최근에는 한국연구재단에서 연구자들을 위한 손쉬운 한글논문 표절 검사를 제공하고 있습니다. 검색으로 "KCI 문헌 유사도 검사" 혹은 https://check.kci.go.kr에서

본인이 작성한 파일을 업로드한 후 검사를 하면 1-2분 이내에 논문 유사도 검사 결과가 나타납니다. 참고문헌 목록을 제외하고 검사하였을 때 보통은 10%를 넘지 않고, 보수적으로 본다면 5-6%이하의 유사도가 바람직할 것입니다. 다만 이 결과는 참고용이므로 구체적인 결과는 지도교수 등 주위 전문가와 상의하는 것이 좋겠습니다.

9.3. 자기 표절

표절이 다른 사람들이 썼던 단어, 구, 문장 및 생각과 개념들에 대한 출처를 밝히는 것이라면, 자기 표절은 자신이 기존에 썼던 논문을 부적절하게 인용하는 것입니다. 대부분 자기 표절은 선행연구(이론적 배경)와 연구방법에서 주로 나타나는데, 자기 표절을 피할 수 있는 방법 중의 하나는 기존에 출판된 자기 논문의 내용을 그대로 가져다가 쓰기 보다는 자신의 선행 출판물을 덮고, 단어와 구, 문장 구조를 바꿔서 다시 쓰도록 노력하는 것입니다. 물론 이런 경우에도 직접 인용은 아니지만 나의 현재 생각에 영향을 미친 선행 저작물들이므로 관련되는 본인의 선행연구를 참고문헌으로 제시해야 합니다.

9.4. 인용과 의역하기

9.4.1. 직접 인용

참고문헌을 직접 인용하고자 할 때는 저자, 출판연도, 페이지를 명시해야 하며, 페이지가 나눠져 있지 않은 인터넷 문서의 경우에는 해당 단락을 (para. 4)와 같이 써줘야 합니다(아래 9.4.2 참조). 대개 직접 인용은 큰따옴표(" ")를 사용하여 40단어 이내로 구성하고, 문장 중간에 직접 인용을 하는 경우에는 다음과 같이 큰따옴표 바로 뒤에 참고문헌의 출처를 소괄호로 묶어서 제시합니다.

N. Ellis (1994), for example, suggested that "declarative rules can have 'top-down' influences on perception" (p. 16), in particular by making relevant features salient and thus enabling learners to notice them and to notice the gap between the input and their existing linguistic competence.

직접 인용으로 문장이 끝나는 경우에는 큰따옴표 뒤에 인용 출처를 소괄호로 묶어서 저자, 출판연도, 인용페이지의 순서로 제시하고, 소괄호 뒤에는 적합한 문장부호로 문장을 마무리 합니다.

It was suggested that L2 acquisition is a similar process and that teaching learners explicit rules would only prove effective if the learners are ready to incorporate them into their "emerging representational structure" (Bialystok, 1991, p. 71).

혹은

Bialystok (1991) suggested that L2 acquisition is a similar process and that teaching learners explicit rules would only prove effective if the learners are ready to incorporate them into their "emerging representational structure" (p. 71).

40단어를 초과하여(즉 41단어부터는) 인용하고 싶다면, 인용부호 없이 단락 인용(block quotation)을 활용합니다. 단락 인용의 시작은 다른 단락 시작의 들여쓰기만큼 혹은 그 이상을 왼쪽 여백으로 주고, 추가 단락을 더 인용하고자 한다면, 단락을 글자 한 칸 정도 더 들여쓰기 한 후에 시작합니다. APA 규정에는 언급이 없습니다만, 보통 학위논문이나 학술지 논문을 작성할 때 40단어를 초과하는 경우에는 줄 간격도 촘촘하게 제시하고 우측 역시 들여쓰기(indentation)를 하여 독자들이 한눈에 보아도 이 부분이 직접 인용된 부분이라는 것을 알기 쉽게 편집합니다. 단락 인용의 마지막 부분은 적합한 문장 부호로 일단 끝맺고, 인용 정보는 문장 부호 뒤에 소괄호로 묶어서 제시합니다. 아래 예시문의 인용문 맨 마지막 문장의 마침표의 위치에 유의하십시오. 괄호 속의 참고문헌보다 앞에 찍어야 합니다.

Others have contradicted this view:
    Co-presence does not ensure intimate interaction among all group members. Consider large-scale social gatherings in which hundreds or thousands of people

gather in a location to perform a ritual or celebrate an event.
In these instances, participants are able to see the visible manifestation of the group, the physical gathering, yet their ability to make direct, intimate connections with those around them is limited by the sheer magnitude of the assembly. (Purcell, 1997, pp. 111-112)

9.4.2. 페이지 표시 없는 인터넷 온라인 자료 직접 인용법

온라인 자료 인용도 저자, 연도, 페이지를 소괄호 속에 제시합니다. 대부분 온라인 자료들은 페이지가 명시되어 있지 않은 경우가 많은데, 인용 앞부분에 온라인 자료의 몇 번째 문단인지를 알 수 있도록 para라고 명시하도록 합니다.

Basu and Jones (2007) went so far as to suggest the need for a new "intellectual framework in which to consider the nature and form of regulation in cyberspace" (para. 4).

만약 온라인 자료의 제목은 있는데 단락이나 페이지가 명시되어 있지 않으면, 제목과 그 제목 아래로 시작하는 단락을 기준으로 페이지수를 인용하도록 합니다.

In their study, Verbunt, Pernot, and Smeets (2008) found that "the level of perceived disability in patients with fibromyalgia seemed best explained by their mental health condition and less by their physical condition" (Discussion section, para. 1).
[Discussion section이라는 소제목으로 시작하는 첫 번째 단락에서 인용한 것임]

온라인 자료 중 페이지와 단락 수가 제시되어 있지 않고, 글 제목이 너무 긴 경우에는 제목을 줄여서 인용하도록 합니다.

"Empirical studies have found mixed results on the efficacy of labels in educating consumers and changing consumption behavior" (Golan, Kuchler, & Krissof, 2007, "Mandatory Labeling Has Targeted," para. 4).
["Mandatory labeling Has Targeted Information Gaps and Social Objectives."라는 제목을 위와 같이 줄여서 인용함]

9.4.3. 인용문의 정확성 확보

직접 인용문은 반드시 원문을 정확하게 인용해야 합니다. 심지어 인용하려는 원문에 오류가 있더라도 그대로 인용해야 합니다. 만약 원문에 단어의 철자(spelling), 문장부호, 문법적인 사항이 틀렸다면 글을 읽는 독자들에게 혼란을 줄 수 있을 것입니다. 이에 [*sic*]을 틀린 부분 바로 다음에 넣도록 합니다. 다시금 직접 인용하고자 하는 부분의 원문을 반드시 확인하는 작업을 소홀히 해서는 안 됩니다.

참고로 sic은 라틴어 "sic erat scriptum"에서 맨 앞 단어인 sic 만을 가져 온 것으로, 영어 의미는 "thus was it written"(이렇게 쓰여 있다)입니다. 약어가 아니므로 sic 다음에 마침표를 찍지 않습니다.

9.4.4. 설명 없이 인용 원문의 수정이 가능한 경우

인용문도 인용하고자 하는 부분에 알맞게 대소문자 및 문장부호를 구문론에 맞게 고칠 수 있습니다. 즉, 문장의 처음은 대문자로 시작하고, 원문이 비록 대문자로 시작하지만 인용 부분이 들어갈 자리가 문장 중간이라면 인용문의 시작 부분을 소문자로 바꿔서 인용할 수 있습니다. 이는 문장 부호도 마찬가지로 적용됩니다.

9.4.5. 인용 원문의 수정 시 추가 설명을 삽입해야 하는 경우

1) 생략하는 경우

생략하고자 하는 원문 앞에 … 을 넣어주면 됩니다. 두 문장 사이에서 어떤 부분을 생략하고자 한다면 점을 총 네 개를 찍게 되는데, 첫 번째는 앞문장의 마침표 역할을 하며, 나머지는 생략 기호인 ... 을 넣어 준 것이지요.

> Van Lier (2000) defines affordances as "a particular property of the environment that is relevant ... to an active, perceiving organism in that environment" (p. 252).

2) 삽입하는 경우

원저자가 아닌 인용하는 여러분이 인용문에 대해 추가 설명을 넣는 경우에는 소괄호가 아닌 대괄호(bracket) [ ] 속에 추가 설명을 넣도록 합니다.

> In sum, "motivation is social and is determined by the child's [or adult's] unique experience, and that motivation can change and develop throughout a person's life" (Markova, 1990, p. 31).

3) 강조하는 경우

참고문헌 속에 강조하고 싶은 내용이 있으면 이탤릭체로 표기하고, 바로 뒤에 [emphasis added/필자 강조]라는 설명을 넣어 줍니다.

> Reeve (1996, p. 31) defined motivation as an "*internal* [emphasis added] process that gives behavior its energy and direction," a definition typically found in educational psychology and psychology in general.

9.4.6. 인용문 안의 참고문헌

인용하고자 하는 원문에 인용된 참고문헌이 포함되어 있더라도 생략하지 말고 그대로 포함합니다. 대신 인용문 안의 참고문헌은 내 논문의 참고문헌 목록 작성 시 넣지 않습니다. 아래 예문에서 Markova(1990), Wertsch(1985) 등은 그대로 인용하되, 이 논문의 가장 뒤의 참고문헌 목록에는 빼야 한다는 의미입니다.

> Kim (2007) stated that:
>> According to Markova (1990), when a need is coupled with an object in an activity system, the need is transformed into a motive, a "guiding or integrative force" (Wertsch, 1985, p. 212). Thus, a motive is "an internal characteristic of the structure of an activity," and "it changes and is transformed as that activity is developed" (Markova, 1990, p. 23).

9.4.7. 인용, 재판(reprint), 개작(adapt)을 위한 승인

긴 단락을 인용하거나, 데이터 표와 그림을 재판(reprint) 또는 개작하기 위해서는 원저자로부터 문서로 된 승인서를 받아야 합니다. 재판은 원 데이터의 형태를 그대로 가져다 쓰는 것이고, 개작은 필요한 부분만을 수정해서 쓰는 것을 말합니다. 문서 허락을 받아야 하는 범위는 저널에 따라 다른 기준을 제시하고 있는데, APA 규정에서는 저널이나 단행본으로부터 최대 3개의 표와 그림, 단행본에서는 400자 이내의 발췌본, 연속 간행물에서는 800자 이내의 발췌본을 원저자의 허락 없이 사용할 수 있습니다. 하지만 원저자에게 이메일 등으로 연락하여 정식으로 허락을 구하는 것은 원저자에게 나라는 사람과 내 논문의 존재를 알릴 수 있는 기회가 되기도 하므로 허락을 구하고 진행하는 것을 권장합니다.

원저자로부터 자료의 인용, 재판, 개작에 대한 승인을 받는 것은 논문을 쓰는 사람의 책임이며, 원저자로부터 승인을 받을 때 프린트 및 전자물에 대한 재사용 여부에 대해 허락 받아야 합니다. 원저자로부터 데이터 및 발췌본 사용을 허락 받았다면 각주에 그 내용을 달아주도록 합니다. 표나 그림의 경우에는 바로 밑의 주(Note)에 밝히는 것이 바람직합니다.

9.5. 본문에서 참고문헌 올바르게 인용하기

이번에는 본문에서 참고문헌들을 어떻게 인용할지에 대해 알아보고자 합니다. 본문에서 인용한 연구는 참고문헌 목록 작성 시 반드시 모두 포함되어야 함을 명심하세요. 그리고 본문에서 인용한 저자의 이름과 출판연도는 참고문헌 목록과 반드시 일치해야 합니다. 이는 국내외 학술지에 원고 투고 시 그 학술지의 심사자들이 필수적으로 점검하는 항목이기도 합니다. 참고문헌 목록과 실제 본문 텍스트에 인용된 문헌이 다르다면 논문 심사에도 부정적으로 작용할 수밖에 없습니다. 따라서 학위논문이나 학술지 제출 논문을 완성한 후에는 필수적으로 참고문헌 목록에 출판연도 등이 빠짐없이 올바르게 제시되어 있는지를 따로 점검할 필요가 있습니다. 반드시 알아야 하는 사항에 대해서 다음의 소제목 옆에 별표(★)를 표기하였으니 시간이 없다면 별표 부분을 우선적으로 알아 두세요.

9.5.1. 단일 저자에 의한 연구★

저자의 성(姓, last name)과 출판연도를 본문 내 적합한 위치에 넣도록 합니다. 영문저서인 경우에는 저자의 국적에 상관없이 성과 연도만 쓰지만, 한글 논문에서 한국인 저자인 경우에는 성을 먼저 적고 바로 뒤에 띄어쓰기 없이 이름(first name)을 적고, 출판연도를 씁니다. 아래의 첫 번째 예처럼, 설명의 한 부분으로 연구자의 이름을 언급하고자 한다면 소괄호 속에 연도만 넣고, 그렇지 않으면 두 번째 예처럼 소괄호 속에 이름과 연도를 모두 넣어야만 합니다.

> MacIntyre (2003) focused on instructional settings in L2 learning.
> It is inseparable from a subject's motive (Kaptelinin, 2005).
> Similar voices were raised by Kim (2005), which made first theoretical connection between the AT framework and L2 motivation.
> 교실에서 발생하는 사항들을 있는 그대로 기술하고 이해하려 하기 때문에 수집된 자료로부터 연구문제와 가설이 설정된다(박기화, 2004).[2]

한 가지 주의할 점은 한 문단 안에서 연구자와 연도가 한번 언급되었다면 같은 단락 내에서는 동일한 연구자의 이름만 언급하면 됩니다. 하지만 같은 단락 내에서도 소괄호 속에 연구자와 연도를 모두 다시 인용하고자 한다면, 동일 연구자의 이름과 연도를 함께 다 넣어야만 합니다.

> Among epidemiological samples, Kessler (2003) found that early onset social anxiety disorder results in a more potent and severe course. Kessler also found … The study also showed that there was a high rate of comorbidity with alcohol abuse or dependence and major depression (Kessler, 2003).

그러나 참고문헌 인용 시 소괄호 속에 연구자와 출판연도가 묶인 인용 방법이 먼저 나왔다면, 같은 단락 내에서의 인용이더라도 저자의 성 뒤에 연도를 반드시 붙이도록 합니다.

---

[2] 국내 저자 인용인 경우에는 본문과 소괄호 사이에 띄어쓰기 없이 인용하도록 합니다. 위의 예문에서는 "… 설정된다"와 "(박기화, 2004)" 사이에 띄어 쓰면 안 된다는 말입니다.

Research focusing on foreign language (FL) students' demotivational trajectories is further divided into cross-sectional (Chambers, 1999; Williams, Burden, & Lanvers, 2002) and longitudinal studies (Lamb, 2007). For instance, Chambers (1999) found that British FL pupils' motivation and enthusiasm to learn the FL had waned as they advanced to a higher school grade. Williams et al. (2002) found that students' integrative orientation and their perceived importance of FL learning decreased as they advanced in school.

9.5.2. 공동 저자에 의한 연구★

연구자가 두 명인 경우에는 인용할 때마다 두 사람의 이름을 함께 써줍니다. 하지만 저자가 3명에서 5명이면 처음 인용할 때만 저자들의 이름을 모두 언급하고, 두 번째 인용부터는 제1저자의 성 뒤에 et al.을 붙여서 인용합니다. (et al 뒤에 반드시 마침표를 찍어야 합니다. 여러분의 논문이 한글로 작성되는 경우에는 "... 등" 혹은 "외 4인"으로 표기하는 것이 무난합니다.) 6명 이상의 저자를 인용하고자 할 때는 처음 인용부터 제1저자의 이름에 et al.만 붙이고, 출판 연도는 이 후 인용에서도 계속 붙이도록 합니다.

> Cattan, White, Bond, and Learmouth (2005) conducted ... [본문에서의 첫 번째 인용]
> Cattan et al. (2005) found that ... [첫 번째 인용 후 각 단락에서의 인용 형태]
> Cattan et al. made based on measures ... [처음 인용이 소괄호 안에 연도만 묶여진 인용 형태라면, 같은 문단에서 뒤이어 나오는 인용부터는 출판 연도 없이 저자 이름만으로도 인용 가능. 하지만 처음 인용이 소괄호 속에 저자 이름과 연도가 나타나는 형태, 즉 (Cattan, White, Bond, & Learmouth, 2005)였다면, 같은 문단의 이후 인용에서도 저자와 연도를 반드시 함께 써야 함]

예외. 매우 희귀한 경우입니다만, 같은 연도에 세 명 이상의 저자가 쓴 다른 논문을 인용하고자 할 때는 저자들을 구분할 수 있는 곳에서 쉼표를 찍은 후에 et al.을 넣어 줄이도록 합니다. 예를 들어, Swain, Lapkin, Knouzi, Suzuki, and Brooks (2009)와 Swain, Lapkin, Kim, and Psyllakis (2009)의 연구가 있다고 생각해 봅시다. 두 번째 인용부터는 Swain, Lapkin, Knouzi, et al. (2009)과 Swain, Lapkin, Kim, et al. (2009)로 줄여서 인용합니다.

괄호 속이 아닌 본문의 문장 속에서 두 명 이상의 연구자가 연구한 문헌을 인용하고자 할 때에는 저자 이름 사이에 and를 넣어주고, 괄호 속으로 들어가는 인용구에서는 저자 이름 사이에 &를 넣어야만 합니다. 한글 논문에서 괄호 속이 아닌 본문의 문장 속에서 한국인 연구자의 연구를 인용할 경우 저자 이름 사이에 "와" 혹은 "과"를 적절히 넣어 주어야 합니다. 괄호 속에 들어가는 인용에서는 저자 이름 사이에는 쉼표(,) 혹은 가운데점(·)을 찍어 주는 것이 무난합니다.

> The importance of imagined community is also identified in Kim and Lee's (2014) research.
> L2 learners do or do not achieve their object for L2 learning (Kim & Lee, 2014)
> 김태영과 이혜선(2014)에 의하면, 회복탄력성은 최근 영어교육계에서 새롭게 주목받고 있는 분야라고 한다.
> 회복탄력성은 최근 영어교육계에서 새롭게 주목받고 있는 연구분야이다(김태영, 이혜선, 2014).

9.5.3. 저자가 기관 및 단체인 경우★

정부 기관, 대학 연구소 및 각종 회사에서 연구한 결과를 인용하고자 할 때, 처음 인용에서는 연구 기관 이름을 기관 이름과 약어를 모두 제시하고, 이후부터는 약어만 인용하면 됩니다. 하지만 기관 이름이 짧거나 약어가 쉽게 이해되지 않을 때는 기관 이름을 줄이지 않고 그대로 써줍니다.

> According to the Korean National Statistical Office (KNSO) (2009)
> KNSO (2009) reported
> 87.9 percent of Korean students receive private instruction (KNSO, 2009)

9.5.4. 같은 성의 저자들 인용 방법★

성이 같은 저자들을 인용할 때는 이름의 머리글자를 함께 적습니다. 연구자의 성만 쓰게 되면 누구의 논문을 인용하고 있는지 독자들이 헷갈려 할 수 있기 때문에 연구자의 이름 머리글자를 함께 적어 줍니다. 여러분이 작성하는 논문이 영문 논문일 때, 한국인 저자들의 이름을 제시하는 것이 의외로 매우 번거로울 수 있으므로, 아래의 원칙을 참고하세요.

> Among studies, we review M. A. Light and I. Light (2008) and I. Light (2006)
> [Light, I. (2006)의 연구와 Light, M. A., & Light, I. (2008)의 연구가 인용된 형태]
>
> Many Korean scholars have warned against the negative impact of prior learning experience with private education on the students' motivation (Chung, 2004, 2005; S.-S. Kim, 1999; T.-Y. Kim, 2010; W.-K. Lee, 2004).
>
> 김철수와 이영희(1994)는 협동학습이 학습자간의 상호작용을 …
> 협동학습을 할 때도 교사 역할의 중요성을 간과해서는 안 된다(김철수, 이영희, 1994).

■ **동성이명(同姓異名)의 한국인 저자들을 영문으로 적을 때**: 이에 대해서는 아직까지 통일된 규정이 없으므로 여러분들이 학위논문을 작성할 때는 지도교수께 문의를 하시고, 학술지 논문의 경우에는 해당 학술지 투고 규정을 참고하도록 하십시오. 규정이 명확하지 않은 경우에는 다음과 같은 두 가지의 대원칙 중 하나를 선택하여 일관성 있게 작성하여 주세요.

> **대원칙 1**: 비록 논문 출판 연도가 다르더라도 본문에서는 이름의 약어(initial)를 사용하여 혼동을 피합니다. 인용하고자 하는 논문의 영문 초록을 보고 저자가 자신의 영문 이름을 어떻게 표기하는지를 살핀 후, 그대로 이니셜을 살려 작성하는 것을 원칙으로 합니다. 예를 들어, 한글로 "김태영"인 경우에도 이름의 영문 표기는 "Tae-Young Kim", "Tae Young Kim", "Taeyoung Kim", "Tae-young Kim" 등 다

양하게 표기할 수 있기 때문에, 여러분이 논문을 쓸 때, 한국인 저자는 자신의 영문 이름을 어떻게 표기하는지를 눈여겨보고 그대로 옮겨 적도록 해야 합니다. 위의 경우에 영문 이름의 약어를 적을 때에 각각 "T.-Y. Kim", "T. Y. Kim", "T. Kim", "T.-y. Kim"으로 다르게 표기해야 합니다. 다소 번거롭지만 원저자의 이름 표기 의도를 그대로 살려서 제시하는 것이 예의이기 때문입니다.

대원칙 2: 대원칙 1에 따라 여러분이 작성하는 영문 논문에서 한국인 저자를 인용할 때 마다, 논문의 본문에 T.-Y. Kim, T. Kim, T.-y. Kim 등으로 영문 알파벳 이니셜이 둥둥 떠다닌다면 눈으로 읽기에 가독성이 떨어지는 단점이 있습니다. 따라서 대원칙 2에서는 약간의 융통성을 줍니다. 참고문헌을 작성하는 주된 이유는 여러분의 논문에 인용된 어떤 논문이나 저서를 독자가 오류 없이 정확히 찾아낼 수 있게 하기 위해서입니다. 따라서 Kim, Lee, Park, Choi 등 많은 한국인이 공유하고 있는 성씨의 경우에도 내 논문에서 인용한 논문이 해당 연도에 단 한 명만이 인용되어 독자가 찾는데 지장이 없다면, 이 경우에 한해 Kim, Lee, Park, Choi 등으로 성만 기록합니다. 아래의 예문을 살펴봅시다.

According to Kim (2009), L2 motivation is a driving force for learning an L2 ... Recent studies in L2 learning demotivation (e.g., Kim, 2009; K. J. Kim, 2009).

첫째 문장에서 Kim으로만 제시한 이유는 아마도 이 논문 전체에서 Kim이라는 학자가 2009년에 쓴 논문이 한 편만이 언급되었기 때문일 것입니다. 따라서 독자가 이 논문을 참고문헌 목록에서 찾아내는데 문제가 없습니다. 반면 아래 문장에서 (e.g., Kim, 2009; K. J. Kim, 2009)로 기록한 것에서도 알 수 있듯이 분명히 다른 사람인 Kim씨 성을 가진 연구자 두 명이 같은 2009년에 작성한 논문을 언급하는 경우입니다. 이때에는 먼저 언급한 Kim의 성 앞에는 영문 이니셜을 붙이지 않고, 그 이후에 언급하는 Kim에 대해서는 영문 이니셜을 붙여 주면 됩니다. 이렇게 해도 독자는 참고문헌을 실제로 검색할 때 문제가 없게 됩니다.

9.5.5. 괄호 속에 두 개 이상의 논문 인용 방법★

괄호 속에 두 개 이상의 논문을 인용하고자 할 때는 저자 성의 알파벳 순서대로 배열합니다. 같은 저자가 다른 연도에 두 개 이상의 논문을 출간했다면 빠른 연도부터 정렬하도록 하고, 논문 게재가 확정되었으나 아직 출판이 되지 않은 논문 인용 시 쓰이는 in press[출판예정]는 해당 저자의 저술연도 마지막에 넣습니다. 또한 동일 저자가 같은 연도에 두 개 이상의 글을 출간했다면 해당 연도를 적고 바로 뒤에 띄어쓰기 없이 먼저 인용된 순서대로 알파벳 소문자 a와 b, c, … 등을 붙여주면 됩니다. 아래의 예시 문장들을 잘 살펴봅시다.

LREs (Kowal & Swain, 1994; Swain & Lapkin, 1998, 2001, 2002, in press; Williams, 1999, 2001).
It is now being termed as languaging (Swain, 2006a, 2006b, in press-a, in press-b; Swain et al., 2009).
'언어하기(languaging)'라는 개념으로 최근 연구되고 있다(김태영, 2015a, 2015b, 출판예정; Swain, 2006a, 2006b).

9.5.6. 재인용 방법★

보통 원저가 절판되었거나 구하기 매우 어려운 희귀 자료일 때, 그리고 영어가 아닌 다른 언어로 되어 있을 때 부득이하게 간접 인용 또는 재인용 방법을 사용합니다. 그러나 가능한 한 원저를 구할 수 있는 것으로 대체하여 인용하는 것이 바람직합니다. 참고문헌 목록에는 원저 말고 재인용한 논문만 넣도록 합니다.

in Oxford's (1998) demotivation study (as cited in Dörnyei & Ushioda, 2011)
Oxford(1998)의 탈동기 연구이다(Dörnyei와 Ushioda, 2011에서 재인용)
[Dörnyei와 Ushioda의 책에 인용된 Oxford의 연구를 재인용하고 있음]

9.5.7. 고전 인용 방법

출판 연도를 알 수 없는 고전들을 인용할 때는 trans. 뒤에 번역된 연도를 인용하거나 version뒤에 해당 버전을 인용하면 됩니다. 초판이 출판된 정확한 연도를 알고 있는 경우는 해당 연도를 정확하게 쓴 후, 여러분이 실제로 참고한 버전이 출판된 연도를 슬래쉬(/) 바로 뒤에 써 줍니다.

(Aristotle, trans. 1931)
James (1890/1983)

외국어교육이나 응용언어학 논문에서 희귀한 일이기는 하지만, 선교 영어 혹은 신학대학에서 영어교육 쪽으로 논문을 작성하는 경우에는 성서를 인용하거나 경전을 인용해야 하는 경우도 배제할 수 없습니다. 전통적인 고전 작품, 즉, 그리스 로마 신화나 고전적인 종교 작품들은 참고문헌 목록에 넣을 필요는 없으나, 본문의 첫 번째 인용에는 인용한 버전을 정확하게 밝히도록 합니다.

1 Cor. 13:1 (Revised Standard Version)
(Qur'an 5:3-4)

9.5.8. 원저의 특정 부분 인용하기★

원저의 특별한 부분을 인용할 때는 페이지, 장, 그림, 표 또는 등식 등을 본문에서 사용한 글씨 크기에 맞게 표시합니다. 인용구에는 항상 페이지를 표시하되, p.로 약어처리 하지만, 장을 나타내는 chapter는 줄여 쓰지 않습니다.

(American Association for Applied Linguistics, 2013, p. 29)
(Shimamura, 1989, Chapter 3)

9.5.9. 개인 서신 인용하기

개인 서신 인용하기는 편지, 메모, 이메일과 같은 전자 우편, 개인적인 인터뷰, 전화 대화, 온라인 채팅 포럼을 통한 사적인 대화를 인용하고자 하는 경우를 말합니다. 사적인 기록을 이용하는 것이므로 정말 필수적인 경우가 아니면 사용하지 않는 것이 좋습니다. 부득이 여러분의 논문에서 사용하게 된다면 개인 서신들은 재사용할 수 있는 자료들이 아니기에 본문에서만 인용하고 참고문헌 목록에는 포함하지 않습니다. 대화자의 이름과 성을 제시하고, 정확한 날짜를 인용하도록 합니다.

T. K. Lutes (personal communication, April 18, 2015)

(V.-G. Nguyen, personal communication, September 28, 2015)

김태영(개인질의, 2015년 9월 29일)

9.6. (본문이 아닌) 참고문헌 목록 작성

참고문헌 목록은 논문 마지막 부분에 바로 위에서 설명한 개인 서신 자료나 재인용 자료를 제외한 본문에서 인용했던 모든 논문들을 정리하는 곳입니다. 참고문헌 목록은 문단서식에서 들여쓰기가 아닌 내어쓰기로 정리해야 합니다. 즉 각각의 참고문헌의 두 번째 줄은 첫 번째 줄보다 더 안쪽으로 들어오게 정렬해야 한다는 것입니다. 원칙적으로 APA 규정에서는 참고문헌 목록은 이중 줄 간격(double space) 형태로 작성합니다. 여러분이 반드시 알아야 하는 사항의 소제목에만 별표(★)를 붙였으니 시간이 없다면 별표 부분을 우선적으로 알아 두세요.

9.6.1. 정확한 참고문헌 목록 작성★

참고문헌 목록 작성은 논문을 읽는 독자들에게 논문작성 시 인용했던 원저에 대한 정확한 정보 제공을 목적으로 작성되기에 무엇보다도 정확하고 오류가 없이 완벽해야 합니다. 참고문헌 목록 작성의 기본 구성은 저자의 성(姓, last name), 이름(first name)의 알파벳 이니셜, 출판 연도, 제목 등의 순으로 되어 있습니다. 참고문헌의 정확한 작성을 위해서는 원본을 찾아서 제목과 저자의 이름 철자, 출간된 학술지명, 발행 연도, 발행 정보, 페이지 등을 반드시 직접 확인하도록 합니다. 왜냐하면 논문의 저자는 참고문헌 목록 작성을 전적으로 책임지기 때문입니다. 정확하게 정돈된 참고문헌 작성을 통해 연구자는 논문을 읽는 다른 사람들로부터 신뢰를 얻을 수 있고, 전문성이 있는 연구자로 인정받을 수 있습니다.

아래의 표에는 APA 스타일로 참고문헌 목록을 작성할 때에 약어로 써야 하는 사항들을 모아 두었습니다.

약어	책이나 간행물 부분
ed.	edition / 판
Rev. ed.	Revised edition / 개정판
2nd ed.	second edition / 제2판
Ed. (Eds.)	Editor (Editors) / 편저자 (소문자 ed.는 판을 뜻함)
Trans.	Translator(s) / 역자
n.d.	no date / 연도 미상
p. (pp.)	page (pages) / 페이지 (p 자는 항상 소문자임)
Vol.	Volume (as in Vol. 4) / 권
Vols.	Volumes (as in Vols. 1-4) / (여러) 권
No.	Number / 번호
Pt.	Part / 부분
Tech. Rep.	Technical Report / 기술보고서
Suppl.	Supplement / 추가

9.6.2. 참고문헌의 순서★

1) 저자 이름은 한글 논문이라면 한글의 가나다 순, 그 이후에는 영문의 알파벳 abc 순서대로 정렬해야 합니다. 영문으로만 작성된 논문이라면 한국인 저자의 한글 논문도 알파벳화(romanize)하여 모든 참고문헌을 저자의 영문 이름의 알파벳 순서대로 정렬해야 합니다. 동일한 성(last name)을 가진 다른 저자들의 경우에는 이름(first name)의 알파벳 순서대로 제시하여야 합니다.

2) 동일한 저자의 논문 제시 순서

- 출판 연도가 빠른 것을 먼저 배열해야 합니다.
- 단독 논문을 공동 논문보다 먼저 배열해야 합니다.

  Swain, M. (2000).
  Swain, M. (2010).
  Swain, M., Lapkin, S., Knouzi, I., Suzuki, W., & Brooks, L. (2009).

- 동일한 첫 번째 저자라면 두 번째 세 번째 저자들의 이름의 알파벳 순서를 기준으로 참고문헌 순서를 정합니다.

  Chi, M. T. H. (1996).

Chi, M. T. H., & Bassok, M. (2000).

Chi, M. T. H., Siler, S. A., Jeong, H., Yamauchi, T., & Hausmann, R. G. (1998).

■ 같은 저자들의 여러 논문을 인용할 때는 출판연도가 빠른 순으로 배열합니다.

Swain, M., & Lapkin, S. (1998).

Swain, M., & Lapkin, S. (2001).

■ 같은 발행연도에 같은 저자가 발행한 논문일 경우, 본문에서 먼저 제시된 논문을 a, 다음에 나오는 것을 b로 배열해야 합니다. 다만 본문에서 동일한 위치에 같은 저자의 같은 발행연도의 논문을 제시하게 된다면 출판물 제목 중 알파벳이 빠른 것에 a, 느린 것에 b를 부여합니다.

Swain, M. (2006a). Languaging, agency and collaboration in advanced second language proficiency. In H. Byrnes (Ed.), *Advanced language learning: The contribution of Halliday and Vygotsky* (pp. 95-108). London: Continuum.

Swain, M. (2006b). Verbal protocols: What does it mean for research to use speaking as a data collection tool? In M. Chalhoub-Deville, M. Chapelle & P. Duff (Eds.), *Inference and generalization in applied linguistics: Multiple research perspectives* (pp. 97-113). Amsterdam: John Benjamins.

3) 같은 성에 다른 이름을 가진 저자들 논문 배열하기

같은 성이라면, 제1저자 이름의 영문 이니셜을 기준으로 알파벳 순서대로 작성합니다.

Brooks, F. B., & Donato, R. (2008).

Brooks, L., & Swain, M. (1996).

4) 저자가 기관인 경우

기관 저자들도 알파벳 순서로 배열하고, 기관명을 처음 쓸 때는 약어가 아닌 기관의 전체 이름을 정확하게 쓰고, 상위 기관을 하위 기관보다 먼저 써야 합니다.

American Psychological Association (2010).

Korea National Statistical Office (2009).

Ministry of Education, Science and Technology (2008).

University of Michigan, Department of Psychology (1989).

9.6.3. 메타 분석(종합연구, meta-analysis)이 포함된 참고문헌

50편 이하의 연구를 바탕으로 메타분석을 했다면, 참고문헌 목록 작성 시 해당 참고문헌의 제1저자 이름 앞부분에 별표(asterisk, *)를 표시합니다. 그리고 다음과 같은 문구도 첫 번째 참고문헌 목록 위에 넣어주세요: *References marked with an asterisk indicate studies included in the meta-analysis (별표(*)가 되어 있는 참고문헌은 메타분석에 포함된 연구물임을 나타냄).*

* Bretschneider, J. G., & McCoy, N. L. (1968). Sexual interest and behavior in healthy 80- to 102-year-olds. *Archives of Sexual Behavior, 14*, 343-350.

메타분석에 포함된 연구물의 목록을 부록에 따로 두지 않습니다. 대신 이 연구물들을 참고문헌 부분에 알파벳순으로 통합하여 적어주고, 앞에 별표(*)를 찍어 둡니다. 메타분석에 포함된 연구물들을 본문 내에서 인용하고자 할 때는 별표를 하지 않습니다.

9.7. 참고문헌 목록의 구성 요소(Reference Components)

9.7.1. 저자와 편집자 정보★

1) 저자(authors)

- 참고문헌 목록에 최대 7명까지 저자들의 정보를 성을 온전히 다 적어 주어야 하고, 이름의 이니셜 순으로 모두 적으세요. 만약 저자들이 8명 이상이라면 6명까지는 성과 이름을 넣고, 중간에 생략 기호를 넣고, 마지막 저자의 성과 이름을 적으십시오.
- 참고문헌 목록에 같은 성과 이름의 첫 머리글자가 같은 저자를 배열할 때는 저자들의 이름을 대괄호(bracket) 안에 넣어주고 알파벳 순서로 정렬합니다.

   Janet, P. [Paul]. (1896).
   Janet, P. [Pierre]. (1906).

본문에서는
(Paul Janet, 1876)
(Pierre Janet, 1906)

- 저자의 이름에 하이픈이 있다면 참고 목록에서도 하이픈을 넣습니다. 특히 한국인 저자의 이름(first name)의 각 음절 사이에 하이픈이 있는지를 유심히 살펴 저자가 표기하는 본인의 이름 그대로 하이픈을 두거나 삭제해야 합니다. 예를 들어 한국인 저자 "김태영"이 쓴 한글 논문 혹은 영문 논문에 본인의 영문 이름을 "Tae-Young Kim"으로 표기했다면, 본문에서 T.-Y. Kim으로 적어야 하고, 참고문헌 목록에서도 Kim, T.-Y. (2015). 라고 적어야 합니다. 반면 영문 이름이 "Tae Young Kim"이라면 본문에서는 T. Y. Kim으로 적어야 하고, 참고문헌 목록에서는 Kim, T. Y. (2015).로 적어야 합니다. 하이픈의 유무에 유의하십시오.
- 저자들의 정보, 저자들의 성과 이름, 이름의 머리글자와 마지막 글자를 구분하기 위해 쉼표를 사용합니다. 2-7명 저자들의 정보를 구분할 때는 마지막 저자 앞에 쉼표와 &를 넣어 줍니다. 쉼표는 저자들을 표기할 때는 반드시 있어야 하고, 아래 항목에서 상세히 설명하고 있듯 2인 이상의 편집자(editors)를 나타낼 때에는 & 앞에 쉼표를 찍으면 안 됩니다.
- 저자가 기관이라면 기관의 완전한 이름을 써줍니다.

2) 편집자(editors)

- 편집된 책의 경우 편집자의 이름을 저자의 이름 위치에 넣고, 괄호 속에 Ed.(편집자가 1인인 경우) 또는 Eds.(편집자가 2인 이상인 경우)를 넣고 마침표로 마무리 합니다.

Osborn, T. A. (Ed.). (2000). *Critical reflection and the foreign language classroom*. Westport, CT: Bergin & Garvey.

- 편집된 책의 한 장을 인용할 때 저자의 성(姓, last name)이 먼저 오고, 이름(first name)의 이니셜이 오지만, 편집자의 이름과 성은 위치 순서를 바꾸지 않고 이름

(first name)의 이니셜을 먼저 적고, 성(last name)을 씁니다. 그리고 편집자 이름 앞에 In을 적습니다.

Author, A. A. (2008). Title of chapter. In E. E. Editor (Ed.), *Title of book* (pp. XX-XX). Location: Publisher.
Norton, B. (2001). Non-participation, imaged communities and the language classroom. In M. P. Breen (Ed.), *Learner contributions to language learning: New directions in research* (pp. 157-171). Harlow, UK: Longman.

9.7.2. 출판 연월일(年月日)

- 발행 연도는 소괄호 안에 넣습니다.
- 잡지나 신문, 회보지의 경우에는 연도와 정확한 발행 날짜를 함께 적습니다. 정확한 날짜 없이 계절로 발행된다면 소괄호 안에 연도와 계절 순으로 적고, 쉼표로 구분합니다.
- 학회에서 발표한 발표 자료나 학회 회보, 포스터의 경우에는 연도와 학회가 열린 달을 소괄호 안에 넣고 쉼표로 구분합니다.
- 학회지에 게재가 결정되었으나 아직 발행이 되지 않은 경우에는 소괄호 안에 in press(출판예정)라고 쓰고, 발행되기 전에는 발행연도를 쓰지 않습니다.
- 발행 날짜가 언제인지 모르는 경우에는 괄호 안에 *n.d.*라고 씁니다.
- 연속 간행물인 경우는 발행 연도를 괄호 속에 넣습니다.
  Koch, S. (Ed.). (1959-1963). *Psychology: A study of science* (Vols. 1-6). New York: McGraw-Hill.
- 발행 날짜가 정확하지 않은 고문서를 인용할 때는 대괄호[ ] 안에 *ca.*와 함께 연도를 씁니다.
- 발행 연도 뒤에는 반드시 마침표로 마무리 합니다.

9.7.3. 제목★

1) 논문 또는 장의 제목

제목과 소제목의 첫 글자와 고유 명사만 대문자로 시작하고 나머지는 모두 소문자로 처리합니다. 그리고 제목을 이탤릭체로 바꾸지 않고, 마지막은 마침표로 마무리 합니다.

2) 정기 간행물(학회지 저널) 이름: 저널, 신문, 잡지에 모두 해당

간행물의 제목은 모두 쓰고, 각각의 단어는 모두 대문자로 시작하며, 이탤릭체로 표기합니다.

3) 책과 보고서

- 제목과 소제목의 첫 글자, 고유 명사만 대문자로 쓰고, 제목은 이탤릭체로 표기 합니다.
- 추가적인 정보는 제목 바로 다음에 소괄호 속에 넣습니다. 여기서 제목과 소괄호 속의 추가정보 사이에는 마침표를 찍지 않고, 소괄호 속의 추가정보는 이탤릭체로 표기하면 안 됩니다.

  Brown, H. D. (2008). *Principles in language learning and teaching* (5th ed.). Harlow, UK: Pearson Longman.
- 마침표로 마무리 합니다.

4) 다양한 종류의 정보 제목

논문이 아닌 다양한 종류의 정보가 논문에서 중요한 위치를 차지하게 되면 제목 다음에 대괄호(bracket)를 활용하여 표시하도록 합니다. 대괄호 속의 정보는 첫 글자는 항상 대문자로 시작합니다. 다음은 일반적인 표기법 몇 가지를 소개하겠습니다.

[Letter to the editor]
[Special issue]
[Special section]
[Monograph]
[Abstract]
[Audio podcast]

[Data file]

[Brochure]

[Lecture notes]

[CD]

[Computer software]

[Video webcast]

[Supplemental material]

9.7.4. 출판 정보★

1) 정기 학술 간행물: 학술지(journal), 신문, 잡지

- 간행물 이름 뒤에 몇 권인지를 넣고 이탤릭체로 표기합니다.
- 가능하면 인용하고자 하는 저널이 몇 호인지를 표시하도록 하고, 몇 호인지는 권 다음에 띄어쓰기 없이 곧바로 괄호 속에 표시하고, 이탤릭체를 사용하지 않습니다. 권 호 정보 뒤에는 쉼표를 쓰고 한 칸 띄우고, 페이지수를 씁니다. 이때 pp.를 쓰지 않고 첫 페이지와 마지막 페이지를 사이에 띄어쓰기 없이 대쉬(dash)로 연결합니다. 물결무늬 ~ 표시를 사용하면 안 됩니다.
- 마침표로 마무리 합니다.
- 정기 간행물의 경우에는 출판사와 출판 장소를 포함시키지 않습니다.

2) 책과 보고서

- 미국이라면 책 제목 뒤에 도시(city)와 주(state)의 순서로, 그 밖의 지역은 도시(city)와 국가(country)의 순서로 장소를 표기합니다.
- <부록 2>와 같이 미국의 7대 도시와 세계 10대 도시에 대해서는 도시 명칭 뒤에 주(州)명의 약자 혹은 국가 이름을 붙이면 안 됩니다.
- 출판사가 대학이고, 해당 지역이나 주의 이름이 대학의 이름에 포함되어 있다면 출판사의 위치 정보에 다시 반복하여 언급하지 않습니다.
    예외) Cambridge와 Oxford 지역은 원문을 확인한 후에 정확하게 위치 정보를 인용할 것

　　　　Cambridge, UK: Cambridge University Press.
　　　　Cambridge, MA: The MIT Press.
　　　　Oxford, UK: Oxford University Press.

- 장소 다음에는 띄어쓰기 없이 콜론(:)을 찍습니다.
- 출판사 이름을 쓸 때 출판사임을 명백하게 알 수 있는 경우에는 Publishers, Co. 와 Inc.의 표현들은 삭제해야 하지만, Books와 Press는 반드시 써야 합니다.
- 책에 출판 장소가 여러 곳이 나와 있다면 가장 맨 처음에 위치한 장소를 쓰고, 아니면 출판사 본사가 위치한 장소를 적습니다.
- 저자가 출판사라면 Author를 출판사 위치에 쓰도록 합니다.
- 마침표로 마무리 합니다.

　　예시) New York: McGraw-Hill.
　　　　 Washington, DC: Author.
　　　　 Mahwah, NJ: Lawrence Erlbaum.
　　　　 Seoul, South Korea: Hankookmunhwasa.

9.7.5. 석·박사 학위논문의 인용★

여러분들이 인용하는 대부분의 석·박사 학위논문은 미출간 학위논문이므로 다음과 같이 표기합니다.

　　Author, A. A. (1978). *Title of doctoral dissertation or master's thesis* (Unpublished doctoral dissertation or master's thesis). Name of Institution, Location.

- 박사 논문 및 석사 논문의 제목은 이탤릭체로 씁니다.
- 박사 논문 또는 석사 논문 구분을 제목 다음에 소괄호 안에 표기합니다.
- 학위논문 수여 기관이 해당 도시의 명칭을 포함하고 있다면, 뒤에는 중복을 피하기 위해 도시명을 생략합니다.

9.7.6. 전자 정보와 위치 정보

인터넷을 통해 전 세계가 소통하고 있는 요즘 개인 블로그나 홈페이지를 통해 다양한 연구 자료와 데이터가 광범위하게 공유되고 있고, 전자 저널 및 연구들의 링크 또한 하루가 다르게 업데이트 되고 있습니다. 이에 전자 정보의 빠르고 정확한 검색 과정에 필요한 DOI 시스템에 대해 아래에 간략히 소개합니다.

DOI 시스템은 하루가 다르게 변화하는 인용사이트를 나름 안정적으로 찾을 수 있게 도와주는 시스템입니다. DOI는 Digital Object Identifier의 약어이며 한글로는 디지털 객체 식별자라고 번역합니다. 한국 사람들에게는 모두 각 개인마다 주민등록번호가 부여되듯, 최근 출판되는 논문들은 각 논문마다 고유한 DOI가 부여됩니다.

전자 출판물(예를 들어 PDF 파일)이 담겨있는 원래 웹사이트의 주소가 변경되어 링크가 깨지는 경우에도 DOI가 부여된 저널은 그 고유 번호를 입력하면 각종 인터넷 검색으로도 쉽게 찾을 수 있습니다. 저널 출판사에서 부여되는 DOI는 알파벳과 숫자의 조합으로 이루어져 있고, 10으로 시작합니다. DOI를 알고 있다면 http://www.doi.org 사이트를 통해서 인용하고자 하는 전자 저널의 정보를 쉽고 안정적으로 찾을 수 있습니다.

9.7.7. 전자 정보의 출판 날짜

- 전자 저널에 DOI가 포함되어 있다면, DOI도 함께 참고문헌 목록에 넣는데, 작성방법은 아래와 같습니다. (현재까지 이 사항은 권장사항이고 필수 사항은 아니기에 대부분의 경우에는 DOI를 포함하지 않고 있습니다.)

  Author, A. A., Author, B, B., & Author, C. C. (year). Title of article. *Title of Periodial*, *xx*, pp-pp. doi:xx.xxxxxxxxxx

  Herbst-Damm, K. L., & Kulik, J. A. (2005). Volunteer support, marital status, and the sruvival times of terminally ill patients. *Health Psychology*, *24*, 225-229. doi:10.1037/0278-6133.24.2.225

- DOI가 있다면 사이트 주소가 포함된 검색정보를 참고문헌 목록에 넣지 않아도 됩니다. DOI가 없다면 사이트 주소를 모두 넣어 줍니다. URL 다음에는 마침표를 찍지 않고, 논문 제출 전에 URL이 제대로 링크되는지 반드시 확인합니다.

연 / 습 / 문 / 제

I. 다음 문장을 읽고 사실이면 T, 거짓이면 F에 표기하세요.
   1. 인용문 내에 포함된 참고문헌은 참고문헌 목록에 삽입한다. (T / F)
   2. 참고문헌 목록 작성 시 저자는 최대 7명까지 표기해야 한다. (T / F)
   3. 참고문헌 목록 작성 시, 편집자가 여러 명인 경우 (Ed.) 으로 표기한다. (T / F)
   4. 논문 내에서 괄호 속에 두 개 이상의 논문을 인용하고자 할 때는 출판연도 순으로 배열한다. (T / F)

II. 다음 문장의 빈칸에 들어갈 알맞은 말을 채우세요.
   1. 교육부 가이드라인에서는 _____ 단어 이상의 연쇄 어구가 동일하게 나타나는 경우를 표절로 간주한다.
   2. 페이지 번호가 없는 온라인 자료를 인용할 때는 _____라고 명시한다.
   3. 인용문에 대한 추가 설명은 _____속에 넣는다.
   4. 저자가 3명에서 5명이면 처음 인용할 때만 저자들의 이름을 모두 언급하고, 두 번째 인용부터는 제1저자의 성 뒤에 _____을/를 붙여서 인용한다.
   5. 영어 논문 작성 시, 인용구에서 페이지 번호는 ___로 표기하고, 장은 _____로 표기한다.

III. 다음 표현 혹은 문장을 바르게 고쳐보세요.
   1. 참고문헌 목록에서 다음 세 논문을 인용하려고 합니다. 바른 순서로 정렬해 보세요.
      (1) Chi, M. T. H., & Bassok, M. (2000).
      (2) Chi, M. T. H. (1996).
      (3) Chi, M. T. H., Siler, S. A., Jeong, H., Yamauchi, T., & Hausmann, R. G. (1998).
   2. 다음은 한글 논문 내에서 참고문헌을 인용한 문장입니다. 바르게 고쳐보세요.
      회복탄력성은 최근 영어교육계에서 새롭게 주목받고 있는 연구분야이다 (김태영 & 이혜선, 2014).
   3. 다음은 영어 논문 내에서 참고문헌을 인용한 문장입니다. 바르게 고쳐보세요.
      L2 learners do or do not achieve their object for L2 learning (Kim and Lee, 2014).

제10장

APA 스타일에 의한 참고문헌의 다양한 심화 예시

　본 장에서는 9장에 제시된 참고문헌 목록 작성에 대해 APA 스타일에 따른 참고문헌 작성의 기본 원칙을 바탕으로 더욱 심화된 다양한 예시를 제시하고자 합니다. 9장에서 설명한 내용만 충분히 숙지하고 있어도 논문에 포함된 대부분의 참고문헌을 작성하는데 큰 어려움은 없을 것입니다. 본 장에서는 9장에서 학습한 내용을 더욱 공고히 다질 수 있는 풍부한 참고문헌이 제시되어 있습니다.

　여러분의 논문에 삽입될 참고문헌이 여기에서 제시하는 범위를 벗어날 것이라고 생각되지는 않지만, 간혹 이 단원에서 상세한 지침을 제공하지 않는 자료를 목록에 포함시키고자 할 때는 해당 출처와 가장 근접한 예제를 선택하거나, 추가적인 참고문헌 예제들을 APA 스타일 홈페이지(www.apastyle.org)에서 보실 수 있습니다. 또한 여러분의 소속 대학원의 논문 작성 규정을 참고하시거나 투고하고자 하는 학술지의 홈페이지를 방문하여 해당 학술지에서 요구하는 양식에 따라 참고문헌을 작성하시기 바랍니다. 이 장의 가장 마지막 섹션에는 참고문헌 연습 예제가 포함되어 있습니다. MLA 스타일에 따라 작성된 오류가 있는 참고문헌을 APA 스타일로 꼼꼼하게 수정해 보세요. (모범 답안은 부록에 제시되어 있습니다.) 본 장에 제시된 일부 예시 문장은 APA 출판 매뉴얼에서 가지고 온 것임을 밝혀 둡니다.

10.1. 참고문헌의 종류

여러분이 사용하게 될 참고문헌의 종류는 다음과 같습니다. 이 책에 포함되지 않은 다른 자료들도 있습니다만, 학위논문을 작성하는데 대부분은 아래의 종류에서 벗어나지 않을 것입니다. 아래 항목 중에서도 (1) 학술지와 같은 정기간행물, (2) 책, (3) 석·박사 학위논문, (4) 학술대회 초록집, (5) 보고서 및 보도자료 등이 활용 빈도가 높습니다. 나머지 자료들은 여러분들 논문의 세부 내용에 따라 변동이 있습니다만 활용 빈도가 높지는 않을 것입니다.

- (1) 정기간행물
- (2) 책, 참고 서적 및 책 단원(챕터)
- (3) 석·박사 학위논문
- (4) 회의 및 학술대회 초록집(proceedings)
- (5) 기술 및 조사 보고서, 보도자료
- (6) 논평 및 동료 비평
- (7) 시청각 매체
- (8) 미출간 저작물
- (9) 인터넷 게시판, 공개된 메일링 리스트 메시지, 기타 온라인 커뮤니티

10.2. 참고문헌 종류별 예제

10.2.1. 정기 간행물

정기간행물은 학술지, 잡지, 신문 및 뉴스레터와 같이 정기적으로 출판되는 항목들을 의미합니다.

일반적인 참고문헌 형태:

Author, A. A., Author, B. B., & Author, C. C. (출판연도). Title of article. *Title of Periodical*, XX(x), xxx-xxx(페이지 번호). doi:xx.xxxxxxxxx

- 디지털 객체 식별자(DOI)가 지정되어 있을 경우 참고문헌에 포함시키는 것이 원칙입니다. doi: 뒤에는 띄어쓰기 없이 지정된 숫자나 문자를 적으면 되고 맨 마지막 부분에는 마침표를 찍지 않는 것에 유의하세요. 아직은 잘 포함하지 않지만, 원칙적으로는 DOI도 포함해야 합니다.
- 학술지의 각 호(issue)는 소괄호를 사용하여 권(volume) 번호 바로 다음에 표시합니다. 이때 권까지만 이탤릭체로 쓰고 호(괄호 포함)는 이탤릭체로 쓰지 않습니다.
- 인터넷 상으로만 먼저 공개된 논문의 사전 공개 버전을 인용할 경우, 소괄호 속의 출판연도에는 (in press) 혹은 한글의 경우에는 (출판예정)이라고 적습니다. 또한 해당 학술지 명칭을 각 단어의 첫 알파벳을 대문자 처리한 후 이탤릭 처리하고 난 다음, 해당 학술지의 홈페이지 URL 을 포함하여 작성합니다 (형식: Retrieved from http://www.xxx.xxx/xxx.xxx). 한글의 경우 "http://www.xxx.xxx/xxx.xxx에서 검색했음."이라고 기록합니다. 또한 이 Retrieved from이라는 검색 표시 앞에 "Advance online publication(온라인 사전 출판물)"이라는 문구를 삽입합니다. 가능하면 내 학위논문을 최종적으로 인쇄하기 직전에 참고문헌을 다시 확인하여 권, 호, 페이지 번호가 부여된 참고문헌의 최종 버전을 인용하도록 합니다.
- 인터넷 상으로만 먼저 공개된 논문의 사전 공개 버전이되 DOI가 있는 경우에는 "Retrieved from http://www.xxx.xxx."를 쓸 필요가 없고, 학술지 명칭의 각 단어의 첫 알파벳을 대문자 처리한 후 이탤릭 처리하고 난 다음, 뒤에 Advance online publication(온라인 사전 출판물)이라는 문구를 적고 뒤에 doi를 붙여 줍니다. 소괄호 속의 출판연도에는 (in press) 혹은 한글의 경우에는 (출판예정)이라고 적습니다. 가능하면 내 학위논문을 최종적으로 인쇄하기 직전에 참고문헌을 다시 확인하여 권, 호, 페이지 번호가 부여된 참고문헌의 최종 버전을 인용하도록 합니다.
- 일부 학술지는 온라인으로만 접근 가능한 참고 자료들을 제공하는 경우가 있습니다. 참고 자료들 또는 식별 및 검색에 중요한 기타 다른 비정형적인 정보에 대한 설명을 대괄호(bracket) 안에 표기하여 논문 제목 다음에 위치합니다: [Letter to the editor], [Map], [Audio podcast]

1) DOI가 있는 학술 논문(Journal article with DOI)

DOI가 있고 이미 출판된 논문

> Herbst-Damm, K. L., & Kulik, J. A. (2005). Volunteer support, marital status, and the survival times of terminally ill patients. *Health Psychology*, *24*, 225-229. doi:10.1037/0278-6133.24.2.225

DOI가 있고 아직 출판되지 않은 인터넷으로만 먼저 출판된 논문

> Hiver, P., & Dörnyei, Z. (in press). Language teacher immunity: A double-edged sword. *Applied Linguistics*. Advance online publication. doi: 10.1093/applin/amv034

2) 저자가 7명 이상, DOI가 있는 학술 논문

> Gilbert, D. G., McClernon, J. F., Rabinovich, N. E., Sugai, C., Plath, L. C., Asgaard, G., ... Botros, N. (2004). Effects of quitting smoking on EEG activation and attention last for more than 31 days and are more severe with stress, dependence, DRD2 A1 allele, and depressive traits. *Nicotine and Tobacco Research*, *6*, 249-267. doi:10.1080/14622200410001676305

- 본문 인용 시에는 소괄호 안에 Gilbert et al., 2004로 표기 합니다.
- 참고문헌에 저자가 7명까지 있을 경우, 참고문헌 목록에 모든 저자의 이름을 표기합니다.
- 참고문헌에 저자가 8명 이상인 경우, 앞에 6명까지를 적은 후 ... 로 마침표를 세 개 찍은 후 가장 마지막 저자 이름을 적습니다.

3) DOI가 없고 이미 출판된 학술지 논문(DOI가 이용 가능하지 않을 경우)

> Sillick, T. J., & Schutte, N. S. (2006). Emotional intelligence and self-esteem mediate between perceived early parental love and adult happiness. *E-Journal of Applied Psychology*, *2*(2), 38-48. Retrieved from http://ojs.lib.swin.edu.au/index.php/ejap

- 학술지가 호(issue) 별로 표기가 되어 있다면, 호 번호를 포함시킵니다.
- DOI가 지정되어 있지 않고, 참고문헌을 온라인으로 검색하였다면, 학술지 홈페

- 이지의 URL을 표시하는 것이 원칙입니다. 현재까지는 대부분의 학술지가 종이 인쇄본도 같이 있으므로 온라인 검색인 경우에도 홈페이지 URL을 표기하지는 않습니다.
- 정기간행물의 경우에는 검색 날짜는 표기할 필요가 없지만, Wikipedia와 같이 원자료가 시간이 지남에 따라 자주 바뀌는 경우에는 검색날짜를 참고문헌 목록에 넣도록 합니다. 그러나 Wikipedia등과 같이 인터넷 자료 중 저자가 불분명하여 신뢰성이 약한 자료는 인용하지 않는 것이 좋습니다.

4) DOI가 없는 학술 논문, 제목이 영어로 번역된 인쇄 버전(print version)

> Guimard, P., & Florin, A. (2007). Les evaluations des enseignants en grande section de maternelle sont-elles predictive des difficulties de lecture au cours preparatoire? [Are teacher ratings in kindergarten predictive of reading difficulties in first grade?]. *Approche Neuropsychologique des Apprentissages chez/Enfant, 19*, 5-17.

- 영문 초록이 없는 비영어 논문이 참고문헌으로 사용되었을 경우, 제목을 원어로 표기하고 대괄호 [ ]안에 영어로 번역된 제목을 표기합니다.
- 한글로 작성된 논문에 영어 초록 및 영문 저자명, 소속기관이 명시된 경우에는 초록에 나타난 영문 논문 제목, 저자명을 사용합니다. 이 경우에는 대괄호에 번역된 제목을 표기하지 않습니다.
- 한글로 작성된 논문이 영어 초록 및 영문 저자명, 소속기관이 없는 경우에는, 한글 제목을 알파벳화(romanize)하여 발음 나는 대로 알파벳을 적은 후 대괄호 [ ]안에 영어로 번역한 제목을 적습니다. 저자 이름은 인터넷 검색 등을 통해 저자의 다른 저작을 살펴보고 평소 그 저자가 영문으로 본인의 이름 표기를 어떻게 하는지를 확인해서 그대로 써야 합니다.

5) 월간지 기사(Monthly magazine article)

> Chamberlin, J., Novotney, A., Packard, E., & Price, M. (2008, May). Enhancing worker

well-being: Occupational health psychologists convene to share their research on work, stress, and health. *Monitor on Psychology, 39*(5), 26-29.

- 이 경우에는 출판연도 옆에 출판월 역시 기록해야 합니다. 월간지의 경우에는 1년에 12회 발간되므로 5월호의 경우에는 호(issue)는 5호가 되기에 괄호 속에 (5)라고 적고 해당 페이지를 적습니다.

6) 온라인 월간지 기사(Online monthly magazine article)

Clay, R. (2008, June). Science vs. ideology: Psychologists fight back about the misuse of research. *Monitor on Psychology, 39*(6). Retrieved from http://www.apa.org/monitor/

- 온라인 기사이므로 페이지 수를 따질 수 없으므로 적지 않습니다. 이 경우에도 출판연도 옆에 출판월을 기록해야 합니다. 월간지의 경우에는 1년에 12회 발간되므로 6월호의 경우에는 호(issue)는 6호가 되므로 괄호 속에 (6)라고 적습니다. 그 위에는 Retrieved from http://www.xxx.xxx/xxx 라고 적습니다.

7) 저자가 표시 되지 않은 뉴스레터(Newsletter article, no author)

Six sites meet for comprehensive anti-gang initiative conference. (2006, November/December). *OJJDP News @ a Glance*. Retrieved from http://www.ncjrs.gov/html/ojjdp/news_at_glance/216684/topstory.html

- 정부기관 홈페이지에서는 특정 뉴스레터 논문을 검색하는 것이 어렵기 때문에 정확한 URL 을 표기합니다.
- 저자가 없는 경우, 제목에 나오는 첫 번째 중요 단어를 사용하여 알파벳 순서로 정리합니다(위의 예시에서는 "Six" 가 제목에 나오는 첫 번째 단어임).
- 본문에서 인용하고자 할 때는 긴 제목은 줄여서 인용하고, 짧은 제목은 그대로 사용해도 됩니다("Six Sites Meet," 2006).

8) 기자 이름이 명시된 신문 기사(Newspaper Article)

Schwartz, J. (1993, September 30). Obesity affects economic, social status. *The Washington Post,* pp. A1, A4.

- 기자의 이름을 저자 취급하고, 발간연도와 월, 일을 괄호 속에 기입합니다.
- 신문 기사 의 페이지 번호 앞에 p. 또는 pp.를 사용합니다.
- 본문에 인용한 기사가 여러 페이지에 비연속적으로 실려 있는 경우, 모든 페이지 번호를 쓰고, 번호들을 쉼표로 분리합니다. 연속적으로 계속 나오는 특집 기사같은 경우에는 쉼표가 아닌 줄표시 대쉬 − 를 사용합니다(e.g., pp. B1, B3, B5-B7). 위의 예시에서 A1, A4라 함은 A섹션의 1면과 4면에 각각 제시되어 있다는 뜻이지요. 신문 기사는 한정된 지면으로 인해 헤드라인으로 1면 기사여도 상세한 추가 내용은 뒤에 다시 나오는 경우가 있습니다.

9) 기자 이름이 명시된 온라인 신문 기사(Online Newspaper Article)

Brody, J. E. (2007, December 11). Mental reserves keep brain agile. *The New York Times.* Retrieved from http://www.nytimes.com/xxx.xxx/xxx.html

- 신문 기사가 온라인에서 검색된 것이므로 페이지를 알 수 없으므로, p. 나 pp.를 사용하지 않습니다.
- 기사의 온라인 버전은 검색 가능한 홈페이지의 URL을 정확하게 표기합니다.

10) 학술지의 특별 호(Special issue) 또는 섹션(Section)

Haney, C., & Wiener, R. L. (Eds.). (2004). Capital punishment in the United States [Special issue]. *Psychology, Public Policy, and Law, 10*(4).
Greenfield, P., & Yan, Z. (Eds.). (2006). Children, adolescents, and the Internet [Special section]. *Development Psychology, 42,* 391-458.

- 학술지의 특별 호 전체를 인용하기 위해서는 해당 호의 편집자 및 제목을 표기합니다. 위의 첫째 참고문헌 예시에서는 이 학술지의 10권 4호의 책임 편집을 맡은 학자가 Haney와 Wiener였고 그 특별 호의 주제가 Capital punishment in the United States 였다는 의미입니다. 전체를 인용하는 것이므로 이 호의 특정 페이지를 명시하지 않습니다.
- 특별 호를 맡은 편집자가 명시되어 있지 않다면, 호의 제목을 발간 연도 앞인 저자 위치로 이동시키고 마침표를 찍습니다. 참고문헌 목록을 제목의 첫 번째 중요 단어를 기준으로 알파벳순으로 정리합니다. 본문 인용 시 인용부호에 제목을 줄여서 인용합니다("Capital Punishment," 2004).
- 특별 섹션의 경우에는 대괄호 [ ] 속에 [Special section]이라고 쓰고 해당 페이지를 표시합니다.

11) 학술지 호(issue)의 일부로서의 단행본 논문(Monograph)

Ganster, D. C., Schaubroeck, J., Sime, W. E., & Mayes, B. T. (1991). The nomo-logical validity of the Type A personality among employed adults [Monograph]. *Journal of Applied Psychology, 76,* 143-168. doi:10.1037/0021-9010.1.143

- 호 번호가 없이 부정기적으로 발간된 단행본 논문인 경우에는 위와 같이 표기합니다.
- 호 번호가 있는 단행본 논문의 경우, 호 번호를 소괄호 안에 넣고, 그 다음에 일련번호(serial number)를 표기합니다. 예를 들어, *58*(1, Serial No. 231)와 같이 표기합니다.
- 학술지의 부록으로서 별도로 묶인 단행본 논문의 경우, 호 번호와 부록 또는 Part 번호를 소괄호 안에 권 번호 다음에 표기합니다. 예를 들어, *80*(3, Pt. 2)와 같이 표기하는데, 이 뜻은 어떤 학술지의 80권 3호의 두 번째 부록이라는 의미입니다.

12) 필자가 불분명한 학술지 논평(Editorial without signature)

Editorial: "What is a disaster" and why does this question matter? [Editorial]. (2006). *Journal of Contingencies and Crisis Management, 14*, 1-2.

13) 온라인으로만 제공되는 정기 간행물 참고 자료(Supplemental material)

Marshall-Pescini, S., & Whiten, A. (2008). Social learning of nut-cracking behavior in East African sanctuary-living chimpanzees (Pan troglodytes schweinfurthii) [Supplemental material]. *Journal of Comparative Psychology, 122*, 186-194. doi:10.1037/0735-7036.122.2.186

- 독자가 자료를 식별하고 검색하는데 도움을 주기 위해, 참고자료 또는 비정형 정보(예: a letter to the editor, podcast, map)에 대한 설명은 대괄호 [ ] 안에 포함시킵니다.
- 저자가 표시되지 않은 경우는, 제목과 소괄호 안의 설명을 저자 위치로 이동시킵니다.

10.2.2. 책, 참고 서적 및 책 단원

이 범주에는 백과사전, 사전 및 전문 분야의 참고 서적(예: Handbook of Second Language Acquisition) 등과 같은 서적 및 참고 서적이 포함됩니다. 전자 형태로만 발간되는 서적, 온라인으로만 열람 가능한 절판된 서적들도 포함합니다.

서적 전체에 대해서는, 다음과 같은 참고문헌 형식을 사용합니다.

Author, A. A. (1967). *Title of work*. Location: Publisher.
Author, A. A. (1997). *Title of work*. Retrieved from http://www.xxxxxxxxx
Author, A. A. (2006). *Title of work*. doi:xxxxxx
Editor, A. A. (Ed.). (1986). *Title of work*. Location: Publisher.

서적 내의 장(章)/단원(chapter) 또는 참고 서적의 항목(entry)에 대해서는, 다음의 형식을 사용합니다.

> Author, A. A., & Author, B. B. (1995). Title of chapter or entry. In A, Editor, B. Editor & C. Editor (Eds.), *Title of book* (pp. xxx-xxx). Location: Publisher.
> Author, A. A., & Author, B. B. (1993). Title of chapter or entry. In A, Editor & B. Editor (Eds.), *Title of book* (pp. xxx-xxx). Retrieved from http://www.xxxxxxx
> Author, A. A., & Author, B. B. (1995). Title of chapter or entry. In A, Editor, B. Editor & C. Editor (Eds.), *Title of book* (pp. xxx-xxx). Location: Publisher. doi:xxxxxxxxx

- 원래는 책 제목과 페이지 뒤에 출판 도시(와 필요하다면 해당 국가 혹은 주명), 출판사를 기입하는 것이 원칙입니다. 그러나 인터넷으로도 구할 수 있는 서적이라면 Retrieved from http://www.xxxx.xxx.xx 식으로 적을 수 있으며, doi가 명시된 경우에는 Retrieved from 표현 대신 doi 주소를 명시하면 됩니다. 이러한 경우에는 출판 도시, 국가, 출판사명은 모두 쓰지 않습니다.
- 판(edition), 권 번호 및 페이지 번호 관련 정보(개정판, 권 번호, 또는 단원의 페이지 범위)는 이탤릭체로 된 책 제목 다음 쉼표 없이 한 칸 띄어쓰기를 한 후, 이탤릭체 없이 소괄호 안에 넣고, 괄호 다음에 마침표를 사용합니다: (2nd ed.). (Rev. ed.). 또는 (Vol. xx, pp. xxx-xxx). 모범적 예는 아래와 같습니다.
  Dörnyei, Z., & Ushioda, E. (2011). *Teaching and researching motivation* (2nd ed.). Harlow, UK: Longman.
- 대형 편집 위원회가 구성된 주요 참고 서적에 대해서는 수석 편집위원의 이름을 대표로 기입하고, 'et al.' 을 표기합니다.

1) 서적 전체, 인쇄 판(Entire book, print version)

> Wertsch, J. V. (1991). *Voices of the mind: A sociocultural approach to mediated action.* Cambridge, MA: Harvard University Press.

2) 인쇄 서적의 전자 버전(Electronic version of print book)

> Shotton, M. A. (1989). *Computer addiction? A study of computer dependency* [DX Reader version]. Retrieved from http://www.ebookstore.tandf.co.uk/html/index.asp
>
> Schiraldi G. R. (2001). *The post-traumatic stress disorder sourcebook: A guide to healing, recovery, and growth* [Adobe Digital Editions version]. doi:10.1036/0071393722

3) 인쇄 판이 없는 전자 서적(Electronic-only book)

> O'Keefe, E. (n.d.). *Egoism and the crisis in Western values.* Retrieved from http://www.onlineoriginals.com/showitem.asp?itemID=135

4) 전자 데이터베이스의 단행본 논문(Monograph from electronic database)

> Thomas, N. (Ed.). (2002). *Perspectives on the community college: A journey of discovery* [Monograph]. Retrieved from http://eric.ed.gov/

5) 여러 권으로 나누어진 서적에서 일부의 권들(Several volumes in a multivolume work)

> Koch, S. (Ed.). (1959-1963) *Psychology: A study of science* (Vols. 1-6). New York: McGraw-Hill.

■ 본문 내에서는, 다음과 같이 인용합니다: (Koch, 1959-1963).

6) 서적의 단원, 인쇄 버전(Book chapter, print version)

> Haybron, D. M. (2008). Philosophy and the science of subjective well-being. In M. Eid & R. J. Larsen (Eds.), *The science of subjective well-being* (pp. 17-43). New York: Guilford Press.

7) 다른 출처에서 재인쇄된 서적의 단원, 영어 번역(Book chapter, English translation, reprinted from another)

    Piaget, J. (1988). Extracts from Piaget's theory (G. Gellerier & J. Langer, Trans.). In K. Richardson & S. Sheldon (Eds.), *Cognitive development to adolescence: A reader* (pp. 3-18). Hillsdale, NJ: Erlbaum. (Reprinted from *Manual of child psychology*, pp. 703-732, by P. H. Mussen, Ed., 1970, New York: Wiley)

- 비영어 자료의 영어 번역본이 출처로 사용되었다면, 영어 번역본을 인용합니다. 괄호 없이 영어 제목을 표기하고, 번역자의 이름을 소괄호 안에 넣어 제목 뒤에 표기합니다.
- 본문 내에서는, 다음과 같이 인용합니다: (Piaget, 1970/1988).

8) 참고 서적(Reference book)

    VadenBos, G. R. (Ed.). (2007). *APA dictionary of psychology*. Washington, DC: American Psychological Association.

9) 제목이 영어로 번역된 비영어 참고 서적(Non-English reference book, title translated into English)

    Real Academia Española. (2001). *Diccionario de la lengua Española* [Dictionary of the Spanish language] (22nd ed.). Madrid, Spain: Catalan Press.

- 영어가 아닌 다른 언어로 사용된 참고문헌이 사용되었다면, 제목을 원어로 표시하고, 대괄호 안에 이탤릭체 없이 영어 번역을 표기합니다.

10) 온라인 참고문헌의 입력내용(Entry in an online reference work)

    Graham, G. (2005). Behaviorism. In E. N. Zaita (Ed.), *The Stanford encyclopedia of philosophy* (Fall 2007 ed.). Retrieved from http://plato.stanford.edu/entries/behaviorism/

11) 저자 또는 편집자가 없는 온라인 사전이나 참고문헌의 입력 내용(Entry in an online dictionary or reference work, no author or editor)

> Heuristic. (n.d.). In Merriam-Webster's online dictionary (11th ed.). Retrieved from http://www.m-w.com/dictionary/heuristic

- 논문에서 찾은 항목을 저자 이름으로 옮긴 후 (n.d.).라고 표기합니다.
- 온라인 버전이 인쇄본을 참조하는 경우에는, 판(edition) 번호를 제목 뒤에 포함시킵니다.

10.2.3. 석·박사 학위논문

박사 논문 및 석사 논문은 여러분 소속 대학 도서관, 국회도서관, 국립중앙도서관에서 국내 학위논문을 주로 열람할 수 있으며, 영미권 중심의 국외 학위논문은 ProQuest 등을 통해 검색할 수 있습니다. 원칙적으로는 석·박사 학위논문을 인터넷 데이터베이스를 통해 다운로드 받았다면 이 정보를 아래와 같이 참고문헌에 포함시켜야 합니다.

> Author, A. A. (2003). *Title of doctoral dissertation or master's thesis* (Doctoral dissertation or master's thesis). Retrieved from Name of database. (Accession or Order No.)

그러나 최근 출판되는 국내외 석·박사 학위논문 대부분이 온라인으로 검색이 되므로 최근의 추세는 데이터베이스를 명시하지 않고 다음과 같이 다소 간략히 표기하는 경향이 있습니다.

> Author, A. A. (1978). *Title of doctoral dissertation or master's thesis* (Unpublished doctoral dissertation or master's thesis). Name of Institution, City, (State), Country.

- 박사 논문 및 석사 논문의 제목은 이탤릭체로 씁니다.
- 박사 논문 또는 석사 논문 구분을 제목 다음에 소괄호 안에 표기합니다.
- 학위논문 수여 기관이 해당 도시의 명칭을 포함하고 있다면, 뒤에는 중복을 피하기 위해 도시명을 생략합니다.

APA 규정 제6판에서는 다음과 같이 구분해서 참고문헌을 표기할 것을 제안하고 있으니 참고로 알아 두세요.

1) ProQuest 등 상업용 데이터베이스를 통해 찾은 석·박사 논문

McNeil, D. S. (2006). *Meaning through narrative: A personal narrative discussing growing up with an alcoholic mother* (Master's thesis). Available from ProQuest Dissertations and Theses database. (UMI No. 1434728)

2) 기관 데이터베이스의 박사 논문(Doctoral dissertation, from an institutional database)

Adams, R. J. (1973). *Building a foundation for evaluation of instruction in higher education and continuing education* (Doctoral dissertation). Retrieved from http://www.ohiolink.edu/etd/

3) 인터넷상의 박사 논문(Doctoral dissertation, from the web)

Bruckman, A. (1997). *MOOSE Crossing: Construction, community, and learning in a networked virtual world for kids* (Doctoral dissertation, Massachusetts Institute of Technology). Retrieved from http://www-static.cc.gatech.edu/~asb/thesis/

4) DAI에 발췌된 박사 논문(Doctoral dissertation, abstracted in *DAI*)

Appelbaum, L. G. (2005). Three studies of human information processing: Texture amplification, motion representation, and figure-ground segregation. *Dissertation Abstracts International: Section B. Sciences and Engineering,* 65(10), 5428

10.2.4. 회의 및 학술대회

회의 및 학술대회 논문초록집(proceedings)은 서적 또는 정기 간행물 형태로 출판되기도 합니다. 서적 형태로 출판된 학회 책자를 인용할 경우에는 서적 또는 서적의 장(chapter)과 동일한 형식을 사용합니다(위의 10.2.2 참조). 정기적으로 출판되는 학회 책자를 인용할 경우에는 정기간행물(위의 10.2.1 참조)과 동일한 형식을 사용합니다.

그러나 우리 외국어교육 및 응용언어학 분야의 국내외 학술대회의 논문초록집은 대부분이 비공식적으로 인쇄되어 학술대회 당일에 배포된 것이므로 이러한 학술대회의 논문발표나 포스터 발표에 대해서는 다음의 기본 양식을 사용합니다.

심포지엄(Symposium):

Contributor, A. A., Contributor, B. B., Contributor, C. C., & Contributor, D. D. (Year, Month). Title of contribution. In E. E. Chairperson (Chair), *Title of symposium.* Symposium conducted at the meeting of Organization Name, City, (State), Country.

논문발표(Paper presentation) 혹은 포스터세션(poster session):

Presenter, A. A. (Year, Month). *Title of paper or poster.* Paper [or poster session] presented at the meeting of Organization Name, City, (State), Country.

■ 아직 공식적으로 출판되지 않은 학술대회 심포지엄과 개별 논문 발표 또는 포스터에 대해서는 인용문에 학술대회 또는 회의가 개최된 월 및 년도를 표기합니다.

1) 심포지엄 투고물(Symposium contribution)

Muellbauer, J. (2007, September). Housing, credit, and consumer expenditure. In S. C Ludvigson (Chair), *Housing and consumer behavior.* Symposium conducted at the meeting of the Federal Reserve Bank of Kansas City, Jackson Hole, WY.

2) 논문 발표(Paper presentation)

Kim, T.-Y. (2015, March). *The effect of motivational languaging activities on L2 learning motivation: Cases of EFL students in South Korea.* Paper presented at the American Association for Applied Linguistics Annual Conference, Toronto, Ontario, Canada.

3) 온라인으로 검색된 학회 논문 초록(Conference paper abstract retrieved online)

Liu, S. (2005, May). *Defending against business crises with the help of intelligent agent based early warning solutions.* Paper presented at the Seventh International Conference on Enterprise Information Systems, Miami, FL. Abstract retrieved from http://www.iceis.org/iceis2005/abstracts_2005.htm

4) 온라인으로 정기적으로 출판되는 논문 초록집(proceedings)

Herculano-Houzel, S., Collins C. E., Wong, P., Kaas, J. H., & Lent, R. (2008). The basic nonuniformity of the cerebral cortex. *Proceedings of the National Academy of Sciences* 105, 12593-12598, doi:10.1073/pnas.085417105

5) 서적 형태로 출판되는 논문 초록집(proceedings)

Katz, I., Gabayan, K., & Aghajan, H. (2007). A multi-touch surface using multiple cameras. In J. Blanc-Talon. W. Philips, D. Popescu & P. Scheunders (Eds.), Lecture Notes in Computer Science: Vol. 4678. Advanced Concepts for Intelligent Vision Systems (pp. 97-108). Berlin, Germany: Springer-Verlag. doi:10.1007/978-3-540-74607-2_9

10.2.5. 기술 및 리서치 보고서 및 보도자료

저널 논문과 같은 기술 및 조사 보고서들은 일반적으로 독창적인 조사를 다루지만, 동료검토(peer review)를 거치는 경우도 있고, 아닌 경우도 있습니다. 여러분들이 논문에서 사용하게 되는 보고서 참고문헌의 대체로 정부(교육부 등), 정부산하기관

(한국교육과정평가원 등)에서 발행된 문서들입니다. 보고서의 참고문헌 기록 형식은 다음과 같습니다.

Author, A. A. (1998). *Title of work* (Report No. xxx). Location: Publisher.

- 발행기관이 보고서에 번호(예를 들어, 보고서 번호, 계약번호, Monograph 번호)를 부여했다면, 그 번호를 소괄호 안에 넣고 제목 바로 다음에 쉼표 없이 띄어쓰기 후 위치시킵니다.
- 보고서를 U.S. Government Printing Office로부터 입수하였다면, 출판인 장소 및 이름을 Washington, DC: Government Printing Office로 합니다.
- 온라인으로 검색된 보고서는, 출판인이 저자로 확인된 경우를 제외하고, 검색된 홈페이지 기관명을 출판인으로 사용합니다.

1) 기업 저자, 정부 보고서(Corporate author, government report)

U.S. Department of Health and Human Services, National Institute of Health, National Heart, Lung, and Blood Institute. (2003). *Managing asthma: A guide for schools* (NIH Publication No. 02-2650). Retrieved from http://www.nhlbi.nih.gov/health/prof/lung/asthma/asth_sch.pdf

2) 정부 기관 보도자료

교육부. (2015). *2015 개정 교육과정 총론 및 각론 확정발표* (보도자료). http://www.moe.go.kr/web/100026/ko/board/view.do?bbsId=294&pageSize=10&currentPage=0&encodeYn=Y&boardSeq=60753&mode=view에서 2015년 10월 1일 검색했음.

3) 기업 저자, 온라인으로 출판된 태스크 포스(task force) 보고서

American Psychological Association, Task Force on the Sexualization of Girls, (2007). *Report of the APA Task Force on the Sexualization of Girls*, Retrieved from http://www.apa.org/pi/wpo/sexualization.html

4) 비정부 조직에 의해 작성된 보고서(Authored report, from nongovernmental organization)

> Kessy, S. S A., & Urio, F. M. (2006). *The contribution of microfinance institutions to poverty reduction in Tanzania* (Research Report No. 06.3). Retrieved from Research on Poverty Alleviation website: http://www.repoa.or.tz/documents_storage/Publications/Reports /06.3_Kessy_and_Urio.pdf

10.2.6. 논평 및 동료 비평

서적에 대한 논평은 정기간행물, 웹사이트, 그리고 블로그와 같은 다양한 장소에서 발표되고 있습니다. 일부 출판물은 논평가의 비평에 대한 저자의 반응을 게재하는 경우도 있습니다.

> Reviewer, A. A. (2000). Title of review [Review of the book *Title of book*, by A. A. Author]. *Title of complete work*, xx, xxx-xxx.

- 논평에 제목이 없는 경우, 대, 중, 소괄호 안의 자료를 제목으로 활용합니다. 대, 중, 소괄호를 사용하여 자료가 제목이 아닌 형태 및 내용에 대한 설명임을 표시해 줍니다.
- 검토된 매체의 종류를 대괄호 안에 표시하여 알 수 있게 합니다(서적, 동영상, TV 프로그램 등).
- 검토된 항목이 서적일 경우, 제목 다음에 쉼표로 분리하여 저자를 표기합니다.

서적 논평(Review of a book)의 예시

> Schatz, B. R. (2000, November 17). Learning by text or context? [Review of the book *The social life of information*, by J. S. Brown & P. Duguid]. *Science, 290*, 1304. doi:10.1126/science.290/science.290.5495.1304

10.2.7. 시청각 매체

시청각 매체는 동영상, 오디오 또는 TV 방송(podcast 포함) 외에도 지도, 미술품, 또는 사진과 같은 정적 사물도 포함합니다.

동영상의 경우, 다음과 같이 표기하는 것이 APA 규정입니다.

　　Producer, A. A. (Producer), & Director, B. B. (Director). (Year). *Title of motion picture* [Motion picture]. Country of origin: Studio.

■ TV 또는 라디오 연속물의 방송분(episode)에 대해서는 서적의 단원(chapter)과 동일한 형식을 사용합니다. 단, 저자 위치에 대본작가 및 감독을 표시하고, 편집자 위치에 제작자를 표시합니다.

1) 비디오(Video)

　　American Psychological Association. (Producer). (2000). *Responding therapeutically to patient expressions of sexual attraction* [DVD]. Available from http://www.apa.org/videos/

2) 팟캐스트(Podcast)

　　Van Nuys D. (Producer). (2007, December 19). *Shrink rap radio* [Audio podcast], Retrieved from http://www.shrinkrapradio.com/

3) TV 연속물의 1회 방송분(Single episode from a television series)

　　Egan, D. (Writer), & Alexander, J. (Director). (2005). Failure to communicate [Television series episode]. In D. Shore (Executive producer), *House*. New York: Fox Broadcasting.

10.2.8. 미출간 저작물

미출간 저작물은 현재 작성중인 자료, 출판을 위해 제출된 상태인 자료, 또는 완성은 했지만 아직 출판을 위해 제출되지 않은 자료를 포함합니다. 이 외에도, 공식적으로 출판된 것은 아니지만 개인 혹은 기관의 웹사이트에 업로드된 자료도 포함될 수 있습니다. 미출간이므로 공신력이 다소 떨어진다는 단점이 있으니 여러분 논문에서는 가급적 인용하지 않는 편이 좋습니다.

>Author, A. A. (Year). *Title of manuscript*. Unpublished manuscript [or "Manuscript submitted for publication," or "Manuscript in preparation"].

1) 대학교명이 들어간 미출간 논문(Unpublished manuscript with a university cited)

>Blackwell, E., & Conrod, P. J. (2003). *A five-dimensional measure of drinking motives*. Unpublished manuscript, Department of Psychology, University of British Columbia, Vancouver, Canada.

2) 작성 중 또는 출판을 위해 제출된 논문(Manuscript in progress or submitted for publication)

>Ting, J. Y., Florsheim, P., & Huang, W. (2015). *Mental health help-seeking in ethnic minority populations: A theoretical perspective*. Manuscript submitted for publication.

- 논문을 제출한 학술지나 출판사명은 쓰지 않습니다.
- 초안(draft)과 작성중인 원고(work in progress)에 대해서 동일한 형식을 사용합니다. 최종 문장에는 "Manuscript in preparation"라고 표시합니다. 참고문헌 인용문에서는 여러분이 초안을 읽은 연도를 사용하고 "in preparation"이라는 표현은 사용하지 않습니다.

3) ERIC에 있는 비공식 출판물 또는 자체 보관 자료(Informally published or self-archived work, from ERIC)

>Kubota, K. (2007). *"Soaking" model for learning: Analyzing Japanese learning/teaching process from a socio-historical perspective*. Retrieved from ERIC database. (ED498566)

10.2.9. 인터넷 게시판, 메일링 리스트, 기타 온라인 커뮤니티

인터넷은 전 세계 사람들이 특정 주제에 대한 토론을 주최 또는 참여할 수 있는 여러 가지 옵션을 제공하고 있습니다. 이러한 옵션에는 블로그, 토론방, 온라인 포럼 및 토의 그룹, 공개된 메일링 리스트 메시지를 포함하고 있습니다. 인터넷에서 얻은 자료는 여러분의 논문에 반드시 필요한 경우에만 최소한으로 인용하도록 하십시오. 인터넷의 속성상 추후에 진위를 구분하거나 이러한 자료가 존재했는지를 독자들이 확인하기 어렵기 때문에, 공신력이 떨어지는 자료로 볼 수 있습니다.

>Author, A. A. (Year, Month Day). Title of post [Description of form]. Retrieved from http://www.xxxx

- 저자의 성과 이름을 알고 있는 경우, 성을 먼저 쓰고 이니셜을 씁니다. 대화명(screen name)만 알고 있으면, 대화명을 사용하면 됩니다.
- 게시된 정확한 날짜를 제공합니다.
- 메시지의 제목 란의 날짜를 표기하되 이탤릭체를 쓰지 마십시오. 제목 다음에 메시지에 대한 설명을 대괄호 [ ] 안에 제공합니다.
- 출처에 대한 정보를 포함시키고, 그 다음에 메시지를 검색할 수 있는 URL을 제공합니다. 메시지가 게시된 목록의 이름이 URL에 쓰여 있지 않으면 목록 이름을 출처 정보에 포함 시킵니다.

1) 뉴스그룹, 온라인 포럼 또는 토론 그룹에 게시된 메시지(Message posted to a newsgroup, online forum, or discussion group)

>Rampersad, T. (2014, June 8). Re: Traditional knowledge and traditional cultural expressions [Online forum comment]. Retrieved from http://www.wipo.int/roller/comments/ipisforum/Weblog/theme_eight_ how_can_cultural#comments

2) 전자 메일링 리스트에 공개적으로 게시된 메시지(Message posted to an electronic mailing list)

> Smith, S. (2014, January 5). Re: Disputed estimates of IQ [Electronic mailing list message] Retrieved from http://tech.groups.yahoo.com/group/ForensicNetwork/message/670

3) 블로그 포스트(Blog post)

> MiddleKid. (2014, January 22). Re: The unfortunate prerequisites and consequences of partitioning your mind [Web log message]. Retrieved from http://scienceblogs.com/pharyngula/2007/01/the_unfortunate_prerequisites.php

- 위 예제와 같이 블로그 포스트 자료 인용일 경우 저자의 필명, 가명, 애칭 등으로 저자명을 씁니다.

4) 비디오 블로그 포스트(Video blog post)

> Norton, R. (2006, November 4). How to train a cat to operate a light switch [Video file]. Retrieved from http://www.youtube.com/watch?v=Vja83KLQXZs

10.3. 참고문헌 연습 예제

아래에 제시한 참고문헌은 제가 쓴 논문 중 MLA 스타일에 따라 편집된 참고문헌 목록입니다. 의도적으로 오류를 매우 많이 포함시킨 참고문헌 목록을 제시하였으니, 여러분들은 이 목록을 APA 스타일에 맞춰서 편집을 해 보도록 하세요. 아래에 편집된 MLA 스타일은 특이하게 한글로 작성된 논문도 모두 영어로 바꾸어서 알파벳순으로 제시되어 있습니다. 따라서 원래는 한글 저자의 성명을 가나다순으로 제시한 후, 영문 저자의 성을 알파벳순으로 정렬해야 한다는 대원칙이 준수되지 않고 있습니다. APA 스타일로 바꾸시면서 여러분들은 아래의 참고문헌 연습 예제를 펜으로 오류만 체크하지 마시고, 아래한글 프로그램의 빈 문서에 실제로 한글 가나다 순,

영문 abc 순으로 정렬한 다음 APA 스타일에 맞추어서 타이핑해 보세요. APA 스타일에 맞추어 재편집된 모범 답안은 부록 6에 제시되어 있으니 참고하십시오. 명심해야 하는 것은 여러분이 실제로 해 보지 않고서 눈으로 모범 답안만 체크하면 참고문헌 작성 및 수정 능력은 늘지 않는다는 점입니다. 반드시 직접 수정해 보세요.

인용문헌

Ahn, Suk-Bae. "The Fear Marketing Spreading from Hagwon." Chosun.com. 18 Jun. 2013. Web. 12 Jan. 2015.
[안석배. "학원들의 공포 마케팅." 2013. 6월 18일. <http://news.chosun.com/site/data/html_dir/2013/06/17/2013061702792.html?Dep0=twitter&d=2013061702792> 에서 2015년 1월 12일 검색.]

Bang, In-Ja and Se-Young Chun. "An Analysis of High School English Curriculum Implementation by the High School Record Rating System." *CNU Journal of Educational Studies* 32.1(2011): 1-20. Print.
[방인자·천세영. 「내신제도에 따른 고등학교 영어 교육과정 운영 실태 분석」. 『교육연구논총』 32.1(2011): 1-20.]

Baudrillard, Jean. *(La) Societe De Consommation : Ses Mythes, Ses Structures*. Trans. Sang-Rule Lee. Seoul: Munye Publishing, 1991. Print.
[보드리야르, 장. 『소비의 사회: 그 신화와 구조』. 이상률 옮김. 서울: 문예출판사, 1991.]

_____. *Simulation*. Trans. Tea-Hwan Ha. Seoul: Minumsa, 2001. Print.
[_____. 『시뮬라시옹』. 하태환 옮김. 서울: 민음사, 2001.]

Bourdieu, Pierre. "Social Class, Language and Socialization." *Power and Ideology in Education*. Eds. Jerome Karabel & A. H. Halsey. Oxford, UK: Oxford University Press, 1977. PP. 473-86. Print.

_____. *Distinctions: A Social Critique of the Judgement of Taste*. Cambridge, MA: Harvard University Press, 1984. Print.

_____. "The Forms of Capital." *Handbook of Theory and research for the Sociology of education*. Ed. John Richardson. New York: Greenwood, 1986. 241-58. Print.

_____. *Language and Symbolic Power*. M. Adamson, trans. Cambridge, MA: Harvard University Press, 1991. Print.

Choi, Set-Byol. "An Investigation of English Proficiency in Korean Society from the Cultural Capital Perspective: Focusing on College Students' English Learning and Views on Excellent English Speakers." *Ewha Journal of Social Sciences* 11 (2004): 5-21. Print.

[최샛별.「한국 사회에서의 영어실력에 대한 문화자본론적 고찰: 대학생들의 영어 학습실태와 영어능력자에 대한 인식을 중심으로」.『사회과학연구논총』 11(2004): 5-21.]

Choi, Set-Byol and Yu-Jung Choi. "The Meaning and Structure of Korean English from the Cultural Capitalism Perspective: Comparison with Cultural Art." *The Korean Association for Cultural Sociology* 10 (2011): pp. 207-52. Print.

[최샛별·최유정.「문화자본론의 관점에서 본 영어의 한국적 의미와 구조」.『문화와사회』 10 (2011): pp. 207-52.]

Choi, Won-Hyeong. "Does English Have Competitive Edge? Only Used When Logging on in Reality!" Hani.co.kr 13 Dec. 2011. Web. 24 Jul. 2014.

[최원형. "영어가 경쟁력? 실생활선 웹 로그인때나 쓰거든요!" 2011. 12월 13일. <http://www.hani.co.kr/arti/culture/religion/510014.html>에서 2014년 7월 24일 검색.]

Gardner, Robert C. *The Social Psychology and Second Language Learning: The Role of Attitudes and Motivation*. London, UK: Edward Arnold, 1985. Print.

_____. "Integrative Motivation and Second Language Acquisition." *Motivation and Second Language Acquisition*. Eds. Zoltán Dörnyei & Richard Schmidt. Honolulu, HI: University of Hawaii Press, 2001. 1-20. Print.

Hadfield, Jill and Zoltán Dörnyei. *Motivating Learning*. London, England: Pearson, 2013. Print.

Haggard, Stephan and Chung-in Moon. "The State, Politics, and Economic Development in Postwar South Korea." *State and Society in Contemporary Korea*. Ed. Hagen Koo. Ithaca, New York, Cornell University Press, 1993. 51-94. Print.

Hong, Sung-Hyun and Woongjae Ryoo. "Becoming a Global Talent in the Era of Unlimited Global Competition: A Critical Discourse Analysis of the Global Talent." *Korean Society for Journalism & Communication Studies* 9.4 (2013): 4-57. Print.

[홍성현·류웅재.「무한 경쟁 시대의 글로벌 인재 되기」.『커뮤니케이션 이론』 9.4 (2013): 4-57.]

Howatt, Anthony. P. R. *A History of English Language Teaching (2nd ed.).* Oxford, UK: Oxford University Press, 2004. Print.

Joe, Jae Oke. "Korean College Students` Experiences in English Camps in English Speaking Countries." *The Society for Teaching English Through Media* 6.2(2005): 153-74. Print.
[조재옥.「해외어학연수가 한국학생의 언어학습에 미치는 영향」.『STEM Journal』6.2 (2005): 153-74.]

Jun, Weon-Jung. "The Effects of the Motivational Languaging Activity on Elementary School Students' Level of English-learning Motivation." MA thesis. Chung-Ang university, 2014. Print.
[전원정.「학습 동기 증진 언어하기 활동이 초등학생의 영어 학습 동기에 미치는 영향」. 석사학위논문. 중앙대학교,2014.]

Jung, Kwang. *Foreign Language Education in Chosun.* Paju, Gyeonggi: Gimmyoungsa, 2014. Print.
[정광.『조선시대의 외국어교육』. 파주, 경기: 김영사, 2014.]

Kang, Jun-Man. *The Cruel History of College Entrance Exam War.* Seoul: Inmulgwasasangsa, 2009. Print.
[강준만.『입시전쟁 잔혹사』. 서울: 인물과사상사, 2009.]

_____. *Korea: The Special Country.* Seoul: Inmulgwasasangsa, 2011. Print.
[강준만.『특별한 나라 대한민국』. 서울: 인물과사상사,2011.]

_____. *Koreans and English.* Seoul: Inmulgwasasangsa, 2014. Print.
[강준만.『한국인과 영어』. 서울: 인물과사상사, 2014.]

Kang, N.-H. "Research Papers: English Education and Its Social Import in Colonial Korea." *In/Outside* 18 (2005): 262-93. Print.
[강내희.「식민지시대 영어교육과 영어의 사회적 위상」.『안과밖』 18 (2005): 262-93.] 가정의 문화자본과 사회자본이 영어학업성취에 미치는 영향에 대한 잠재성장모형 분석

Kim, Myung-Bae. *A Tale of English in the Enlightenment Period in Korea.* Seoul: International Graduate School of English Press, 2006. Print.
[김명배.『개화기의 영어 이야기』. 서울: 국제영어대학원대학교출판부, 2006.]

Kim, Myung Hwan. "Discussion: What to Do with College Classes Conducted in English." *In/Outsides* 22.4 (2007): 243-59. Print.

[김명환. 「대학의 영어 강의에 대한 비판적 성찰」. 『안과밖』22.4 (2007): 243-59.]

Kim, Jong Bum. "Measures and Tasks to Strengthening Technological Assistance for Developing Countries." *Social Science Institute* 25.1 (2012): 1-23. Print.

[김종범. 「개발도상국 기술원조 강화 방안과 과제」. 『사회과학연구』 25.1 (2012): 1-23.]

Kim, Jongyoung. *Suppressed Suppressor: Studying Abroad in the United States and the Birth of Korean Elite.* Seoul: Dolbegae, 2015. Print.

[김종영. 『지배받는 지배자: 미국 유학과 한국 엘리트의 탄생』. 서울: 돌배게, (2015).]

Kim, S. B. *Degreeocratic Society: Philosophical Investigation Regarding Social Agency.* Paju, Gyeonggi: Hangilsa, 2004. Print.

[김상봉. 『학벌사회: 사회적 주체성에 대한 철학적 탐구』. 파주, 경기: 한길사, 2004.]

Kim, Tae-Young. "Motivation and attitudes toward foreign language Learning as Socio-politically mediated Constructs: The Case of Korean High School Students." *The Journal of Asia TEFL* 3.2 (2006): 165-92. Print.

_____. "Socio-political Influences on EFL Motivation and Attitudes: Comparative Surveys of Korean High School Students." *Asia Pacific Education Review* 11 (2010): 211-22. Print.

_____. "An Analysis of Korean Elementary and Secondary School Students' English Learning Motivation and Their L2 Selves: A Qualitative Interview Approach." *Korean Journal of English Language and Linguistics* 12.1 (2012): 67~99.

[김태영. 「한국 초·중등학생의 영어 학습 동기 및 제2언어 자아 분석: 정성적 인터뷰 분석법」. 『영어학』 12.1(2012): 67-99.]

_____. *Recent Trends in English Learning Motivation Research.* Seoul: Hangookmunwhasa, 2013. Print.

[김태영. 『영어 학습 동기 연구의 최근 경향』. 서울: 한국문화사, 2013.]

_____. "Enhancing English Learning Motivation and Creating English Self through 'Languaging' Activities in Korean Elementary and Secondary Schools: A

Mixed-methods Approach." *The Journal of Modern British & American Language & Literature* 33.2 (2015): 147-75. Print.

[김태영. 「초·중학교 '언어하기' 활동을 통한 영어 학습동기 증진 및 영어 자아 형성 연구: 혼합 연구법」. 『현대영미어문학』 33.2 (2015): 147-75.]

Kim, Yong Ha and Sung Eun Im. "A Critical Review on Definition of the Baby-boom Years, Labor Market Shocks, and Inter-generational Income Transfer." *Health and Social Welfare Review* 31.2 (2011): 36-59. Print.

[김용하, 임성은.「베이비붐 세대의 규모, 노동시장 충격, 세대간 이전에 대한 고찰」. 『보건사회연구』 31.2 (2011): 36-59.]

Kim, Young-Chul. *English, enlightening Chosun.* Seoul: Ely, 2011. Print.

[김영철.『영어 조선을 깨우다』. 서울 : 일리, 2011.]

Kim, Y. M. *Toward New Korea: Korea as unidirectional society, Its Light and Darkness.* Seoul: Ingansarang, (2005). Print.

[김영명.『신한국론: 단일사회 한국, 그 빛과 그림자』. 서울: 인간사랑. 2005.]

_____. "How to Calm English Frenzy". *HanKooki.com.* 21 Nov. 2007. Web. 6 May 2014.

[김영명. "영어 열풍을 잠재우려면." 2007. 11월 21일. <http://news.hankooki.com/lpage/opinion/200711/h2007112118551324370.html>에서 2014년 5월 6일 검색.]

Kim, Young-Suh. *The History of English Education in Korea.* Seoul: Hangook munwhasa, 2009. Print.

[김영서.『한국의 영어교육사』. 서울 : 한국문화사, 2009.]

Korea Institute for Curriculum and Evaluation. "Scholastic Achievement of the Fourth Grade: Ranked 2nd in Math and 1st in Science; Scholastic Achievement of the Eighth Grade: Ranked 1st in Math and 3rd in Science; The Lowest Number of Students below Minimum Scholastic Level." *Google.* 2012. Web. 6 May 2014.

[한국교육과정평가원. "초4 성취도 수학 2위, 과학1위, 중2 성취도 수학1위, 과학 3위 기초수준 미달 비율 가장 낮게 나타나." 2012. <http://www.google.co.kr/url?sa=t&rct=j&q=&esrc=s&frm=1&source=web&cd=4&ved=0CDoQFjAD&url=http%3A%2F%2Fwww.index.go.kr%2Fcom%2Fcmm%2Ffms%2FFileDown.do%3Fapnd_file_id%3D1529%26apnd_file_seq%3D1&ei=m5VoU8HdN8z38QXV8oCwBQ&usg=AFQjCNGOnAmr26vbFuI0FuTYb_sfRUPJzQ&bvm=bv.66111022,d.dGc&cad=rjt>에서 2014년 5월 6일 검색.]

Kwon, O. "Korea's Education Policy Changes in The 1990s." *English Teaching* 55(1) (2000): 47-91. Print.

Kwon, Oryang, and Jung-Ryul Kim. *History of English Education in Korea.* Seoul: Hangookmunwhasa, 2010. Print.
[권오량·김정렬.『한국영어교육사』. 서울: 한국문화사, 2010.]

Lee, Bum. *Special Lecture in Education.* Seoul: Dasan Edu, (2009). Print.
[이범.『이범의 교육특강』. 서울: 다산에듀, 2009.]

Lee, Heung-Su. *English is Economy in Globalized World: Past, Present and Future of English.* Seoul: English Moumou, 2011. Print.
[이흥수.『세계화 시대 영어가 경제다: 영어의 과거와 현재 그리고 미래』. 서울: 잉글리시 무무, 2011.]

Lee, In Yoel. "English Is Better than Academic Diploma: Office Worker's Reliance on Hagwon." Chosun.com. 26 Mar. 2010. Web. 10 Feb. 2015.
[이인열. "영어가 학벌보다 낫다: 직장인들 학원 매달려." 2010. 3월 26일. <http://news.chosun.com/site/data/html_dir/2010/03/26/2010032600148.html>에서 2015년 2월 10일 검색.]

Lee, Jebong. "Ethnic Nationalism and Multiculturalism in Korea." *Multicultural Education Studies* 5.1 (2012): 199-215. Print.
[이제봉.「한국의 민족주의와 다문화주의」.『다문화교육연구』 5.1 (2012): 199-215.]

Lee, Jong Gag and Kee Soo Kim. "A Comparative Study on Conceptions of 'Education Fever'." *Korean Journal of Education Research* 41.3 (2003): 191-214. Print.
[이종각·김기수.「'교육열' 개념의 비교와 재정의」.『교육학연구』 41.3 (2003) : 191-214.]

Lee, Junggyu. *Academic ability and degreeocracy in Korean society: Its root and development.* Seoul: Jipmoondang, 2003. Print.
[이정규.『한국사회의 학력·학벌주의: 근원과 발달』. 서울: 집문당, 2003.]

Lee, Won Jae. *Studying Gwageo Preparation Enables Us to Know Our Education.* Seoul: Moonumsa, 2001. Print.
[이원재.『과거공부를 알아야 우리 교육이 보인다』. 서울: 문음사, 2001.]

Lim, Jin-Gook and Jung-Nam Chu. *Edu Poor: Self-portraits of Back-breaking Parents While Supporting Their Children's Education.* Seoul: BookOcean, 2013. Print.
[임진국·추정남.『자녀 교육에 등골 휘는 부모들의 자화상: 에듀푸어』. 서울 :

북오선, 2013.]

Marra, Meredith. "English in the Workplace." *The Handbook of English for Specific Purposes*. Eds. Brian Paltridge & Sue Starfield. Malden. MA: Wiley Blackwell, 2012. 175-92. Print.

Nam, In-Sook. A Study on Socio-economic Bipolarization and Educational Inequality in Korea. *The Korean Association of Humanities and the Social Sciences* 114 (2011): 15-38. Print.

[남인숙. 「한국의 사회·경제적 양극화와 교육 격차」. 『현상과인식』 114 (2011): 15-38.]

Nam, Tea-Hyun. *Social Stratification through English*. Paju, Gyeonggi: Oweoleuibom, 2012. Print.

남태현. 『영어계급사회』. 파주, 경기 : 오월의봄, (2012).

National Statistical Office. "The Survey Result of Private Education Expenses in 2013." *Kostat.go.kr* 2014. Web. 14 Aug. 2014.

[통계청. "2013년 사교육비 조사결과." 2014. <http://kostat.go.kr/portal/korea/kor_nw/2/13/1/index.board?bmode=read&bSeq=&aSeq=311886&pageNo=1&rowNum=10&navCount=10&currPg=&sTarget=title&sTxt=>에서 2014년 8월 14일 검색.]

Park, Bu-Kang. "A Study of History of Korea English Education: 1833-1945." Masters' thesis. Seoul national university, 1974. Print.

[박부강, 『한국의 영어교육사 연구: 1883-1945』. 석사학위논문. 서울대학교, 1974.]

Park, Hyun-Jeong and Tacksoo Shin. "Developing and Applying Competitive Power Index of Core Competencies in Higher Education: Based on Graduate Course of Department of Education at "S" University." *Asian Journal of Education* 8.3 (2007): 21-53. Print.

[박현정·신택수. 「고등교육기관 핵심 역량의 구조화 및 경쟁력 지표의 개발과 적용: S대학교 교육학과 대학원 과정을 중심으로」. 『아시아교육연구』 8.3 (2007): 21-53.]

Park, Hyun Jin & Young Hwa Kim. "The Effect of Family's Cultural Capital and Social Capital on the Improvement of Students' English Academic Achievement: A Latent Growth Model Analysis." *Korean Journal of Sociology of Education* 20.4 (2010): 55-82. Print.

[박현진·김영화. 「가정의 문화자본과 사회자본이 영어학업성취에 미치는 영향에 대한 잠재성장모형 분석」. 『교육사회학연구』 20.4 (2010): 55-82.]

Ryan, Richard. M and E. L. Deci. Intrinsic and Extrinsic Motivations: Classic Definitions and New Directions. *Contemporary Educational Psychology* 25 (2000): 54-67. Print.

Seo, Han-Sol and Tae-Young Kim. "Investigating the Effectiveness of Early Study-abroad English Language Training: Focusing on Elementary, Middle, and High School in Jeollabuk-do." *The Journal The Research Institute of Korean Education* 33.1 (2015): 101-25. Print.

[서한솔 & 김태영. 영어 조기어학연수의 효과성 검증: 전라북도 초·중·고등학교를 중심으로.『한국교육문제연구』33(1) (2015): 101-25.]

Seth, Michael. J. *Education Fever: Society, Politics, and The Pursuit of Schooling in South Korea*. Honolulu, HI: University of Hawaii Press, 2002. Print.

Shin, Dong-Il, and Woo-Jin Shim, "Historical Review of English Language Education in Korea: Using Both Newspaper Articles and Academic Works." *Modern English Education* 12.3 (2011): 252-82. Print.

[신동일·심우진.「한국 영어교육의 역사적 고찰: 신문기사와 학술자료를 기반으로」.『현대영어교육』12.3 (2011): 252-82.]

Shin, H. "Gireogi Gajok": Transnationalism and Language Learning." Diss. University of Toronto, 2010. Print.

Shin, Soon-Bum. "The Study on a Kitsch Phenomenon in TV Advertisements." *Korea Higher Vocational Education Association* 4.4 (2003): 673-81. Print.

[신순범.「TV광고에 나타난 키치현상에 관한 연구」.『한국전문대학교육연구학회논문집』4.4 (2003): 673~81]

The Ministry of Education. "Explanation in Connection with Absolute Evaluation English Items in Korean SAT". 27 Aug. 2014. Web. 21 Jan. 2015.

[교육부. "수능 영어 절대평가 검토 관련 설명." 2014. 8월 27일. <http://mest.go.kr/web/100027/ko/board/view.do?bbsId=295&pageSize=10&currentPage=12&encodeYn=Y&boardSeq=56454&mode=view>에서 2015년 1월 21일에 검색.]

Tudor, Daniel. *Korea: The Impossible Country*. North Clarendon, VT: Tuttle, 2012. Print.

Underwood, Horace H. *Modern Education in Korea*. New York: International Press, 1926. Print.

Yoon, Ji-Kwan. "The Oppression of English: Its Origin and Structures." *In/Outside* 12 (2002): 10-32. Print.

[윤지관.「영어의 억압, 그 기원과 구조」.『안과밖』12, 2002 : 10-32]

연/습/문/제

I. 다음 문장을 읽고 사실이면 T, 거짓이면 F에 표기하세요.
  1. 정기간행물의 경우에는 검색 날짜를 표기한다. (T / F)
  2. 학술지의 특별 호 전체를 인용하기 위해서는 해당 호의 편집자 및 제목을 표기한다. (T / F)
  3. 기자 이름이 명시된 신문기사를 인용할 경우, 신문사 명을 저자 취급한다. (T / F)
  4. 인터넷으로도 구할 수 있는 서적이라면 출판도시를 생략하고 Retrieved from http://www.xxxx.xxx.xx 식으로 적을 수 있다. (T / F)
  5. 저자 또는 편집자가 없는 온라인 사전이나 참고문헌을 참고문헌 목록에 정리할 경우, 출판 연도 위치에 검색 연도를 표기한다. (T / F)

II. 다음 문장의 빈칸에 들어갈 알맞은 말을 채우세요.
  1. 인터넷 상으로 먼저 공개된 학술지 논문의 사전 공개 버전을 인용할 경우, 소괄호 속의 출판연도에는 영어로 _____, 한글로는 _____(이)라고 적는다.
  2. 한글로 작성된 논문이 영어 초록 및 영문 저자명, 소속기관이 없는 경우에는, 한글 제목을 _____하여 발음 나는 대로 표기한다. 발음 나는 대로 알파벳을 적은 후 _____ 안에 영어로 번역한 제목을 적는다.
  3. 참고문헌에 저자가 8명 이상인 경우, 앞에 ___명까지를 적고 ... 로 마침표를 세 개 찍은 후 _____의 이름을 적는다.

제11장

논문 작성 과정 및 제출시의 유의점

갖은 고생을 겪어 가면서 논문을 완성하여 초안과 논문 최종 심사본을 제출하고, 논문 심사를 받는 경험은 인생에서 기억에 남는 힘든 과정 중 하나이고, 먼 훗날 돌이켜 보면 젊은 날에 최선을 다했던 나의 모습으로 기억되는 멋진 경험이 될 것입니다. 이번 장에서는 논문을 한참 작성하고 있거나 논문 초고 혹은 심사본을 제출할 때의 유의사항에 대해서 하나하나 살펴보도록 하겠습니다. 오랜 논문 지도 경험에서 나오는 조언들이니 반드시 유의하여 실천하도록 하세요.

1) 백업은 매일 적어도 두 군데 이상의 저장 공간에 해 둘 것

몇 년 전에 외부 대학에 출강을 한 적이 있습니다. 그곳에서 친하게 지내던 박사과정 대학원생 중 하나가 그 학기에 박사 논문 심사를 앞두고 논문을 최종적으로 수정해서 심사본을 제출하려고 했습니다. 그 대학원생은 조그만 휴대용 USB에 본인의 박사 논문 자료, 논문 초안, 수정본, 심사본 파일 일체를 담아 저장하고 있었습니다. 다른 곳에 직장이 있는 박사과정생이었으므로 직장과 학교를 번갈아 옮겨 다니며 논문 초안을 작성하려니 당연히 편리한 USB를 활용하였던 것이지요.

불행은 이렇게 시작되었습니다. 학교 컴퓨터실에서 작업하던 USB 드라이브가 컴퓨터 바이러스에 감염된 것을 모르고 있던 이 학생은 논문 심사일이 잡혀 더욱 열심히 논문을 수정하였습니다. 그러던 어느날 갑자기 집 컴퓨터에서 USB 드라이브가 인식되지 않았습니다. 너무나 놀라서 집 근처 컴퓨터 수리점에 가서 알아보니 USB가 바이러스에 감염되어 파일들이 삭제되었다는 것입니다. 바이러스 전문 복구점에서 복구를 시도했지만 논문 파일의 절반 이상은 이미 사라진 후였고, 이 학생은 그 학기에 박사 논문 심사를 진행할 수 없게 되어 결국 다음 학기에 심사를 받게 되었습니다.

 매우 끔찍한 사건이지만, 우리는 일상적으로 컴퓨터 파일이 사라졌다는 소식을 듣습니다. 대범한 관점에 본다면 '뭐 한 학기 정도야 그럴 수도 있지'라고 넘길 수 있겠지만, 논문 파일이 사라진다는 것은 각자 논문 심사와 학위 과정 졸업 이후에 세워 두었던 소중한 개인적 계획들이 모두 물거품이 된다는 것을 의미합니다. 매우 비과학적인 미신과 같은 이야기입니다만, 이상하게도 파일이 사라지는 것은 컴퓨터를 잘 모르는 사람들에게 더 자주 발생하고, 논문 심사 기간이 다가오거나 기말 페이퍼 제출 시간이 임박했을 때 더 자주 일어납니다. 이러한 불상사를 미리 방지하기 위해서는 다음과 같은 철저한 사전 준비가 몸에 배어 있어야 합니다.

 첫째, 컴퓨터 바이러스 검사를 매일 정해진 시간에 철저히 하시기 바랍니다. 여러분이 학교에 있다면 사용하는 컴퓨터에 컴퓨터 백신 프로그램이 깔려 있고 실시간 감시 기능이 활성화되어 있는지를 미리 점검한 다음 여러분의 파일을 열기 바랍니다. 대부분의 대학들이 상업용 백신(예: V3, 알약)을 만드는 컴퓨터 소프트웨어 제조사와 라이센스 계약을 맺고 있으므로 캠퍼스 내에서는 이러한 프로그램을 통해 컴퓨터를 보호받을 수 있습니다. 캠퍼스 밖에서의 개인 용도로는 알약 등의 개인용 무료 프로그램 등이 있으므로 이를 개인 PC에도 설치하여 늘 실시간 감시 기능을 통해 안전한 컴퓨터 환경을 만들어야 합니다. 또한 컴퓨터를 사용하지 않는 시간에는 가급적 매일 컴퓨터 바이러스 검사를 예약검사 기능을 통해 실행할 수 있게 해야 합니다. 실시간 감시 기능을 활성화하더라도, 간혹 이미 감염되거나 새롭게 감염된 파일을 인식하지 못하는 경우도 있으므로 매일 정해진 시간에 예약 검사가 실행될 수 있게 하십시오. 예를 들어 점심 식사 시간인 오후 1시 전후에 예약 검사가 시행되게 하는 것도 한 가지 팁이고, 만일 밤에도 컴퓨터 전원을 켜 두어야 한다면 심야 시간에 검사 예약을 해 두세요.

 둘째, 자료 백업을 주기적으로 하십시오. 논문을 쓰는 과정에서 자료 수집, 분석, 코딩, 해석, 논문 초안, 수정본, 재수정본, 심사본, 최종본 등 매우 복잡한 자료들이 여러 군데에 저장됩니다. 폴더를 만들어서 체계적으로 정리할 수 있도록 하시고, 정리된 폴더 속에 저장된 파일들을 규칙적으로 백업해야 합니다. 학위논문을 한참 쓸 때에는 매일 저녁 잠자리에 들기 전에 백업을 실시해야 합니다. 백업은 시간이 지난 후에도 쉽게 알아볼 수 있는 파일명을 가지고 있어야 합니다. 예를 들어 논문 제목을 간단하게 쓰고 뒤에 괄호로 연원일시간을 넣어 두면 몇 월, 몇 일, 몇 시에 했는지를 알 수 있지요. "영어 학습 동기연구[201511131540]"라는 이름으로 저장하면 내 논문 제목이 "영어 학습 동기연구"이고 2015년 11월 13일 오후 3시 40분에 저장된 백업본(本)이라는 것을 쉽게 알 수 있습니다. 만일 논문을 한참 집중해서 쓰는 날이라면 아래 한글 혹은 MS-word의 자동 저장(auto save) 메뉴에서 자동으로 저장되는 시간 간격을 매우 촘촘하게 해 둔다면 실수로 파일을 날리더라도 sav 파일이 생성되어 있으므로 자동으로 저장된 파일을 살릴 수 있기도 합니다. 하지만 어떤 경우에는 자동 저장 설정을 해 두었음에도 불구하고 불의의 사고로 저장 파일을 불러 올 수 없는 경우도 있으므로, 최선의 방법은 수작업으로 가급적 자주 연원일시간을 모두 넣어서 파일을 저장하는 것입니다. 비슷해 보이는 파일이 수 십 개 혹은 수 백 개가 생성되어서 어지러워 보일 수 있습니다. 이때에는 매달 혹은 매주 간격으로 폴더를 만들어서 그 기간에 속하는 파일을 모아서 저장하는 것도 하나의 방법이 되겠습니다.

셋째, 가장 중요한 것으로 반드시 이 시간 이후부터 여러분들이 하셔야 하는 것은, 중요한 논문 및 대학원 공부 자료를 여러 곳에 복수로 저장해야 한다는 것입니다. 위에서 언급한 불운한 박사과정 학생의 가장 큰 문제점은 단 한 곳의 USB에 자료를 저장하였다는 점입니다. USB는 보조 저장 장치로서는 매우 유용하게 쓸 수 있습니다만, 이것을 주(主) 저장 장치로 믿고 쓰다 보면 언젠가는 정말로 큰 문제가 생길 수 있습니다. USB는 단단해 보이는 플라스틱 혹은 알루미늄 재질의 몸체에 비해 충격에 약한 편이고 바이러스에 감염되기 쉬운 저장장치입니다. 또한 가볍고 작다는 것이 우리에게 편리함을 줌과 동시에 도난 및 분실의 위험 역시 가져다줍니다. 너무 작고 편리해서 학교 공용 PC에 꽂아두고 그냥 오거나, 누가 집어가는 일이 자주 있고 이때 그 안에 담긴 소중한 내 자료와도 영영 작별이지요. 요즘에는 USB의 용량이 64기가 혹은 128기가 등으로 대용량이 판매되고 있으므로 많은 학생들이 USB를 애용하지만 결코 소중한 논문 자료 저장을 위해서는 신뢰할만한 저장 매체가 아니라는 것을 잊지 마십시오. 따라서 저장을 위해서는 컴퓨터 본체, 외장 하드 드라이브, 본인의 이메일에 첨부 파일로 보내기, 클라우드(cloud) 서비스 등을 이용하는 것을 권장합니다. 주기적으로 이처럼 3-4개의 다른 저장 장치에 자신의 논문 자료를 저장하여 둔다면 천재지변, 국가변란 사태 등을 포함한 각종 사건사고가 발생해도 비교적 안전하게 자료를 보관할 수 있습니다. 특히 자신이 애용하는 이메일 중 용량이 넉넉한 것(예를 들어 G메일)을 골라서 주기적으로 나 스스로에게 이메일 문서로 논문 작업 파일을 첨부해서 보내는 방법을 추천할 만합니다. 매우 특수한 경우입니다만 예전에 국내 메일들이 정치적 이유로 해킹이 되었다는 뉴스를 본 적이 있으므로 저는 개인적으로 해외에 서버를 두고 있는 G메일을 선호하는 편입니다.

위와 같은 점을 정리해서 생각해 본다면 논문을 쓰는 것도 중요하지만 쓴 논문 파일을 여러 곳에 가급적 짧은 주기로 확실하게 저장해 두는 것 역시 그것 못지않게 중요하다는 것입니다. USB는 보조적 저장장치로서만 생각해 주시고 중요한 파일은 USB 이외의 다른 저장 장치를 사용해 주세요.

2) 기본적인 맞춤법과 띄어쓰기를 점검하면서 글을 쓸 것

맞춤법과 띄어쓰기 규칙을 준수하는 것은 기본 중의 기본입니다. 여러분이 보통 논문을 작성하게 되는 아래 한글에서는 틀린 글자를 쓰면 기본적으로 하단에 붉은 색 점선 줄 표시가 나타납니다. 이러한 붉은 색이 나타난 부분을 유심히 검토하여 맞춤법이나 띄어쓰기에 있어 문제점이 없도록 하십시오. 논문 심사를 받기 위한 심사본에 오타가 있거나 띄어쓰기가 틀린다면, 그 논문 역시 그 정도 수준에 불과합니다. 정성들여 작성한 논문이 오타와 띄어쓰기 때문에 정당한 평가를 못 받을 수도 있다는 점에 각별히 유의하십시오.

특히 띄어쓰기 부분에 있어서 대체적인 기준은 '잘 모르겠다면 띄어 쓰라'는 것입니다. 이미 설명 드렸듯이 국립국어원 홈페이지에 들어가면 어휘를 검색할 수 있는 검색창이 보이고 여기에 여러분이 관심 있는 단어를 집어넣어서 표제어로 검색된다면 그것은 한 단어입니다. 만일 검색되지 않는다면 그것은 띄어쓰기를 하여야 합니다.

아래 사항은 제가 오랫동안 대학원생 논문 지도를 하면서 학생들이 자주 틀리는 사항을 제시한 목록입니다. 여러분은 이러한 글을 쓰지 않도록 유념하기 바랍니다.

- 참고문헌을 인용할 때 동일한 저자가 같은 해에 작성한 문헌을 두 개 이상 내 논문에서 인용할 때만 연도 뒤에 a나 b를 붙여야 하는데, 이유 없이 Brown(2007b)처럼 작성하는 경우가 있습니다. 이 경우는 대부분이 다른 학자가 쓴 글을 정당한 표기 없이 재인용하다가 일어나는 실수이므로 제출한 학생의 학문적인 나태함을 드러내는 무분별한 행동입니다.
- 영어 논문에서 소유격을 나타내기 위한 's 뒤에 출판연도가 와야 함. 예를 들어, "McKay's (2005) argument seems ..." 로 작성하는 것이 맞는데, "McKay (2005)'s argument seems..." 로 작성하는 경우
- 한글로 작성된 글에서 저자 뒤에 괄호 속에 출판연도를 넣은 뒤에 조사가 맞지 않는 경우. 예를 들어, "Ellis(1998)은 다음과 같이 반박한다"로 쓰면 안 되고, "Ellis(1998)는 다음과 같이 반박한다"로 써야 합니다. 즉, 연도와 무관하게 저자 이름 뒤에 조사가 일치되어야 한다는 점입니다. Ellis는 '엘리스'라고 읽고 이 뒤에는 '은'이 아니라, '는'으로 해야 합니다.
- 한글 본문에서 서양인 학자를 2인 이상 언급할 때 &를 쓰는 경우. 예를 들어 "Canale & Swain(1980)의 의사소통능력 구분은..."과 같이 쓰면 안됩니다. 올바른 표기는 "Canale와 Swain(1980)의 의사소통능력 구분은..."으로 서양인 이름 뒤에 해당 발음에 적합한 조사인 '와/과'를 붙여야 합니다.
- 한글 논문에서 참고문헌을 본문에서 나타내기 위한 괄호의 앞은 붙여야 함. 예를 들어, "Lantolf(1998)는 사회문화이론을 다음과 같이 정의한다"라는 표현에서 "Lantolf" 뒤의 괄호 앞에 띄어쓰기를 하여 "Lantolf (1998)는 사회문화이론을 다음과 같이 정의한다"로 쓰면 안된다는 말입니다.
- 한 장(章)이나 절(節) 안에 더 작은 단위의 소제목을 붙인다면 적어도 두 개 이상의 소제목으로 구성해야 하고, 단 하나의 소제목만이 나타나면 안 됨. 예를 들어. I. 서론 장(章)의 1.1. 연구의 필요성이라는 절(節)에 "1.1.1. 우리나라의 영어교육 현황"이라는 소제목을 구성하여 글을 구성했다면, 반드시 "1.1.2. ... "로 다른 내용을 나타내는 소제목과 글을 붙여야 한다는 의미입니다. 단 하나로만 1.1.1.이 구성되고 1.1.2.가 없다면 곤란합니다.

3) 참고문헌 목록에 누락된 것이 있는지 살펴보고 또 본문에 언급한 참고문헌만 뒤의 목록에 있는지를 체크할 것

위와 마찬가지 이유로 참고문헌 목록은 APA 스타일에 정확히 부합되어야 합니다. 또 본문에서 언급한 논문만을 빠짐없이 참고문헌 목록에 제시하여야 합니다. 이 내용은 8-10장에서 APA에 대해서 상세한 설명을 하였으므로 여기에서는 생략합니다.

4) 맞춤법, 띄어쓰기, 참고문헌, 표 및 그림 번호, 페이지 번호 등은 일괄적으로 한 번에 한 항목씩을 전체적으로 점검할 것

논문은 페이지가 짧게는 몇 십 페이지, 길게는 몇 백 페이지에 이르는 장문의 글이므로 우리의 집중력이 떨어지는 경우에는 편집상의 오류가 쉽게 발생할 수 있습니다. 또 논문을 쓰고 수정하는 과정이 반복되면서, 애초에는 앞 페이지에 있던 내용을 뒤로 옮기고 반대로 뒤의 것을 앞으로 복사해서 자른 후 위치를 바꾸는 작업을 몇 번이고 하다 보면 페이지 번호나 표, 그림 번호 등이 뒤죽박죽으로 섞이게 됩니다. 따라서 형식적인 면에 해당되는 국문, 영문 맞춤법, 띄어쓰기 등이 틀리는 경우도 있고, 참고문헌의 APA 스타일 준수 여부, 표와 그림마다 붙이는 일련 번호, 페이지 번호가 올바르게 찍혔는지 등을 일괄적으로 하나하나 각개격파하듯 살펴보는 것이 필요합니다.

논문의 내용이 중요한 것은 분명한 사실입니다만, 형식을 갖추지 못한 논문은 일단 읽기가 싫어지는 것이 인지상정입니다. 형식이 잘 맞추어져 있어야 읽을 마음이 생기는 것이고, 그 이후에야 내용이 눈에 들어오는 것은 논문 심사위원 교수들이나 독자들이나 모두 마찬가지입니다.

이러한 형식적인 편집상의 사항들은 한 번에 하나씩, 한 항목을 쭉 끝내고, 다음에는 다른 항목으로 넘어가서 또 끝내고 하는 것이 좋습니다. 예를 들어, 처음에 총 137페이지인 내 석사 논문의 페이지가 올바르게 1페이지 서론부터 페이지 번호가 1, 2, 3, 4, 5, 6, 7, 8, 9, 10 이렇게 잘 찍혀 있는지 137페이지까지 모두 점검한 다음, 이상이 없다면 다음에는 표 일련번호가 <표 1>, <표 2>, <표 3> 이런 순으로 잘 나와 있는지 혹시 <표 1>다음에 <표 3>이 나온 것은 아닌지 표 일련번호만 쭉 체크하는 식으로 진행하는 것이 좋습니다.

만일 비슷한 시기에 논문을 제출하는 동료 대학원생이 있다면 품앗이하듯 서로의 논문을 검토해 주는 것도 하나의 방법이 될 수 있겠습니다.

5) 가능하다면 많은 다른 대학원생 동료들에게 내용 및 형식 피드백을 받아 제출할 것

일반적으로 말씀드리면 동료 피드백은 다다익선(多多益善)입니다. 대학원 석·박사과정에 있는 동료들에게 여러 가지 피드백을 받아 보세요. 특히 내 글의 뜻이 잘 통하는지 비판적으로 꼼꼼하게 읽어 달라고 부탁해 보세요. 이것도 역시 품앗이 개념으로 나도 나중에 다른 사람의 글을 검토해 주겠다는 마음이 있어야 합니다. 강조하였듯이 한국어 문장이 세 줄 이상 넘어가게 되면 대부분의 경우에는 뜻이 이상해지거나 매우 모호한 문장이 됩니다. 따라서 내가 만연체 문장을 쓰는 것 같다면 동료에게 문장을 잘라 달라고 부탁하거나 의견을 적어 달라고 부탁해 보세요.

보통 성격이 치밀한 동료에게는 형식적인 부분까지 부탁할 수 있고, 성격이 대범한 동료에게는 내용상의 의견을 부탁할 수 있겠습니다. 따라서 여러 명에게 부탁하는 것이 도움이 됩니다. 하지만 상대 동료의 학문적 성향이 나와 매우 다르거나 수준이 미흡한 경우에는 피드백을 받아도 오히려 혼선이 가중될 수 있으므로 역시 유의해야 합니다.

간혹 교육대학원 대학원생을 지도하다보면 야간 수업을 받을 때만 잠시 만나기 때문에 친한 동료가 없다고 걱정하는 경우도 있습니다. 이때에는 주변에 학력 수준이 비슷한 친구 혹은 가족의 도움을 받는 것도 차선책으로 고려할 수 있습니다. 대학원에서 비슷한 교육을 받은 동료 피드백보다는 못하겠지만, 일단 좋은 글은 정상적인 대학교육을 받은 사람이라면 크게 어렵지 않게 이해할 수 있게 논리정연해야 하므로, 가족이나 친구의 도움을 받는 것도 도움이 됩니다. 다만 평소에 친하게 지내기 때문에 심각한 피드백을 주지 못하는 경우가 있으므로 부탁할 때 아예 이런저런 구체적인 사항을 부탁해서 심도 있는 피드백을 받을 수 있게 해야 합니다. 하지만 다시 강조합니다만 이는 차선책이지 최선책이 아닙니다. 피드백을 안 받는 것 보다는 낫다는 말이지 대학원 동료 피드백보다 더 낫다는 뜻이 아닙니다.

한글이든 영문이든 내가 작성한 문장 자체가 매우 이상한 경우에는 윤문 서비스

(proofreading service)를 이용해야 하는 경우도 있습니다. 글 쓰는 것에 매우 자신이 없거나 촉박하게 논문을 썼다고 스스로 생각된다면 비용을 지불해서도 글의 가독성을 높일 수 있는 한글 혹은 영문 윤문 서비스 이용을 고려해 보세요.

6) 적어도 학위논문의 영문 제목과 영문 초록은 관련 전공 학위를 지닌 교양 있는 원어민의 교정을 받는 것을 추천함

다른 사람에게 피드백을 받으라는 위의 조언은 특히 영어 제목이나 영문 초록에 더욱 중요합니다. 이는 여러분의 영어 능력이 어떤 기준으로 보던 간에 최상위권이어서 UN과 같은 국제 기구에서 일하기에 지장이 없다면 해당되지 않는 조언일 수 있습니다. 하지만 절대 다수의 한국인들에게 영어는 외국어 혹은 모국어가 아닌 제2언어이므로 영어 제목과 영문 초록에 대한 철저한 검토가 필요합니다. 내용 및 형식(어법, 어휘) 상으로도 교양 있고 세련된 영문으로 작성되어야 한다는 뜻이지요.

따라서 영어교육 혹은 응용언어학을 전공한 원어민 교수 혹은 교양 있는 원어민이 여러분이 작성한 영문에 대한 윤문(proofreading)을 할 필요가 있습니다. 논문 심사 과정에서 심사 교수 중 일부는 영문 제목이나 영문 초록의 미비를 가지고 심사에서 꼬투리를 잡는 경우도 간혹 있으므로, 이를 명심해서 사전에 충분한 시간을 두고 영문 제목과 초록의 정확성 및 유려함에 만전을 기할 수 있도록 해야 합니다.

노파심이지만, 영어 원어민이라고 하여 모두가 이러한 교정을 잘 할 수 있는 것이 결코 아니라는 것에 유념해 주세요. 윤문이나 문장 교정은 사실 특수한 재능일 수 있습니다. 우리 모두가 한국인이기 때문에 한국어 문장의 문법과 어휘를 100% 정확하게 사용하고 있다고 확신할 수 없는 것과 마찬가지 이치입니다. 따라서 주변에서 만나게 되는 원어민 중 자격이 있는 원어민만으로 한정하여 윤문 작업이 이루어질 수 있도록 해야 합니다. 영어 논문 교열 업체 등도 있으므로 검색하여 공신력 있는 교열을 하도록 하세요. 최근 일부 대학에서는 영문교열을 실비 혹은 무료로 대학원생들에게 제공하는 경우도 있으니 해당 대학원에 확인해 보는 것도 좋은 방법일 것입니다.

7) 모든 페이지에 페이지 번호를 매길 것, 또 전체 페이지를 명시할 것

제가 지도학생들에게 당부하는 것 중 하나는 앞으로 여러분의 인생에서 두 페이지 이상의 글을 쓸 때에는 반드시 페이지 번호를 해당 페이지 하단에 명시하라는 것입니다. 페이지 번호가 없다면 논문 자료를 논의할 때 한참을 찾아야만 해당 자료를 겨우 발견할 수 있고, 논문에서도 몇 페이지 몇째 줄이라고 하면 편리한 것을 '에~ 거기 그 2.3 절, 거기 셋째 장에서 몇째 줄' 이런 식으로 에둘러 말해야 하므로 시간도 오래 걸리고 매우 불편합니다.

논문 심사를 받는 단계에서 페이지 번호를 매기는 것은 더욱 중요합니다. 드물기는 하지만 복사실에서 논문을 프린트하고 스프링 제본을 한 후 심사본을 제출할 때, 간혹 본문의 페이지가 누락되거나 백지로 출력되기도 하고 두 장이 연달아 나오거나 하는 경우가 있습니다. 만일 페이지 번호가 없다면 누락된 페이지를 알 수 없게 되어 논문 심사를 받는 학생에게 불이익이 갈 가능성이 있습니다. 따라서 앞으로는 두 페이지 이상의 복수의 페이지에는 하단부에 반드시 페이지 번호를 명시하도록 하십시오.

만일 여러분의 성격이 더 꼼꼼한 경우에는 전체 페이지를 명시하고 해당 페이지를 다시 쓰는 것도 추천할 만합니다. 예를 들어 전체 논문이 137페이지이고 해당 페이지가 48페이지라면 48/137 혹은 137페이지 중 48페이지, 영문이라면 48 out of 137 등으로 써 둔다면 매우 치밀한 논문 심사본이라는 인상을 줄 수도 있고, 위와 같은 누락 혹은 중복의 염려에서 비교적 자유로울 수 있습니다.

8) 학위논문 심사본인 경우에는 스프링 제본 등을 하고 맨 앞 장에는 연락처 정보를 포스트잇에 적어서 같이 심사 교수께 드릴 것

논문 심사본에는 맨 앞장에 눈에 잘 보이게 접착 메모지(Post-it) 혹은 색깔 있는 메모지 등으로 떨어지지 않게 본인의 연락처를 적어서 붙여 두십시오. 심사본을 검토하다가 심사위원 교수가 연락할 일이 있거나, 논문 심사 일정에 변동이 있거나, 여러 사정으로 학과 사무실 혹은 심사위원 등이 여러분에게 연락할 일이 생길 수 있습니다. 따라서 여러분의 핸드폰 번호, 직장 전화 번호, (괜찮다면) 집 전화번호,

이메일, (괜찮다면) 직장 혹은 집 주소 등을 명시해 두세요. 긴급한 연락이 있을 때 연락이 안 되면 지도교수 혹은 심사위원 교수가 매우 불편하거나 당황할 수 있습니다. 또한 위와 같은 정보 이외에도 특이 사항이나 심사위원이 참고해야 하는 사항을 기록해 두는 것도 좋습니다. 예를 들어 "10월 13일에서 18일까지는 해외 출장이 있어서 연락이 안 되거나 회신이 늦을 수 있사오니 널리 양해해 주십시오"등과 같은 특이 사항을 기록하는 것도 예의바른 행동입니다.

9) 가급적 전체 원고를 드릴 것

논문 심사본을 제출하는 경우에는 시간이 없거나 심사위원 교수의 특별한 요청이 있다면 각 장(chapter) 별로 심사본을 제출하기도 합니다. 하지만 이런 경우는 상당히 예외적인 경우로서 대부분의 경우에는 논문의 목차, 본문, 국/영문 초록, 참고문헌, 부록 등을 모두 포함한 완성된 형태의 심사본을 제출하게 됩니다.

대부분은 논문의 분량 때문에 스프링 제본된 상태의 심사본을 제출합니다. 논문 지도교수의 의견을 받기 위한 초안, 수정안 등에는 집게 혹은 클립으로 찝어서 제출하는 것도 보통은 가능하지만, 지도교수의 선호에 따라 스프링 제본된 것을 원하기도 혹은 아무 것도 하지 않고 서류 봉투 등에 담아서 제출하기를 원하는 교수 등 다양하므로 각자의 지도교수께 문의 드리는 것이 좋습니다.

다만 자신의 지도교수의 피드백을 받는 단계를 지나 실제 논문 심사를 받는 단계라면 특별한 경우가 아니면 보통 스프링으로 철한 가제본 상태의 완성된 심사본을 드리는 것이 예의에 부합합니다.

10) 논문 심사에서 양질의 피드백을 받기 위해서는 적어도 2주(석사)에서 4주(박사) 정도의 여유 시간을 가지고 심사 위원께 드릴 것

현대인은 모두 바쁘게 삽니다. 이 책을 읽는 여러분도 학업 혹은 직장일, 가정사 등으로 매우 바쁘게 살고 있을 것으로 저는 확신합니다. 저 역시도 바쁘고 여러분들의 지도교수도 저만큼 혹은 그 이상 바쁠 것입니다. 세상사가 모두 그렇듯 당연한 것은 없고, 지도교수나 논문 심사위원 교수 역시 논문을 내가 언제 갖다 주어도 읽어서 피드백을 주고 심사를 진행하는 것이 당연한 것이 아닙니다. 바쁜 일정 속에 충분히 시간적인 여유를 가지고 논문 검토가 이루어지기 위해서는 논문의 학문적 수준이 상대적으로 깊지 않은 석사 논문의 경우에는 늦어도 2주 전에는 심사 위원 교수에게 전달되어야 하고, 심도 있는 내용이 전개되는 박사 논문의 경우 4주 전에는 심사 위원 교수의 손에 전달될 수 있어야 합니다. (물론 이러한 기한은 개략적인 것이므로 지도교수나 학과의 방침에 따라 조절됩니다.)

노파심에서 덧붙이자면 학위논문을 제출하고 통과됨으로서 아마도 여러분은 평생 동안 그 학위 타이틀인 석사(M.A. 혹은 M.Ed.)나 박사(Ph.D. 혹은 Ed.D.)를 사용하게 될 것입니다. 또 그것을 목적으로 애초에 학위과정을 시작한 분들도 많고요. 이렇게 평생 동안 사용할 수 있는 강력한 무기인 학위를 받고자 그 심사본을 제출하는 대학원생의 입장에서는 당연히 심사본을 심사 위원 교수를 직접 만나 전달하는 것이 이치에 맞습니다. 따라서 심사본의 스프링 제본이 완성되었다면 신속히 심사 위원으로 선정되신 분께 전화 혹은 이메일을 드려서 사전에 시간과 장소를 정하여 직접 만나 전달해 드리는 정성이 필요합니다. 만일 전화나 이메일을 통해 상대 심사 위원 교수가 학과 사무실 혹은 연구실에 맡겨 두라, 혹은 우편으로 보내라 등 선호하는 방식이 있다면 그렇게 하도록 하십시오. 어찌되었던 최선의 방책은 직접 만나서 손으로 전달 드리는 것이라는 점입니다. 아주 드물게 연락 없이 우편함에 논문 스프링제본이 꽂혀 있어 당황스러운 경우도 있습니다. 뭔가 이 학생에게 긴급한 사연이 있을 것이라고 넓은 마음으로 이해하고 싶지만 일단 마음이 불편한 것이 사실입니다.

논문 작성 및 제출시 다음과 같은 사항들을 점검해 보세요.

✓ 체크리스트

☐ 매일 두 군데 이상의 저장 공간에 백업하고 있는가?
☐ 맞춤법과 띄어쓰기를 점검하면서 글을 쓰고 있는가?
☐ 참고문헌을 APA 스타일에 맞게 작성하고 있으며 누락된 사항이 없고 본문에 언급한 논문만을 제시하고 있는가?
☐ 논문 전체에 대해 한 번에 한 항목씩(맞춤법, 띄어쓰기, 참고문헌, 표 및 그림 번호, 페이지 번호 등)을 일괄적으로 점검하였는가?
☐ 가능한 많은 피드백을 다른 대학원생 동료들에게 받아서 논문에 반영하였는가?
☐ 최소한 논문의 영어 제목과 초록 부분을 관련 전공의 학위를 취득한 원어민에게 교정 받았는가?
☐ 모든 페이지에는 페이지 번호를 매겼고 심사본에는 본문 전체 페이지도 명시하였는가?
☐ 심사본은 스프링제본으로 준비하여 맨 앞장에 자신의 연락처에 대한 메모를 붙였는가?
☐ 예의에 어긋나지 않도록 논문의 전체 원고를 준비하여 논문 심사위원 교수들께 제출하였는가?
☐ 양질의 피드백을 받기 위해 2주(석사)에서 4주(박사) 정도의 여유 시간을 가지고 심사위원께 제출하였는가?

연 / 습 / 문 / 제

I. 다음 문장을 읽고 사실이면 T, 거짓이면 F에 표기하세요.
  1. 논문은 최대한 자주 여러 저장 매체에 백업한다. (T / F)
  2. 한글로 작성한 논문 본문에서 서양인 학자를 2인 이상 언급할 때 &를 사용한다. (T / F)
  3. 한글 논문에서 참고문헌을 본문에서 나타내기 위한 괄호의 앞은, "Lantolf (1998)는"처럼 띄어 쓰지 않고 붙여서 표기한다. (T / F)
  4. 논문 작성 시 동료 피드백을 받기 보다는 최대한 혼자의 힘으로 작성한다. (T / F)
  5. 논문 하단부에는 해당 페이지 번호를 꼭 명시한다. (T / F)

II. 다음 문장의 빈칸에 들어갈 알맞은 말을 채우세요.
  1. 학위논문 심사본을 출력한 후에는 _____ 등을 하고 맨 앞 장에는 _____ 정보를 접착 메모지(Post-it) 등에 적어서 같이 심사 교수께 드리는 것이 좋다.
  2. 논문 심사본은 제출할 때는 각 장(chapter)별로 드리기 보다는 _____ 형태로 드리는 것이 좋다.

III. 다음 표현 혹은 문장을 바르게 고쳐보세요.
  1. McKay (2005)'s arguments seems...
  2. Ellis(1998)은 다음과 같이 반박한다.

제12장

학위논문에서 학술지 논문으로의 출판 과정

우리나라의 청년 인구가 장기적으로는 감소하여 앞으로의 미래 사회에서는 청년 1명이 노인 1명 이상을 부양하는 시대가 된다고 합니다. 청년 인구가 감소하면 중고등학교 교사 및 대학교 교수 인원 역시 장기적으로는 감축될 것으로 예상됩니다. 이러한 사회 변화를 감안하여 교육부에서도 장기적으로는 대학의 수준을 엄격하게 평가하여 운영이 잘 되지 않고 있는 대학은 학생 정원을 감축시키는 쪽으로 정책을 입안하고 있습니다.

이러한 한국 사회의 변화는 대학원 진학 후 학위를 취득하시는 여러분들에게도 영향을 끼치게 됩니다. 요즘과 비교했을 때, 불과 한 세대 전 정도만 하여도 학위 취득 후 국내외 학술지에 양질의 논문을 많이 발표하지 않더라도 대학 교원으로 임용되는데 아주 큰 어려움은 없었습니다. 그 당시에 임용되셔서 최근 대학교수 65세 정년을 맞으시는 분들이 평생 작성하신 논문의 편수가 요즘 임용되거나 임용을 앞두고 있는 젊은 박사 학위자들이 이미 출판한 논문의 편수와 비슷하거나 더 적은 경우도 간혹 발견됩니다. 물론 당시의 사회적 분위기가 논문보다는 교육, 그리고 사회 공헌 활동 등에 더 초점이 가 있었던 차이가 있고, 모든 시대에는 그 시대 고유의 어려움이 있으므로 단순히 논문의 양을 기준으로 한 세대 전 대학교수들의 연구 활동을 평가하는 것은 어불성설입니다. 다만 지금의 분위기는 현재의 석·박사 학위자들이 단연코 좋은 논문을, 그것도 많이 출판하여야 대학 강단에 정년트랙(tenure-track) 교원으로 자리 잡기 수월하다는 것을 강조하고자 할 따름입니다.

석·박사 학위논문을 잘 수정하여 학술지 논문으로 출판하면 여러분들이 어려운 여건에서 치열하게 작성하신 학위논문이 단지 학위를 받는 데만 국한되지 않고, 더 많은 독자들이 접하고 더 많은 사람들이 검색할 수 있게 됩니다. 이는 국내외 외국어교육/응용언어학계에 기여를 하는 것이고, 여러분 개인적으로도 경력 관리에 크게 도움이 됩니다. 실제로 논문을 학술지에 출판한 제 석사 지도학생이 논문 출판 경력을 호의적으로 평가한 교장선생님 덕분에 수도권 사립 고등학교에 취업이 된 사례도 있고, 영어교육 관련 출판사에 연구직으로 취업이 되는 경우도 많이 있습니다. 박사 학위자의 경우에는 학술지 논문 출판이 사실상 이후의 대학 교수 임용에 결정적으로 작용하는 것도 사실입니다. 국내 많은 대학에서 대학 교수 공채에서는 단독 1인 저자 기준으로 5편 이상의 저명 학술지 논문을 최소조건으로 요구합니다. 2인 이상의 공저가 많다면 더 많은 논문을 출판해야 이러한 최소 요구 조건을 채울 수 있다는 뜻이지요. 최근에는 명시적으로 SCI급의 국제 학술지에 게재된 논문이 있어야 지원 조건이 충족되는 쪽으로 지원 자격을 까다롭게 하는 대학들도 생기고 있습니다. 이러한 조건들은 '최소' 조건이므로 이것이 충족되지 않는다면 지원 자격 자체가 없게 되는 것입니다.

이러한 사회적 변화 속에서 논문 출판의 필요성은 석·박사 학위자들에게 예전보다 훨씬 더 높아지고 있으며, 최근 10여 년 사이 외국어교육학 및 응용언어학계 관련 논문들도 지도교수와 공저의 형태로 2인 공저로 발표되는 논문들이 급증하고 있습니다. 따라서 이번 장에서는 학위논문을 활용한 학술지 논문 투고와 출판 과정에 대해서 살펴보도록 하겠습니다. 학술논문을 출판하고자 할 때, 논문의 저자, 학술지의 편집장, 출판사는 출판 이전 논문을 윤리적이고 효율적으로 조정해야 할 책임이 있습니다. 이러한 책임과 관련하여 이 장에서는 동료 검토 과정과 저자가 준수해야 할 사항들에 대해 살펴보고자 합니다.

12.1. 논문의 심사 과정

12.1.1 전문가 리뷰 과정

전문가 리뷰란 투고된 논문에 대해 해당 분야의 전문가들의 검증이 이루어지는 것을 의미합니다. 상세 검토, 심층 심사 등으로 불리기도 합니다. 여러분들의 학위논문은 석사 논문의 경우에는 3인의 심사위원, 박사 논문의 경우는 5인의 심사위원이 논의하여 논문 통과 여부를 결정합니다. 이와 유사하게 학술지에 투고된 논문 역시 해당 학술지 편집장이 3인의 전문가에게 심사 의뢰를 하여 논문 심사가 진행됩니다. 논문 심사와 게재를 최종적으로 결정하는 학술지의 편집장은 항상 익명 검토(blind review 혹은 masked review)로 심사를 진행합니다. 따라서 개별 투고자는 누가 내 논문을 심사했는지 알 수 없으며, 알아서도 안됩니다. 마찬가지로 개별 논문 심사자는 이 논문을 누가 작성하였는지 알 수 없으며, 알아서도 안됩니다. 이러한 논문 심사 과정 때문에 이중 익명 검토(double blind review)라는 명칭으로 불리기도 합니다. 동료 검토 기간은 논문의 길이와 복잡성, 검토 위원의 수에 따라 달라 질 수 있지만, 일반적으로 국내 학술지의 경우에는 2개월 내외, 국제 학술지의 경우에는 4-5개월 정도입니다. 그 후 저자는 논문의 평가결과를 이메일로 통보받게 됩니다. 만일 5개월 후에도 투고 논문에 대한 결과를 받지 못한 경우에는 편집장에게 연락을 취하는 것이 좋습니다.

국제 학술지에 논문을 투고한 후 간혹 1주일 전후로 논문 심사 결과가 통보가 오는 경우가 있는데, 이때는 대부분이 탈락(reject) 통보입니다. 이 경우는 논문의 성격과 내용이 해당 학술지의 최근 성격과 매우 상이하다고 편집장이 판단한 경우에 내리는 결정이므로, 이러한 통보를 받게 되면 투고한 논문을 다시 객관적으로 검토하여 더 적합한 성격의 학술지에 투고하도록 해야 합니다. 또한 국제 학술지에 논문을 투고한 후 며칠 지나지 않아 추가적인 요청 사항이 오는 경우가 있습니다. 이 경우는 여러분이 투고한 논문의 형식이나 글자 수 등이 해당 학술지에서 규정하는 바와 다른 경우이며, 이때에는 학술지의 투고 규정을 검토하여 그대로 맞춰서 다시 투고하도록 해야 합니다.

12.1.2. 논문의 게재와 탈락

학술지 논문 심사위원은 투고된 논문의 학문적 우수성, 해당 분야에 대한 독창적인 기여도, 해당 학술지에 대한 적합성 등을 평가하여 편집장에게 이에 대한 결과를 넘겨줍니다. 논문 출판의 최종결정은 편집장이 내리는 것이지만, 검토위원들의 권고에 따라 달라질 수 있습니다. 투고된 논문 중 수정 없이 게재 판정을 받는 경우는 극소수이며, 수정 후 게재, 수정 후 재심사, 탈락 판정 세 가지 중 하나를 보통 받게 됩니다. 대부분의 논문은 한번 이상 수정되어야 하는데, 논문의 저자는 심사위원들의 수정 제안 사항을 가급적 받아들여서 논문의 질적 향상을 위해 노력해야 합니다. 때때로 심사위원의 수정 제안 사항 중 저자가 도저히 받아들일 수 없는 제안을 하는 경우가 있습니다. 예를 들어, 투고한 논문이 이론 중심 혹은 메타 분석 논문인데, 심사위원 중 한 사람이 실험 자료를 제시해야 한다는 제안을 하였다면, 이는 받아들일 수 없는 제안이 됩니다. 이러한 제안을 만일 받아들인다면, 새로운 논문으로 논문의 성격 자체를 획기적으로 변경하여 대부분의 내용을 새로 작성해야 하기 때문입니다. 이러한 경우처럼 저자가 받아들일 수 없는 제안을 하는 경우에는 정중히 왜 이 제안사항을 따를 수 없는지를 조리 있게 서술할 필요가 있습니다. 최근에는 국내외 모든 저널들이 수정 제안 사항이 어떻게 반영되었는지를 문서로 작성해서 제출할 것을 요구하고 있습니다. 따라서 여러분들은 논문의 수정 제안 사항을 어떻게 본문에 반영하였는지를 상세히 기록하거나, 왜 수정 제안 사항을 따를 수가 없었는지를 논리적으로 설명하여야 합니다. 이때 성의 없어 보이게 지나치게 짧게 수정 제안 사항 이행/미이행만을 적게 된다면 편집장에게 좋지 않은 인상을 줄 수 있으므로 유의하세요.

현실적으로 국내 학술지는 논문 투고 후 심사 결과를 통보받고, 잘 진행되어 실제 출판으로 이어지기까지 보통 3-4개월 이내로 상당히 짧은 시간 내에 완료됩니다. 반면 국제 저명 학술지는 논문 투고 후 심사 결과를 받기까지 4-5개월 이상 걸리고, 수정 제안 사항도 매우 많습니다. 따라서 국제 학술지 편집장은 저자가 수정 제안을 받아들여서 논문을 수정하기까지의 시간을 보통 1-2개월을 줍니다. 수정 요구 사항이 매우 많다면 사실 이 기간도 결코 긴 기간이 아닙니다. 필요시 1, 2회 정도는 편집장에게 논문 수정 제출 기한을 연장하여 달라는 연락을 이메일로 취할 수도 있습니다. 국제 학술지에서 이러한 수정 과정을 2-3회 이상 거치다 보면 최종적으로 논문이 출판되기까지의 시간이 매우 길어지게 됩니다. 짧게는 1년 반 정도에 출판되지만 길어지는 경우에는 3년 이상까지 걸리기도 합니다. 따라서 여러분들이 논문을 투고할 때 국내외 학술지의 출판 시간이 이 정도 걸린다는 것을 미리 감안하여 여러분들의 스케줄을 짜시길 바랍니다.

공들여 작성한 논문이 탈락하는 경우도 자주 발생합니다. 논문이 탈락되는 이유는 다양합니다. 투고자의 입장에서는 자신이 투고한 논문이 학술적 깊이가 없거나 가치가 없기 때문에 탈락했다고 자책하기 쉽습니다. 하지만 여러 국제 학술지의 편집장들이 공통적으로 언급하는 논문 탈락의 가장 큰 원인은 투고한 학술지의 학문적 관심사와 내 투고 논문의 성격이 다르기 때문입니다. 이 경우에는 투고 후 오래 지나지 않아 탈락 결정 이메일을 받게 됩니다. 논문 심사 과정을 거친 후 탈락하는 경우도 많은데, 이 경우에는 비록 탈락하였지만 심사위원 2-3인의 심도 있는 견해를 들을 수 있다는 긍정적 효과가 분명히 존재합니다. 권위 있는 국제 학술지일수록 탈락률이 급증하게 되며, 신생 국내 학술지의 경우에는 비교적 높은 게재율을 보입니다.

논문이 탈락되는 경우에 명심해야 할 것은 논문의 수준이 미흡해서 탈락하는 경우라도 그것이 나의 학문적 재능이나 성실성, 인간성에 대한 공격이 아니라는 점입니다. 단지 투고한 그 논문에 대해서만 탈락 결정이 난 것이므로 이를 내 자신에 대한 학술적 능력으로까지 확대해석하지 않도록 유의해야 합니다. 여러분의 세부 전공에서 가장 많은 논문을 쓴 학자는 아마도 가장 많은 탈락 경험을 가진 사람일 것임이 거의 확실합니다. 시도를 많이 할수록 논문 게재 경험도 많을 것이며, 동시에 탈락 경험도 많을 것이기 때문입니다. 학계에서 논문 투고와 탈락은 일상적인 경험 중 하나일 뿐이며, 이러한 경험이 싫다면 학술지 논문을 쓰기 어렵게 됩니다.

12.2. 논문 투고를 위해 저자가 해야 할 일

여러분의 학위논문을 활용하여 국내외 학술지 논문으로 투고하는 과정은 생각보다 시간이 오래 걸리는 복잡한 작업입니다. 먼저 여러분의 지도교수가 학술지 논문으로 출판해 보자고 제안을 한다면 기쁘게 받아들일 필요가 있습니다. 여러분의 논문을 잘 가다듬어 학술지에 투고하였을 때 출판될 가능성이 있고, 학술적으로 의미가 있는 논문이라고 지도교수가 판단하기 때문에 그러한 제안을 먼저 하는 것이기 때문이지요. 하지만, 여러분의 지도교수는 먼저 제안을 하지 않는 경우가 더 많습니다. 지도교수는 이미 충분히 바쁘고, 오랜 경험을 통해 여러분의 논문을 수정하고 필요한 내용만을 추려서 학술지 논문으로 만드는데 정말 많은 시간과 정성이 든다는 것을 알고 있기 때문입니다. 대부분의 경우에는 수정 작업을 여러분이 아닌 지도교수가 하기 때문에 선뜻 제안을 하지 못하는 측면도 있지요. (실제로 어떤 석·박사 논문의 경우에는 차라리 제가 완전히 새로 쓰는 것이 속이 편하겠다 싶을 때도 있습니다.) 따라서 여러분이 학술지 논문 투고에 뜻이 있다면 학위논문 심사 후 지도교수에게 먼저 투고 의향을 문의하는 것도 하나의 방법입니다.

논문 투고를 준비하는 데 있어서 갖추어야 할 일반적인 사항들은 다음과 같지만, 논문 투고에 대한 자세한 요구조건은 학술지마다 다를 수 있으므로 투고 전 해당 학술지 웹사이트의 논문 투고 요령(submission guideline)을 반드시 참고하십시오. 아래에 제시하는 사항들은 영어로 작성된 논문을 SSCI 혹은 SCOPUS급 국제 학술지에 투고할 때에 통용되는 규칙을 제시하고 있습니다. 국내 학술지의 경우에는 절대 다수의 학술지들이 각 학술지가 최종 출판될 때 나타나는 형식으로 투고자가 논문을 편집해서 제출하기를 원하고 있으므로, 각 학술지의 웹사이트를 참고하거나 학술지의 최신호의 맨 뒤에 첨부되어 있는 학술지 투고 양식을 꼼꼼히 검토하여 그대로 작성하여 투고하기 바랍니다. 학술지 논문을 투고하였을 때 편집자가 가장 먼저 살피는 것은 학술지에서 요구하는 형식에 맞추어 제대로 편집되었는지 입니다. 만일 형식을 준수하지 않은 경우에는 회송될 수 있습니다.

12.2.1. 형식

1) 서체

MS-word 기준으로 Times New Roman체, 12포인트가 선호되며 자간이나 장평은 기본 서식 그대로 사용

2) 특수 문자

강세 표시, 발음 구별 부호, 그리스 문자, 수학 기호 및 부호 등은 워드 프로세서 프로그램의 [삽입]-[기호] 기능 사용

3) 두 줄 간격(double space)

모든 본문의 행 간격은 두 줄 간격으로, 워드 프로세서의 메뉴 중 서식에서 [단락] 메뉴에서 줄 간격 조정

4) 여백

모든 페이지의 위·아래·오른쪽·왼쪽에 최소한 1인치(2.54cm)의 여백

5) 좌측 정렬(왼쪽 맞춤)

좌우 정렬이 아닌 좌측 정렬(왼쪽 맞춤)만을 사용하고, 한 행의 길이는 최대 6½인치(16.51cm)이며, 행 끝에서 절대 단어를 나누거나 하이픈으로 연결하지 않음

6) 문단과 들여쓰기

모든 단락과 각주의 첫 행을 탭 키(tab key)를 사용하여 들여쓰기를 하나, 초록, 40단어를 초과하는 장문의 블록 인용, 논문 제목과 소제목, 표 제목과 주, 그림 제목은 예외로 들여쓰기를 하지 않음

12.2.2. 학술지 논문 페이지의 순서

논문의 아래 항목들을 모두 한 파일로 담아서 제출해야 하는 경우에는 다음 순서에 따라서 논문 페이지를 작성하면 됩니다. 최근 대부분의 국제 학술지들은 아래 각 항목들을 컴퓨터 프로그램에서 독립적으로 하나하나 따로 업로드하도록 하고 있으므로 그 경우에는 각 항목을 다른 파일로 하나씩 따로 저장한 후 업로드해야 합니다. 아래 항목 중 부록, 표, 그림은 여러분이 작성한 논문에 이러한 항목이 있을 수도

있고, 없을 수도 있는 선택 항목입니다. 하지만 표제지, 초록, 본문, 참고문헌 이 네 항목은 어떠한 논문이라도 항상 존재하는 필수 포함 항목들이지요.

- 표제지(front page) (논문 제목, 난외표제[3], 저자명, 소속 기관 명 포함)
- 초록(표제지 다음 페이지에 시작)
- 본문(다음 페이지 시작, 페이지 번호 1로 시작)
- 참고문헌(본문에서 독립된 다음 페이지에서 시작)
- 부록(참고문헌 다음 페이지 시작)
- 표(부록 다음 페이지 시작, 한 페이지에 하나의 표를 제시하는 것이 원칙)
- 그림(표 다음 페이지 시작, 한 페이지에 하나의 그림을 제시하는 것이 원칙)

12.2.3. 철자법 확인

모든 철자법이 맞게 쓰여 있는지 확인해야 하며, MS-word 프로그램으로 작업한 경우, 아래한글에 넣어 보면 워드 프로세서에서 나타나지 않았던 잘못된 철자가 더 세세하게 표시될 수 있습니다. 그리고 잘못 쓰인 철자가 붉은 줄로 나타나는 경우뿐만 아니라 입력하고자 했던 단어가 제대로 쓰였는지 확인해야 합니다(예: an이 들어갈 자리에 as라고 잘못 입력된 경우). 동료 검토 과정을 통해 철자법 중 잘못된 부분 중 많은 부분을 바로 잡을 수 있습니다.

12.2.4. 학술지 논문의 총 길이

국제 학술지의 경우에는 참고문헌과 부록이 포함되고, 표제지(front page), 초록, 키워드, 표나 그림은 포함되지 않은 본문의 길이를 페이지 수로 규정짓기 보다는 총 단어 수로 규정합니다. 대부분의 국제 학술지에서는 이러한 본문의 총 단어수를 6,000단어에서 9,000단어로 한정합니다. 각 학술지에 따라 최대 허용하는 단어수가 6,000이기도 하고, 7,000 혹은 8,000으로 상이하니 반드시 각 학술지가 발행되는 출판사 홈페이지를 참고하셔서 최대 단어수를 초과하지 않도록 유의하세요.

---

[3] Running head, 인쇄물을 조판할 때 각 페이지의 상단에 기입해 놓는 서명이나 제목, 날짜, 판형 및 기타 참고사항 등을 의미합니다. 이 난외표재는 최근의 대부분 학술지에서 요구하지 않습니다.

국제 학술지들은 매일 투고되는 많은 원고가 있으므로, 최대 단어수가 초과되는 원고에 대해서는 즉시 반송 조치를 합니다. 외국어교육 분야의 여러 국제학술지에서 제한하는 논문의 분량을 다음의 주소에서 참고하시기 바랍니다.(http://www.tesol.org/s_tesol/seccss.asp?CID=334&DID=1940 화면에서 How to Get Published in ESOL and Applied Linguistics Serials (PDF))

국내 학술지의 경우에는 각 학술지에서 규정하는 논문 형식으로 자간, 장평, 글자 크기 등을 모두 편집한 상태에서 논문의 제목과 연구자 이름, 소속, 영문초록이 포함된 1페이지에서 참고문헌과 (필요시) 부록까지 모두 포함해서 20-25페이지 정도를 요구합니다. 초과되는 페이지에 대해서는 국내 대부분의 학회에서는 초과 인쇄료를 1페이지 당 1만원을 징수하고 있습니다.

12.2.5. 국제학술지 투고시의 커버 레터(cover letter)

국제학술지에 논문을 투고하고자 하는 경우에는 학술지의 웹사이트에서 현 편집장의 이름을 찾아 논문 투고 시 다음의 내용이 포함된 편지글을 첨부하십시오. 이를 커버 레터(cover letter)라고 합니다.

- 논문의 제목과 길이, 표와 그림의 개수 등 논문에 대한 세부사항
- 심사를 청하거나 청하고 싶지 않은 심사 위원이 있을 시 명시
- 투고하고자 하는 논문의 내용과 밀접하게 관련된 내가 쓴 다른 논문이 해당 학술지나 다른 학술지에 투고된 적이 있다면, 그 사실에 대해서 공지
- 특정 기관에서 연구비 지원을 받은 사실이 있다면, 그 기관에 대해 명시
- 연구 참여자와 관련해 연구 윤리를 준수하였는지에 대한 입증
- 저작권의 보호를 받는 자료를 사용하였다면, 재사용에 대해 받은 허가서나 허가를 검토 받고 있는 중이라는 증명서의 복사본 첨부

12.3. 윤리적·합법적 기준의 준수

논문 투고 시 저자는 연구 윤리에 관한 사항들을 입증하도록 요청 받을 수 있습니다. 사적인 친분이나 이해관계에 의해서 공정한 심사가 왜곡될 가능성이 있다면, 그 사실을 밝혀야 합니다. 만일 논문에 본인의 기존 출판 논문이나 다른 출처로부터 차용된 자료가 있다면 논문에서 그 출처를 밝혀야 합니다. 자료 사용에 대해 저작권자로부터 사용 허가의 서신을 받고, 필요시 이 서신의 복사본을 첨부하는 것은 저자의 책임입니다. 허가가 필요한 자료들로는 표나 그림, 실험 및 측정 도구, 설문지, 삽화, 긴 인용 등이 있습니다. 일반적으로 논문이 출판된 학술지의 출판사가 그 논문 자료의 저작권을 가지고 있는데, 만일 자료 사용의 목적이 학문적 언급, 비상업적 연구 또는 교육적 사용이고 정확한 출처를 밝힌다면, 서면의 허가나 사용료를 요구하지 않는 여러 출판사들이 있습니다. 또한 APA 규정에 따르면 하나의 학술논문에서 3개의 표나 그림, 한 단행본에서 5개의 표나 그림, 400자 이하의 한 단락 이하를 인용한다면 출처를 올바르게 표기한다는 전제하에 출판사나 학술지의 허가를 받지 않아도 된다고 합니다.

한 가지 주의 할 것은, 이러한 정책은 학술지마다 다르므로 본인이 투고한 학술지의 출판사 규정을 잘 살펴보아야 합니다. 자료 사용에 대한 허가를 받을 시에는 몇 주 가량의 충분한 시간을 가지고 진행해야 하며, 이 과정은 이메일, 우편, 팩스 등을 통해 이루어 질 수 있습니다.

12.4. 학회 혹은 출판사 정책에 따른 요구사항

국제 학술지에 논문 출판이 결정되면 편집장은 저자에게 저작권에 관한 양식을 보냅니다. 이 양식을 통해 판권을 출판사에 양도함으로써, 출판사는 논문을 배포하고, 다른 저자들에 의한 재사용 요청 시 그에 대한 허가 여부를 판단하며, 저작권 등록·관리와 관련된 서류작업을 수행할 수 있게 되는 것입니다. 결론적으로, 출판사는 저자의 이익을 대변하게 되며 저자의 논문이 더욱 널리 전파되도록 도와줍니다.

국내 학술지 역시 최근에는 저작권 및 연구 윤리에 대한 인식이 증대되고 있으므로, 학회나 출판사에서 최종 출판물을 인쇄하기 전 윤리 규정 준수 확인서 및 저작권 이양 동의서 등 필요한 서류에 저자 서명을 요청할 수 있습니다.

12.5. 학술지 논문의 게재 결정 이후 편집위원회 혹은 출판사와의 작업

논문의 게재가 결정되고 나면, 해당 학술지의 편집위원회 혹은 출판사는 원고 교열, 교정자와의 작업, 조판원고의 검수, 출판 과정에 대한 세부사항과 관련하여 저자와 연락을 주고받게 됩니다. 대부분의 출판사는 저자에게 논문의 아래 한글 혹은 MS-word 파일을 대표 편집위원의 이메일이나 출판사의 출판 시스템에 제출하도록 요청합니다.

편집인이나 원고 교열·교정자는 언어 형태의 오류 조정, 논문 형식의 일관성, 표현의 명확성을 위해 논문 원고를 보기 좋게 편집합니다. 저자는 변경된 사항을 꼼꼼히 파악하여, 교정을 위한 시험 인쇄본을 다시 검토하여야 합니다. 이때 교열본(pageproof)의 검토는 내용을 수정하는 것이 아니며, 최종 출판을 위한 형태상의 오류와 오탈자를 점검하는 것입니다. 간혹 매우 사소한 내용의 구절 몇 글자 정도는 수정할 수 있지만, 전면적인 내용 수정은 이 단계 이전인 논문 심사 및 수정 과정에서 이루어져야 합니다.

통상적으로 논문 작성을 위해 사용된 모든 자료는 관심 있는 독자들이 공개를 요청할 경우 이용가능하도록 최소 5년 동안 보관하는 것을 원칙으로 합니다. 그러나 입력된 자료의 파일만을 보관하는 것으로는 충분하지 않을 수 있습니다. 예를 들어, 설문지를 사용하였다면 설문결과가 입력된 자료뿐만 아니라 참여자들이 직접 작성한 설문지의 원본, 예비 연구 시 사용되었던 설문지의 초고를, 인터뷰를 녹음·녹화하였다면 인터뷰 내용을 전사한 것뿐만 아니라 녹음·녹화된 원본을 보관하는 것이 좋습니다. 보관 시에는 잠금 장치가 있는 캐비닛 등을 활용하여 참여자의 신상이 유출되지 않도록 보안에 유의할 필요가 있습니다.

마지막으로, 드물기는 하지만 이미 출판된 논문상에서 때로 치명적 오류가 발견되는 경우도 있습니다. 저자는 오류 수정에 대한 공지가 반드시 필요하다고 판단될 경우, 편집인에게 수정 공지에 대한 제안을 할 수 있습니다. 이러한 수정 공지에는 학술지의 이름과 출판 연도, 출판 호, 발행 번호, 학술지에서 논문이 게재된 페이지, 논문 제목과 저자명, 수정되어야 할 부분의 정확한 위치, 오류에 대한 설명을 포함하여야 합니다. 오류가 발생하게 된 원인을 찾아 비난하는 것이 목적이 아니므로 오류의 원인은 밝히지 않아야 합니다.

12.6. 학술지 논문의 투고 과정에 소요되는 비용

국제 학술지 대부분은 논문 투고료, 심사료, 게재료 등을 청구하지 않습니다. 학술지가 발행되는 대형 출판사에서는 학술지 연간 구독료 및 대학, 도서관 등의 학술기관의 기관구독 등을 통해 수익을 내고 있으므로, 국제 학술지에 투고한 경우에는 실제 게재되기까지 추가적으로 금전적인 지출이 발생되지 않는 것이 통상적입니다.

하지만 국내 학술지에 투고하는 경우에는 논문 투고 자격을 해당 학술지 회원으로 한정하기 때문에, 여러분이 그 학술지에 회원으로 가입하지 않았다면 입회비와 연회비를 한꺼번에 납부해야 합니다. 학회 입회비를 청구하지 않는 학회도 간혹 있습니다만, 많은 학회에서는 학회에 처음 가입할 때 입회비를 2-3만 원 정도를 청구하며, 학회 연회비 역시 2-3만 원 정도를 청구합니다. 회원 가입을 하게 되면, 1년에 4회 정도가 발행되는 학술지를 원하는 주소에서 받아 볼 수 있으며, 학술대회에 참석하는 경우에는 약간의 할인을 적용받게 됩니다. 논문을 투고할 때는 논문 투고료 혹은 심사료를 송금해야 합니다. 논문 심사료는 논문을 심사해 주는 해당 분야의 전문가의 심사 수고비로 지출됩니다. 논문 한 편을 심사하기 위해서는 전문가 3인에게 의뢰하는 것이 일반적이므로 논문 심사료는 6만원 내외가 청구됩니다.

논문 심사 후 게재 혹은 수정 후 게재 결정이 내려지는 경우에는 필요한 수정 과정을 거쳐서 해당 국내 학술지에 몇 개월 이내에 게재가 되어 인쇄된 논문을 받아 볼 수 있습니다. 학회 입장에서는 인쇄소에 논문집 인쇄를 맡기고 발송하는 데 비용이 발생합니다. 이러한 금전적 지출을 보전하기 위한 방편으로 국내 학술지들은 대부분 논문 게재료를 받습니다. 학술지에 따라 상이하기는 합니다만, 25페이지 기준으로

25-30만원의 게재료를 청구합니다. 기준 페이지보다 여러분의 논문이 더 많은 페이지로 구성되어 있다면 보통 1페이지 당 1만원의 추가 게재료를 입금해야 합니다.

이러한 비용은 논문 투고 및 논문 게재 경험을 처음 하는 연구자의 경우 때로는 부당하다고 느낄 수도 있습니다. 국제 학술지에서는 전혀 비용이 들지 않는 것과는 대조적으로 국내 학술지에 논문을 출판하기까지는 많게는 40만원 정도가 지출되니까요. 하지만 학회를 운영하는 입장에서는 여러 가지로 미비한 환경에서 학술지를 인쇄하고 회원들에게 착오 없이 우편 배달하는 등의 노력에 필요한 최소의 비용을 충당할 수밖에 없는 어려움이 있다는 점을 이해할 필요가 있습니다.

12.7. 포식자 학술지(predatory journal)에 대한 유의사항

여러분이 포식자 학술지에 의한 피해를 입을 가능성은 많지 않습니다만, 참고로 알아두실 필요가 있을 것 같아서 알려드립니다. 논문을 여러 편을 출판하고, 국제 학술지에 논문을 출간한 경우에는 매우 빈번하게 잘 알지 못하는 해외 저널 편집장으로부터 논문을 투고해 달라는 이메일을 받게 되는 경우가 있습니다. 이러한 이메일은 SCI 등재 이전 단계에 있는 신생 저널인 경우에 편집장이나 편집보조(editorial assistant)를 맡고 있는 사람이 관련 학술지에 게재한 연구자들의 이메일을 입수해서 원고 청탁을 하는 경우입니다.

더 나쁜 경우는 원고를 투고하면 2-3주 이내에 심사 결과를 알려줄 것이고, 논문 게재에는 500달러에서 1000달러가 인쇄비용으로 소요된다는 메일을 받는 경우입니다. 간혹 논문 심사 기간을 더 단축하기 위해서는 '급행료'로 더 많은 비용을 요구하기도 합니다. 이러한 학술지를 포식자 학술지(predatory journal)라고 합니다. 이 학술지들은 학술 논문 게재를 위한 곳이 아니라 일부 비양심적인 사람들이 돈벌이를 위해 개설해 놓은 학술지 투고를 빙자한 상업용 웹사이트가 대부분입니다. 학술지 정보에 어두운 신출내기 연구자 등을 사냥하듯이 노려서 이들의 논문을 받아 게재해 준다는 명목으로 큰 금액을 요구하는 경우가 많고, 더 나쁜 경우는 논문 원고를 받은 후 소식을 감추며 잠적하는 경우입니다. 몇 년 후에 본인의 이름이 아닌 전혀 다른 사람의 이름으로 전혀 다른 곳에 게재되어 있는 원고를 발견하는 경우도 있습니다. 이러한 포식자 학술지에는 애초부터 관심을 두지 않는 것이 좋습니다. 한 가지 팁은 이러한 요청을 하는 이메일을 보낸 편집장 혹은 편집 보조의 이름이 제3세계 국가(아프리카 혹은 중동)인 경우가 많다는 점입니다.

✓ 국제 학술지 논문 투고를 위한 체크리스트

(출처 http://www.apa.org/journals)

1) 형식
- ☐ 저자의 준수사항을 투고하고자 하는 학술지의 웹 사이트에서 확인하였는가?
- ☐ 논문의 내용이 모두 두 줄 간격(double space)으로 되어 있는가?
- ☐ 여백이 최소 1인치(2.54cm)가 되는가?
- ☐ 표제지, 초록, 참고문헌, 부록, 각주내용, 표와 그림 관련설명의 페이지가 순서대로 되어 있으며, 모두 각각의 페이지에서 시작하는가? 표나 그림은 한 페이지 당 하나씩 실려 있는가?

2) 표제지와 초록
- ☐ 논문 제목이 12단어 이내인가?
- ☐ 저자의 이름 다음에 연구가 시행된 소속 기관명이 기재되었는가?
- ☐ 표제지에 논문 제목, 저자명, 소속 기관명, 출판 연도와 월이 포함되어 있는가?
- ☐ 초록이 150단어에서 250단어 사이로 작성되었는가?

3) 단락과 소제목
- ☐ 각 단락이 한 문장 이상이며, 한 단락이 한 페이지를 다 차지하지 않게 작성되었는가?
- ☐ 소제목의 수준이 정확하게 사용되고, 같은 수준의 소제목들이 모두 같은 형식으로 쓰여 있는가?

4) 약어
- ☐ 약어가 반드시 필요한 곳에 사용되었고, 그 약어에 대한 설명이 되어 있는가?
- ☐ 표와 그림에 쓰인 약어들이 표의 주와 그림의 범례 또는 그림 표제에 설명되어 있는가?

5) 참고문헌

☐ 본문의 참고 자료들이 참고문헌 목록에 모두 언급되어 있는가?
☐ 본문 인용과 참고문헌 목록에 기입된 내용의 철자와 출판연도가 서로 동일한가?
☐ 참고문헌 목록에 정기 간행물의 제목이 모두 완전한 형식으로 쓰여 있는가?
☐ 본문 인용 소괄호 속 두 명 이상의 저자와 참고문헌 목록의 참고문헌들이 저자의 성에 따라 알파벳 순서로 올바르게 쓰여 있는가?
☐ 참고한 단행본이나 학술 논문의 처음 페이지 수와 마지막 페이지 수가 참고문헌 목록에 정확하게 기재되어 있는가?

6) 각주

☐ 본문에 모든 각주가 표시되어 있고, 각주 번호의 위치가 올바르게 되어 있는가?

7) 표와 그림

☐ 표의 각 열에 소제목이 쓰여 있는가?
☐ 표의 세로줄이 모두 생략되었는가? 제시된 모든 표가 본문에 언급되어 있는가?
☐ 그림의 각 내용들이 가독성 있게 제시되어 있는가?
☐ 그림의 글자 크기가 8이상 14이하인가?
☐ 그림들이 출판사가 수용 가능한 파일 형태로 제출되었는가?
☐ 모든 표와 그림들이 본문에 언급된 순서대로 번호가 매겨져 있는가?

8) 저작권과 인용

☐ 이전에 출판된 본문 내용, 실험, 표나 그림들을 사용할 수 있는 허가서가 논문에 첨부되어 있는가?
☐ 모든 인용에 대해 페이지 번호와 단락 번호가 본문에 제시되어 있는가?

9) 논문 투고

☐ 학술지 편집인의 연락처가 현재 이용 가능한 정보인가?
☐ 논문에 첨부되는 커버 레터(cover letter)에 저자의 주소, 전자메일 주소, 전화번호 및 팩스번호가 실려 있는가?

연/습/문/제

I. 다음 문장을 읽고 사실이면 T, 거짓이면 F에 표기하세요.
  1. 국내 학술지에 논문 투고 시 APA 스타일을 준수하여 Times New Roman 10포인트, 두 줄 간격으로 써야 한다. (T / F)
  2. 국내 학술지는 보통 논문 투고료, 심사료, 게재료 등의 금전적인 지출이 수반된다. (T / F)
  3. 통상적으로 논문 작성을 위해 사용된 모든 자료는 보안 유지를 위해 논문 게재 후 즉시 체계적으로 폐기한다. (T / F)

II. 다음 문장의 빈칸에 들어갈 알맞은 말을 채우세요.
  1. 심사와 게재를 최종적으로 결정하는 학술지의 편집장은 항상 _____ 검토로 심사를 진행한다.
  2. 국제 학술지에 논문을 투고한 후 간혹 1주일 전후로 논문 심사 결과가 게재 불가(reject) 통보가 오는 경우는 주로 _____ 하기 때문이다.
  3. 논문 투고 시 주로 _____, _____, _____ 판정 중 하나를 받게 된다.

제13장

논문 작성의 윤리적 문제들

여러분들이 외국어교육 혹은 응용언어학 관련 논문을 작성할 때 세부 전공이나 소속 대학원에 따라 출판 양식이 각기 다를 수 있습니다. 하지만 기본적인 윤리적·법적 원칙은 모든 학문 연구와 글쓰기에 공통적으로 적용됩니다. 이러한 원칙들은 오랫동안 다음의 세 가지 목표를 달성하기 위해 설계되었습니다.

- 과학적 지식의 정확성 보장
- 연구 참여자들의 권리와 복리 보호
- 지적 재산권 보호

13.1. 과학적 지식의 정확성 보장

13.1.1. 연구결과의 윤리적 제시 및 보고

과학적 방법의 본질은 다른 사람들에 의해서도 연구가 반복되고 입증될 수 있다는 것이므로 데이터를 조작하거나 위조해서는 안 됩니다. 몇 년 전 제2언어 교육 분야의 국제 저명 학술지 중 한 곳에서는 논문 자료 조작으로 인해 이미 출판되었던 논문의 게재가 취소되고 해당 논문의 저자가 소속 대학에서 파면당하는 큰 사건이 벌어진

적도 있습니다. 이 저자는 본인이 실제로 실험을 하지 않은 가공의 자료를 가지고 본인이 애초에 설정했던 가설을 뒷받침하도록 수치를 만들어 낸 것으로 밝혀졌습니다. 우리 분야는 아닙니다만 약 10여 년 전에 황우석 박사의 줄기세포 조작 사건 역시 없는 자료를 이미지 사진을 가공하여 제출한 것으로 나타났었지요. 이러한 일체의 행위는 모두 엄격하게 금지되어 있습니다.

여러분들 역시 논문 자료를 수집하고 결과를 해석하는 과정에서 논문 지도교수나 심사위원이 원 자료를 공개해 달라고 요구할 때에는 타당한 사유를 제외하고는 공개해야 합니다. 연구결과를 제시하는 것 역시 학위논문을 최종 제출하기 전에 논문 원고를 철저히 검토하기 위한 필수 요건입니다. 학술지 논문의 경우에도 최종 출판 전에 철저히 검토하여 오류 없는 논문이 출판되도록 하여야 합니다. 만일 게재 이후라도 치명적 오류가 발견되면, 편집자나 출판사에 추후에라도 반드시 알려 정정하도록 해야 합니다.

13.1.2. 자료 유지와 공유

여러분은 여러분이 제출한 학위논문 혹은 학술지 논문 내용의 정확성과 관련하여 의문이 제기된다면 논문 심사 과정이나 출판 과정에서 언제든지 심사위원 교수들 혹은 학술지 편집자에게 여러분이 수집한 자료를 제시할 수 있어야 합니다. 이를 거부하면 제출된 원고는 원칙적으로 게재가 불가합니다. 논문 게재 후에도 자료 및 실험 도구, 소프트웨어 등 연구와 관련된 자료는 최소 5년간 보안이 유지되는 장소에 체계적으로 보관해야 합니다.

다른 연구자가 그 연구를 복제(replicate)[4]하여 연구하기 위해 연구와 관련된 자료를 요청할 경우에는, 자료와 함께 서면 동의서를 받아야 합니다. 그 동의서에는 이미 출판된 연구의 자료를 공유하고, 공유된 자료의 무단 사용을 제한한다는 내용이 포함되어야 합니다. 또한, 복제 연구에는 원저작이 여러분의 논문에서 온 것이라는 것을 복제 연구 본문에서 명시하도록 해야 합니다.

---

[4] 복제 연구(replication study)란 선행연구의 연구방법, 즉 자료수집 방법, 절차, 분석 및 방법 등을 동일하게 하되 다른 시간, 장소 및 대상에게 시행하는 연구를 말합니다.

13.1.3. 자료 중복 게재와 부분 게재

1) 중복 게재

이전에 어떤 학술지에 출판 또는 게재되었던 논문은 전체 혹은 일부가 다른 어떤 학술지에도 중복 게재될 수 없습니다. 그러나 이전 연구의 후속 연구로서 새로운 연구방법 및 분석으로 기존의 연구를 새로이 조명할 필요가 있는 경우에는 다음의 조건을 충족시켜야 합니다.

- 새로 작성하는 논문의 본문 전체의 길이에 비례하여 중복된 자료의 양은 적어야 함
- 그 정보가 이전에 이미 게재되었다는 것이 연구방법이나 결과와 같은 논문의 본문 자체에 혹은 각주 혹은 미주에 분명히 기술되어야 함
- 표나 그림을 다시 사용했을 경우에도 출처를 본문과 그 표와 그림의 각주에 제공해야 함

2) 부분 게재

대규모의 연구이거나 장기간에 걸쳐 이루어진 연구 또는 여러 전문분야에 걸친 연구를 학술지 논문으로 출판할 경우에는 여러 학술지에 논문을 게재하는 것이 필요하고 더욱 적절할 수 있습니다. 대부분의 학술지는 발표할 수 있는 논문의 길이를 제한하거나 초과 페이지에 대해서 초과 인쇄료를 징수하고 있기 때문입니다. 이러한 경우에는 독자가 정확하게 그 연구를 이해할 수 있도록 이전의 연구에 대해 언급해야 합니다. 이전의 연구에 대해 충분한 정보를 제공함으로써 독자가 현재의 연구를 평가할 수 있습니다.

13.1.4. 표절과 자기표절

1) 표절(Plagiarism)

연구자는 다른 사람의 말이나 생각을 자신의 것처럼 사용해서는 안 됩니다. 보통 좁은 의미의 표절은 교육부와 한국연구재단에 따르면 "<u>연속적으로 같은 단어가 여섯 단어 이상</u>"일 때가 됩니다. 따라서 다른 사람의 글 또는 말을 그대로 제시할 경우에

는 인용부호를 사용하여야 하며 그 저자의 성, 출판연도, 정확한 페이지가 모두 포함된 출처(예, Long, 1985, pp. 145-146)를 반드시 명시해야 합니다. 다른 사람의 말을 다른 말로 바꾸어서(paraphrase) 쓸 경우에도 그 출처가 본문뿐 아니라 논문 뒤의 참고문헌에도 반드시 포함되어야 합니다.

2) 자기표절(Self-plagiarism)

다른 사람의 연구를 자신의 것인 양 제시해서는 안 되는 것과 마찬가지로 이전에 자신이 게재했던 연구 역시 새로운 연구인 것처럼 발표해서는 안 됩니다. 자신이 썼던 구문을 똑같이 제시하는 것이 제한된 범위에서 허용되기도 하지만 그 최대 허용 길이를 정의하기는 어렵습니다. 따라서 인용되는 연구자의 모든 말들은 "필자가 이전에 논의했던 것과 마찬가지로"와 같은 문구로 시작되도록 해야 하며, 해당 문단 혹은 문장의 끝에는 그 출처가 명시되어야 합니다.

13.2. 연구 참여자들의 권리와 복리 보호

13.2.1. 연구 참여자들의 권리와 보안성

APA 윤리 규정(APA Ethics Code) 기준은 연구자들이 연구를 행할 때 따라야 하는 원칙을 구체적으로 설명하고 있습니다. 분야를 불문하고 연구자들은 국내외 학술지에 논문을 게재할 때에는 그 전제조건으로서 이러한 규칙을 준수했다는 것을 증명할 수 있어야 합니다. 이를 위해 논문 본문에 참여자들에 대해 기술할 때 이러한 윤리적 측면을 포함시키는 것이 좋습니다. 이러한 규정을 따르지 않는 것은 적어도 영미권의 국제학술지에서는 논문 게재 거부나 게재된 논문의 철회 사유가 될 수 있고, 우리나라 국내 학술지에서도 연구 참여자의 권익 보호에 대한 인식이 점차 강화되고 있습니다. <부록 5>는 한국응용언어학회 윤리 규정입니다. 최근 대부분의 국내 학술단체에서도 이와 유사한 윤리 강령을 제정하며 연구의 윤리성을 강조하고 있습니다.

연구자가 사례 연구를 할 때 연구 참여자의 사생활을 보호하기 위해서 수집된 데이터를 참여자의 요청 시 공유하고, 그 자료의 전체 혹은 부분 출판에 대해 서면 동의를 사전에 얻을 필요가 있습니다. 이때 연구자는 반드시 참여자의 신상 정보나 참여자를 알아 낼 수 있는 일체의 개인 정보를 삭제하거나 가명(假名, pseudonym)으로 대체하여야 합니다.

13.2.2. 이해 충돌(conflict of interest)

연구결과는 자료의 객관적 해석과 사실의 공정한 해석을 바탕으로 작성되어야 합니다. 하지만 때로는 연구자의 이해관계가 연구의 객관성에 영향을 미칠 수 있습니다. 드문 경우이기는 하지만, 학위논문을 제출한 학생이 논문 심사위원 교수와 개인적으로 원한 관계가 있을 수 있으며, 혹은 혈연, 지연 등으로 매우 정서적으로 밀접한 경우도 있을 수 있습니다. 이 경우에는 개인적 친소(親疏)관계로 인해 객관적 학위논문 심사가 불가능하므로 학위논문 지도교수는 이러한 경우가 없도록 논문 심사위원단을 구성할 때 유의해야 합니다.

특히 학술지 논문심사의 경우에는 심사자(reviewer)와의 친분 관계가 심사 논문에 영향을 줄 수 있기 때문에, 잠재적인 이해 충돌의 위험을 가지고 있습니다. 심사자의 경우, 편견 없이 원고를 공정하고 공개적으로 평가해야 하는 윤리적 책임을 가지고 있습니다. 비록 논문 투고자 정보 등을 삭제하였으나, 투고 분야가 매우 전문적이거나 논문 심사자가 투고자와 같은 연구에 공동 연구자로 참여하고 있는 입장이라면 공정한 논문 심사를 기대하기 어려울 수 있습니다. 따라서 이러한 각종 사유로 윤리적, 양심적 심사를 수행하기 어려운 상황이 생길 경우에는 지체없이 학술지 편집장(editor)에게 연락하여 논문심사자 변경을 요청해야 합니다. 또한 심사자는 원고의 기밀성을 유지해야 할 의무를 가지고 있기 때문에 원고의 내용을 편집장 이외의 다른 사람과 논의해서는 안 됩니다.

13.3. 지적 재산권 보호

13.3.1. 저자 인정 및 저자 순서 결정

세부 학문 분야나 학교에 따라 다른 학풍을 가지고 있기 때문에 누가 저자가 되는지를 규정하는 것은 매우 어려운 일입니다. 이공계열 및 사회과학 계열 일부에서는 저자가 될 수 있는 권리(authorship)는 실제로 글을 쓴 사람에게만 있는 것이 아니라,

실험 진행 등 그 연구에 상당량의 기여를 한 사람들 모두에게 주어지는 경향이 있습니다. 이러한 경향을 악용하여 논문에 기여를 하지 않았음에도 공동연구자로 이름을 넣는 악습이 잔존하고 있는 것 역시 부인하기 힘듭니다.

여러분이 학위논문을 쓰는 경우에는 당연히 그 논문의 단독 저자는 여러분이 됩니다. 다만 학위논문을 나중에 학술지 논문으로 정리하여 출판하는 경우에는 통상적으로 여러분이 제1저자, 여러분의 지도교수가 교신저자(corresponding author) 역할을 수행하게 됩니다. 교신 저자는 논문 집필과 수정 과정에 실제로 참여하여야 하며, 제1저자가 올바르게 논문을 작성할 수 있도록 감독 및 조언을 제공하며, 논문의 작성, 투고, 심사의 여러 과정, 최종 출판까지의 과정에서 해당 학술지 편집장 혹은 편집 간사와 이메일 및 전화 연락을 담당하는 역할을 합니다. 이러한 과정이 제1저자의 자료 수집 및 분석, 집필에 못지않게 중요한 노력과 정성이 필요하게 되므로, 대부분의 대학 및 연구기관에서는 제1저자와 교신저자의 공헌도를 동일하게 간주하고 있습니다.

다만 여러분이 작성한 학위논문을 지도했기 때문에 지도교수를 학술지 논문에 필수적으로 교신저자로 기입해서는 안 됩니다. 학위논문 지도는 교수의 본연의 업무 중 하나이며 대부분의 대학에서 논문 지도비를 따로 책정해서 지도교수에게 금전적 보상을 하기도 합니다. 따라서 학위논문 지도 자체를 교수 본연의 임무로 볼 수 있습니다. 앞서 언급했듯이 실제로 학술지 논문 작성에 학위논문 지도교수가 구체적인 공헌을 했을 경우에만 교신저자가 될 수 있습니다. 간혹 이러한 의미를 모르는 채 무조건적으로 교신저자의 위치에 자신의 학위논문 지도교수 성함을 적어 넣는 경우도 있는데, 이는 추후에 논문 저자 이름 끼워 넣기 의혹이 제기되어 지도교수에게 큰 누가 될 수 있다는 것을 명심하세요.

13.3.2. 논문 심사자

원고를 검토할 때 편집자나 심사자들은 원고를 꼼꼼히 검토한 후 심사서를 작성합니다. 투고된 논문 원고와 심사서는 하나의 기밀문서입니다. 따라서 편집자나 논문 심사자가 검토 이외의 목적으로 저자의 동의 없이 투고된 원고의 내용을 인용해서는 안 됩니다. 만약 학술지의 심사자가 원고의 어떤 측면에 관하여 자신의 동료에게 전문적 의견을 묻고자 할 때에는, 반드시 그 동료와 연락하기 전에 편집자로부터 허가를 받아야 합니다.

13.3.3. 지적 재산권에 대한 보호

학위논문 제출이나 학술지 논문 출판과는 상관없이 원고가 게재를 위해 제출되기 전 시점인 자료의 수집, 결과 분석, 논문 집필 단계에서 모두 윤리적인 사항들을 고려해야 합니다. 국내외 전문 학술지에 원고를 제출하는 연구자에게는 연구 윤리 준수에 관한 서류와 이해 상충 동의서(conflict of interest)와 같은 서류 제출이 요구될 수 있습니다. 따라서 연구를 시작하기 전부터 다음의 체크리스트를 살펴보고 전체 연구 과정에서 이를 지속적으로 참고하여야 합니다.

✓ 연구 윤리 준수를 위한 체크리스트

☐ 다른 연구자가 자신의 소유라고 여기는 미 출판된 도구, 절차 또는 데이터를 사용하기 위해 서면 허가(예: 이메일 승인)를 받았는가?
☐ 원고의 일부에 제시된 다른 사람의 출판물을 정당하게 인용하였는가?
☐ 연구절차나 연구 고지 및 동의 등과 관련하여, 연구를 검토한 기관 및 편집자의 질문에 답변할 준비가 되어있는가?
☐ 만약 연구의 실험 대상으로 미성년자 혹은 아동이 포함되어 있다면, 이들의 부모 혹은 교사에게 동의를 받았는지, 또한 이들에 대한 인도적 처우에 대한 질문에 답변할 준비가 되어있는가?
☐ 공동연구일 경우 모든 저자가 원고를 검토하고 그 내용에 대한 책임여부에 동의하였는가?
☐ 연구 참여자들의 사생활이 충분히 보호되었는가?
☐ 모든 저자들이 제1저자, 교신저자 및 기타 저자 순서에 동의하였는가?
☐ 저작권이 있는 자료를 사용할 때 허가를 얻었는가?

연 / 습 / 문 / 제

I. 다음 문장을 읽고 사실이면 T, 거짓이면 F에 표기하세요.
  1. 이전에 어떤 학술지에 출판 또는 게재되었던 논문의 전체 혹은 일부를 다른 학술지에 중복 게재할 수 있다. (T / F)
  2. 이전에 저자 자신이 게재했던 논문 내 문장을 다른 논문에서 그대로 인용할 수 없고, 인용시 출처를 표기한다. (T / F)
  3. 학위논문을 바탕으로 학술지에 논문을 게재할 때, 학위논문 지도교수를 교신저자로 표기한다. (T / F)

II. 다음 문장의 빈칸에 들어갈 알맞은 말을 채우세요.
  1. 다른 연구자가 그 연구를 복제(replicate)하여 연구하기 위해 연구와 관련된 자료를 요청할 경우에는, 자료와 함께 _____을/를 받아야 한다.
  2. 논문 작성에 실제로 참여하며, 제1저자가 올바르게 논문을 작성할 수 있도록 감독 및 조언을 제공하며, 논문의 투고, 심사 과정에서 최종 출판까지 해당 학술지 담당자와 연락을 담당하는 자를 _____(이)라 한다.
  3. 연구의 실험 대상으로 미성년자 혹은 아동이 포함되어 있다면, 이들의 _____ 혹은 _____에게 동의를 받는다.

제14장

영어 논문 작성 시의 글쓰기 규정: APA 권장 사항을 중심으로

　대학원생들이 APA 스타일에 따라 글을 써야 한다고 여러 번 강조함에도 불구하고, 실제로 도서관에 가서 APA 출판 매뉴얼(Publication Manual)을 빌려서 꼼꼼하게 읽는 학생들은 극소수입니다. 대부분은 참고문헌만 틀리지 않게 잘 작성하겠다는 매우 소극적인 태도를 가지고 이 책의 <부록 4>에 첨부해 놓은 것과 같은 APA 스타일에 따른 참고문헌 작성요령 요약본을 한 두 번 보고 자신의 참고문헌을 다시 편집하는 수준에 그치지요. 하지만, APA 출판 매뉴얼은 여러분들이 적어도 영어로 학위논문과 학술지 논문을 작성할 때에 필요한 설명을 체계적으로 하고 있기 때문에, 글쓰기의 교범으로 삼아도 좋을 정도의 훌륭한 정보를 제공해 줍니다. 영어 논문을 어떻게 쓰는 것이 좋은지에 대한 걱정이 있는 분들은 반드시, 지금 즉시, 도서관에 가셔서 APA 출판 매뉴얼 5판 혹은 6판을 대출하거나 책을 구입하셔서 처음부터 끝까지 공부하듯 읽어 보는 것이 영작 실력을 늘리는데 큰 도움이 될 수 있습니다. 예를 들어 우리나라 사람들이 영어 논문을 쓸 때 잘못 생각하는 것 중 하나는 영어 논문은 문장이 복잡해야 하고, 잘 안 쓰는 문어체 표현 같은 것을 섞어 써 주어야 유식해 보인다는 것입니다. 따라서 영어 문장이 중언부언하고 깔끔하지 못한 경우도 많습니다. 이 장에서 제시하고 있는 내용은 APA 출판 매뉴얼 중 우리가 영어로 논문을 작성할 때 유념해야 할 사항들을 요약 정리하여 둔 것입니다. 더욱 상세한 내용은 APA 출판 매뉴얼에 있으니 참고하세요.

14.1. 영어 표현 시 권장 사항

14.1.1. 표현의 경제성

1) 장황한 표현(Wordiness) 피하기

장황한 표현은 주요 요지를 파악하는 것을 방해할 수 있습니다. 다음의 예들은, 화살표 오른쪽의 간결한 표현으로 바꾸는 것이 좋습니다.

> based on the fact that → because
> at the present time → now
> for the purpose of → for 또는 to
> the present study → this study
> there were several students who completed → several students completed

2) 중복된 표현 피하기

강조를 위해, 중복되는 표현을 자주 사용하는 경우가 있습니다. 하지만, 의미를 전달하기 위해 필요한 말들만 사용해야 합니다. 다음의 예들에서, 이탤릭체로 쓰인 단어는 의미상으로 앞 혹은 뒤 단어와 중복되므로 삭제해야 합니다. 하나 유념해야 할 것은 아래의 예시에서 "a total of 68 participants"는 문장의 중간에 사용될 때에만 중복된 표현이고, 만일 문장의 첫 머리에 사용된다면 가능한 표현입니다. APA 규정에서는 문장의 첫머리는 아라비아 숫자로 시작되면 안 된다는 규정이 있으므로, 문장 첫 단어를 "68 participants"처럼 68을 쓰면 안 됩니다. 따라서 궁여지책으로 "Sixty-eight participants"로 하거나 "A total of 68 students"로 써야만 하는 것입니다.

> they were *both* alike
> *a total of* 68 participants
> four *different* groups saw
> instructions, which were *exactly*
>
> *one and* the same
> in *close* proximity
> *completely* unanimous
> *just* exactly

very close to significance   *absolutely* essential
period of time   has been *previously* found
summarize *briefly*   small *in size*
the reason is *because*

14.1.2. 정확성과 명료성

1) 단어 선택

feel은 구어체에서는 think나 believe를 대신하지만, 과학적 글쓰기에서는 그렇지 않습니다. like를 such as의 의미로 사용하는 것도 비슷한 예입니다.

Articles by psychologists such as Skinner and Watson ⋯. (o)
Like Watson, Skinner believed ⋯. (o)
Articles by psychologists like Skinner and Watson ⋯.. (x)

2) 구어체 표현 피하기

writing up for report와 같은 구어적 표현은 의미의 혼동을 가져올 수 있으므로 피해야 합니다. 대략적인 양을 나타내는 표현들(예, quite a large part, practically all, very few)도 맥락에 따라, 사람에 따라 다르게 해석할 수 있으므로 피해야 합니다.

3) 전문용어(Jargon)

전문용어(jargon)란, 그 어휘를 꼭 쓰지 않아도 되는 경우에도 어려운 전문적 용어를 계속 사용하는 것을 뜻합니다. 우리 외국어교육 및 응용언어학 분야에서 대표적인 전문용어는 L1, L2, SLA, TESOL, TEFL, TESL, NS, NNS, TEE 등이 있습니다. 약어 표기에서도 이미 설명 드렸지만, 처음에는 반드시 정식 명칭을 먼저 제시한 후, 괄호 속에 약어를 써 주어야 그 이후 문장이나 문단에서 약어를 쓸 수 있습니다. 이는 아무리 쉬운 약어라도 적용되는 규정입니다.

4) 대명사

대명사가 지칭하는 것이 명확하지 않다면 독자에게 혼동을 줄 수 있습니다. this, that, these, those같은 대명사는 this test, that trial, these participants, those reports 라고 지시형용사적 용법으로 써서 모호함을 없앨 수 있습니다. 또한 대명사 it을 쓸 때는 앞에 어떠한 명사를 지칭하는지, 혹시 두 개 이상의 명사 중 어떤 것이라도 it으로 받을 수 있지 않는지 잘 살펴보아야 합니다. 선행연구자를 지칭할 때에 he나 she 역시 누구를 지칭하는 것인지를 잘 검토해 보아야 하며, 그 연구자의 성별이 불확실하다면 반드시 확인한 후 사용하기 바랍니다. 요즘에는 구글 검색 등으로 찾아보면 해당 학자가 누구인지 성별 정도는 금방 파악할 수 있습니다.

5) 비교

모호하거나 비논리적인 비교는 주요 동사의 생략이나 비병렬적 구조에서 비롯됩니다. "Her salary was lower than a convenience store clerk." 이라는 예처럼, 간결성을 추구하기 위해 병렬적 구조가 무시된다면 논리적이지 못한 비교 표현이 발생합니다. (that of를 a convenience store clerk앞에 써 주어야 문법적인 표현이지요.)

6) 귀인(attribution)

객관성을 유지하기 위해, 행위자와 행위를 부적절하거나 비논리적으로 연결하는 것은 의미의 혼동을 가져옵니다. 다음의 세 가지 경우를 살펴봅시다.

■ 3인칭

실험에서 실시한 단계를 묘사할 때, 모호성을 피하기 위해 3인칭 대신 1인칭 대명사를 사용합니다. 행위자의 모호성을 없애기 위해 We나 I를 명시하라고 APA에서는 권장합니다.

We reviewed the literature. (o)
The authors reviewed the literature. (x)

■ 의인화

동물이나 생명이 없는 대상에 인간적 특성을 부여하지 않습니다.

Pairs of rats (cage mates) were allowed to forage together. (o)
Rat couples (cage mates) were allowed to forage together. (x)
The staff for the community program was persuaded to allow five of the observers to become tutors. (o)
The community program was persuaded to allow five of the observers to become tutors. (x)

"실험(experiment)"을 주어로 쓸 때, 증명하려는 시도를 하고(attempt to demonstrate), 원하지 않는 변수들을 통제하고(control unwanted variables), 발견한 것을 해석한다는 (interpret findings) 표현들을 서술어로 쓸 수 없습니다. 실험이 주체가 아니라 행위자가 주체가 되어야 하기 때문입니다. 표(tables)나 그림(figures)은 비교하다(compare)를 서술어로 쓸 수 없지만, 보여주다(show)와 나타내다(indicate)는 쓸 수 있습니다. 예를 들어, "Table 3 shows"나 "Figure 3.1 indicates"는 가능하지만 "Table 3 compares the difference between ..."와 같이 문장을 쓰면 안 된다는 의미입니다.

■ 편집자 "우리"

글의 명확성을 위해, 저자 자신과 동료저자들에 대해서만 "우리"라는 말을 사용합니다. 독자까지를 포함하는 "포용적 우리(inclusive we)"를 사용하는 것은 독자들에게 혼동을 주기 때문에 적절한 명사로 대치하거나 명확하게 사용해야 합니다.

Researchers usually classify birdsong on the basis of frequency and temporal structure of the elements. (o)
We usually classify birdsong on the basis of frequency and temporal structure of the elements. (x)

"우리"를 사람들(people), 인간(humans), 연구자들(researchers), 교육자(educators), 교사들(teachers) 등으로 바꿀 수 있습니다. "우리"는 다음의 예처럼, 지시대상이 명확할 때만 사용할 수 있습니다.

As behaviorist, we tend to dispute … (0)
We tend to dispute… (x)

14.1.3. 언어적 장치

두운법, 운율 맞추기, 비유적 표현, 시적 표현, 상투적 표현은 피합니다. 또한, 의미가 흐려질 수 있으므로 은유적 표현은 최소한만 사용합니다.

14.1.4. 효과적인 글쓰기를 위한 전략들

영어 논문에서도 전문적이고 효과적인 글쓰기를 위한 세 가지 방법은 (1) 개요를 작성한 후 글쓰기, (2) 초고를 시간이 지난 후 다시 한 번 읽기, (3) 동료에게 읽고 비평하도록 요청하기입니다.

14.2. 언어편견을 줄이기 위한 방법들

14.2.1. 적절한 수준의 구체성을 가지고 기술하기

모든 인간을 가리키는 말로 man보다는 예를 들어, human beings, men and women 등을 쓰는 것이 보다 정확한 표현입니다. "65세 이상"이라는 넓은 범주보다 "65세-83세"로 한정하여 표현해야 합니다.

14.2.2. 주의를 기울여 호칭 붙이기

사람들의 기호를 존중하여 그들이 원하는 호칭을 사용할 수 있도록 합니다. 영어 논문을 쓸 때 선행연구자들의 성별을 잘 확인하여 남성은 he, 여성은 she로 적합한

3인칭 단수 대명사를 사용하여야 합니다.

Low proficiency group과 high proficiency group 보다는 "x척도에서 x이상의 점수를 받은 참여자들은 높은 언어능력 집단이며, 이 논문에서는 group A라고 한다. x미만의 점수를 받은 참여자들은 낮은 언어능력 집단이며, 이 논문에서는 group B라고 한다"와 같은 집단에 대한 조작적 정의를 사용하면, 다음번에는 그들을 구분한 척도인 group A, group B를 사용하여 간결하고 차별성이 없게 참여자들을 묘사할 수 있습니다.

남자와 아내 (man and wife)에서, 비평행적인 단어의 배열은 남성과의 관계를 통해서만 여성을 정의하는 듯 한 뉘앙스를 줍니다. 이와 달리, 남편과 아내(husband and wife)나 남자와 여자(man and woman)라고 쓰는 것은 관계적으로 평행한 단어 배열입니다. 또한 사회적으로 주도적인 집단을 계속하여 먼저 제시하지 않고 순서를 바꾸어 줍니다. 계속 men and women이나 White Americans and racial minorities라고 기술하면, 다른 집단보다 men과 Whites가 우세하다는 불필요한 추측을 가져올 수 있기 때문입니다.

14.2.3. 참여 인정하기

대학생들, 아이들, 반응자들과 같은 기술적 용어들이 연구에 참여한 개인에 대한 정확한 정보를 제공해 주지만, 참여자들(participants)과 피험자들(subjects)과 같은 일반적인 용어들 또한 많이 사용됩니다. 최근의 외국어교육 혹은 응용언어학 분야에서는 학습자들의 능동성, 주도성을 부각시키기 위해 participants라는 용어가 subjects보다 선호되는 편입니다. subject는 중세 이후부터 전제주의 왕조에서 '백성들'이라는 신분사회의 하층민이라는 의미를 지니고 있기 때문입니다. (피험자들[subjects]과 표본[sample]이라는 용어는 정량적 통계, 언어 평가 등에서 주로 쓰입니다.)

또한 가급적 능동형 문장을 사용하십시오. "the students were given the survey"나 "the survey was administered to the students"의 수동태보다는 "the students completed the survey"처럼 학생들이 행위자로 표현되는 능동태가 선호됩니다.

14.3. 화제에 의한 편견 줄이기

14.3.1. 성별

생물학적인 성(sex)과는 구별되는 문화적인 역할과 관련된 것이 젠더(gender)입니다. 성차별적 편견은 대명사를 부주의하게 사용할 때 발생할 수 있습니다. 예를 들어, 영어에서 일반인을 나타내기 위해 남성 대명사 he를 사용하거나, 남성 대명사나 여성 대명사를 성역할을 정의하기 위해서만 사용하는 것(예, "the nurse… she")은 성차별적이므로 유의해야 합니다. man을 포괄적 명사로 사용하거나 직업 명칭의 끝에 사용하는 것(예, police officer대신 policeman을 사용하는 것)은 의미가 부적절할 수 있고, 독자에게 집단 내의 모든 사람이 남자라고 잘못 생각할 수 있습니다.

- ■ 일반적 "he"를 대체하는 방법들

  - 재진술하기

    When an individual conducts this kind of self-appraisal, *he* is a much stronger person.
    → When an individual conducts this kind of self-appraisal, *that person* is a much stronger person.
    → This kind of self-appraisal makes *an individual* much stronger.

  - 복수 명사나 대명사 사용하기

    A therapist who is too much like his client can lose *his* objectivity.
    → Therapists who are too much like their client can lose *their* objectivity.

  - 대명사를 관사로 바꾸기

    A researcher must apply for *his* grant by September 1.
    → A researcher must apply for *the* grant by September 1.

- 대명사를 생략하기

    The researcher must avoid letting *his* own biases and expectations influence the interpretation of the results.

    → The researcher must avoid letting biases and expectations influence the interpretation of the results.

일반인을 나타내기 위해 he를 he or she나 she or he로 바꾸는 것은 반복으로 인해 독자를 짜증나게 할 수 있기 때문에 지나치게 많이 쓰지 않는 것이 좋고, he/she나 (s)he로 바꾸는 것은 슬래쉬나 괄호 혹에 들어간 s로 인해 어색하거나 산만할 수 있습니다.

14.3.2. 인종적 편견 제거와 민족 정체성

참여자들을 기술할 때는 참여자들이 선호하는 명칭에 민감해야 하고 인구조사 범주와 같이 널리 용인되는 명칭을 사용합니다. 아프리카계 미국인들 중, Black을 선호하는 사람도 있고 African American을 선호하는 사람도 있습니다. 반면, Negro나 Afro-American은 구시대적 표현으로써, 논문에서 사용하지 않습니다. 인종이나 민족 집단은 적절한 명사로 표현하고 Asian이나 Korean과 같이 첫 글자를 대문자로 써야 합니다. 다른 인종집단을 피부색으로 표현하는 것은 경멸적일 수 있으므로 피합니다. 단일 수식어구로 사용되어도 복합어에서는 하이픈을 사용하지 않습니다(예, Asian American participants).

일반적으로 국가나 지역에 따라 명칭을 붙이는 것이 좋습니다. 아시아계 세부 집단들의 명칭을 Korean, Chinese, Japanese, Vietnamese등으로 세부적으로 표현합니다.

14.3.3. 나이

18세 이하, 65세 이상과 같은 개방적 정의는 피하고 구체적으로 나이 범위를 한정하는 것이 과학적입니다. 12세 이하는 girl이나 boy로, 13세 - 17세는 young man이나 young woman 또는 female adolescent와 male adolescent로, 18세 이상은 men이나 women으로 표현합니다. elderly나 senior는 명사로 적절하지 않고 의미가 경멸적일 수 있습니다. older adults가 보다 더 선호되는 용어입니다.

14.4. 영어 논문의 문법과 용례

아래의 문법과 용례들은 APA 스타일에 입각한 체계적인 글쓰기를 위해 필요한 문법 사항들입니다. 일반인들이 구분 없이 혼용하는 내용들도 혼동을 피하기 위해서 APA 스타일에 명시되어 있습니다. 내용을 숙지하여서 오류 없는 영어 논문을 쓰시기를 바랍니다.

14.4.1 동사

1) 능동태의 선호

수동태는 행위자보다는 행위의 대상에 초점을 맞출 때 사용합니다. "The President was shot"은 총맞은 사람을 강조하는 것입니다. 행위의 대상을 강조하기 위한 의도가 아니라면 능동태를 사용하십시오.

2) 적절한 시제의 선택

다른 학자의 연구나 자신의 연구결과를 보고할 때처럼, 과거의 특정하고 명확한 시점에 일어난 행위나 상태를 표현하기 위해서는 과거시제를 사용합니다.

   Swain (2006) presented similar results. (o)
   Swain (2006) presents similar results. (x)

과거에서 시작하여 현재까지 계속되거나, 과거의 특정하고 명확한 시점에 일어나지 않은 행위나 상태를 표현하기 위해 현재완료시제를 사용합니다.

3) 적절한 법(mood)의 사용

사실과 반대되거나 일어날 것 같지 않은 상태를 묘사하기 위해 가정법을 사용합니다. 단순 조건이나 우연성을 묘사할 때는 가정법을 사용하지 않습니다.
would는 습관적인 의미나 조건적 행동을 표현하기 위해 사용합니다. 애매한 뜻을 나타내는 용도로 would를 사용하지 않습니다. 예를 들어, It would appear that은 it appears that으로 바꾸어 줍니다.

14.4.2. 주어와 동사의 일치

together with, including, plus, as well as와 같은 구절에 관계없이, 동사는 주어의 수(예, 단수 또는 복수)에 일치해야 합니다. 아래 문장에서 주어는 the percentage이므로 단수로 받아 동사는 increase가 아닌 increases가 됩니다.

> The percentage of correct responses as well as the speed of the responses increases with practice. (o)

외국어에서 파생된 명사들의 복수형은, 특히 a로 끝나는 것들은 단수로 보여 착각할 수 있습니다.

> The data show that Long's (1985) argument was correct. (o)
> The data shows that Long's (1985) argument was correct. (x)
> The phenomena occur every 30 years. (o)

14.4.3. 대명사

대명사는 선행사와 명확하게 관련되어야 하고 선행사의 수와 성에 일치해야 합니다. 다음 문장에서 neither ... nor ... 구문의 동사는 동사의 위치에 가까운 명사의 수에 일치시켜야 합니다. The lowest scorer가 단수이므로 have가 아닌 has가 되었으며, 뒤의 competence 앞에도 their가 아닌 his or her로 받아 주어야 합니다.

> Neither the highest scorer nor the lowest scorer in the group has any doubt about his or her competence. (o)

대명사는 대신하는 명사의 성에 일치해야 하는데, 이 규칙은 관계대명사에도 적용됩니다. 사람을 대신할 때는 who를, 동물이나 사물에는 that이나 which를 사용합니다. 동물에 이름이 붙여지지 않으면 중성 대명사로 받습니다(예, " the dog… it").

대명사는 동사나 전치사의 주어나 목적어가 될 수 있습니다. 동사의 주어로는 who를 사용하고 동사나 전치사의 목적어로는 whom을 사용합니다. 인칭대명사 he나 she로 대신할 수 있다면 who를 쓰고, him이나 her로 대체할 수 있으면 whom을 씁니다.

> Name the participant who you found achieved scores above the median. [You found *he or she* achieved scores above the median.]
> The participant whom I identified as the youngest dropped out. [I identified *him or her* as the youngest.]

전치사의 목적어로 사용된 현재분사에 대명사 또는 명사가 더해진 구(phrase)에서 분사는 의미에 따라 명사나 명사의 수식어가 될 수 있습니다. 분사를 명사로 사용할 때, 다른 대명사나 명사는 소유격으로 바꾸어 줍니다.

> We had nothing to do with their being the winner. (o)
> We had nothing to do with them being the winner. (x)
> The result is questionable because of one participant's performing at very high speed. (o)
> The result is questionable because of one participant performing at very high speed. (x)

14.4.4. 잘못 위치한 수식어, 현수 수식어(dangling modifier), 부사의 용법

1) 잘못 위치한 수식어

수식하려는 단어와 가능한 가까이에 형용사와 부사를 두면, 수식관계가 애매해지는 것을 방지할 수 있습니다.

> Using this procedure, the investigator tested the participants. (o)
> The investigator tested the participants who were using the procedure. (o)
> The investigator tested the participants using this procedure. (x) [이 문장은 이 절차를 사용한 사람이 조사자인지 참여자인지 중의적입니다.]

On the basis of this assumption, we developed a model⋯. (o)
Based on this assumption, the model⋯. (o)
Based on this assumption, we developed a model⋯ (x) [이 구조는 "we are based on this assumption."을 의미합니다.]

only는 수식하는 단어나 구절 바로 옆에 둡니다. 다음 문장에서 a partial answer를 only가 수식하므로 바로 앞에 두어야 합니다.

These data provide only a partial answer. (o)
These data only provide a partial answer. (x)

2) 현수 수식어(Dangling modifier)

현수 수식어는 문장에서 관련대상이 없어, 분사구문, 부정사구 등의 주어가 주절의 주어와 일치하지 않는 것을 뜻합니다. 이것은 수동태를 사용해서 발생하는 것이므로 능동태를 사용하면 피할 수 있습니다.

Using this procedure, I tested the participants. (o) [참여자가 아니라 (연구자인) 내가 그 절차를 사용했다.]
The participants were tested using this procedure. (x)

3) 부사

부사는 문장의 시작어나 연결어로 사용될 수 있습니다. 다만 fortunately, similarly, certainly, consequently, conversely, regrettably와 같은 부사들은 의미가 it is fortunate that이나 in a similar manner로 사용될 때만 시작어나 연결어로 사용될 수 있습니다.

좀 더 자주 쓰이는, 문장을 시작하는 부사구들은 importantly, more importantly, interestingly, firstly, secondly, thirdly가 있습니다. 하지만 문두에서는 이러한 표현들의 ly를 제거하고 사용하거나 다른 표현으로 대체하십시오. 특히 importantly와 interestingly는 비과학적인 주관적 어휘이므로 다르게 제시되거나, 의미를 잃지 않고 생략될 수 있습니다.

More important, the total amount of available long-term memory activation, and not the rate of spreading activation, drives the rate and probability of retrieval. (o)
More importantly, the total amount of available long-term memory activation, and not the rate of spreading activation, drives the rate and probability of retrieval. (x)

We were surprised to learn that the total …. (o)
We find it interesting that the total …. (o)
An interesting finding was that …. (o)
Interestingly, the total amount of long-term memory activation, and not the rate of spreading activation, drives the rate and probability of retrieval. (x)

First, we hypothesized that the quality of the therapeutic alliance would be rated higher …. (o)
Firstly, we hypothesized that the quality of the therapeutic alliance would be rated higher …. (x)

Hopefully는 in a hopeful manner나 full of hope의 뜻으로, I hope이나 it is hoped의 의미로는 사용되지 않습니다.

I hope this is not the case. (o)
Hopefully, this is not the case. (x)

14.4.5. 관계 대명사와 종속 접속사

1) 관계대명사

■ that과 which 비교

<u>APA에서는 which는 비제한절로, that은 제한절로만 사용하도록 규정합니다.</u>

- 제한절

The cards that worked well in the first experiment were not useful in the second experiment.
[첫 번째 실험에서 효과가 있었던 카드들만 두 번째 실험에서는 유용하지 않았다.]

- 비제한절

    The cards, which worked well in the first experiment, were not useful in the second experiment.
    [두 번째 실험에서 그 카드들은 적절하지 않았다.]

2) 종속접속사

■ while과 since 비교

while과 since와 같이, 하나 이상의 의미가 있는 접속사들은 혼란을 줄 수 있으므로 시간의 경과를 나타내는 의미로만 사용합니다.

   Bragg(1965) found that participants performed well while listening to music.

■ while과 although, and, but 비교

동시에 일어나 사건들을 연결하기 위해서는 while을 사용하고, 그렇지 않으면 although, and, but을 사용합니다.

   Although these findings are unusual, they are not unique. (o)
   While these findings are unusual, they are not unique. (x)

■ since와 because 비교

since는 "after that"의 의미로 시간과 관련해서 사용하고, 그렇지 않을 때는 because를 사용합니다.

   Data for two participants were incomplete because these participants did not report the follow-up testing. (o)
   Data for two participants were incomplete since these participants did not report the follow-up testing. (x)

■ but과 however 비교

but은 문장을 연결하는 접속사이고, however는 부사입니다.

I studied very hard, but I couldn't pass the exam. (o)
I studied very hard; however, I couldn't pass the exam. (o)
I studied very hard. However, I couldn't pass the exam. (o)
I studied very hard, however, I couldn't pass the exam. (x)

14.4.6. 병렬 구조(Parallel Construction)

병렬 구조의 모든 요소들이 등위접속사(예, and, but, or, nor)의 앞뒤에 있는지 확인해야 합니다.

The results show that such changes could be made without affecting error rate and that latencies continued to decrease over time. (o)
The results show that such changes could be made without affecting error rate and latencies continued to decrease over time. (x)

짝을 이루어 함께 사용되는 등위접속사들(between…and, both…and, neither…nor, either…or, not only…but also…)은 병렬 구조의 시작부분 바로 앞에 첫 번째 접속사를 둡니다.

■ between과 and

We recorded the difference between the performance of subjects who completed the first task and the performance of those who completed the second task. (o)
[수행과 과제 사이의 차이가 아니라 피험자들간의 수행의 차이이다.]
We recorded the difference between the performance of subjects who completed the first task and the second task. (x)

■ both와 and

The names were difficult both to pronounce and to spell. (o)
The names were both difficult to pronounce and spell. (x)

as well as와 both는 의미가 중복되므로 같이 사용하지 않습니다.

The names were difficult both to pronounce as well as to spell. (x)

■ neither와 nor / either와 or

Neither the responses to the auditory stimuli nor the responses to the tactile stimuli were repeated. (o)
Neither the responses to the auditory stimuli nor to the tactile stimuli were repeated. (x)

The respondents either gave the worst answer or gave the best answer. (o)
The respondents gave either the worst answer or the best answer. (o)
The respondents either gave the worst answer or the best answer. (x)

■ not only와 but also

It is surprising not only that pencil-and-paper scores predicted this result but also that all other predictors were less accurate. (o)
It is not only surprising that pencil-and-paper scores predicted this result but also that all other predictors were less accurate. (x)

연속된 요소들은 형태에 있어 동일해야 합니다.

The participants were told to make themselves comfortable, to read the instructions, and to ask about anything they did not understand. (o)
The participants were told to make themselves comfortable, to read the instructions, and that they should ask about anything they did not understand. (x)

연/습/문/제

I. 다음 문장을 읽고 사실이면 T, 거짓이면 F에 표기하세요.
   1. 연구 참여자를 명시할 때, 인종보다는 국가나 지역에 따라 명칭을 주로 붙인다.
      (T / F)
   2. 연구 참여자의 나이는 구체적인 범위보다는 '18세 이하' 와 같이 범위를 한정하지 않는다. (T / F)
   3. as well as와 both는 한 문장 내 같이 사용할 수 없다. (T / F)

II. 다음 문장의 빈칸에 들어갈 알맞은 말을 채우세요.
   1. 관계대명사 that과 which를 사용할 때, APA에서는 _____은/는 비제한절로, _____은/는 제한절로만 사용해야 한다고 규정한다.
   2. since, while은 여러 의미가 있기에 _____을/를 나타내는 의미로만 사용한다.
   3. would는 습관적인 의미나 _____을/를 표현하기 위해 사용하고, 애매한 상황을 나타낼 때는 쓰지 않는다.

III. 다음 표현 혹은 문장을 바르게 고쳐보세요.
   1. The present study presents the following results.
   2. Articles by psychologists like Skinner and Watson ….
   3. Firstly, we hypothesized that the quality of the therapeutic alliance would be rated higher ….
   4. The survey was administered to the students.
   5. The data shows that Long's (1985) argument was incorrect.

제15장

자주 묻는 질문 (FAQ)

1. Q: 졸업(논문프로포절) 시기는 다가오는데 논문 주제를 못 잡겠어요. 어떻게 하죠? 논문은 써야 졸업을 하는데요...

   A: 일단 지금까지 논문 주제를 무엇을 할지 정하지 못했다는 것은 상당한 문제입니다. 하지만 방법은 있습니다. 먼저 여러분이 살면서 외국어교육 혹은 응용언어학 분야에서 관심이 있었던 특정 주제가 있었는지 생각해 보세요. 또 여러분이 학생들을 가르치거나 예전에 가르쳤던 경험을 생각해 보고, 우리나라 외국어교육의 문제점이 무엇이라고 생각했는지를 되살려 그 문제의식에서 출발하여 주제를 찾아보세요. 이런 경험적 방법 이외에는 학술적 방법이 있습니다. 최근의 외국어교육 혹은 응용언어학 관련 주요 학술지를 찾아 약 5개년 치의 목차를 살펴보시면서 흥미로워 보이는 제목이 있다면 그것의 초록(abstract)을 먼저 살펴 보세요. 마음이 가거나 끌리는 내용이라면 그 논문을 정독해서 읽어 보십시오. 그 이후에 RISS, DBpia, 교보스콜라, 구글 학술 검색 등의 검색 엔진을 활용해서 이 논문의 키워드를 입력해서 관련 논문들을 찾아보며 여러분의 관심사를 정교화 하여 보세요. 또 다른 방법은 외국어교육 및 응용언어학 관련 개론서를 통독하면서 외국어교육/응용언어학의 하위 분야들을 하나하나 살펴보시고 흥미로워 보이는 영역에서 인용된 최근 논문을 찾아서 읽어 보도록 하세요. 논문 지도교수가 주제를

제안하는 경우도 있습니다만, 그 주제가 반드시 여러분의 성향과 맞는다고 장담할 수 없습니다. 따라서 논문 주제를 설정하고 연구문제를 결정하는 논문 작성의 초기 단계부터 여러분이 적극적으로 접근하는 태도가 반드시 필요합니다.

2. Q: 정량적 논문을 분석하기 위한 통계방법을 저는 전혀 모릅니다. 다른 통계 전문가에게 비용을 드리고 분석을 의뢰해야 하나요?

   A: 보통 실험연구나 조사연구를 분석하기 위해서는 통계 프로그램을 사용하게 됩니다. 하지만 통계를 위한 지식이 전혀 없다면 몹시 당황하게 됩니다. 하지만 복잡한 통계(예를 들어, 다차원척도법[Multidimensional scaling], 구조방정식 모형[Structural Equation Modeling] 등)를 제외한 대부분의 통계는 통계 프로그램인 SPSS가 컴퓨터에 설치되어 있다면 몇 번의 연습을 거친 후에 직접 실행할 수 있습니다. 각 대학마다 대학원생들을 위한 통계분석방법에 관한 강좌가 학내외에 자주 개설되니, 편한 시간과 장소를 정해 그 강좌를 수강하시는 것을 권해 드립니다. 혹은 대학원에서 개설하는 연구방법론 수업(예를 들어, 외국어교육양적연구방법론, 외국어교육질적연구방법론 등)을 청강하시는 것도 방법입니다. 아울러 SPSS 매뉴얼 중 본인의 취향에 가장 적합한 것을 한 권 구입 혹은 도서관에서 대출하셔서 틈틈이 연습해 보십시오. 숫자로 된 데이터를 입력하고 분석하는 것은 애초에 생각하시는 것만큼 복잡한 과정이 아닙니다. 어떤 자료에는 어떤 통계기법을 써야하는 것을 알고, SPSS 프로그램에서는 어떤 기능이 그것을 수행하는지를 숙지하고 있다면 여러분 개개인이 분석하실 수 있습니다.

3. Q: 저는 사정상 따로 시간을 내어 통계 분석에 대해 공부할 여건이 되지 않습니다. 이럴 땐 어떻게 해야 하나요?

   A: 논문지도를 지도하다 보면 도저히 새로운 것을 배울 시간이 없는 상황 (예를 들어 오전에 회사에 다니고 오후에 과외를 하는 경우)에 처한 학생들을 가끔 발견하게 됩니다. 하지만 이런 경우에도 논문지도교수는 논문을 올바르게

작성, 분석하는 것을 도와드리는 역할만을 한다는 것을 명확히 이해하셔야 합니다. 즉 실제 논문 자료를 학생과 같이 입력하거나, 컴퓨터 프로그램인 SPSS를 통한 분석을 대신 혹은 같이 해 드리는 것은 논문지도의 범위를 벗어나는 것입니다. 분석을 같이하게 된다면 그때부터는 공동논문이 됩니다. (FAQ 5, 7번 참조) 학위논문은 학생 본인의 단독 이름이 기재되는 단독 논문 이므로 논문지도는 실제 정량적 분석을 같이 하는 것이 아닙니다. 다만 어떠한 통계 기법을 사용해야 하는지, 그 이유는 무엇인지에 대한 이론적, 실제적 조언을 해 드릴 수 있습니다. 논문 자료 입력이나 분석을 위한 지식이 매우 미흡한, 불가피한 경우에는 학내외 소위 '통계 전문가'에게 상당한 비용을 지불해서 의뢰를 할 경우가 있습니다. 이 경우에도 자료 분석 기법에 대해서는 지도교수와 지속적인 상의를 마친 후에 의뢰를 하십시오.

4. Q: SPSS라는 프로그램은 어디서 구입할 수 있고, 비용은 얼마나 드나요?

   A: 많은 사람들이 SPSS와 같은 정량적 통계 분석 프로그램을 불법 복제본으로 사용하곤 합니다. 복사본 사용은 지적 재산권을 침해하는 행위이므로 정품을 구매하여 사용하셔야 합니다. 많은 경우에 대학원에 재학중이시라면 대부분의 기관에서 통계 프로그램을 학내 인증을 받아 정품으로 사용하실 수 있습니다. 예를 들어, 필자가 재직하고 있는 중앙대학교에서는 SPSS 소프트웨어 사용에 대한 기관인증을 가지고 있으므로, 교내 컴퓨터실, 도서관, 인증받은 학내 기관에서 SPSS 정품을 제한 없이 사용할 수 있습니다. 또한 전산원에서는 교내에서만 사용할 수 있는 SPSS프로그램 파일을 다운로드 할 수 있게 도움을 주고 있습니다. 학교 기관 인증을 받은 정품 SPSS는 당연히 교외로 벗어나서 교내 인터넷 접속이 끊기는 경우에는 사용이 차단되는 것을 알고 계시기 바랍니다.

5. Q: 학위논문이나 기말 페이퍼를 바탕으로 잘 요약해서 저널에 논문을 투고했을 때에 연락처는 어디로 해야 하나요?

   A: 당연히 학교 주소입니다. 혹시 소속이 변하는 경우가 있으면 논문이 받아들여져서 인쇄되기 전에 편집장(Editor-in-chief)에게 연락하셔서 바뀐 소속을

알려주십시오. 연락처의 이메일은 본인이 계속 사용할 이메일을 적으십시오. 간혹 졸업하고 나서 학교 메일 계정이 없어지는 경우에는 논문을 읽은 독자들이 저자에게 연락할 방법이 막연해 지는 경우가 있습니다.

6. Q: 2인 이상 공동 논문을 쓰는 경우에, 제1저자, 제2저자, 교신저자는 무슨 뜻이고, 어떻게 결정하나요?

    A: 제1, 2, 교신저자 등과 같은 용어는 우리 응용언어학/외국어교육학 분야에서는 비교적 생소한 개념이지만 의학, 이공계열에서는 상당히 민감한 부분입니다. 논문을 쓰는데 있어서 실제로 컴퓨터 앞에 앉아서 가장 많은 페이지를 작성한 사람이 보통 제1저자가 됩니다. 교신저자는 그 논문이 출판되기 위해 실제로 논문을 투고하고 일체의 연락을 담당하는 역할을 합니다. 또한 이론적 지침, 원고의 수정 및 보완 역할을 하는 것이 교신저자입니다. 따라서 보통 경험이 있는 교수진이 이러한 역할을 맡게 됩니다. 제2저자(혹은 공동저자)는 논문을 쓰는데 참여한 저자를 말합니다. 당연히 제1저자 보다는 논문에 기여한 부분이 적을 때 제2저자의 역할을 맡게 됩니다. 본인이 어떤 저자가 되는지에 대해서 논문의 집필 단계에서부터 명확하게 서로 논의 및 합의를 하고 시작하는 것이 필요합니다.

7. Q: 내 학위논문을 두, 세 개로 쪼개서 다른 학술지에 투고하게 되면 자기 표절 아닌가요?

    A: 각 학문분야마다 기준이 다른 좀 애매한 부분이긴 합니다만, 학위논문을 References에 표기할 때 Unpublished doctoral dissertation(미출간 박사학위논문) 혹은 Unpublished master's thesis(미출간 석사학위논문)라고 표기하는 것을 주목할 필요가 있습니다. 즉 '미출간(unpublished)'이라는 것이지요. 학위논문은 출판사에서 정식으로 출판된 것도 아니고 학술 저널도 아니기 때문입니다. 그러므로 학위논문의 중요 발견점이 많아서 하나의 학술지에 단일 논문으로 발표하기 어려운 경우에는 부득이 나눠서 학술저널에 출판하는 것은 일반적으로 문제가 되지 않습니다. 다만 학위논문에서 똑같은 부분을 무성의하게 가지고 와서 상당히 많은 부분이 동일하게 각기 다른 학술 저널

에 게재된다면 그것은 명백한 자기 표절이고 적발되는 경우에 제재(예를 들어 그 저널에 투고금지 및 다른 저널 편집장에게도 통보)가 따릅니다. 따라서 학위논문 자료를 여러 개의 학술지에 투고하게 될 때는 그 제시 방식에 대해서 지도교수나 주위 분들께 조언을 구하고 그 의견에 따라 신중히 처리하는 것이 좋습니다.

8. Q: 학위논문을 학술지에 출판하는 경우에 내 지도교수님도 공동저자로 해야 할까요?

   A: 지도학생이 학위논문을 쓰는데 성심성의껏 지도를 해야 하는 것이 논문지도교수의 당연한 의무입니다. 만일 학위논문을 바탕으로 저널에 투고할 논문을 쓸 때 지도교수가 실제로 시간을 들여서 그 논문을 수정, 보완하는 적극적인 역할을 하셨다면 당연히 그 분이 제2저자가 혹은 교신저자가 되는 것입니다. (만일 지도교수가 학술 저널에 투고 및 연락을 하시는 경우에는 교신저자가 됩니다.) 한 가지 유의할 점은 지도교수가 구두로만 논문에 대한 상담을 해 주신 경우에는 공동 논문 집필자(즉 제2저자 혹은 교신저자)로 해서는 곤란하고 다만 감사 글(acknowledgment, 보통 학술지 논문의 1페이지 하단에 *로 각주로 처리됨) 부분에 그 분의 성함을 밝히며 고마움을 표시하시는 것이 무난합니다. 간단히 정리하자면 컴퓨터 앞에 앉아서 실제로 글을 쓰거나 프린트된 논문에 첨삭 지도 및 상세한 조언을 해서 논문이 공동의 작업이 되었을 때에 그 분은 제2저자 혹은 교신저자(논문 투고 및 연락 담당의 경우)가 됩니다. 당연히 논문을 투고 할 때에 공동저자/교신저자도 투고 상황을 알고 있어야 하며, 제2저자/교신저자가 되겠다는 명확한 동의가 있어야 합니다.

9. Q: 영어로 논문을 쓰는 경우 한국 사람이 쓴 글을 인용할 때에 대부분이 Kim, Lee, Park이기 때문에, 두 명 이상의 Kim, Lee, Park이 인용됩니다. 이 경우에는 어떻게 할까요?

   A: 대부분의 성이 김, 이, 박 씨이기 때문에, 논문에서 혼동이 오는 경우에는 이분들의 first name의 이니셜을 본문에 같이 써야 합니다. 즉 T.-Y. Kim (2005) argued that L2 motivation is a dynamic process ···. 처럼 써야 합니다.

10. Q: 학술 저널 논문을 쓸 때에 내가 쓴 학위논문이나 학술 저널 논문을 인용해야 할 경우가 있습니다. 이럴 때 어떻게 할까요?

   A: 논문 심사는 쌍방향 무기명 심사(double blind review) 과정입니다. 즉, 논문 심사자는 누가 논문의 저자인지 알 수 없고 알아서도 안되며, 논문 저자는 누가 논문 심사자가 되었는지 알 수 없고 알아서도 안됩니다. 따라서 내 논문에 내가 쓴 글이 인용되었다면 결국 논문 심사자가 이 글의 저자가 누구인지를 추정할 개연성이 생깁니다. 따라서 이 경우에는 The Author (XXXX) stated that … 과 같이 글쓴이를 the author와 같이 표기하며, references에도 내 선행연구를 모두 삭제하는 것이 원칙입니다.

11. Q: 본문에서 참고문헌을 달 때 그것이 내가 직접 찾은 것이 아니라, 다른 책에서 그 저자가 인용한 것을 다시 인용하는 경우에는 어떻게 해야 할까요?

   A: 일단 재인용은 하지 않는 것이 좋습니다. 재인용을 하는 경우에 그 인용되는 글은 원래 저자가 어떤 의도에서 썼던 간에 그것을 인용한 사람의 의도에 따라 어느 정도는 변용되기 마련입니다. 따라서 원래 글을 쓴 분의 글을 찾아서 직접 읽고 그것이 내 논문에 적절하게 인용될 수 있는가를 판단하시어 적절하다면 인용하십시오. 다만 불가피하게 재인용을 해야 하는 경우가 있습니다. 예를 들어 국내에서 구하기 어려운 자료라든가, 절판되어 원전을 입수하기 어려운 경우가 있습니다. 이렇듯 불가피한 경우에만 '…에서 재인용' 'cited from …'이라고 본문에서 밝혀주시고, 그것이 인용된 책 혹은 논문만 references에 포함시키십시오.

12. Q: 제가 예전에 한글로 쓴 논문을 영어로 번역(translation)해서 논문에 집어넣으면 이것도 표절인가요?

   A: 예. 표절입니다. 자기표절이라고 합니다. 논문은 나와 남의 글을 저자명, 발행연도, 페이지 번호, 큰따옴표 없이 여섯 단어 이상 그대로 옮겨온다거나 번역해서 마치 내가 새롭게 쓴 글로 만드는 것을 의미합니다. 번역을 하는 것도 표절입니다. 표절을 막기 위한 최선의 방법은 책이나 논문을 읽

고 나서 그것을 덮고 여러분이 그 저자가 주장하는 바를 자신의 언어로 다시 정리해서 기록한 후, 괄호 안에 원저자의 이름과 출판연도를 집어넣는 것입니다. 만일 그 책이나 논문을 눈으로 보면서 그 일부 구절을 그대로 옮겨서 내 글에 집어넣는다면 큰따옴표를 앞, 뒤에 넣고 괄호에 저자 이름, 출판연도, 페이지 수를 넣어야 합니다. 만일 인용되는 구절이 40단어를 초과한다면 따로 문단을 구성해서 앞, 뒤로 여백을 늘려서 표기해야 합니다. 이 경우에도 저자 이름, 출판연도, 페이지 수를 명시해야 합니다.

13. Q: 영어로 되어 있는 원문을 한글로 번역해서 논문에 집어넣으면 이런 것도 표절인가요?

    A: 예, 명백한 표절입니다. 표절의 기준은 결국 내 아이디어나 글이 아닌 것을 독자들에게 마치 내 것이라는 인상을 주는 일체의 행위를 의미합니다. 따라서 내 독창적 아이디어가 아닌 다른 사람의 글을 옮겨서 번역하는 것도 당연히 표절의 대표적 사례로 볼 수 있습니다. 남의 글을 여섯 단어 이상을 큰따옴표 및 출처(저자명, 출판연도, 페이지) 없이 그대로 옮겨 온다거나 번역하면 표절이 됩니다. 남의 아이디어를 은근히 살짝 가져 온다거나 읽지도 않은 참고문헌을 집어넣어 논문심사 교수들이나 독자들에게 "오~ 이 친구 공부 열심히 한 것 같네~"라는 인상을 주는 것도 넓은 의미의 표절 행위라고 볼 수 있겠습니다. 이러한 사례에 해당되어 학위가 취소되는 사례도 발견됩니다. 표절은 대학의 징계위원회에 회부되는 사유가 되므로 각별히 주의하기 바랍니다.

14. Q: 논문 지도교수는 변경할 수 있나요?

    A: 예, 가능합니다. 논문 지도교수와 학생간의 '케미(chemistry)'도 중요하기 때문에, 서로 잘 안 맞는 경우에는 바꿀 수 있고, 학생이 논문 지도교수를 변경할 때에 너무 죄책감을 가질 필요는 없습니다. 지도교수 입장에서는 어쩌면 힘든 지도를 다른 교수가 맡아 주는 것이므로 오히려 더 기뻐할지도 모르지요. 다만 논문 계획 발표 학기 혹은 계획 발표 후 논문 심사를 받는 학기에 변경하게 되면 학생의 졸업이 늦어지거나 논문 심사 일정이

늦춰지거나 하는 불이익이 있을 수도 있습니다. 이러한 여러 불편한 점이 있기 때문에 가급적 처음 논문 지도교수를 선정할 때 그 분의 교수 스타일, 학생 지도 스타일 등을 잘 파악해서 본인의 스타일과 잘 맞는 분을 선정할 수 있도록 하세요.

15. Q: 논문 심사에서 탈락하는 경우는 어떻게 해야 하나요?

    A: 학생 입장에서는 논문 심사에서 탈락하게 되는 것을 일생일대의 불명예로 생각하고 크게 상심하는 것이 너무도 당연합니다. 논문 지도 과정에서 어떤 학생은 심사에서 탈락한 후 대학원을 그만 둔 경우도 있었습니다. 하지만 한 학과의 석·박사 논문 심사를 총괄하는 입장에서 본다면 매 학기 적어도 1~2명은 논문 심사에서 탈락하거나 아예 논문 심사 시기를 다음 학기로 늦추는 경우도 비일비재하게 발생합니다. 학과 입장에서는 공정하고 객관적인 심사 과정을 통해서 대학의 명성에 누가 되지 않을 우수한 논문만을 심사에서 통과시키고 싶습니다. 따라서 학술적 수준이 높지 않은 석·박사 논문에 대해서는 불합격시키는 것이 오히려 차후 그 논문의 수준을 높일 수 있는 뼈아프지만 좋은 계기가 되기도 합니다.

    논문 심사에서 설령 불합격되더라도 이것은 학과 교수들이 심사 대상자에 대한 개인적인 공격이나 악감정 때문이 아니라는 것을 분명히 이해해야 합니다. 오히려 논문 심사에서 탈락하게 되는 경우에는 그 학생을 개인적으로 더 챙겨주고 마음을 쓰는 교수들이 더 많습니다. 논문의 학술적 우수성만을 대상으로 심사가 진행된 것이므로 다소 처음에는 마음이 안 좋더라도 심기일전하여 더 높은 수준의 학위논문이 될 수 있게 많은 노력을 하는 기회로 삼아야 합니다. 보통 논문 심사 학기나 그 이후에는 수료가 되어 있는 신분이므로 대학원 학비가 없거나 내더라도 과정 중에 비해 비교적 저렴한 학비만을 내고 논문등록생 신분을 유지하면 됩니다.

16. Q: 어느 교수님이 나의 논문지도교수가 되는 것이 좋을까요?

    A: 이것은 명확한 답이 없는 문제입니다. 교수들마다 지도 스타일이 다르기

때문에, 어느 분은 다소 지도 과정이 편안하지만 논문 심사 후 불합격될 가능성이 있는 반면, 어느 분은 지도 과정이 상당히 빡빡해도 논문 심사 후 불합격 가능성이 낮은 경우도 있습니다. 참고로 많은 대학에서는 대학 교수들이 6-7년에 1회 씩 연구년(안식년, sabbatical) 제도를 운용하고 있습니다. 염두에 두고 있는 교수가 연구년 기간이 겹치게 된다면 학생 지도를 하기에 몹시 어려운 경우도 있으므로, 애초에 나의 학위 과정 중에 이 분이 연구년이 겹치는지 확인하시고, 연구년이 겹치게 된다면 그 기간이 많이 겹치는지 혹은 약간만 겹쳐서 나의 논문 지도를 해 주실 수 있는지를 솔직히 문의 드리고 가능 여부를 확실히 타진하여 두시기 바랍니다. 또한 지도교수로 염두에 두고 있는 분의 65세 정년퇴임이 얼마 안 남은 경우에는 그 기한 내에 여러분이 학위논문을 틀림없이 마칠 수 있을지도 냉정하게 계산해 볼 필요가 있습니다. 불가피한 경우에는 나중에 지도교수를 변경하여야 하는 경우도 있습니다.

| 부록 1 |

APA 규정 영문 논문의 소제목 수준(level)

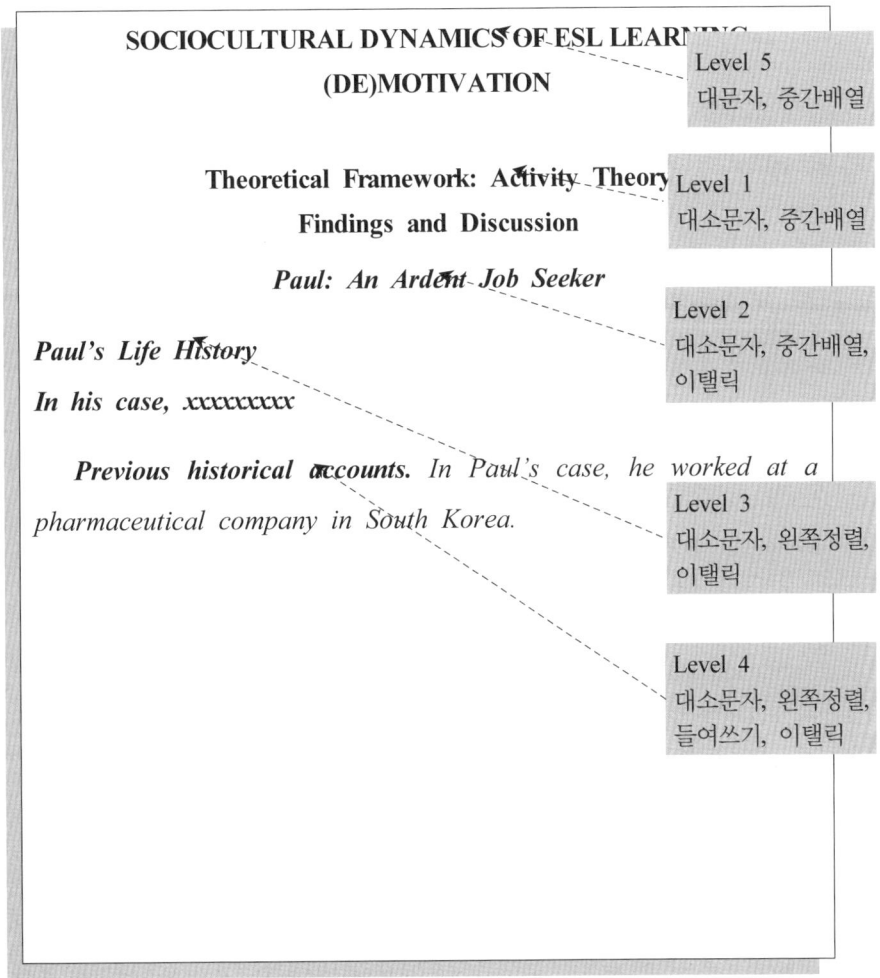

| 부록 2 |

미국 주(州) 약어

Location	Abbreviation	Location	Abbreviation
Alabama	AL	Missouri	MO
Alaska	AK	Montana	MT
American Samoa	AS	Nebraska	NE
Arizona	AZ	Nevada	NV
Arkansas	AR	New Hampshire	NH
California	CA	New Jersey	NJ
Canal Zone	CZ	New Mexico	NM
Colorado	CO	New York	NY
Connecticut	CT	North Carolina	NC
Delaware	DW	North Dakota	ND
District of Columbia	DC	Ohio	OH
Florida	FL	Oklahoma	OK
Georgia	GA	Oregon	OR
Guam	GU	Pennsylvania	PA
Hawaii	HI	Puerto Rico	PR
Idaho	ID	Rhode Island	RI
Illinois	IL	South Carolina	SC
Indiana	IN	South Dakota	SD
Iowa	IA	Tennessee	TN
Kansas	KS	Texas	TX
Kentucky	KY	Utah	UT
Louisiana	LA	Vermont	VT
Maine	ME	Virginia	VA
Maryland	MD	Virgin Islands	VI
Massachusetts	MA	Washington	WA
Michigan	MI	West Virginia	WV
Minnesota	MN	Wisconsin	WI
Mississippi	MS	Wyoming	WY

APA 5판의 규정에 따르면 아래의 미국 도시는 주(州)명의 약어를 뒤에 쓰면 안됨
Baltimore, Boston, Chicago, Los Angeles, New York, Philadelphia, San Francisco

참고) APA 5판의 규정에 따르면 아래의 세계 10대 주요 도시는 국가명을 뒤에 쓰면 안됨
Amsterdam, Jerusalem, London, Milan, Moscow, Paris, Rome, Stockholm, Tokyo, Vienna

APA 6판의 규정에 의하면 모든 미국의 도시는 주명 약어를 뒤에 써야 하고, 다른 나라의 모든 도시는 국가명을 뒤에 써야 함
예: New York, NY; Amsterdam, The Netherlands

| 부록 3 |

외국어교육 및 응용언어학 관련 국내외 학술지 및 인터넷 자료

학술지명 발행기관	구분	원고접수마감 발행일	심사비 게재료	홈페이지
English Teaching	등재	12/1(영어), 3/1, 6/1(영어), 9/1(영어)	7만원	www.kate.or.kr
한국영어교육학회		3월(영어), 6월, 9월(영어), 12월호(영어)	15만원 25쪽 추가 1만원	
Studies in English Education	등재	1/15, 4/15, 7/15, 10/15	8만원	www.geta.kr
글로벌영어교육학회		3/31, 6/30, 9/30, 12/31	20만원/30만원 25쪽 추가 1만원	
멀티미디어언어교육	등재	1/31, 4/30(영어), 7/31, 10/31(영어)	6만원	www.kamall.or.kr
한국멀티미디어 언어교육학회		3/31, 6/30(영어), 9/30, 12/31(영어)	20만원/30만원 25쪽 추가 1만원	
어학연구	등재	2/28, 6/30(영어), 10/31	x	language.snu.ac.kr
서울대 언어교육원		4/30, 8/31(영어), 12/31	10만원/20만원 15-25쪽 내외	
영미어문학	등재	연중 수시 접수	6만원	www.ballak.co.kr
한국영미어문학회		3/31, 6/30, 9/30, 12/31	10만원/20만원 25쪽 이내	
영어교육연구	등재	전년 12/31, 3/31, 6/30, 9/30	7만원	www.pketa.org
팬코리아영어교육학회		3/31, 6/30, 9/30, 12/31	20만원/35만원 20쪽 추가 1만원	
영어어문교육	등재	1/15(영어), 4/15, 7/15(영어), 10/15	8만원	www.etak.or.kr
한국영어어문교육학회		3/30(영어), 6/30, 9/30(영어), 12/30	20만원/30만원 20쪽 추가 1만원	
영어영문학연구	등재	전년 12/31, 3/31, 6/30, 9/30	6만원	www.aellk.or.kr
대한영어영문학회		2/28, 5/31, 8/31, 11/30	15만원/30만원 20쪽 추가 1만원	

학회지/학회	구분	투고/발행일	게재료	웹사이트
영어학 한국영어학회	등재	1/31, 4/30, 7/31, 10/31 3/31, 6/30, 9/30, 12/31	6만원 20만원/30만원 20쪽 추가 1만원	www.kasell.co.k
영어학연구 한국영어학학회	등재	2/28, 6/30, 10/31 4/30, 8/30, 12/30	6만원 20만원/30만원 20쪽 추가 1만원	www.elsok.org
외국어교육 외국어교육학회	등재	전년 11/15, 3/15, 6/15, 9/15 2/28, 6/30, 9/30, 12/31	6만원 20만원/30만원 20쪽 추가 1만원	www.kafle.or.kr
외국학연구 중앙대학교 외국학연구소	등재	2/15, 5/15, 8/15, 11/15 3/30, 6/30, 9/30, 12/30	6만원 10만원/20만원 30쪽 추가 1만원	fsi.cau.ac.kr
응용언어학 한국응용언어학회	등재	12/31, 3/31, 6/30(영어), 9/30 3/31, 6/30, 9/30(영어), 12/31	6만원 게재 확정 후 25쪽 추가 1만원	www.alak.or.kr
초등영어교육 초등영어교육학회	등재	12/31, 3/31, 6/30, 9/30 3/31, 6/30, 9/30, 12/31	6만원 15만원/30만원 25쪽 추가 1만원	www.kapee.or.kr
학습자중심교과 교육연구 학습자중심교과 교육학회	등재	연중 상시 접수 매월 발행	10만원 20만원/30만원 (교내 40만원 교외) 20쪽 추가 1만원	kalci.org
한국교원교육연구 한국교원교육학회	등재	1/31, 4/30, 7/31, 10/31 3/31, 6/30, 9/30, 12/31	10만원 20만원/30만원 20쪽 추가 2만원	www.ksste.or.kr
현대영미어문학 현대영미어문학회	등재	12/30, 3/30, 6/30, 9/30 2/28, 5/30, 8/30, 11/30	6만원 15만원/30만원 20쪽 추가 1만원	www.mball.or.kr
현대영어교육 현대영어교육학회	등재	12/15, 3/15(영어), 6/15, 9/15(영어) 2/287, 5/31(영어), 8/31, 11/30(영어)	6만원 20만원/30만원 20쪽 추가 1만원	www.meeso.or.kr
현대영어영문학 한국현대영어영문학회	등재	12/31, 3/31, 6/30, 9/30 2/28, 5/31, 8/31, 11/30	6만원 15만원/30만원 20쪽 추가 2만원	www.mesk.or.kr

* 연구비를 지원받은 논문 게재료의 경우 Bold체 처리함

국제 학술지명	학술지 정보 (연구 영역)
APER (Asia Pacific Education Review)	응용언어학, 외국어교육 일반
Applied Linguistics	
The Canadian Modern Language Review	
ESP (English for Specific Purposes)	
Foreign Language Annals	
Language Awareness	
Language Culture and Curriculum	
Language in Society	
Language Learning	
The Modern Language Journal	
Studies in Second Language Acquisition	
System	
TAPER (The Asia Pacific Education Researcher)	
TESOL Quarterly	
CALICO Journal	CALL
Computers and Education	
Journal of Computer Assisted Language Learning	
Language Learning and Technology	
Language Assessment Quarterly	언어평가
Language Testing	
APER (Asia Pacific Education Review)	일반 교육학, 온라인 저널
Asia Pacific Journal of Education	
I-TESL-Journal	

<국내외 외국어교육, 응용언어학 관련 학술지검색 데이터베이스>

아래와 같은 데이터베이스는 대체로 대학 캠퍼스 내에서는 무료로 검색, PDF 파일저장이 가능합니다. 대학 캠퍼스가 아닌 교외에서 열람하고자 할 경우에는 교외접속프로그램을 설치하면 가능한 경우가 있으니 여러분 소속 대학의 도서관에 확인하여 주십시오.

- RISS (한국 학술정보서비스) http://www.riss.kr/index.do
  : 국내외저널 검색데이터베이스 제공, 국내외 학위논문 유무료서비스
- 국회도서관 http://www.nanet.go.kr/main.jsp
- 국립중앙도서관 http://www.nl.go.kr/nl/index.jsp
- NDSL (국가과학기술전자도서관) http://ndsl.or.kr/eng/newindex.html
  : 해외저널 full-text 지원. 학교 도서관에 로그인 후 사용
- DBpia (국내저널 검색서비스) http://www.dbpia.co.kr
- Kyobo Scholar (교보문고 전자 학술논문 서비스)
  http://scholar.dkyobobook.co.kr/main.laf
- ProQuest (프로퀘스트 전자 학위논문 데이터베이스) http://www.proquest.com/
- Digital Dissertation and Thesis: http://wwwlib.umi.com/dissertations/gateway
  : UMI 미국 주요대학 석, 박사 학위논문 검색 및 유료서비스
- ERIC Database http://www.eric.ed.gov : 교육관련 저널 및 보고서

| 부록 4 |

APA Style 중요 양식 요약

〈영어교육〉지

본 학회의 *영어교육*지는 기본적으로 많은 응용 언어학 분야의 저널들(*TESOL Quarterly* 포함)이 채택하는 APA Style을 따른다. 다음은 그 중에서 중요한 몇 가지를 예시한 것이다. (기타 자세한 것은 American Psychological Association. (1994). *Publication manual of the American Psychological Association* (4th ed.). Washington, DC: Author 참조)

1. 본문 속에서의 인용이나 괄호 안의 문헌 표기

1) **인용 부호와 출처 표시**: … "The 'placebo effect' disappeared … when behaviors were studied in this manner"(Duff, 1994, p. 276)라고 말하였다.

   인용문은 " " 안에 넣고, 그 안에서 다시 인용이나 강조를 할 때는 ' '를 쓴다. 인용문의 문장이 끝나도 마침표는 괄호(참고문헌의 정보)가 끝난 후에 찍는다. 괄호 안에는 보기처럼 저자, 연도, 쪽수를 쉼표로 분리하여 표시하고, p. 혹은 pp. (여러 쪽의 경우) 뒤에 한 칸 띄어 쪽수를 쓴다.

2) **쪽수만 인용문 뒤에 표시**: Duff(1994)는 "the 'placebo effect' disappeared when [his own and other's] behaviors were studied in this manner"(p. 276)라고 말하였다.

3) **2명의 저자**: 영문 참고문헌이면 "과/와"로 연결하고, 괄호 속에서는 &를 사용한다. 국문 참고문헌이면 저자명 사이를 쉼표로 표시한다. 괄호 자체는 이름(명사)과 조사 사이에 붙여 쓴다.

   Gardner와 Lambert(1976)의 연구는 과거의 연구(Lambert & Gardner, 1972)보다…
   …는 학습 태도가 부정적인 영향을 미치는 경우라고 보았다(Gardner & Lambert, 1972).

김철수, 이영희(1994)는 협동학습이 학습자간의 상호작용을 …

협동학습을 할 때도 교사 역할의 중요성을 간과해서는 안 된다(김철수, 이영희, 1994).

4) **3-5명의 저자**: 처음 언급할 때는 모든 저자의 이름을 표기하고, 그 다음부터는 "등"이나 "외 4인"이라는 식으로 표기한다. 단 영어 자료인 경우 괄호 안에 제시될 때는 "et al."로, 표기한다.

첫 번째 언급: Jones, Smith, Bradner와 Torrington(1983)은 학습자의 …

두 번째 언급: William 등(1983)은 담화 구조의 … (또는) William 외 4인(1983)의 연구결과는 …

5) **6명 이상의 저자**: 처음부터 영어 자료는 "et al."로, 국어 자료는 "등" 혹은 "외 5인"으로 표기하고, 논문 뒤의 참고문헌 목록에는 이름을 모두 표기한다. (et al.는 라틴어 et alii (and others)의 약어이므로 al.에만 점을 사용하고, 이탤릭체를 쓰지 않는다.)

6) **여러 저작을 괄호 안에 소개**: 여러 저자의 저작을 소개할 경우, 알파벳 순으로 배열하고, 세미콜론(;)으로 분리한다. 동일 저자의 것은 연대순으로 배열하고, 쉼표로 분리한다.

Oxford (1986, 1989, 1994)는 전략 훈련에 대한 연구(Gosden, 1992; Hanania & Akhtar, 1985; Hopkins, 1987, 1988a, 1989; Tarone et al., 1981)들이 …

7) **동성이명(同姓異名)의 저자들**: 본문에서는 이름의 약자를 사용하여 혼동을 피한다. 비록 연도가 다르더라도 그렇게 한다. (한국인 저자의 영문 자료인 경우 성만으로는 혼동이 많으므로, 원 저자의 영문 이름 표기 방식에 따라 성 앞에 한 글자(Kildong Kim ⇒ K. Kim), 또는 두 글자의 약자(Kil-Dong Kim ⇒ K.-D. Kim)를 쓴다.)

H. D. Brown (1993)과 J. D. Brown (1994)은 외국어 학습에서…

2. 참고문헌 목록 표기

참고문헌에는 논문에 언급된 것만을, 빠짐없이 저자 성의 알파벳순으로 싣는다. 국어 문헌과 영어 문헌을 실을 경우, 국어 문헌을 먼저 가나다순으로 싣고, 영어 문헌을 저자 성의 알파벳순으로 싣는다. 국어 참고문헌 표기 방법은 영어에 준한다.

1) 저널의 논문 (Journal article)

이철수. (1999). 협동학습을 활용한 중학교 말하기 지도 방안. *영어교육, 54*(2), 136-143.

이철수, 김영희. (2000). 교실 담화 분석에 나타난 초등학생 영어 발달 단계. *영어교육, 55*(3), 16-31.

Pavio, A. (1975). Perceptual comparisons through the mind's eye. *Memory & Cognition, 3*, 635-647.

Davis, J. N., Lange, D. L., & Samuels, S. J. (1988). Effects of text structure instruction: An experimental study on foreign language readers. *Journal of Reading Behavior, 20*(2), 19-34.

국문 자료인 경우 모든 저자는 **성, 이름**순으로 기재하고 성과 이름을 붙여쓰며, 저자가 한 명 이상인 경우 저자 이름 사이에는 **쉼표**를 찍는다. **영문** 자료인 경우 모든 **저자**의 **성**을 먼저 쓰고, 쉼표를 붙인 후, 이름을 약자로 쓴다. 한 저자 이름의 약자에 **마침표**와 **쉼표**를 찍은 후에 다음 저자의 성을 쓴다. 마지막 저자의 성 앞에는 &를 붙인다. 출판 연도는 괄호에 넣는다. 논문은 주제목과 부제의 첫 글자와 고유 명사만 대문자로 하고 나머지는 소문자로 하며, 보통체로 한다. 저널 이름은 영문인 경우 주요 단어의 첫 자를 모두 대문자로 하고 이탤릭체로 한다. **volume번호도 이탤릭체**로 하나, **issue번호**는 괄호 속에 **보통체**로 한다. (issue 마다 쪽수가 새로 1쪽부터 시작할 경우에만 issue 번호를 쓴다.) 마지막으로 쪽수를 명기하되, pp.를 붙이지 않는다. 저자, 출판 연도, 논문 제목, 출처(저널과 쪽수)의 네 부분으로 나누어 각 부분의 끝에 마침표를 찍는다.(단 저자 부분이 약자로 끝날 때는 마침표를 하나만 찍는다).

2) 책 (Book)

박미란. (2000). *영어 학습 이론*. 서울: 한국출판사.

이남희, 최지영 (편). (1998). *영어 평가론: 이론과 실제*. 부산: 학지사.

Mehan, H. (1979). *Learning lessons: Social organization in the classroom*. Cambridge, MA: Harvard University Press.

Strunk, W., Jr., & White, E. B. (Eds.). (1979). *The elements of style*. New York: Macmillan.

American Psychiatric Association. (1980). *Diagnostic and statistical manual of mental disorders* (3rd ed.). Washington, DC: Author.

저자 표기법은 저널 논문의 경우와 같다. 영문 자료인 경우 저자명 중 Jr.은 약자로 간주하여 보기처럼 쓴다. 편자(Editor/Editors)인 경우는 국문 자료는 "(편)"으로, 영문 자료는 "(Ed.)/(Eds.)"로 부기한다. 책 제목은 이탤릭으로 하되, 저널 논문 제목처럼 주 제목과 부제의 첫 글자만 대문자로 표기한다. 판수는 국문 자료는 "(개정판)", "(3판)"으로, 영문 자료는 "(3rd ed.)" 등은 보통체로 표기한다. 같은 출판사가 여러 도시에 있을 때는 첫 번째 도시나 본부가 있는 도시를 적는다. 영문 자료인 경우 혼동의 염려가 없고 널리 알려진 도시는 주나 국가의 이름을 생략할 수 있다. 미국의 주 이름의 약자는 중간에 점을 찍지 않고 붙여쓴다. 출판사 이름은 식별에 필요한 최소한의 명칭을 쓰므로 "Publishers", "Co.", "Inc." 등은 붙이지 않는다. 영문 자료인 경우 저자와 출판 기관이 같은 때는 출판 기관의 이름 대신에 Author라고 쓴다.

3) 편집된 책에 실린 논문이나 장 (An article or chapter in an edited book)

백민승. (1998). 대안적 평가의 개발과 적용. 이남희, 최지영 (편), *영어 평가론: 이론과 실제* (pp. 128-212). 부산: 학지사.

Hunt, R. (1994). Speech genres, writing genres, school genres, and computer genres. In A. Freedman & P. Medway (Eds.), *Learning and teaching genre* (pp. 243-262). Portsmouth, NH: Boynton/Cook.

논문의 필자, 연도, 논문 제목, 책 제목 등의 표기는 저널이나 책에서와 같다. 편자 (Editors)의 성명은 영문 자료인 경우 저자의 경우와는 달리 모두 **이름의 약자를 먼저 쓰고 성을 뒤에** 쓴다. (편) 또는 (Eds.) 다음에 쉼표를 하고, 논문의 쪽수는 책 제목 바로 뒤 괄호 안에, 보통체로 pp. 다음에 쓴다.

4) 잡지나 신문 기사 (Magazine or newspaper article)

황지호. (2000, 1월). 한국 중학생의 사교육 실태. *청소년 교육*, pp. 2-5.

Gardner, H. (1981, December). Do babies sing a universal song? *Psychology Today*, pp. 70-76. (잡지 기사는 저널 기사와 달리, 출간 달까지 표기하고, 쪽수 앞에 pp.를 붙인다.)

강수철. (2001, 12월 5일). 해외 어학 연수 이대로 좋은가? *조선일보*, p. 25.

Lubin, J. S. (2000, December 5). On idle: The unemployed shun much mundane work. *The Wall Street Journal*, pp. 2, 25. (신문 기사는 날짜까지 표기한다. 기사가 비연속적으로 분리된 경우, 해당 쪽수를 쉼표로 분리 표기한다.)

5) 연구 보고서 (Report)

윤성호. (1999). *대안적 평가의 유형* (연구보고서 55호). 서울: 한국교육과정평가원.

Newport, E. L. (1975). *Motherese: The speech of mothers to young children* (Tech. Rep. No. 53). San Diego, CA: University of California, Center for Human Information Processing. (대학 연구소의 보고서일 경우, 대학 이름을 연구소 이름보다 먼저 쓴다. 대학명에 주 이름이 있으면, 도시 이름 다음에 오는 주의 약자를 생략한다.)

Gottfredson, L. S. (1980). *How valid are the reinforcement pattern scores?* (Report No. CSOS-R-292). Baltimore, MD: Johns Hopkins University, Center for Social Organization of Schools. (ERIC Document Reproduction Service No. ED 182 465) (연구보고서를 ERIC에서 복사, 입수한 경우 ED 번호를 명기한다.)

6) 학회 발표 논문 (Proceedings of meetings and symposia)

오지수. (2000). 의사소통 활동을 통한 문법 인식 높이기가 중학생 문법 습득에 미치는 영향 분석. 한국응용언어학회 (편), *2000년 여름 한국외국어교육학회발표논문집* (pp. 57-62). 서울: 한국응용언어학회.

Wells, C. G. (1984). Lexio-grammatical features of child language. In B. Meyer (Ed.), *Proceedings of the Fourth International Symposium on Child Language* (pp. 83-92).Vancouver, British Columbia, Canada: Mitchell Press. (발표 논문집이 출간된 경우 이탤릭체로 하고, 영문인 경우 학술대회 이름은 고유명사이므로 대문자로 한다.)

허영재. (2000, 6월). *상위인지전략 훈련이 자기주도적 학습에 미치는 영향 분석.* 한국영어교육학회 2000년 여름 학술대회 발표논문, 서울.

Michaels, J. (1989, June). *Communication strategies and learning strategies revisited.* Paper presented at the 1989 Summer Conference of the Korea Association of Teachers of English, Pusan, Korea. (출간되지 않은 학회 발표 논문은 논문 제목을 이탤릭체로 표기하며, 학회 장소를 명기 한다.)

7) 학위논문 (Doctoral dissertations and master's theses)

영문 학위논문이 Dissertation Abstracts International(DAI)에 등록되고, 요약이 실려 있는 경우는 **제목을 보통체**로 쓰고, **미 출간인 경우**는 책처럼 취급하여 제목을 **이탤릭체**로 한다. (미국에서 통과된 대부분의 박사 논문은 DAI에 등록되어 있는데, *DAI*의 등록 번호를 모르는 경우는 미출간 학위논문처럼 표기할 것을 제안한다.)

장혜수. (2000). *대학수학능력 외국어영역 영어시험의 성별 차별적 요인 분석.* 미출간 석사학위논문. 한국대학교, 서울.

Kevins, G. M. (1981). *Ananalysis of ESL learners' discourse patterns.* Unpublished doctoral dissertation. McGill University, Montreal.

Ryeson, J. F. (1983). *Effective management training: Two models.* Unpublished master's thesis. Clarkson College of Technology, Potsdam, NY.

Pendar, J. E. (1982). Undergraduate psychology majors: Factors influencing decisions. *Dissertation Abstracts International, 42,* 4370A-4371A. (University Microfilms No. 82-06, 181) (논문의 요약과 등록 번호가 DAI에 나와 있고, 논문 자체는 University Microfilms에서 사본을 구한 경우 두 가지 번호를 모두 표기한다.)

Foster, M. E. (1982). An analysis of the relationship between preservice teacher training and directed teaching performance (Doctoral dissertation, University of Chicago, 1981). *Dissertation Abstracts International, 42*, 4409A. (논문의 요약과 등록 번호가 DAI에 나와 있으나, 논문 자체는 대학에서 구한 경우. 이때 논문 통과 연도와 DAI 등재 연도가 다르면, 논문의 본문에서는 Foster (1981/1982), (Foster, 1981/1982)와 같이 표기한다.)

8) 인터넷 자료 (Internet resources)

인쇄 매체로 출판되었으나 인터넷을 통해 얻은 자료인 경우는 저널 논문, 책, 연구 보고서 등의 양식을 따른 후 맨 끝에 인터넷 사이트를 괄호 안에 제시한다. 단 인용한 날짜를 밝히며, 출판된 자료가 아닌 경우는 자료 제목을 이탤릭체로 한다.

박민영. (1997a). *정보차 메우기 활동 유형.* 월드와이드웹: http://home.hankuuk. ac.kr/~mystudy.english/IG1.HTML에서 1998년 1월 10일에 검색했음.

Feenberg, A. (1999a). *Distance learning: Promise or threat?* Retrieved January 6, 2000, from the World Wide Web: http://www-rohan.sdsu.edu/faculty/feenberg/TELE3. HTML. (미출간 자료인 경우)

박민영. (1997b). 문제해결 과제의 유형과 유용성. *열린학습, 20*(1). 월드와이드웹: http://home.hankuuk.ac.kr/~mystudy.english/IG1.HTML에서 1998년 1월 15일에 검색했음.

Feenberg, A. (1999b, September/October). No drills in the virtual classroom. *Academie, 85*(5). Retrieved February 20, 2001, from the World Wide Web: http://www.aaup.org/SO99Feen.html. (출판된 자료인 경우)

9) 비 영어 자료 (Non-English resources)

참고문헌에 포함된 비 영어 논문(또는 책)은 제목(그리고 학술지 이름)을 국립국어원(http://www.korean.go.kr)이 고시한 "한국어 로마자 표기법"을 이용하여 작성한 후, 괄호 안에 영어로 해석한 논문 제목(그리고 학술지 이름)을 다음과 같이 병기한다.

Hong, K. D. (2012). Yeongu yunri hwakrip-eul wihan pyojeol-ui ihae (Understanding of plagiarism for establishment of research ethics). *Yunriyeongy (Journal of Ethical Studies in Korea), 67*, 26-45.

Hong, K. D. (2011). *Daehaksaeng-ui pyojeol yebang-eul wihan hwaneonhagi hullyeon hyogwa bunseok (An analysis of paraphrase practices for avoidance of plagiarism for university students)*. Unpublished MA thesis, Hankook University, Seoul, Korea.

3. 표(Table) 및 그림(Figure) 형식과 제목 달기

표/그림 번호와 제목은 표/그림 **윗쪽 중앙**에 위치한다. 모두 **진한 글자**로 한다. **표 3, 그림 5**처럼 쓴다. 번호는 아라비아숫자로 한다. 본문 속에서 언급할 때는 "표/그림 5에서 보듯이"처럼 쓴다.

표 3
연구대상의 연령별 집단과 영어 능력 점수

그림 5
학습자의 응답 유형 분포도

(2012년 12월 21일 개정)

| 부록 5 |

한국응용언어학회 연구 윤리 규정

2007. 11. 23 제정

제1장 총칙

제1조 본 위원회는 한국응용언어학회 윤리위원회라 칭한다.
제2조 본 위원회는 한국응용언어학회 회칙 18조에 의거하여 학회 내에 둔다.

제2장 구성

제1조 윤리위원회는 편집위원회가 그 기능을 겸하는 것으로 한다.
제2조 편집출판 부회장이 당연직 위원장이 되고, 임기는 부회장의 임기와 같다.

제3장 기능

제1조 윤리위원회는 윤리 규정 위반으로 보고된 사안이 있을 경우 이를 정확하게 조사할 수 있는 임무와 권한이 있다.
제2조 윤리 규정 위반이 사실로 판정될 경우 윤리위원회는 상임이사회에 적절한 징계 조치를 건의할 수 있다.

제4장 윤리 규정

제1조 출처를 명시하지 않고 자신 혹은 타인의 연구 내용 및 결과를 도용하여 새로운 연구결과로 제시하는 경우 표절로 간주하여 윤리위원회의 조사에 부의한다.
제2조 타 학술지에 게재될 예정이거나 기 게재된 논문을 중복 투고 및 게재하거니,

"응용언어학"에 게재된 논문을 학회의 동의 없이 타 학술지에 무단 중복 게재한 경우 윤리위원회의 조사에 부의한다. 미출간된 학위논문의 게재는 허용하되, 출처를 밝히는 것을 원칙으로 한다. 기출판된 학위논문의 경우는 중복게재를 불허한다.

제3조 "응용언어학"에 게재된 논문을 다른 곳에 중복 게재나 출판을 하고자 할 경우 학회의 사전 동의를 얻었음을 밝혀야 하며, 해당 논문이 게재되었던 "응용언어학"의 권, 호 및 쪽수를 명기하여야 한다.

제4조 편집위원회는 투고된 논문의 내용을 공정하고 정확하게 평가할 수 있는 심사자에게 심사를 의뢰한다.

제5조 편집위원회는 투고된 논문의 게재 여부가 결정되어 통보될 때까지 저자의 이름과 소속 및 논문의 내용을 공개하지 않는다.

제6조 심사자는 학술지의 편집위원회가 심사를 의뢰한 논문을 해당 분야의 전문성과 학회에서 정한 투고 규정에 근거하여 공정하게 평가한 후 심사 결과를 편집위원장에게 통보한다.

제7조 심사자는 심사 대상 논문에 대한 사항을 타인에게 공개하지 않는다. 또한 논문이 게재된 학술지가 출판되기 전에 저자의 동의 없이 논문의 내용을 인용할 수 없다.

제5장 윤리 규정 시행 세칙

제1조 윤리 위원회는 표절, 중복 투고 및 중복 게재 등 윤리 규정 위반으로 보고된 사안이 있을 경우, 위반행위를 입증하는 자료, 연구 윤리 규정을 위반한 회원의 소명 내용 및 기타 자료에 대한 조사 결과를 상임이사회에 보고한다.

제2조 윤리위원회는 윤리 규정을 위반한 것으로 판정된 회원에게 징계 결정을 내리기 전에 충분한 소명 기회를 주도록 한다.

제3조 윤리 규정 위반 사항에 대한 윤리위원회의 심의가 완결되어 최종적인 징계 결정이 내려질 때까지 윤리위원은 제보자 및 위반 당사자인 피조사자의 신원을 외부에 공개하지 않는다.

제4조 윤리위원회의 징계 건의가 있을 경우, 회장은 상임이사회를 소집하여 징계

여부 및 징계 내용을 최종적으로 결정한다.

제5조 "게재가"로 결정되거나 게재된 후에도 연구 윤리 위반 사례가 밝혀질 경우에는 윤리원회의 의결에 따라 게재를 취소하고 향후 3년간 논문 투고를 불허한다. 윤리위원회의의 결정사항과 별도로 상임이사회의 의결에 따라 경고, 공개사과, 회원자격 상실 등의 추가 징계 조치를 취할 수 있다.

제6조 위반 사항의 조사와 관련된 기록은 조사 종료 이후 5년간 보관하도록 한다.

제7조 윤리 규정의 수정 절차는 본 학회 편집위원회 규정 개정 절차에 준한다. 윤리 규정이 수정될 경우 한국응용언어학회 회원은 별도의 서약 절차 없이 새로운 규정을 준수하기로 서약한 것으로 간주한다.

제8조 이 규정에 명시되지 아니한 사항은 한국응용언어학회 상임이사회의 결정에 따른다.

부칙

본 윤리 규정은 2007년 11월 23일부터 시행하도록 한다.

| 부록 6 |

참고문헌 연습 예제 APA 스타일 변환 모범 답안

■ 참고문헌

강내희. (2005). 식민지시대 영어교육과 영어의 사회적 위상. *안과밖, 18*, 262-293.

강준만. (2009). *입시전쟁 잔혹사*. 서울: 인물과사상사.

강준만. (2011). *특별한 나라 대한민국*. 서울: 인물과사상사.

강준만. (2014). *한국인과 영어*. 서울: 인물과사상사.

교육부. (2014, 8월 27일). 수능 영어 절대평가 검토 관련 설명 (보도자료). 월드와이드웹: http://mest.go.kr/web/100027/ko/board/view.do?bbsId=295&pageSize=10&currentPage=12&encodeYn=Y&boardSeq=56454&mode=view에서 2015년 1월 21일 검색했음.

권오량, 김정렬. (2010). *한국영어교육사*. 서울: 한국문화사.

김명배. (2006). *개화기의 영어 이야기*. 서울: 국제영어대학원대학교출판부.

김명환. (2007). 대학의 영어 강의에 대한 비판적 성찰. *안과밖, 22*(4), 243-259.

김상봉. (2004). *학벌사회: 사회적 주체성에 대한 철학적 탐구*. 파주, 경기: 한길사.

김영명. (2005). *신한국론: 단일사회 한국, 그 빛과 그림자*. 서울: 인간사랑.

김영명. (2007, 11월 21일) 영어 열풍을 잠재우려면. 월드와이드웹: http://news.hankooki.com/lpage/opinion/200711/h2007112118551324370.html에서 2014년 5월 6일 검색했음.

김영서. (2009). *한국의 영어교육사*. 서울: 한국문화사.

김영철. (2011). *영어 조선을 깨우다*. 서울: 일리.

김용하, 임성은. (2011). 베이비붐 세대의 규모, 노동시장 충격, 세대간 이전에 대한 고찰. *보건사회연구, 31*(2) 36-59.

김종범. (2012). 개발도상국 기술원조 강화 방안과 과제. *사회과학연구, 25*(1), 1-23.

김종영. (2015). *지배받는 지배자: 미국 유학과 한국 엘리트의 탄생*. 서울: 돌배게.

김태영. (2012). 한국 초·중등학생의 영어 학습 동기 및 제2언어 자아 분석: 정성적 인터뷰 분석법. *영어학, 12*(1), 67-99.

김태영. (2013). *영어 학습 동기 연구의 최근 경향*. 서울: 한국문화사.

김태영. (2015). 초·중학교 '언어하기' 활동을 통한 영어 학습동기 증진 및 영어 자아 형성 연구: 혼합 연구법. *현대영미어문학, 33*(2), 147-175.

남태현. (2012). *영어계급사회*. 파주, 경기: 오월의봄.

남인숙. (2011). 한국의 사회·경제적 양극화와 교육 격차. *현상과인식, 114*, 15-38.

박부강. (1974). *한국의 영어교육사 연구: 1883~1945*. 미출간 석사학위논문. 서울대학교.

박현정, 신택수. (2007). 고등교육기관 핵심 역량의 구조화 및 경쟁력 지표의 개발과 적용: S대학교 교육학과 대학원 과정을 중심으로. *아시아교육연구, 8*(3), 21-53.

박현진, 김영화. (2010). 가정의 문화자본과 사회자본이 영어학업성취에 미치는 영향에 대한 잠재성장모형 분석. *교육사회학연구, 20*(4), 55-82.

방인자, 천세영. (2011). 내신제도에 따른 고등학교 영어 교육과정 운영 실태 분석. *교육연구논총, 32*(1), 1-20.

보드리야르, 장. (1991). *소비의 사회: 그 신화와 구조* (이상률 옮김). 서울: 문예출판사.

보드리야르, 장. (2001). *시뮬라시옹* (하태환 옮김). 서울: 민음사.

서한솔, 김태영. (2015). 영어 조기어학연수의 효과성 검증: 전라북도 초·중·고등학교를 중심으로. *한국교육문제연구, 33*(1), 101-125.

신동일, 심우진. (2011). 한국 영어교육의 역사적 고찰: 신문기사와 학술자료를 기반으로. *현대영어교육, 12*(3), 252-282.

신순범. (2003). TV광고에 나타난 키치현상에 관한 연구. *한국전문대학교육연구학회논문집, 4*(4), 673-681.

안석배. (2013, 6월 18일). *학원들의 공포 마케팅*. 월드와이드웹: http://news.chosun.com/site/data/html_dir/2013/06/17/2013061702792.html?Dep0=twitter&d=2013061702792에서 2015년 1월 12일 검색했음.

윤지관. (2002). 영어의 억압, 그 기원과 구조. *안과밖, 12*, 10-32.

이범. (2009). *이범의 교육특강*. 서울: 다산에듀.

이원재. (2001). *과거공부를 알아야 우리 교육이 보인다*. 서울: 문음사.

이인열. (2010, 3월 26일). *영어가 학벌보다 낫다: 직장인들 학원 매달려*. 월드와이드웹: http://news.chosun.com/site/data/html_dir/2010/03/26/2010032600148.html에서 2015년 2월 10일 검색했음.

이정규. (2003). *한국사회의 학력·학벌주의: 근원과 발달*. 서울: 집문당.

이제봉. (2012). 한국의 민족주의와 다문화주의. *다문화교육연구, 5*(1), 199-215.

이종각, 김기수. (2003). '교육열' 개념의 비교와 재정의. *교육학연구, 41*(3), 191-214.
이홍수. (2011). *세계화 시대 영어가 경제다: 영어의 과거와 현재 그리고 미래*. 서울: 잉글리시무무.
임진국, 추정남. (2013). *자녀 교육에 등골 휘는 부모들의 자화상: 에듀푸어*. 서울: 북오션.
전원정. (2014). 학습 동기 증진 언어하기 활동이 초등학생의 영어 학습 동기에 미치는 영향. 미출간 석사학위논문. 중앙대학교, 서울.
정광. (2014). *조선시대의 외국어교육*. 파주, 경기: 김영사.
조재옥. (2005). 해외어학연수가 한국학생의 언어학습에 미치는 영향. *STEM Journal, 6*(2), 153-174.
최샛별. (2004). 한국 사회에서의 영어실력에 대한 문화자본론적 고찰: 대학생들의 영어학습실태와 영어능력자에 대한 인식을 중심으로. *사회과학연구논총, 11*, 5-21.
최샛별, 최유정. (2011). 문화자본론의 관점에서 본 영어의 한국적 의미와 구조. *문화와사회, 10*, 207-252.
최원형. (2011, 12월 13일). *영어가 경쟁력? 실생활선 웹 로그인때나 쓰거든요!* 월드와이드웹: http://www.hani.co.kr/arti/culture/religion/510014.html에서 2014년 7월 24일 검색했음.
통계청. (2014). *2013년 사교육비 조사결과*. 월드와이드웹: http://kostat.go.kr/portal/korea/kor_nw/2/13/1/index.board?bmode=read&bSeq=&aSeq=311886&pageNo=1&rowNum=10&navCount=10&currPg=&sTarget=title&sTxt=에서 2014년 8월 14일 검색했음.
한국교육과정평가원. (2012). *초4 성취도 수학 2위, 과학 위, 중2 성취도 수학 위, 과학 3위 기초수준 미달 비율 가장 낮게 나타나*. 월드와이드웹: http://www.google.co.kr/url?sa=t&rct=j&q=&esrc=s&frm=1&source=web&cd=4&ved=0CDoQFjAD&url=http%3A%2F%2Fwww.index.go.kr%2Fcom%2Fcmm%2Ffms%2FFileDown.do%3Fapnd_file_id%3D1529%26apnd_file_seq%3D1&ei=m5VoU8HdN8z38QXV8oCwBQ&usg=AFQjCNGOnAmr26vbFuI0FuTYb_sfRUPJzQ&bvm=bv.66111022,d.dGc&cad=rjt에서 2014년 5월 6일 검색했음.
홍성현, 류웅재. (2013). 무한 경쟁 시대의 글로벌 인재 되기. *커뮤니케이션이론, 9*(4), 4-57.
Bourdieu, P. (1977). Social class, language and socialization. In J. Karabel & A. H. Halsey (Eds.), *Power and ideology in education* (pp. 473-486). Oxford, UK: Oxford University Press.
Bourdieu, P. (1984). *Distinctions: A social critique of the judgement of taste*. Cambridge, MA: Harvard University Press.
Bourdieu, P. (1986). The forms of capital. In J. G. Richardson (Ed.), *Handbook of theory and research for the sociology of education* (pp. 241-258). New York: Greenwood.

Bourdieu, P. (1991). *Language and symbolic power* (M. Adamson, Trans.). Cambridge, MA: Harvard University Press.

Gardner, R. C. (1985). *The social psychology and second language learning: The role of attitudes and motivation.* London: Edward Arnold.

Gardner, R. C. (2001). Integrative motivation and second language acquisition. In Z. Dörnyei & R. Schmidt (Eds.), *Motivation and second language acquisition* (pp. 1-20). Honolulu, HI: University of Hawaii Press.

Jill, H., & Dörnyei, Z. (2013). *Motivating learning.* London: Pearson.

Haggard, S., & Moon, C.-I. (1993). The state, politics, and economic development in postwar South Korea. In H. Koo (Ed.), *State and society in contemporary Korea* (pp. 51-94). Ithaca, NY: Cornell University Press.

Howatt, A. P. R. (2004). *A history of English language teaching* (2nd ed.). Oxford, UK: Oxford University Press.

Kim, T.-Y. (2006). Motivation and attitudes toward foreign language learning as socio-politically mediated constructs: The case of Korean high school students. *The Journal of Asia TEFL, 3*(2), 165-192.

Kim, T.-Y. (2010). Socio-political influences on EFL motivation and attitudes: Comparative surveys of Korean high school students. *Asia Pacific Education Review, 11,* 211-222.

Kwon, O. (2000). Korea's education policy changes in the 1990s. *English Teaching, 55*(1), 47-91.

Marra, M. (2012). English in the workplace. In B. Paltridge & S. Starfield (Eds.), *The handbook of English for specific purposes* (pp. 175-192). Malden, MA: Wiley Blackwell.

Ryan, R. M., & Deci, E. L. (2000). Intrinsic and extrinsic motivations: Classic definitions and new directions. *Contemporary Educational Psychology, 25,* 54-67.

Seth, M. J. (2002). *Education fever: Society, politics, and the pursuit of schooling in South Korea.* Honolulu, HI: University of Hawaii Press.

Shin, H. (2010). *"Gireogi Gajok": Transnationalism and language learning.* Unpublished doctoral dissertation, University of Toronto, Ontario, Canada.

Tudor, D. (2012). *Korea: The impossible country.* North Clarendon, VT: Tuttle.

Underwood, H. H. (1926). *Modern education in Korea.* New York: International Press.

| 부록 7 |

연습문제 모범 답안

>>> 제1장: 서론

I.
 1. F
 2. F
 3. F

II.
 1. 체계적으로 기록 / 2
 2. 페이지 번호
 3. APA 스타일
 4. 2 / 3-4

>>> 제2장: 논문 작성 전 생각해 볼 점

I.
 1. F
 2. F
 3. F
 4. T

II.
 1. 독창적
 2. 어렵
 3. 구글 학술 검색, RISS, DBpia, 교보스콜라, ProQuest, 각 대학 도서관 홈페이지, 국립중앙도서관 홈페이지, 국회도서관 홈페이지 등 (3개 이상 제대로 쓰면 정답)

>>> 제3장: 논문의 체제

I.
 1. F
 2. F
 3. F
 4. T
 5. T

II.
 1. 12
 2. 100 / 250
 3. 연구 자료 수집방법 / 연구 분석 방법
 4. References

III.
 1. In this paper, I argue that ~
 2. verified

>>> 제4장: 논문계획서 작성 요령과 논문 계획 발표 요령

I.
 1. F
 2. F
 3. T
 4. F
 5. T

II.
1. 서론 / 선행연구 / 연구방법
2. 연구방법 / 실행 가능성

제5장: 명료한 글쓰기

I.
1. F
2. T
3. F

II.
1. 세
2. 두, 세
3. 연구자, 필자

III.
1. For the first 40 minutes, the participants were asked to complete the 46 multiple-choice TEPS items. Then, 20 minutes were given to them to respond to the five-point Likert-type EFL motivation/attitudes questionnaire items.
2. suggest

제6장: 글의 스타일

I.
1. T
2. F
3. T
4. T
5. F

II.
1. 40
2. 둘째
3. 즉 / 예를 들어

III.
1. Learner beliefs, goals, and motivation

2. He made the distinction between *larger* and *bigger*.
3. (sociocultural theory [SCT])
4. widely used text
5. Study abroad (SA) is becoming popular these days.

제7장: 표와 그림

I.
1. F
2. T
3. F
4. F
5. T

II.
1. 8
2. 표나 그림 하단 / 각주
3. 절반(1/2) / 명확한 해설이나 설명

III.
1. b
2. c

제8장: 참고문헌 기초

워밍업(Warming Up)

I.
1. F
2. T
3. F
4. F
5. T

II.
1. KCI, (Korea Citation Index)
2. SCI, SSCI, A&HCI, SCOPUS
3. 임팩트 팩터(Impact Factor) / 1

제9장: APA 스타일에 의한 참고문헌 작성 방법

I.
1. F
2. T
3. F
4. F

II.
1. 여섯
2. para
3. 대괄호[ ] (bracket)
4. et al.
5. p. / Chapter

III.
1. (2)-(1)-(3)
2. &를 컴마(,) 혹은 가운데점(·) 으로 수정
3. 괄호 내 'and'를 '&'으로 변경

제10장: APA 스타일에 의한 참고문헌의 다양한 심화 예시

I.
1. F
2. T
3. F
4. T
5. F

II.
1. in press / 출판예정
2. 알파벳화(romanization) / 대괄호 [ ]
3. 6/가장 마지막 저자

제11장: 논문 작성 과정 및 제출시의 유의점

I.
1. T
2. F
3. T
4. F
5. T

II.
1. 스프링 제본 / 연락처
2. 완성본

III.
1. McKay's (2005)
2. Ellis(1998)는

제12장: 학위논문의 학술지 논문으로 출판 과정

I.
1. F
2. T
3. F

II.
1. (이중) 익명(double-blind)
2. 해당 학술지의 최근 성격과 매우 상이
3. 수정 후 게재 / 수정 후 재심사 / 탈락(게재 불가)

제13장: 논문 작성의 윤리적 문제들

I.
1. F
2. T
3. F

II.
1. 서면 동의서
2. 교신저자
3. 부모 / 교사

제14장: 영어 논문 작성 시의 글쓰기 요령: APA 권장 사항을 중심으로

I.
1. T
2. F
3. T

II.
1. which / that
2. 시간
3. 조건적 행동

III.
1. The present study를 This study로 변경
2. like를 such as로 변경
3. Firstly, 대신 First,
4. The students completed the survey
5. shows를 show로 변경

| 찾아보기 |

한글

(ㄱ)

가독성(readability) ········· 172
가명 ········· 33
가제본 ········· 242
각주(footnote) ········· 56, 157
각주의 사용 ········· 172
감사 글(acknowledgment) ········· 292
같은 성의 저자들 인용 방법 ········· 187
개인정보보호 ········· 148
고전 인용 방법 ········· 189
공동 저자에 의한 연구 ········· 185
과정 중(course work) 시기 ········· 11
과학적인 글쓰기 ········· 105
괄호 속에 두 개 이상의 논문 인용 방법 ······ 188
교보스콜라 ········· 21, 288
교수들의 의견을 녹음 ········· 62
교신저자(corresponding author) ········· 267, 291
교열본(pageproof) ········· 256
구글 학술 검색(google scholar) ········· 21, 288
구두점 뒤 띄어쓰기 ········· 115
구두점 사용 ········· 102
구어체 표현 피하기 ········· 272
구어체적이고 비논리적인 표현 ········· 111
국내 학술지 ········· 249
국내외 학술지 및 인터넷 자료 ········· 300
국립국어원 ········· 98
　검색방법 ········· 99, 236
　홈페이지 ········· 98
국립중앙도서관 ········· 214
　홈페이지 ········· 21
국제학술지 투고 ········· 254

논문 분량 ········· 254
커버 레터(cover letter) ········· 254
국회도서관 ········· 214
　홈페이지 ········· 21
권(volume) ········· 204
권위 있는 학술지 ········· 156
그림 작성 ········· 142
　번호 ········· 133
　범례(legends) ········· 144
　적용원칙 ········· 142
　표제/제목(captions) ········· 144
글쓰기의 일반적 원칙 ········· 94
글의 스타일 ········· 115
급행료 ········· 258
꺾은선 그래프 ········· 146

(ㄴ)

낭독 ········· 103
네이버 지식인 ········· 172
논문 게재료 ········· 257
논문 계획 ········· 3, 14
　논문 계획 발표(프로포절) ········· 6, 60, 61
　논문계획서 샘플 ········· 65
　논문계획서(thesis/dissertation proposal) ···· 60
　발표 시 태도 ········· 62
　발표 요령 ········· 60
　발표 이후 ········· 63
　작성 요령 ········· 60
논문 문장의 길이 ········· 95
논문 소제목 조직 ········· 101
논문 수정 제출 기한 ········· 250

논문 심사 결과 통보 ⋯⋯⋯⋯⋯⋯⋯⋯ 248
논문 심사 과정 ⋯⋯⋯⋯⋯⋯⋯⋯⋯⋯⋯ 11
논문 심사료 ⋯⋯⋯⋯⋯⋯⋯⋯⋯⋯⋯⋯ 257
논문 심사본 ⋯⋯⋯⋯⋯⋯⋯⋯⋯⋯ 64, 241
논문 심사에서 탈락하는 경우 ⋯⋯⋯⋯ 295
논문 자료 조작 ⋯⋯⋯⋯⋯⋯⋯⋯⋯⋯ 262
논문 작성 과정 ⋯⋯⋯⋯⋯⋯⋯⋯⋯⋯ 233
논문 작성 프로그램 ⋯⋯⋯⋯⋯⋯⋯⋯ 173
논문 저자인 '나'의 표기 ⋯⋯⋯⋯⋯⋯ 107
논문 주제 선정 과정 ⋯⋯⋯⋯⋯⋯⋯⋯ 21
논문 지도 스타일 ⋯⋯⋯⋯⋯⋯⋯⋯⋯⋯ 5
논문 지도교수 변경 ⋯⋯⋯⋯⋯⋯⋯⋯ 294
논문 집필을 위한 시간 계획 ⋯⋯⋯⋯ 11
논문 철회 ⋯⋯⋯⋯⋯⋯⋯⋯⋯⋯⋯⋯⋯⋯ 9
논문 초고 ⋯⋯⋯⋯⋯⋯⋯⋯⋯⋯⋯⋯⋯ 12
논문 투고 요령(submission guideline) ⋯⋯ 251
논문 투고료 ⋯⋯⋯⋯⋯⋯⋯⋯⋯⋯⋯⋯ 257
논문 투고를 위해 저자가 해야 할 일 ⋯⋯ 250
논문 투고와 탈락 ⋯⋯⋯⋯⋯⋯⋯⋯⋯ 250
논문 표지 ⋯⋯⋯⋯⋯⋯⋯⋯⋯⋯⋯⋯⋯ 24
논문의 게재와 탈락 ⋯⋯⋯⋯⋯⋯⋯⋯ 249
논문의 전체적인 체제 ⋯⋯⋯⋯⋯⋯⋯ 23
논문이 탈락되는 이유 ⋯⋯⋯⋯⋯⋯⋯ 250
논의(Discussion) ⋯⋯⋯⋯⋯⋯⋯⋯⋯⋯ 38
능동태와 수동태 문장 ⋯⋯⋯⋯⋯⋯⋯ 95

(ㄷ)

다양한 참여자의 사례 ⋯⋯⋯⋯⋯⋯⋯ 54
단락 인용(block quotation) ⋯⋯⋯⋯⋯ 179
단일 저자에 의한 연구 ⋯⋯⋯⋯⋯⋯ 184
대괄호[bracket]([ ])
⋯⋯⋯⋯⋯⋯⋯⋯⋯⋯⋯⋯⋯⋯⋯⋯⋯ 123
대문자화(Capitalization) ⋯⋯⋯⋯⋯⋯ 124
대학원생들의 표절 ⋯⋯⋯⋯⋯⋯⋯⋯ 176
데이터 및 발췌본 사용 ⋯⋯⋯⋯⋯⋯ 183
데이터 유형 ⋯⋯⋯⋯⋯⋯⋯⋯⋯⋯⋯⋯ 34
독창성 ⋯⋯⋯⋯⋯⋯⋯⋯⋯⋯⋯⋯⋯⋯ 16
독창적인 주제 ⋯⋯⋯⋯⋯⋯⋯⋯⋯⋯⋯ 16
동료 교정(peer correction) ⋯⋯⋯⋯⋯ 102

동료 대학원생 ⋯⋯⋯⋯⋯⋯⋯⋯⋯⋯ 239
동료 수정 ⋯⋯⋯⋯⋯⋯⋯⋯⋯⋯⋯⋯⋯ 28
동료 피드백 ⋯⋯⋯⋯⋯⋯⋯⋯⋯⋯⋯ 239
동성이명(同姓異名)의 저자 ⋯⋯⋯⋯⋯ 161
동성이명(同姓異名)의 한국인 저자들을 영문으로
    적을 때 ⋯⋯⋯⋯⋯⋯⋯⋯⋯⋯⋯⋯⋯ 187
동일한 저자의 논문 제시 순서 ⋯⋯⋯ 192
두 줄 간격(double space) ⋯⋯⋯⋯⋯ 252
들여쓰기(indentation) ⋯⋯⋯⋯⋯⋯⋯ 179
등재(학술)지 ⋯⋯⋯⋯⋯⋯⋯⋯⋯⋯⋯ 153
등재후보지 ⋯⋯⋯⋯⋯⋯⋯⋯⋯⋯⋯⋯ 153
디지털 객체 식별자(DOI) ⋯⋯⋯⋯ 200, 204
띄어쓰기 ⋯⋯⋯⋯⋯⋯⋯⋯⋯⋯⋯⋯ 7, 98
띄어쓰기의 대원칙 ⋯⋯⋯⋯⋯⋯⋯⋯⋯ 98

(ㄹ)

라틴 약어 ⋯⋯⋯⋯⋯⋯⋯⋯⋯⋯⋯⋯ 126
라틴어나 그리스어에서 온 단어 ⋯⋯⋯ 123
레프웍스(RefWorks) ⋯⋯⋯⋯⋯⋯⋯⋯ 173
로마 숫자 소문자 ⋯⋯⋯⋯⋯⋯⋯⋯⋯ 25

(ㅁ)

마침표 ⋯⋯⋯⋯⋯⋯⋯⋯⋯⋯⋯⋯⋯⋯ 116
막대그래프 ⋯⋯⋯⋯⋯⋯⋯⋯⋯⋯⋯⋯ 145
맞춤법과 띄어쓰기를 점검 ⋯⋯⋯⋯⋯ 236
메타 분석(종합연구, meta-analysis)이 포함된
    참고문헌 ⋯⋯⋯⋯⋯⋯⋯⋯⋯⋯⋯⋯ 194
모자이크 처리 ⋯⋯⋯⋯⋯⋯⋯⋯⋯⋯ 148
모호한 문장 ⋯⋯⋯⋯⋯⋯⋯⋯⋯⋯⋯ 108
목차 ⋯⋯⋯⋯⋯⋯⋯⋯⋯⋯⋯⋯⋯⋯⋯ 24
묵독(默讀, silent reading) ⋯⋯⋯⋯⋯ 103
문단의 길이 ⋯⋯⋯⋯⋯⋯⋯⋯⋯⋯⋯ 106
문장 부호 4총사 ⋯⋯⋯⋯⋯⋯⋯⋯⋯ 160
문장부호의 세부적 사용법 ⋯⋯⋯⋯⋯ 100
문장의 구성 ⋯⋯⋯⋯⋯⋯⋯⋯⋯⋯⋯⋯ 95
문장의 길이 ⋯⋯⋯⋯⋯⋯⋯⋯⋯⋯⋯⋯ 95
문장의 모호성과 중의성 ⋯⋯⋯⋯⋯⋯ 110
문장의 오탈자 ⋯⋯⋯⋯⋯⋯⋯⋯⋯⋯⋯ 7

미국 심리학회(American Psychological Association) ················ 7
미국 주(州) 약어 ······························· 298
미주(Endnotes) ································· 56
민폐 대학원생 ··································· 10

(ㅂ)

박사 논문 중간발표 ···························· 63
백업 ·· 233
백업본(本) ·· 235
번역(translation) ······························ 293
병렬 구조(Parallel Construction) ······ 285
보안 ·· 256
복제 연구(replication study) ····· 16, 263
본 연구(main study) ··························· 35
본문 내 통계 기술하기 ···················· 128
본문의 총 단어수 ····························· 253
볼드체 금지 ······································ 161
부록 및 참고자료(Appendices and Supplementary Materials) ················· 57
부분 게재 ··· 264
부제(subtitle) ···································· 166
빈 칸(empty cell) ······························ 137

(ㅅ)

사진의 출처 ······································ 148
상세 주(specific notes) ···················· 138
색채가 있는 그림이나 도표의 사용 ···· 133
서론 전에 오는 내용들(Front Matters) ···· 23
서론(Introduction) ······························ 29
서면 동의서 ·· 36
석·박사 학위논문의 인용 ················· 199
선 굵기 ··· 146
선행 연구(Literature Review) ············ 30
세미콜론 ·································· 102, 118
소괄호(( )) ······································ 122
소수 표현하기 ·································· 127
소유격을 나타내는 's ············· 162, 237

소제목의 수준(level) ················ 101, 297
수동형 문장 ······································ 108
수동형을 반복하여 사용 ····················· 96
수료 ··· 11
수정 후 게재 ···································· 249
수정 후 재심사 ································· 249
쉼표 ·· 102, 117
스프링 제본 ······································ 241
시험 인쇄본 ······································ 256
신경이미지 자료 ······························· 146
신뢰할만한 저장 매체 ······················ 236
실천적 글쓰기 팁(tip) ························· 94
실행 가능성 ·· 61
심사본 완성 ·· 12
심사본을 제출할 때의 유의사항 ······· 233
심사위원이 참고해야 하는 사항 ······· 242
심사위원장 ··· 64
10을 포함한 두 자리(two digits) 이상의 수 ···· 126

(ㅇ)

아래한글 프로그램에서 오탈자 수정 ······ 95
아름다운 글쓰기 ······························· 105
안전한 컴퓨터 환경 ·························· 234
알파벳화(romanize) ·························· 192
& 사용 ·· 161
약어(Abbreviations) ·························· 125
약어사용 ··· 125
약어표(Abbreviation) ·························· 24
양질의 피드백 ·································· 242
언제 인용하는가 ······························· 175
에두른 표현(hedging) ······················· 112
엔드노트(EndNote) ··························· 173
6명 이상의 저자를 인용 ··················· 185
연결어[접속사, 접속부사] 사용 ········ 102
연구 윤리 ·································· 33, 255
연구 자료의 수집 방법 ······················ 34
연구 주제 ·· 19
  많은 사람이 연구한 주제 ··············· 15
  민감한 주제 ··································· 19

연구 진행 절차	34	이론적 배경	30
연구결과(Results)	36	이상적인 제목의 길이	26
연구결과의 윤리적 제시 및 보고	262	이중 익명 검토(double blind review)	248
연구대상	33	이중 줄 간격(double space)	191
연구문제(research question)	18	2차적 연구	21
연구방법 결정	18	이탤릭체(Italics) 사용	125
연구방법(Method)	33	이해 충돌(conflict of interest)	266
연구방법론 수업	289	익명 검토(blind review 혹은 masked review)	248
연구의 필요성	30	인간적 관계	2
연구의 한계점	54	인용	7
연구자의 이해관계	266	40단어 이내 인용	163
연락처 정보	241	40단어 초과 인용	121
영문 윤문 서비스	240	인용 원문 수정	181
영어 논문 교열 업체	240	인용과 의역하기	178
영어 논문 작성	270	인용의 정확성 확보	180
영어 논문의 문법과 용례	279	인준지	24
영어 제목과 영문 초록	240	일반 주(general notes)	138
영어 표현 시 권장 사항	271	일반적 "he"를 대체하는 방법들	277
영작 실수	28	1차적 연구	21
예비 연구(pilot study)	35	임팩트 팩터(Impact Factor; IF)	156
올바른 어조	105	입체감	144
외국인 저자	161		
외부 심사 위원	64	**(ㅈ)**	
외장 하드 드라이브	236		
요약 및 시사점(Summary and Implications)	54	자기 교정(self-correction)	101
우리말의 주어 생략	108	자기표절(Self-plagiarism)	178, 265
원고 교열	256	자동 저장(auto save)	235
원문복사 서비스	176	자료 백업	234
원어민의 교정	28, 240	자료 분석 방법	34
원저의 특정 부분 인용하기	190	자료 유지와 공유	263
월간지 기사(Monthly magazine article)	206	잘못 위치한 수식어	281
위키피디아	172	장황한 표현(Wordiness) 피하기	271
윤리 규정 준수	35	재수록	133
윤리 규정 준수 확인서	256	재인용	293
윤문(proofreading)	6, 240	재인용 방법	189
윤문 서비스(proofreading service)	239	재인용의 최소화	158
음영	144	저자 순서 결정	266
음영의 차이	145	저자 인정	266
의역(paraphrasing)	176	저자가 될 수 있는 권리(authorship)	266
		저작권	255

저작권자의 허가	133
적확한 단어	108
전문가 리뷰 과정	248
전문용어(Jargon)	272
전사(transcription)	24
전이가능성(transferability)	35
접속사의 과잉 사용	103
정량적 연구	18
정량적 통계 프로그램	18
정성적 연구	18
정성적 자료 분석 방법	35
제1저자	267, 291
제2저자	291
제목(Title)	25
조판원고의 검수	256
좋은 그림의 특징	142
좌측 정렬(왼쪽 맞춤)	252
주(州)명의 약자	166
주술 호응	6, 94
주어와 서술어의 호응	6
주제 선정 과정	14
줄표(Dash)	119
중복 게재	264
중복된 표현 피하기	271
지도교수	2
논문 면담	63
변경원	5
상담	12, 17
변경	296
질책	5
피드백	242
지적 재산권 보호	266
직접 인용	178

(ㅊ)

참고문헌 연습 예제	223
참고문헌(references)	7, 55
목록 기입 방법	165
목록 작성	191
순서	192
작성 기본 원칙	160
종류	203
중요성	152
참신성	16
참여자의 신상	256
창의융합적 연구	17
찾아 바꾸기 기능	98
책 챕터(Book Chapter)	167
철자법	123
초과 인쇄료	254
초록(abstract)	27, 159
초록의 단어 수	28
초상권	58
추론 통계(inferential statistics)	35
출판 연월일	196
출판연도	7

(ㅋ)

커버 레터(cover letter)	26
커버 페이지(cover page)	26
컴퓨터 바이러스 검사	234
코딩자간 신뢰도(intercoder reliability = percentage of agreement)	35
콜론	118
큰따옴표	119
큰따옴표(" ")를 사용한 직접 인용 방법	121
클라우드(cloud) 서비스	236
키워드	27

(ㅌ)

탈락	249
탈락(reject) 통보	248
통계 기법	35
통계기호	129
통계방법	289
통계분석방법	289
퇴고	6

(ㅍ)

페이지 누락 ················· 241
페이지 번호 ················· 241
편견의 제거 ················· 275
    언어적 편견 ············· 275
    인종적 편견 ············· 278
편집상의 오류 ················· 238
편집장(Editor-in-chief) ········· 290
포식자 학술지(predatory journal) ······ 258
포용적 우리(inclusive we) ········ 274
표 사용 ······················ 131
    내용(Table Body) ········ 137
    번호 ···················· 133
    신뢰도 구간 ············· 137
    열 제목(Column Heads) ····· 136
    인용 ···················· 134
    제목 ···················· 135
    주(Table notes) ·········· 136
    테두리선 ················ 140
표절(plagiarism) ········· 30, 176, 264
    기준 ···················· 294
    방지 가이드라인 ········· 176
    방지 시스템 ·············· 30
표준국어대사전 ················ 98
프론트 페이지(front page) ········ 26
피드백 ······················ 240

(ㅎ)

하이픈 사용 ············ 123, 124
학술 정보 이용료 ··············· 154
학술적 양심 ··················· 36
학술지 논문 투고 ················ 247
    논문 페이지 순서 ········· 252
    소요 비용 ··············· 257
    심사위원 ················ 249
    총 길이 ················· 253
    출판까지 과정 ············ 246
    투고 양식 ··············· 251
    학술지 논문 심사위원 ······· 249

학술지 출판사 규정 ············· 255
학술지 투고 규정 ··············· 248
학술지 투고된 논문 ············· 248
학술지 편집장 ················· 248
학위 취소 ······················ 9
학위논문 심사 ··················· 64
학위논문의 공식성 ················ 9
학자를 2인 이상 언급할 때 & ····· 237
학회 연회비 ···················· 257
학회 입회비 ···················· 257
한국연구재단(Korea Research Institute; KRI)
    ·························· 153, 264
한국응용언어학회 연구 윤리 규정 ······· 265, 312
한국인 저자 ···················· 161
한국인 저자의 이름(first name) ······ 195
한국학술지인용색인(KCI) ·········· 153
한글 논문은 한글 전용(專用)으로 작성 ······ 96
한자어를 괄호 속에 병기 ·········· 97
해상도 ························· 148
핵심 연구 주제 ··················· 32
헌사(dedication) ················· 24
현수 수식어(dangling modifier) ····· 281
호(issue) ······················ 204
혼합연구(mixed methods) ·········· 35
확률 주(probability notes) ········· 138
효과적인 글쓰기를 위한 전략들 ······ 275
후속 연구를 위한 제언 ············· 55

영문

(A)
A&HCI(Arts & Humanities Citation Index) ··········· 155
Advance online publication(온라인 사전 출판물) ··········· 204
APA Style ··········· 7, 151
    글쓰기 ··········· 115
    윤리규정(APA Ethics Code) ··········· 265
    출판매뉴얼(APA Publication Manual) ··· 8, 270
    홈페이지 ··········· 202

(B)
Bibliography ··········· 56
but과 however 비교 ··········· 285

(C)
cf. ··········· 126
Chicago 스타일 ··········· 157
course work ··········· 11

(D)
DBpia ··········· 21, 288
Digital Object Identifier ··········· 200
DOI 시스템 ··········· 200

(E)
e.g. ··········· 126
emphasis added/필자 강조 ··········· 182
etc. ··········· 126

(F)
fMRI ··········· 146

(I)
i.e. ··········· 126

(J)
in press(출판예정) ··········· 189, 196
JCI(Journal Citation Index) ··········· 155

(K)
KCI 등재 학술지 목록 ··········· 153
KCI(Korea Citation Index) ··········· 153

(M)
MLA(Modern Language Association) 스타일 ··· 157
Multiple Case Studies ··········· 54
Multiple Experiments ··········· 53

(P)
ProQuest ··········· 21, 214

(R)
References ··········· 7
RISS ··········· 21, 176, 288

(S)
SCI(E) ··········· 155
SCI(Science Citation Index) ··········· 155
Science Citation Index Expanded ··········· 155
SCI급의 국제 학술지 ··········· 247
SCOPUS 학술지 ··········· 155
sic ··········· 181
since와 because 비교 ··········· 284
SPSS ··········· 18, 289, 290
SSCI(Social Sciences Citation Index) ··········· 155

(T)
that과 which 비교 ··········· 283
Thomson Scientific ··········· 155

(U)

Unpublished doctoral dissertation(미출간 박사학위논문) ·················· 169, 291
Unpublished master's thesis(미출간 석사학위논문) ·················· 169, 291
USB 드라이브 ································ 233

(V)

vs. ·· 126

(W)

while과 although, and, but 비교 ·········· 284
while과 since 비교 ························· 284

외국어교육 논문작성법
최고의 논문을 위한 최선의 글쓰기

1판1쇄 발행 2016년 2월 10일
1판2쇄 발행 2017년 12월 30일

지 은 이 김 태 영
편   집 강 인 애
펴 낸 이 김 진 수
펴 낸 곳 **한국문화사**
등   록 1991년 11월 9일 제2-1276호
주   소 서울특별시 성동구 광나루로 130 서울숲IT캐슬 1310호
전   화 02-464-7708
전   송 02-499-0846
이 메 일 hkm7708@hanmail.net
홈페이지 www.hankookmunhwasa.co.kr

책값은 뒤표지에 있습니다.

잘못된 책은 바꾸어 드립니다.
이 책의 내용은 저작권법에 따라 보호받고 있습니다.

ISBN 978-89-6817-319-6 93370

이 도서의 국립중앙도서관 출판예정도서목록(CIP)은 서지정보유통지원시스템 홈페이지(http://seoji.nl.go.kr)와 국가자료공동목록시스템(http://www.nl.go.kr/kolisnet)에서 이용하실 수 있습니다(CIP제어번호: 2016001141).